OS 50 MANDAMENTOS DO MARKETING

FRANCISCO ALBERTO MADIA DE SOUZA

OS 50 MANDAMENTOS DO MARKETING

m.Books

M.Books do Brasil Editora Ltda.

Rua Jorge Americano, 61 - Alto da Lapa
05083-130 - São Paulo - SP - Telefones: (11) 3645-0409/(11) 3645-0410
Fax: (11) 3832-0335 - e-mail: vendas@mbooks.com.br
www.mbooks.com.br

Dados de Catalogação na Publicação

Madia de Souza, Francisco Alberto
Os 50 Mandamentos do Marketing / Francisco Alberto Madia de Souza
2016 – São Paulo – M.Books do Brasil Editora Ltda.
1. Marketing   2. Administração
ISBN: 978-85-7680-271-6

© 2016 by Francisco Alberto Madia de Souza

Editor: Milton Mira de Assumpção Filho

Produção Editorial: Carolina Evangelista

Revisão Técnica: Marcia Sousa

Capa: Douglas Lucas

Editoração: Crontec

2016
Proibida a reprodução total ou parcial.
Os infratores serão punidos na forma da lei.
Direitos exclusivos cedidos à
M.Books do Brasil Editora Ltda.

Homenagem

Faltavam poucos dias para o Natal de 2014 quando minha mãe, Julieta Madia de Souza, 97 anos, suspirou pela última vez. Merecido descanso para quem batalhou como grande guerreira que era, e junto com meu pai, Carlos Araujo Souza, para encaminhar pela e para a vida, Luiza, José Carlos e Francisco, seus filhos.

Na arrumação dos deixados e lembranças, Luiza encontrou em lugar muito especial o recorte do jornal *O Globo,* de 22 de setembro de 2005, com a reportagem sobre os vencedores do 47º PRÊMIO JABUTI da CBL – Câmara Brasileira do Livro. Em que este livro recebeu o primeiro JABUTI pelo primeiro lugar na categoria de Administração e Negócios. E que o credenciou a concorrer – e vencer – como MELHOR LIVRO DO ANO NÃO FICÇÃO de 2005, ao lado de *Vozes do deserto* – Melhor Livro Ficção e de autoria de NELIDA PIÑON.

Na matéria, Adauri Antonio Barbosa, jornalista, diz: "As premiações foram desconcentradas das grandes editoras e até a pequena M.BOOKS, de OS 50 MANDAMENTOS DO MARKETING, ganhou o LIVRO DO ANO".

Fui àquela festa por insistência de meu editor Milton Mira de Assumpção Filho. Levei um susto ao ganhar o primeiro JABUTI e cheguei a pensar em ir embora, lembro que comentei isso com Katinha, meu amor e companheira de vida que estava ao meu lado. Milton insistiu para que eu ficasse, disse: "Vai que você vença, também, como MELHOR LIVRO DO ANO, vai ficar chato...".

E, agora estou aqui, em sua companhia, celebrando e comemorando os primeiros dez anos dessa conquista. E homenageando todos os que com seu apoio, amor, compreensão e paciência, estimularam-me a seguir em frente. E onde incluo e agora, além dos já citados, Joana e Fabio, filhos, Vanessa e Eduardo, nora e genro, e em lugar megaespecial, Bubu, Gabi, Vivi e Bebé, adorados netinhos.

FRANCISCO ALBERTO **MADIA** DE SOUZA

Academia Brasileira de Marketing

Este livro foi selecionado, aprovado e recomendado pela ACADEMIA BRASILEIRA DE MARKETING. Uma iniciativa do MADIAMUNDOMARKETING constituída e institucionalizada em março de 2004.

Tem como Missão identificar, selecionar e organizar as melhores práticas de marketing no Brasil e no mundo, e disseminá-las no ambiente empresarial do País, garantindo acesso pleno a esse conhecimento essencial a todas as empresas; muito especialmente às micros e pequenas, assim como às jovens vocações empreendedoras, no sentido de contribuir de forma decisiva para seus sucessos e realizações no permanente desafio da sobrevivência e crescimento.

E como Visão, agregar competitividade a todas as empresas em atuação no País, mediante a compreensão e utilização das melhores práticas do marketing, e traduzindo-se no desenvolvimento econômico e social do Brasil.

A ACADEMIA entende tratar-se o MARKETING, mais que uma caixa de ferramentas ou um departamento ou diretoria nas empresas, da ideologia das organizações modernas. Empresas que respiram e transpiram MARKETNG 24 horas por dia, em todas as suas unidades e através da totalidade de seus profissionais. Absolutamente convencidas que não existe outra forma de se pensar, planejar e agir que não seja a partir do mercado, e sob a ótica de seus clientes.

Os 50 MANDAMENTOS DO MARKETING, de Francisco Alberto Madia de Souza, além de merecedor do Prêmio Jabuti de Melhor Livro Não Ficção do ano de 2005, corresponde, em sua totalidade, aos princípios e compromissos da ACADEMIA BRASILEIRA DE MARKETING.

Os 40 Acadêmicos

Agostinho Gaspar
Alberto Saraiva
Alex Periscinoto
Alexandre Costa
Álvaro Coelho da Fonseca

Amália Sina
Antonio Jacinto
Armando Ferrentini
Carlos Augusto Montenegro
Chieko Aoki

Cristiana Arcangeli
Edson de Godoy Bueno
Eduardo Souza Aranha
Einhart Jacome da Paz
Elcio Aníbal de Lucca
Francisco Alberto Madia de Souza
Francisco Gracioso
Gilmar Pinto Caldeira
Guilherme Paulus
Ivan Zurita
João Appolinario
João De Simoni Soderini Ferracciù
José Bonifácio de Oliveira Sobrinho (Boni)
José Estevão Cocco
José Victor Oliva

Lincoln Seragini
Luiz Antonio Cury Galebe
Luiz Carlos Burti
Luiza Helena Trajano
Marcelo Cherto
Marcos Henrique Nogueira Cobra
Miguel Krigsner
Milton Mira de Assumpção Filho
Nizan Guanaes
Pedro Cabral
Peter Rodenbeck
Régis Dubrule
Sérgio Kakinoff
Viviane Senna
Walter Zagari

Agradecimentos

Agradeço e homenageio a todas as empresas que acreditaram e confiaram nos serviços de consultoria do MADIAMUNDOMARKETING, que criei e presido desde setembro de 1980. A totalidade dos conhecimentos contidos nos 50 MANDAMENTOS DO MARKETING decorre desse relacionamento de respeito, amizade e profissionalismo.

A todas, e para sempre, MUITO OBRIGADO.

Em meu nome e de todos os sócios e associados; que vêm fazendo do MADIAMUNDOMARKETING a empresa líder em seu território de atuação.

FRANCISCO ALBERTO **MADIA** DE SOUZA

11/21
AACD
Aba
ABAC
Abaeté
ABC Propaganda
ABC Bull
ABCP
Abemúsica
ABILUX
ABRE
Abyara
Ação Comunitária do Brasil
Aché
Acnielsen
ADAG Serviços de Publicidade
Age.Com
Agência Eureka
Agênciaclick
Agnelo Pacheco
Ajinomoto
Alain Delon Diffusion
Alcan-Rochedo
Aldo Lorenzetti
Alexandre Gama
Algar
Almap-BBDO
Alumni
Amesp Saúde
Anco Crefisul
Andrade Gutierrez
Andros
Aol Brasil
APP – Associação dos Profissionais de Propaganda
APP-Mogi

Armazéns Gerais Columbia S/A
Arquitetura Humana
Arruda Macho – Elke Maravilha
Artplan
Associação Brasileira dos Acampamentos Educativos
Associação Comercial de São Paulo
Associação Rodrigo Mendes
Atacado Vila Nova
Auto Estilo
Automotive Business
Avant Garde
Avon
Bahema – Arby's
Banco ABN AMRO BANK
Banco Alfa
Banco Bamerindus
Banco BBA Creditanstalt
Banco BCN
Banco Bilbao Vizcaya
Banco BMB
Banco BMC
Banco BMG
Banco Bradesco
Banco Itaú
Banco Mercantil de São Paulo
Banco Pactual
Banco Santander
Bates Brasil
Bauducco
BBC Comunicações
Benedito Abbud
Big Brands
Big Man
Biosintética
Bolsa de Mulher
Bon Beef
Borghierh
Bozano/Colorama
Bradesco Capitalização
Bradesco Saúde
Bradesco Seguros
Brandani
Brasciclo
Brascola
Brasil.Com
Brasilconsult
Brasilprev
Brasinca
Bridge
Bristol-Myers Squibb
C&A
C&FM
Caixa Econômica Federal
Calia Assumpção
Caloi
Câmara do Livro
Camargo Campos
Camil Alimentos
Cápsula
Carville
Casa de Idéias
Cavalcanti Advogados
CEDIPLAC
Cemitério Israelita de São Paulo
Centro Automotivo Eldorado

Agradecimentos

Centro de Estudos de Enfermagem 8 de Agosto
Centro Educacional Brandão
Cheil
Christian Dior
Christina Carvalho Pinto
Cinasita
Citibank
Ckapt Marketing Direto
Clube da Mamãe
CNA
Coelho da Fonseca
Cofap
Coinvalores
Colucci
Comfam
Companhia Melhoramentos de São Paulo
Company
Compuhelp
Compumarketing
Compushop
Compusoft
Consórcio Nacional Garavelo
Consul
Contemporânea
Conteúdo
Contexto
Continental Shopping Center
CORE
Correio Braziliense
Cotia Com. Exp.e Imp.
Credicard
Criativa
Daisy Nasser
Data Byte
Deloitte Touche Tohmatsu
Delta
Demasi
Denison
Dinheiro Vivo
Disbel
DM9-DDB
Dori Alimentos
Dpto Promoções
DPZ
DuCOCO
Duda Mendonça
Dutoflex
Edições Paulinas
Editora Azul
Editora Garden Hills
Editora Gente
Editora M.Books
Editora Makron Books
Editora Minden
Editora Padrão
Editora Peixes
Editora Referência
Editora Roca
Editora Talento
Editora Três
Edo Rocha
Eldorado Plaza
Eldorado Shopping Center
Elias & Michelin

Emagrecendo
Employer
Engevix
Escritório Mauro Guatelli
ESPM
Estrela
Excelsior Distribuidora
Experimento de Convivência Internacional
Expressão Brasileira de Propaganda
F/Nazca S & S
Fasano
Faxxon
FENABRAVE
Filtros Fram
Fininvest
Fischer América
Fontovit
For Marketing e Publicidade
Ford Divisão Eletrônica
Full Jazz
Fundação Pró-Sangue
Furukawa Industrial
Futura Propaganda
Gafisa
Garavelo Óleos
Garrubbo Blindagens
Gave Veículos
General Motors
Germânia
Ghirotti
Giannini
Gilbarco do Brasil

Giovanni, FCB
GLOBE
Goen3 Comercial
Grad Dammann
Gráfica Jandaia
Granja Rezende
Grottera
Grupo Bem
Grupo Edson Queiroz
Grupo Estancorp
Grupo Ticket Serviços
Grupo VR
GSI Gerdau
Gtech
GTM&C
Guarany
Guimarães e Giacometti
Guy Laroche
Hang Loose
Hipermercado Eldorado
Holográfica Produções
Hospital Nove de Julho
Ibope
IEP
Impact
Incentive House
Innovator
Instituto Paulo Gaudêncio
Interchange
International Medical Center
International Paper-Toga
Interview
Iochpe-Maxion

Agradecimentos

IPAS Brasil
Italo Bianchi
Itap
Itaú Seguros
J. Macêdo Alimentos
J. Walter Thompson
J. Alves Veríssimo
J.B. Lodi
J. Cocco
JC Designeres
Johnson & Johnson
Julio Bogoricin
Kartro
KHS
Kolynos do Brasil
Lage Stabel & Magy
Lanzara Gráfica Editora
Latina Motors
Leite Xandô
Leo Burnett
Lew Lara Propeg
Lider
Listel
Lloyds Bank
Lorenzetti
Lowe Lintas
Lowe Loducca
Lpm
Lucas Yuasa
M Design
Magic Blue
Maguary
Marelli Móveis
Marisa
Mark Up
Master
Max 35 Filmes
Mazz
Mccann Erickson
Mecaf Mecânica Fina-Rima
Medial Saúde
Merit Comunicações
Mesbla
Método
Modem Media
Moinho São Jorge
MPM Lintas
Multiplast
Munir Abbud
Nasha
Natura
NB-C
Nec
Neogama
Neosaldina
Net Brasil
Netfactory
Newcommbates
Newlab
Nicola Colella & Cia
Nikkey Palace Hotel
Nista
Nova S/B
Novagência
Oficina Brandesigners
Ogilvy

On Film
OP
Oswaldo Cruz SL Saúde
Overture
Paging
Palladium
Pão de Açúcar Publicidade
Paschoal Fabra Neto
Pastore
Paz
Petrobras
Philip Morris
Pirelli
Pit
Plamarc
Planet Sat
Playcenter
Popular Comunicação
PPR
PPS Permalit Pzm Sports
Prefeitura de São José dos Campos
Press Express
Prodigo Films
Produtiva
Promenade
Promerchandising
Promovisão
Propeg
Proxion
Proxis
Pubblicità
Publicis Norton
Pueri Domus

Pulsar
QG Comunicação
Qu4tro Arquitetos
Radial
Rádio Alpha Fm
Rádio e Televisão Bandeirantes
Rancho Ranieri
Raul Boesel
Record
Red Bull
Rede de Entregas
Rede Drogão
Renasce Rede Nacional de Shopping Centers
Revista América Economia
Revista dos Tribunais
Revista Exame
Rezende Alimentos
Rhodia
Ricardo Julião
Rino
Rodeio
Rodrigues Lima
Rogério Medeiros
Rossi
Rossi Residencial
S, A&A Comunicação e Marketing
Saint Gobain
Saldiva
Salles/DMB&B
Salotex
Santa Clara
São Lourenço

Agradecimentos

São Paulo Fashion Center
Sardalina
SBT
Schering do Brasil
Secovi
Secretaria do Estado da Ind. e Com. Paraná
Secretaria do Governo e Gestão Estratégica de São Paulo
Seller's
Sepaco
Sequência
Seragini, Farné Design
Sétima Arte
Setin
SGB
Shopping Agro Road
Shopping Jardim Sul
Shopping Metrô Tatuapé
Show Days
SHV
Siapapeco
Siemens
Simas Industrial
Sindicor
SKY
SM Estratégias Promocionais
SN Publicidade
SOCOPA
Soluções Comerciais
Sony Amazônia
Souza Aranha
Souza Cruz
Spenco
SRCA
ST Propaganda
Starmedia
Starsat Brasil
Stilizzata
Studio A Motel
Subaru
Sudameris
Sul América Scandinavian
Sul America Seguros
Sun Marketing Direto
Sun&Sea
Synergie Multicomunicações
Tabatinga Hotel
Tag
Talent
Tapetes Bandeirante
Taterka Comunicações
Teatro Municipal de São Paulo
Teen By Daslu
Teleatlantic
Telefonica
Telenova
Telet
Toga
Totalbus
Touché
Transurb
Trimax
Trip Editora
Trump
Tupy Perfis

TV Globo
TWW
União
Unibanco
Unishopping
Universidade São Judas
Upgrade
Upper
Varig
Veja
Veloz Táxi Aéreo
Vera Cruz Seguradora
Via Empreendimentos
Vidrotil
Vila Romana
Virtual Store
Visanet

Vista Tecnologia
Vogue
Voli Auto Peças
Volkswagen
VS Escala
W/Brasil
Wasserman
Way of Light
Weril
Wired On Productions
WTC
Yahoo!
Young & Rubicam
Z3 Convergence
Zero 11
Zicard

Sumário

Introdução 19

1 O Cliente Sempre Tem Razão 31

2 Quando o Cliente Não Tiver Razão, Prevalece o
   1º Mandamento 38

3 Aprenda com os Clientes 45

4 Customize para Crescer 53

5 Produtos, Depois de Lançados, Têm Vida Própria ... 59

6 Persiga, Sempre, um Novo Ângulo de Visão 67

7 É Melhor Ser o Primeiro do Que Ser o Melhor 74

8 O Preço da Sobrevivência É a Permanente Atualização 81

9 O Melhor Atalho É Aliar-se aos Concorrentes 89

10 "Na Fábrica Produzimos Cosméticos; nas Lojas
    Vendemos Esperanças" 95

11 Produtos Inacessíveis Jamais serão Comprados ... 104

12 Não Tente Fazer de Sua Marca um Bombril 112

13 Quem Renega os Seus, Degenera 119

14 Nada do Que Foi Será de Novo do Jeito Que Já Foi
    um Dia 127

15 A Comunicação Universal É uma Impossibilidade
    Definitiva 136

16 Melhor Que Seguro Empresarial É Ser uma Marca de Qualidade 144

17 Não Mate Sua Vaca Leiteira de Exaustão 156

18 Quem Se Apaixona pelo Produto É Ignorado pelo Mercado 165

19 Um Elefante Leva Séculos para Comportar-se Como Coelho. Mas Sempre Será um Elefante 173

20 Um Produto É a Soma de Todos os Serviços Que Reconhecidamente Presta 181

21 Jamais Se Faça de Louco 188

22 Não Brinque com a Comunicação, a Vítima Pode Ser Sua Empresa 195

23 Embalagem, o Argumento Derradeiro 203

24 No Baú dos Esquecidos Sempre Existem Diamantes Intocados 210

25 Pensar Pequeno É Pensar Grande 216

26 Mais Vale um Desejo Que Dez Necessidades 222

27 Quem Espera Nunca Alcança 230

28 Não Existem Segundas Chances de se Causar Primeiras e Ótimas Impressões 238

29 Não Dê Moleza aos Concorrentes 245

30 Nada Mais Inteligente Que Pegar Carona 252

31 "Sacar" É uma Coisa; "Realizar", Outra 259

32 Cliente Não Tem Preposto 266

Sumário

33	Longe dos Olhos, Longe do Coração	275
34	Produto É Como Filho; para Sempre	282
35	Dificuldade É Sinônimo de Oportunidade	290
36	Não Existem "Meio Grávidas" Nem Novo pela Metade	298
37	Ter Consciência das Limitações É uma Grande Virtude	305
38	Inferir, por Analogia, Costuma Dar Porcaria	313
39	Só É Qualidade o Que o Cliente Reconhece Ser	321
40	Produtos Vencedores Dispensam Exageros	328
41	Educação É Bom e o Cliente Gosta	336
42	Primeiro Vender Dentro, Depois Fora	342
43	A Pressa Passa, a Merda Fica	351
44	Além de Inovar, Coragem e Determinação	358
45	Sucesso É Conquistar Clientes e Convertê-los em Apóstolos	366
46	Construa Campos de Sonho: os Clientes Virão	374
47	Um Cliente Apaixonado É a Mais Eficaz das Mídias	382
48	Cada Macaco no Seu Galho	391
49	Quem Não Sai na Frente Tem de Sair Diferente	399
50	Tudo Concorre com Tudo	407

Diário de um Consultor 313

Introdução

A PLATEIA INVADIU O PALCO

SESSENTA ANOS DEPOIS, A PLATEIA INVADIU O PALCO.
SAEM OS CONSUMIDORES INGÊNUOS, SUBSERVIENTES E DESLUMBRADOS, E ENTRAM EM CENA OS MESMOS COMPRADORES, MAS AGORA DIPLOMADOS NA CIÊNCIA E NA ARTE DE COMPRAR. SESSENTA ANOS DE MAUS-TRATOS, COMPRAS TOSCAS E DINHEIRO JOGADO FORA. NÃO SE CONSTRÓI MARCAS – NUNCA MAIS – DANDO BUGIGANGAS AOS ÍNDIOS.

No dia 11 de novembro de 2014, o MARKETING completou seus primeiros 60 anos. Assim, esta edição especial e comemorativa dos 50 MANDAMENTOS DO MARKETING e de DEZ ANOS DA CONQUISTA DE DOIS PRÊMIOS JABUTIS – Melhor Livro de Administração e Melhor Livro Não Ficção do Ano – registra, também, o melhor dessas seis décadas. Com uma síntese dos aprendizados mais relevantes e emblemáticos que embasam e dão consistência a toda a evolução do MARKETING nesse período.

O INÍCIO, OU A SALESÓPOLIS DO M&B – MARKETING E BRANDING

O Rio Tietê, mesmo nestes tempos de poucas águas, continua nascendo no município de Salesópolis, na serra do Mar, a 1.120 metros de altitude. A "Salesópolis" do M&B – MARKETING e BRANDING – uma moeda de duas faces – é um livro. Lançado no dia 6 de novembro de 1954, e de autoria de um austríaco doce e generoso, consultor de empresas e visionário, que mesmo tendo partido no dia 11 de novembro de 2005, permanece presente em nossas vidas por ensinamentos magníficos e inspiradores através de seus 42 livros, infinitos artigos e lições. Peter Drucker e seu iluminado livro *Prática de administração de empresas*.

Nesse livro, Drucker anuncia ao mundo que todas as empresas de todos os setores de atividades têm duas, e exclusivamente duas, funções: "Marketing e Inovação. Marketing para conquistar e preservar clientes, e inovação para sobreviver." E a única forma de "sobreviver" é se converter em uma MARCA de qualidade na cabeça, coração e reconhecimento de seus stakeholders.

Assim como o Padre Vieira pregou aos peixes, o mesmo aconteceu com o visionário Drucker em 1954. E a culpa não foi dos "peixes" – empresas e empresários da época. A consciência e o entendimento de Drucker estavam muito à frente de seu tempo. De certa forma, o mesmo que aconteceu com Alfredo Mathias, um dos mais emblemáticos empreendedores da cidade de São Paulo, que lançou e construiu o Centro Empresarial de São Paulo, o Portal do Morumbi e o Shopping Iguatemi, no mínimo, dez anos antes e fracassou em todos esses empreendimentos mais que consagrados tempos depois.

Drucker tinha a receita e o discurso certos para um tempo que ainda não chegara. E como nos ensinou Victor Hugo, e repetido à exaustão por Tom Peters, "Nada é mais poderoso que uma ideia cujo tempo chegou". E o tempo para as ideias de Drucker só chegaria décadas depois.

Em verdade, em 1954, eram poucas as empresas, poucos os produtos e a possibilidade de escolha dos consumidores quase zero. As empresas reinavam. Muitas, de forma tirânica, prepotente e truculenta. "Quer, quer; não quer, sai da frente que existe uma longa fila de pessoas ansiosas para comprar nossos produtos." Um quase "Não encha o saco". Foram necessários mais 40 anos para que as sementes da economia de mercado vingassem, crescessem, florescessem e prosperassem.

Finalmente, em 1994, seduzido e disputado por todos os lados e bolsos, cheques e cartões, começa a despertar um NOVO CONSUMIDOR. Nós, devidamente diplomados por 40 anos de compras malfeitas e dinheiro jogado fora. E isso só foi possível pela fragmentação e multiplicação das categorias de produtos e serviços, e pelo número expressivo e consistente de concorrentes em cada uma das categorias.

Nesse exato momento, timidamente, mas de forma gradativa, consistente e irreversível, o consumidor passivo ativa-se, empodera-se e começa a caminhar em direção ao palco. E o MARKETING e o BRANDING, as duas faces de uma mesma moeda, deixam de ser uma possibilidade, um caminho ou uma alternativa, e convertem-se no ambiente como um todo. Ou as empresas se pensam, planejam, organizam e ativam sob a ótica do mercado e dos clientes, ou podem encomendar as cerimônias de passamento.

Mas, voltemos à sequência dos fatos e acontecimentos.

Introdução

O CAMINHO DO CORAÇÃO

Nos tempos de escassez, truculência e concorrência zero, mais que comunicar, tudo o que as empresas precisavam fazer o foco era avisar onde as pessoas poderiam encontrar seus produtos e serviços. Até outro austríaco aterrissar na Madison Avenue.

Behaviorista, discípulo de Paul Lazarsfeld, Ernest Dichter arrepiava-se com a comunicação das empresas nos anos 1950 e 1960. Crítico voraz de George Gallup e seus seguidores, Dichter abominava os métodos quantitativos e clamava por uma nova metodologia. Parar de perguntar para as pessoas em ritmo binário: sim ou não, preto ou branco, Palmeiras ou Corinthians, e mergulhar em seus corações. Buscar as verdadeiras razões e motivos para que as pessoas se comportem do jeito que se comportam.

A metodologia de Dichter, posta em prática, trouxe resultados espetaculares, como a descoberta do Fator Branco, para PROCTER, e apropriado pela UNILEVER no BRASIL e seu megalíder OMO, e que "as meninas queriam uma boneca com *sex appeal, long legs, big breasts and glamorous*", queriam a BARBIE.

Primeiras manifestações revelarem que MARKETING e BRANDING são as duas faces de uma mesma moeda. E que o objetivo supremo do MARKETING é o BRANDING – converter empresas, produtos e serviços em MARCAS DE QUALIDADE na cabeça e no coração de seus *stakeholders*. Como são, até hoje, e décadas depois, OMO e BARBIE.

OS 4 "Ps"

Ao contrário do que a maioria imagina, não foi Kotler, e sim JEROME MCCARTHY que criou a matriz dos 4 "Ps". *Product, Price, Place, Promotion*. De certa forma ainda traduzia, em 1960, uma fórmula para melhores resultados, mas com pouca ou nenhuma preocupação com o BRANDING. Apenas um planejamento e uma organização melhores, para tornar os produtos e serviços mais acessíveis, em um mercado absolutamente carente. Disponibilizar um *Product* adequado, com um *Price* suportável pelas pessoas, um *Place* que facilitasse ser encontrado e comprado e uma comunicação – *Promotion* – que traduzisse tudo isso. Ou, como nos ensinou o poeta William Blake, "Toma do número, do peso e da medida em tempos de escassez."

SERVIÇOS, E NÃO PRODUTOS

O segundo e mais consistente passo, depois da contribuição de Dichter no caminho do BRANDING, foi dado também em 1960 por outro pensador do Marketing: Theodore Levitt. Quando em seu histórico artigo da *Harvard Business Review*, revela uma patologia empresarial, por ele batizada de "Miopia em Marketing", Levitt anuncia ao mundo que "as empresas não compram produtos, e sim os serviços que esses produtos prestam". Quase que a dizer que o produto não existe; que só existem serviços. E que se as empresas não tivessem consciência do quê e o quê, verdadeiramente, seus clientes estavam comprando, corriam o elevadíssimo risco de serem atropeladas por novos concorrentes que ofereciam rigorosamente os mesmos serviços através de outros e inovadores produtos. Um importante e decisivo passo em direção ao BRANDING. O nascimento da consciência da importância vital de se entender o que as pessoas efetivamente compram.

De parar de fazer a pergunta errada: QUAL É NOSSO PRODUTO? – não há nada pior do que se encontrar a resposta certa para a pergunta errada –, e começar a se fazer a pergunta certa: O QUE AS PESSOAS ESTÃO COMPRANDO DE NOSSA EMPRESA?

1968 – A CONSTRUÇÃO DA PONTE

MARKETING, BRANDING, DEMOCRACIA e LIBERDADE são indissociáveis. Em não existindo, impossível praticar-se MARKETING de qualidade, e BRANDING superior. Assim, e para que a moeda de duas faces MARKETING & BRANDING prevalecesse e se disseminasse carecia de um ambiente adequado. No mundo, e no Brasil. E isso acontece às vésperas, durante e depois de 1968, e com o fim da Guerra Fria.

Especificamente no Brasil, foi fundamental o reposicionamento daquela que se revelaria, nas décadas seguintes, a mais importante ferramenta de comunicação para as práticas do MARKETING e do BRANDING, a televisão, muito especialmente pelo prevalecimento de uma cultura de estética e conteúdo de extraordinária qualidade decorrente da chegada de José Bonifácio de Oliveira Sobrinho – o BONI – ao comando da Rede Globo. Mais a institucionalização da plataforma Revistas de Conteúdo, todas da Editora Abril – *Veja, Claudia, Quatro Rodas, Exame* e *Nova* –, e ainda a modernização do jornal e do rádio. Assim como o prevalecimento do autosserviço – Supermercados –, dos centros de compra – Shopping Centers –, e mecanismos extraordinários de multiplicação de negócios – Franchising, e rentabilização de propriedades das primeiras conquistas das práticas iniciais de BRANDING – Licensing.

Finalmente, os caminhos da moeda MARKETING para revelar sua outra face, o BRANDING, escancaravam-se.

O MICROCHIP

Aqui, 1971, o chamado ponto de inflexão. Nasce a semente do Admirável Mundo Novo. Chama-se 4004, é da INTEL e mais conhecido como Microchip. Gordon Moore, um de seus pais, profetiza, "a cada 18 meses dobrará sua capacidade e terá seu preço reduzido pela metade". Errou feio, a realidade atropelou sua previsão. De 2.250 transistores que trazia, em 1971, tinha 731 milhões embarcados já em 2008; e quanto mais poderoso ficava, mais acessível – barato, quase de graça.

MARKETING & BRANDING, assim como tudo, eu disse e repito, tudo, jamais seria o mesmo. Nesse exato momento, sem ter a mais pálida ideia, as pessoas, os consumidores, preparavam-se para deixar de vez a plateia e caminharem em direção ao palco. Deixam de ser agentes e convertem-se em protagonistas. Em uma economia próspera e exuberante de alternativas e possibilidades de escolha, as empresas descem do palco, viram plateia e reorganizam-se para aprender a observar, analisar, intuir, disponibilizar, tornar-se acessíveis. No momento, na hora, nas condições e nas circunstâncias que os atores principais decidirem por uma compra. O não BRANDING da arrogância, prepotência, falta de educação e baixaria dá lugar ao BRANDING do instigante, do lúdico, do sedutor, do "bom-dia", do "com licença", do "por favor", do "muito obrigado", da recompensa, da narrativa e da autenticidade.

MAXIMARKETING

Do MICROCHIP, e a partir dele, multiplicam-se produtos e serviços decorrentes. A inteligência chega às máquinas e ferramentas. E o microcomputador revela-se seu mais importante descendente. Nesse momento,

Stan Rapp e Tom Collins anunciam o MAXIMARKETING – e por decorrência, o MAXIBRANDING –, o MARKETING SEM DESPERDÍCIOS. A possibilidade de construir MARCAS com miras telescópicas e comunicação de altíssima precisão. Pessoa a pessoa.

Mas, também revelam ao mundo, citando a escritora Gertrude Stein, que "Não existe lá mais ali." Que a nova mulher, agora, não passa mais todo o dia em casa cuidando do lar e dos filhos; que foi à luta, que se responsabilizou por um novo expediente e por parte das despesas da família, e, por decorrência, homens, mulheres e crianças assumem um novo ritual em seus comportamentos. Assim, e mesmo com armamento de altíssima precisão – microcomputadores e possibilidade de *databases* de clientes – é preciso sensibilizar, atrair, conquistar e merecer a adesão de pessoas em permanente movimento; em constante mudança.

OS NOVOS CONSUMIDORES

Quarenta anos depois do anúncio de Drucker, quase 20 depois de se conquistar e plantar a semente do Microchip, e disputado pelas empresas mais que Cauby Peixoto era por suas fãs, o velho consumidor sai da plateia. E quando retorna, em 1994, caminha em direção ao palco, empoderado, consciente de seus direitos e deveres. Mais que querendo, exigindo o máximo e o melhor pelo seu poder aquisitivo – dinheiro – e pelo seu poder restritivo – tempo.

Gertrude Stein estava certíssima. O velho mundo despediu-se, "não existe lá mais ali", e tudo o que existe ali são pessoas em permanente processo de mudança de comportamento, hábitos e preferências. E as empresas que mal tinham começado a entender e praticar o BRANDING têm de repensar formatos, práticas e fundamentos para a ciência e a arte de sensibilizarem e merecerem a atenção, adesão e preferência das aves de migração. Nós, e finalmente, OS NOVOS CONSUMIDORES. Os velhos, apáticos, ingênuos e submissos, agora empoderados, agora subindo no palco.

GOOGLE, OU "COISAS DO MUNDO, 'MINHA NEGA'"

No mesmo emblemático e transcendental ano de 1968, Paulinho da Viola inscreveu sua composição "Coisas do mundo, minha nega" na 1ª

Bienal do Samba da TV Record, classificando-se na 5ª colocação. Em sua música, dizia: "Hoje eu vim, minha nega, como venho quando posso", e, finalizava, repetindo, "Hoje eu vim, minha nega / sem saber nada da vida / Querendo aprender contigo a forma de se viver / As coisas estão no mundo só que eu preciso aprender."

O Google não foi o primeiro buscador. Talvez o décimo. Mas, chegando depois, e infinitamente melhor, dominou. E colocou o Big Data na ponta dos dedos de todas as pessoas. Conclusão, os NOVOS CONSUMIDORES, já empoderados, ascenderam para o MEGAEMPODERAMENTO. Ocuparam o palco por inteiro, remetendo as empresas para seu devido lugar: plateia!

Contemplando, acompanhando, monitorando, analisando, concluindo, sobre as diferentes, mais que explícitas, escancaradas, manifestações e movimentos dos consumidores no palco, e procurando se revelarem disponíveis – no tempo, na forma, no conteúdo e na relevância – no exato momento comportamental em que os atores do tablado manifestam alguma necessidade ou desejo específico.

Reduplica, assim, o desafio do BRANDING de construir e ser uma MARCA DE QUALIDADE na cabeça e no coração de pessoas que não admitem nem serem interrompidas e, muito menos, incomodadas. E que acessam todas as "Coisas do mundo, minha nega", quando, como e onde desejarem.

SÍNTESE DO APRENDIZADO DE MARKETING & BRANDING 60 ANOS DEPOIS

MAIO, 2015, e tudo o que se aprendeu no mundo velho e que sobrou das cinzas de duas Grandes Guerras, e como se ingressa no Admirável Mundo Novo que estamos apenas começando a viver.

Sessenta anos em três aprendizados, ou frases, ou, se preferirem – eu prefiro – três mantras. E aqui, aprendizados que valem para pessoas físicas e jurídicas.

O primeiro, PESSOAS FAZEM NEGÓCIOS COM PESSOAS QUE CONHECEM, GOSTAM E CONFIAM (*People do business with people they know, like and trust*). Leia-se, pessoas que são conhecidas, queridas e confiáveis são aquelas que foram capazes de construir e serem MARCAS DE QUALIDADE.

O segundo, para ambicionar ser uma MARCA DE QUALIDADE – mesmo porque, e ainda que não quisesse, algum tipo de marca seremos – é essencial respeitar e corresponder às expectativas das pessoas que pretendemos conquistar. E a única maneira de se alcançar essa conquista é COLOCANDO-SE NO LUGAR DELAS (*Put yourself in someone's shoes*). É o que o MARKETING MODERNO faz 24 horas por dia.

E o terceiro, para ser uma MARCA DE QUALIDADE, depois de colocar-se no lugar de quem pretendemos conquistar, é necessário nos revelarmos e sermos absolutamente consistentes com nosso enunciado, com o que nos propomos ser. É ser e fazer exatamente o que dissemos que éramos e como íamos nos comportar. É TER AUTENTICIDADE (*Walk the talk*)

PALAVRAS FINAIS

Termino esta reflexão sobre os primeiros 60 anos da moeda MARKETING & BRANDING, e introdução dos 50 MANDAMENTOS DO MARKETING, tentando olhar e enxergar o que nos espera na próxima década.

Primeiro recorro aos ensinamentos e prognósticos de Gary Vaynerchuk em seu precioso livro *Gratidão*. E, concordo com ele:

"... a única coisa que nunca mudará é a natureza humana. Se puderem escolher, as pessoas certamente passarão seu tempo próximas àqueles de que gostam. Se for conveniente e prático, eles também preferirão negociar e comprar mercadorias de pessoas das quais gostem. E hoje em dia elas podem fazer isso. A mídia social possibilitou aos consumidores interagir com as empresas de modo muitas vezes semelhantes à maneira como interagem com seus amigos e familiares (...). A mídia social transformou nosso mundo em uma grande cidade pequena, dominada, como todas as cidades pequenas costumavam ser, pela força dos relacionamentos, pela troca de atenções e pelo poder do boca a boca. Para ter sucesso hoje e no futuro é imperativo que lembremos o que funcionava no passado."

Ou seja, isso não mudou e não vai mudar nunca.

E, sobre o momento de transição que vivemos, ainda tenho em meus ouvidos e no fundo do coração a voz repetida de minha saudosa mãe Julieta, em nossa casa durante minha infância na cidade de Bauru: "Caneta, borracha, lápis?"

Todos os dias antes de sair de casa para o Instituto Ernesto Montes, onde fiz o ginásio, em Bauru, minha querida mãe, berrava, "Caderno, borracha, lápis?" Queria saber se não me esquecera de nada. Nasci com aqueles "gadgets" ao meu redor. Carregados de tecnologia embarcada. Jamais me perguntei como era possível fazer o grafite atravessar a madeira e produzir uma linda escrita em um caderno feito de papel, fabricado a partir de um eucalipto sob altas temperaturas, mas passível de ser apagado por um produto derivado do látex da selva amazônica. Usava e ponto.

Espero que isso aconteça muito brevemente com todos os *gadgets* da atualidade e as pessoas voltem a se comportar naturalmente. Como seres humanos que são e continuarão sendo, não obstante, e provisoriamente, se comportem como se não fossem. E que redescubram, também, a importância e o valor da solidão, independentemente de rodeados de aparelhos que os conectem a milhões em segundo, pelo simples toque de um botão. Assim como ao prazer de estar com pessoas de carne e osso e coração; ao vivo e a cores.

Quando Martinho Lutero ousou afixar suas 95 teses heréticas na porta da igreja do castelo de Wittenberg, no dia 31 de outubro de 1517, véspera do Dia de Todos os Santos e usando a invenção de Gutenberg, disse, "Ich kann nicht anders" – "Não posso fazer de outra maneira." Naquele momento mudava a história das religiões, do mundo e da vida. O mesmo aconteceu quando James Watt criou sua máquina a vapor dando início à Revolução Industrial. Assim como, e de novo o mundo virou de ponta cabeça, quando a INTEL criou e viabilizou o microchip 4004, em 1971. Principal responsável – e coração – dos *gadgets* de hoje. Que as novas gerações aderem e agregam a seus comportamentos, com a mesma naturalidade que fizemos com os de ontem – Caderno, Borracha e Lápis...

Já li e reli e tornei a ler e a reler *44 cartas do mundo líquido moderno*, do grande filósofo do Admirável Mundo Novo que vivemos, ou do Novo Renascimento, como os historiadores do futuro, falando do nosso tempo, um dia registrarão: Zygmunt Bauman.

Zygmunt fala sobre essas novas gerações que não sabem o quão é vital ficar sozinho, vez por outra, e refletir: "Fugindo da solidão, você deixa escapar a chance da solitude – dessa sublime condição na qual a pessoa pode 'juntar pensamentos', ponderar, refletir sobre eles, criar – e, assim, dar sentido e substância à comunicação."

E nos remete também a Antonio Gramsci, que na prisão, no começo dos anos 1930, escreveu, "A crise consiste precisamente no fato de que o velho está morrendo e o novo não pode nascer; nesse interregno, uma grande variedade de sintomas mórbidos aparecem."

Tenho certeza que é isso. A transição entre o velho e o novo. O buraco no meio. Logo mais voltaremos a nos comportar naturalmente. Quando *smartphones, tablets* e *pen drives* converterem-se em caderno, borracha e lápis, para todos, aí despertaremos humanos. E voltaremos a amar e ser amados. Lembrar e ser lembrados. Como nos ensinou Vinicius de Moraes. "Para isso fomos feitos."

Voltaremos a ter e ser, uma MARCA DE QUALIDADE, ou e novamente, MARKETING & BRANDING em estado de arte.

1
O Cliente Sempre Tem Razão

Todos os mandamentos são importantes e decisivos, mas o primeiro não é o primeiro por acaso: é o mais importante dentre todos. Quem não acredita nisso e fica na dúvida se O CLIENTE SEMPRE TEM RAZÃO deveria procurar outra ideologia empresarial e desistir do marketing.

Anos atrás a revista *Exame* cometeu um terrível equívoco.

Recomendou a seus leitores que, em certas circunstâncias, vale a pena contrariar a vontade e as expectativas dos consumidores. Pior que isso, ofereceu alguns exemplos.

Em verdade, o que a revista deveria ter dito é que empresas e executivos precisam desenvolver sensibilidade para LER, ENTENDER E INTERPRETAR, corretamente, o que os consumidores desejam, a partir de suas movimentações e comportamento e das respostas que dão quando são pesquisados. Apenas isso.

PRODUTOS "SPACELANDER"

Existe uma diferença substancial entre obras de arte e produtos. Pena que muitos profissionais de marketing ainda não se tenham dado conta disso...

É muito comum encontrar empresas, empresários e executivos apaixonados por produtos que não dizem absolutamente nada ao mercado. Candidatos certos ao "túmulo dos produtos desconhecidos" nos cemitérios do marketing.

Dentre as mercadorias que melhor ilustram essa situação estão as notáveis bicicletas Bowden Spacelander, sobre as quais, provavelmente, você nunca ouviu falar. Quando aterrissaram no mercado, em 1960, constituíram-se em absoluto fracasso. Hoje valem uma fortuna. Os exemplares que sobraram, e em bom estado, são disputadíssimos nos leilões de arte. Agora, como produto, como reconhecimento do mercado e sucesso de público... Nada!

Uma deslumbrante Spacelander vermelha está exposta no Smithsonian Institution, em Washington. Seu inventor e fabricante, no entanto, Benjamin Bowden, já falecido, era absolutamente sincero: "Nunca deveria ter contrariado a vontade e as expectativas dos apreciadores de bicicleta. Tudo o que sei é que não ganhei nada, só problemas com a bicicleta, e o aplauso e o reconhecimento dos críticos de arte...".

Em 1946, o Conselho Britânico de Desenho Industrial pediu a dez destacados autores de projetos industriais que desenvolvessem trabalhos para a mostra "Designs of the Future". Dentre os dez trabalhos, lá estava a Spacelander, assinada por Bowden. O rei George VI e sua esposa elogiaram a criação de Bowden. O rei Farouk, do Egito, encomendou dois exemplares. Foi o suficiente para que o sonho decolasse do papel para a produção de um lote inicial. Antes de partir, Bowden soube que reis não são consumidores, ou melhor, que os consumidores é que são reis. Só que agora, é tarde demais...

Em uma segunda tentativa, Bowden mudou-se para os Estados Unidos, onde, em 1960, conseguiu ver sua bicicleta em produção, e anunciada como "a maior revolução sobre rodas de todos os tempos". Sua empresa, em sociedade com dois amigos, durou pouco mais de um ano e gerou 522 Spacelanders – essas que hoje frequentam os leilões de arte.

Em poucas palavras, essa é a história de Benjamin Bowden, e sua fantástica bicicleta, que muitas empresas insistem em repetir. Até Jim Hurd, curador do Museu Americano da Bicicleta, de Chicago, independentemente de sua visão artística, disse: "Ela era esquisita demais; uma bicicleta que apenas um avô podia se dar ao luxo de comprar, e um neto, de não querer."

Que a Spacelander é linda não existe a menor dúvida. E teria sido um enorme sucesso, desde que o mercado fosse constituído, exclusivamente, por críticos de arte...

QUEM DIZ O QUE VOCÊ FAZ SÃO SEUS CLIENTES

Para muitos, este título pode ser o maior dentre todos os óbvios do marketing. Agora, se acrescentarmos mais algumas palavras, aí construímos uma frase, no mínimo, intrigante: QUEM DIZ O QUE VOCÊ FAZ SÃO SEUS CLIENTES, MESMO QUE VOCÊ NÃO O FAÇA. E aí recomendo enfaticamente: NÃO DISCUTA COM ELES!

A cada dia que passa, cresce o número de empresas que adota, como procedimento básico de marketing, um processo de investigação permanente sobre o que seus clientes dizem que a empresa faz. E não é incomum que se surpreenda com algum produto ou serviço que os clientes "juram" que a empresa fabrica ou presta e, de verdade, isso jamais aconteceu.

No marketing, como na vida, a verdade é o que as pessoas acreditam ser, e não, necessariamente, a "verdade verdadeira", como diriam nossos avós. Indo direto ao ponto, se parcela expressiva de seus clientes acredita que você faz o que você não faz, não se aborreça, faça; ou, como recomenda a NIKE, "Just Do It".

No final dos anos 1980, o Forschner Group, fabricante de um dos ícones do marketing, o Victorinox Swiss Army Knives, mais conhecido entre nós por "canivete suíço", intuiu que sua "franquia de marca" poderia ser utilizada em produtos afins. Antes de abrir o foco de sua investigação, decidiu fazer alguns "Groups Discussions" com seus clientes tradicionais. Logo no início dessas reuniões, e ainda na fase de aquecimento, o moderador perguntava aos presentes quais produtos com a marca Swiss Army eles conheciam. E, para surpresa de todos, no primeiro, segundo e terceiro grupos, logo depois do canivete, todos afirmavam que a VICTORINOX também fabricava relógios.

Em vez de contar a essas pessoas a verdade verdadeira, isto é, que a Swiss Army jamais fabricara um único relógio em toda sua história, a empresa decidiu respeitar a manifestação de seus clientes, transformando suas percepções em realidade. Ou seja, passou a fazer o que jamais fizera antes, porque seus clientes acreditavam que já fazia.

Em 1990, finalmente, os Forschner's Swiss Army Watches aterrissaram no mercado, apenas em lojas de esporte e artigos de cutelaria – as mesmas onde sempre se encontravam os canivetes – vendendo, já na partida, 15 mil unidades.

No ano de 1994, devidamente distribuídos em lojas de departamentos, joalherias e lojas especializadas em relógios, a venda saltou para 1,2 milhão de unidades, garantindo ao fabricante um faturamento de US$ 64 milhões. E, de lá para cá, suas vendas crescem ano após ano.

Assim, amigo leitor, se algum dia você descobrir que seu cliente está, na aparência, delirando, e dizendo que você faz o que você não faz, não se desespere. Você apenas foi capaz de construir uma forte e poderosa marca que, na cabeça e no coração dele, abençoa ou é capaz de abençoar muitos outros produtos. Se o filtro econômico revelar-se interessante, simplesmente, OBEDEÇA-O!

BARATEIRO: A HORA DA VERDADE

Se faltava um exemplo emblemático das verdadeiras e legítimas aspirações dos consumidores, agora não falta mais. O case BARATEIRO é revelador e definitivo.

Como é do conhecimento do leitor, desde sua aquisição pelo GRUPO PÃO DE AÇÚCAR, em 1998, e dentro da política de reposicionamento das diferentes bandeiras do grupo, coube ao BARATEIRO, até mesmo em respeito à força e ao sentido de sua marca, concentrar-se, como PHOCUS, nas classes C e D.

A proposta básica, a partir daquela data, foi ter no PREÇO BAIXO seu principal DIFERENCIAL COMPETITIVO. Em decorrência, e em consonância com essa política, deixou de trabalhar com algumas MARCAS CONSAGRADAS E LÍDERES, substituindo-as por MARCAS PRÓPRIAS. Conclusão: mesmo tendo fechado o ano de 2001 com o expressivo crescimento de 53% em seu faturamento, em decorrência da conversão de outras lojas do grupo para a bandeira BARATEIRO, entre julho e setembro, com uma retração de 14% em suas vendas, começou a entender a dimensão do erro cometido ao se reposicionar e, muito especialmente, ao ler, equivocadamente, as aspirações de seus clientes no tocante à força das MARCAS LÍDERES E CONSAGRADAS.

No mês de outubro de 2001, o BARATEIRO fechou todas as suas lojas por 48 horas. Na reabertura, surgiu um novo BARATEIRO, resultado de infinitas horas de reflexões e análises, respaldado em importantes referências internacionais, e, muito especialmente, em uma pesquisa realizada com 15 mil de seus frequentadores. Depois da reabertura, e com a volta das MARCAS LÍDERES E CONSAGRADAS, além de outras correções, as vendas voltaram a crescer de forma expressiva. Segundo a revista *Supermercado Moderno*, e dentre as verdades trazidas pela pesquisa, graças ao aprendizado: "CLIENTES, ATÉ OS MAIS POBRES, QUEREM MARCAS LÍDERES."

Na mesma reportagem da revista, as declarações de ANTONIO JOÃO ANDRAUES, diretor do BARATEIRO: "Foi um erro eliminar marcas líderes e serviços, achando que o cliente queria só preço... Hoje sabemos que o consumidor de baixa renda quer ter o direito de escolha. Pode até não comprar a marca líder naquela ocasião, mas quer vê-la na prateleira."

BELARMINO IGLESIAS

Cinquenta anos após desembarcar no Brasil com "uma mão na frente e a outra atrás", US$ 1 no bolso, atravessando o Atlântico no porão de um navio, o imigrante espanhol BELARMINO FERNANDEZ IGLESIAS – leia--se RUBAIYAT – consagrou-se como um dos mais sensíveis e competentes empresários de seu setor de atuação, movido pela coragem, audácia, obstinação e incomum sensibilidade.

Depois de morar em um cortiço da avenida Celso Garcia, em São Paulo (SP), dividindo o mesmo quarto com duas pessoas, andando de bonde, saltando antes ou depois para economizar o dinheiro do bilhete, um dia aterrissou na escola das churrascarias da cidade de São Paulo, na época A CABANA, na avenida Rio Branco – dos pais de MASSIMO FERRARI – onde, em oito meses, foi de *commis* a maître.

Sua primeira churrascaria foi montada no centro velho da cidade, mais especificamente na rua Vieira de Carvalho, adotando como marca uma palavra tirada dos versos de OMAR KHAYYÁM, "RUBAIYÁM". E, desde então, não fez outra coisa além de prosperar, até culminar com a conquista do ponto mais cobiçado de São Paulo, ponta derradeira da rua Haddock Lobo, onde durante anos reinou a CLEUSA PRESENTES e hoje é, anos após a inauguração, a consagrada FIGUEIRA (RUBAIYAT) – talvez o restaurante mais bem-sucedido da cidade.

Dentre as lições que foi colecionando pela vida, e que hoje fazem parte do "credo" que todos os seus funcionários professam, muito especialmente os garçons, destacam-se:

1. Um cliente insatisfeito leva consigo todo o resultado que cinco clientes satisfeitos trazem.
2. Olhar sempre nos olhos dos clientes, em qualquer circunstância, mesmo quando anotando um pedido.
3. Nunca dizer aos clientes que o serviço não está incluído na conta, uma vez que essa informação já consta na nota.

4. Jamais insistir em mais bebida, enquanto o copo e a garrafa permanecerem cheios.
5. Quem tem aroma é a comida e, por isso, as camisas devem ser trocadas a cada novo turno; perfumes são terminantemente proibidos; desodorantes neutros são obrigatórios e aplicados diversas vezes ao dia.
6. Cliente levantou a mão, ou chamou, deve ser imediatamente atendido.
7. Sorria sempre, simpatia em primeiro lugar, e três banhos e barba feita antes de sair de casa.

FLEURY: LIÇÕES DO ÍCONE EM PRESTAÇÃO DE SERVIÇOS

Ewaldo Mário Kuhlmann Russo foi, por um bom tempo, diretor-superintendente do Laboratório Fleury, instituição-ícone em termos de prestação de serviços e referência obrigatória para todas as demais empresas deste setor de todos os ramos de atividades.

Responsável por uma das palestras mais festejadas pelos alunos da 2ª turma do MASTER em MARKETING da Madia Marketing School, e em depoimento à revista *Cliente*, da Grube Editorial, Russo repassou e atualizou algumas das muitas lições que deu naquela noite:

1. "Minha maior preocupação como superintendente é o cliente (...) Temos uma relação de anos com nossos dois verdadeiros clientes – o paciente e o médico. O médico tem o Fleury como parceiro. Ele é o responsável pelo diagnóstico clínico e nós o auxiliamos na realização desse diagnóstico, até para sugerir a terapêutica. Realizamos pesquisa que demonstra que 90% dos médicos de São Paulo têm o Fleury como primeira opção. E também mantemos um relacionamento muito próximo com o paciente. Temos gerações de filhos, pais, avós, que confiam no Fleury."
2. "Precisamos sempre, e antes de tomar qualquer decisão, perguntar: 'E o cliente, o que acha disso?', ou, 'Já perguntou para o consumidor?'"
3. "É preciso sempre ouvir o cliente; não adianta discutir se ele tem ou não razão. Se está reclamando é porque não gostou de alguma coisa."
4. "A escolha das pessoas certas e treinamento são fundamentais. Os funcionários devem ser tranquilos e calmos por natureza. E, antes de começarem a trabalhar, essas pessoas ficam três meses em treinamento. Dos

13.500 m² de espaço físico que temos em nossa sede, 25% são dedicados às áreas de treinamento."

5. "O tratamento não verbal acaba influindo também. Quem chega ao Fleury vem na expectativa de encontrar um clima agradável e informal. Nosso ambiente tem por objetivo deixar as pessoas bem, sem jamais parecer um hospital, oferecendo sempre um atendimento ideal para um idoso ou para uma criança. E, como queremos ser uma empresa eterna, é muito importante cativar as crianças. Se tiverem uma boa experiência, vão querer voltar sempre."

6. "O preço é a última de nossas preocupações, pois oferecemos um produto de alto valor agregado. As pessoas estão aqui dispostas a pagar mais por ser o Fleury. Quanto aos planos de saúde, o cliente não é do plano, e sim do Fleury. Costumo dizer que os convênios de saúde adoram o Fleury quando vendem o plano, porque podem vender por um preço maior, mas detestam na hora de pagar a conta."

2
Quando o Cliente Não Tiver Razão, Prevalece o 1º Mandamento

Não se trata de uma provocação. Apenas uma advertência, pois as tentações são muitas e sempre existirá alguém, por inexperiência ou imaturidade, tentando queimar etapas, falando em nome de quem nem se deu ao trabalho de perguntar e muito menos entender.

O segundo mandamento reitera o primeiro, para que jamais passe pela cabeça de quem quer que seja, uma única vez, mesmo em um momento de extrema fraqueza, que eventualmente, ou em caráter excepcional, o cliente possa não ter razão...

De qualquer maneira, e se porventura ou desventura isso vier a acontecer, prevalece, sempre, o primeiro mandamento.

A COLEÇÃO DE PRIMAVERA DA LAND ROVER

Às vezes é vergonha, às vezes é incompetência, às vezes é incapacidade, às vezes é vaidade. Não importa a causa, a história do marketing está repleta de exemplos de empresas que relutaram em aceitar que a maior virtude de qualquer organização, antes de dar o primeiro passo e todos os demais, é perguntar ao juiz único e definitivo qual é a verdade.

Assim como na vida, no marketing existem fatos, versões, impressões, palpites, conjecturas, hipóteses. Mas, e diferente da vida, existe uma verdade única que se sobrepõe a todas as demais: O PRODUTO QUE UMA EMPRESA VENDE É AQUELE QUE SEUS CLIENTES DIZEM ESTAR COMPRANDO. Tudo o mais é fantasia...

Dentre as companhias que durante anos insistiram em supor, imaginar conhecer, e não seguir os caminhos da inteligência e da sabedoria –

que são os de PERGUNTAR AO MERCADO e FAZER A PERGUNTA CERTA –, a Land Rover é um exemplo notável.

Assim como ninguém compra uma moto Harley-Davidson e sim um "Lifestyle Harley-Davidson", também não se compra um utilitário Land Rover e sim um "Lifestyle Land Rover". Só que a fábrica desconhecia – por nunca ter feito a pergunta certa às pessoas certas – que a força e a mística da marca Land Rover eram tão fortes e poderosas. E continuou permitindo, dentre outras coisas, que seus produtos fossem comercializados nos Estados Unidos em revendas multimarcas, tendo ao lado outros carros europeus e asiáticos.

Em 1990, um revendedor de Long Island, Nova York, decidiu, por conta própria, fazer a pergunta certa às pessoas certas. E a partir das respostas, absolutamente seguro, investiu em uma loja exclusiva Land Rover, devidamente "climatizada" ao espírito Land Rover: desde a entrada, passando pela comunicação, decoração, trajes e atitudes dos vendedores.

Quatro anos mais tarde, em 1994, e a partir do exemplo dado pelo revendedor, a Land Rover reviu sua política de comercialização, passando para a multiplicação dos Land Rover Experience Global Centres e desativando, gradativamente, a venda em lojas multimarcas.

No mesmo ano, esses Land Rover Experience Global Centres foram responsáveis por mais de 40% das vendas da empresa nos Estados Unidos. E, em 1995, pela primeira vez em sua história, a Land Rover superou a casa de 20 mil veículos vendidos naquele país. Mais que isso, além dos automóveis, milhares de roupas, calçados, relógios, malas etc.

Devidamente databaseados, os proprietários de um Land Rover, desde então, recebem em casa, a cada três meses, um catálogo que lhes permite agregar bens, comprando novos itens que se ajustam a seu comportamento de "Land-Rovers".

Além de descobrir, constatando por experiência própria, que a verdade no mundo dos negócios está no mercado e que a única maneira de descobri-la é fazendo a pergunta certa às pessoas certas, a Land Rover percebeu também, e pela enésima vez na história do marketing, que EXCLUSIVIDADES NÃO PODEM NUNCA SER COMERCIALIZADAS EM LUGARES COMUNS. POIS, ALÉM DE DECEPCIONAR SEUS SEGUIDORES, PERDEM SUA GRANDE VANTAGEM, QUE É A EXCLUSIVIDADE. BANALIZAM-SE.

A PERCEPÇÃO É A REALIDADE OU LFM – LEI DA FUTILIDADE MARGINAL

Campanhas notáveis já foram criadas, produzidas e veiculadas. A começar pela da revista *Rolling Stone*, que acabou sendo copiada, referenciada e multiplicada nos quatro cantos do mundo. No Brasil, então, usou-se e abusou-se da brilhante publicidade da *Rolling Stone*. Agências grandes, criativas e famosas, literalmente avançaram a mão, sem a menor cerimônia, na propriedade intelectual dos criadores da campanha. Acontece... Não deveria, mas acontece... Porém, mesmo assim, muitas empresas ainda não entenderam que, em marketing, como na vida, a PERCEPÇÃO É A REALIDADE. As pessoas compram o que percebem e aquilo em que acreditam e não, necessariamente, o que é de verdade.

Talvez daqui para frente, e com a contribuição involuntária que um colunista da revista *Fortune* deu, esse entendimento fique mais fácil. O colunista chama-se Andrew Ferguson, e criou, com muito talento e sensibilidade, a teoria da LFM – Lei da Futilidade Marginal –, que é exatamente o oposto da Lei da Utilidade Marginal, ensinada nos livros e nas escolas de economia.

A Lei da Utilidade Marginal é a satisfação adicional derivada do consumo de uma unidade adicional de produto ou serviço. Já a LFM – Lei da Futilidade Marginal – é a satisfação adicional derivada do não consumo de uma unidade adicional de produto ou serviço.

Confiram agora como Ferguson "sacou" sua Lei da Futilidade Marginal:

"Meu primeiro contato com essa Lei foi no colégio, quando um colega rico me convidou para visitar sua casa. Era um verdadeiro palácio, com oito suítes, quatro Jacuzzis, duas cozinhas, três quartos para os empregados, e muito mais.

Assim que chegamos à casa, antes de entrarmos, meu amigo me disse que seus pais tinham acabado de redecorá-la, contratando o melhor decorador da cidade pela bagatela de US$ 200 mil. Aí entramos na casa e quase caí de costas. O decorador defendia e praticou o estilo 'clean'. O lugar estava praticamente vazio. Um pequeno lustre no centro da sala, uma cadeira em um dos cantos, sem tapetes e cortinas. E o mesmo despojamento em todas as demais dependências. Ou seja, estavam pagando uma grana para quase 'não decorarem' a casa...".

Segundo Ferguson, uma boa definição da Lei da Futilidade Marginal é "Pagar mais para ter menos". Ou, tentando trazê-la mais para o marketing, a relação mais custos menos benefícios, devidamente compensada pela ampla e irrestrita satisfação emocional.

Ferguson afirma que esse comportamento, hoje, dissemina-se pelo mundo inteiro, muito especialmente nos Estados Unidos: "Em nosso país, as pessoas pagam 75 cents de dólar por uma mistura de água com gás, açúcar e uma infinidade de outros ingredientes embalados em uma lata onde se põe a marca Coca-Cola. Essas mesmas pessoas pagam três vezes mais só pela água com gás em uma mesma lata onde se põe a marca Perrier."

E ainda conta que, recentemente, fez uma viagem com sua mulher e, diante de duas alternativas de hotéis, uma por US$ 49 a diária com tudo, inclusive refeições, e outra por US$ 150 com nada incluído, mas com uma linda vista e o oxigênio da montanha, optou pela segunda... E que, nos restaurantes da moda, hoje, "quanto menor a porção, maior o cheque...".

É isso, leitor. Se na sua empresa ainda não entenderam que as pessoas compram percepções e não realidades, tente fazê-los entender usando a divertida, criativa e, acima de tudo, verdadeira, LFM – Lei da Futilidade Marginal.

DEIXE OS GORILAS INTERPRETAREM

De todas as lições ou fundamentos do marketing, o mais básico é que a verdade está no e com o mercado.

Não obstante a inquestionabilidade dessa verdade definitiva do marketing, é raro o dia em que não cruzo com um executivo ou uma empresa tentando reinventar o mercado, mudar comportamentos, contrariar tendências naturais e irreversíveis. Um misto de prepotência e burrice.

Marqueteiros de qualidade, com décadas de experiência e muita sensibilidade, restringem-se, de forma sensata, a observar o movimento, comportamento, aspirações e desejos dos consumidores, e disponibilizar soluções facilitadoras em forma de produtos ou serviços, em vez de desenvolver produtos e serviços e tentar, depois e na sequência, reconstruir os consumidores.

Há exatos dez anos, depois de muito empenho, PETER GUBER conseguiu convencer a WARNER BROTHERS a financiar a produção do filme *Gorillas in the mist*, com um limite máximo no orçamento de US$ 40 milhões. No Brasil, no ano seguinte, o filme foi lançado com o título *Nas montanhas dos gorilas*.

Orçamento aprovado, o produtor e sua equipe, passada a empolgação inicial, viram perplexos, a ficha cair. A realização do filme estava condicionada aos gorilas serem capazes de representar o que estava no script.

Se assim não fosse, não restaria alternativa senão recorrer à velha e surrada fórmula de fantasiar anões de gorilas – o que a WARNER já havia deixado claro que não aceitaria – e a equipe também, mesmo porque o resultado não teria a menor credibilidade.

Diante do problema, Peter convocou uma reunião com toda a equipe, na certeza de que acabaria por estourar o orçamento.

E, no meio de tantas dúvidas e preocupações, uma das participantes, com a maior naturalidade, disse: "Que tal se mandarmos um bom fotógrafo às selvas de Ruanda, com uma tonelada de negativos, para filmar os gorilas tal como se comportam? Depois se escreve a história – totalmente verdadeira – porque retrata, com naturalidade, o cotidiano dos gorilas..."

E assim nasceu um dos grandes filmes dos anos 1980, que conta a verdadeira história da naturalista DIAN FOSSEY, que tentava salvar os gorilas de Ruanda dos caçadores, permanecendo ao lado deles, e fazendo uma contagem permanente, para evitar que fossem dizimados. O que acabou lhe custando a própria vida.

No filme, o papel de Dian foi interpretado por SIGOURNEY WEAVER que, por sua atuação, foi indicada ao OSCAR de melhor atriz em 1988...

Por essa razão, toda vez que cruzo com um marqueteiro "pouca-prática", desavisado, prepotente, tentando reconstruir o mercado e adestrar consumidores repito a história que acabei de contar, e digo: deixe os gorilas interpretarem...

VOCÊ CONHECE ALGUÉM QUE TEVE...

Muitas e muitas vezes no passado, pessoas saiam pela vida na tentativa de, mediante troca de experiência, atenuar seus males, sofrimentos, doenças. E quase nunca encontravam com quem compartilhar.

Essa possibilidade tornou-se possível e viável desde o advento da internet, e mais real e prática, ainda, de 2005 para cá, com o prevalecimento e crescimento das redes sociais. Assim, e gradativamente, está nascendo a NOVA MEDICINA. Onde o paciente deixa de ser paciente – o que suportava, aturava e padecia – e passa a dividir, e até mesmo comandar, o processo de busca de sua cura.

A primeira consequência desse NOVO PACIENTE da NOVA MEDICINA é a necessidade de uma NOVA ATITUDE e POSTURA por parte dos médicos. Caso contrário, seus consultórios, rapidamente se esvaziarão. Os NOVOS PACIENTES querem falar, perguntar, ser orientados e aconselhados, mas de forma objetiva e consistente, sem enrolação, ou posturas arrogantes e impositivas. Desejam, no mínimo, dividir o diagnóstico. Em outras palavras, querem atenuar e diminuir, de modo compartilhado, a responsabilidade de seres humanos e mortais passíveis de erros – os médicos.

Em uma espécie de "pacientes unidos têm maiores possibilidades de não serem vencidos" pelas doenças, 27 mil membros compartilham suas experiências sobre 589 enfermidades, e a partir de 20,3 milhões de relatos no portal CURETOGHETER – www.curetogether.com –, reconhecido e premiado pela WIRED, NEW YORK TIMES, CLINICA MAYO, e muitas outras instituições. Em paralelo, cresce e prospera o movimento SAÚDE 2.0, assim explicado por Dave deBronkart, líder da SPM – Sociedade de Medicina Participativa – "Acreditamos que o paciente deve deixar de ser mero passageiro e tornar-se condutor responsável por sua saúde... Não substituindo o médico, mas tornando-se seu parceiro." Muitos poderão pensar que os médicos repudiam o movimento SAÚDE 2.0. E se surpreenderão ao constatar que o movimento nasceu por uma iniciativa dos próprios médicos que decidiram se somar com pacientes – 50% a 50%.

Já o PATIENTS LIKE ME – www.patientslikeme.com – proporciona que pacientes se encontrem com outras pessoas que não conhecem, mas que têm problemas de saúde comuns. São 104.679 pacientes do mundo inteiro, totalizando mais de 500 tipos diferentes de doenças, compartilhando em tempo real seus tratamentos, experiências, sucessos, fracassos e muito mais.

Assim, e naturalmente, pelo sagrado movimento das pessoas em busca de uma solução para seus problemas de saúde, nasce a NOVA MEDICINA. Que também tem médicos, mas, com outro tipo de atitude e comportamento; e que também tem pacientes, porém, mais que convencidos que chegou a hora de dividir a responsabilidade por suas vidas com os médicos, e não apenas esperar que os profissionais sozinhos se responsabilizem pela cura, pela solução e pelo milagre.

NÃO SE DISCUTE COM CLIENTES; ATENDE-SE

Cansada e incomodada de ver milhares de pessoas visitarem anualmente seu território em busca das emoções e dos horrores de seu "filho" mais famoso, o CONDE DRÁCULA, a Romênia rende-se e decide transformar o constrangimento em fonte de receita: a construção de um parque temático sob as bênçãos do vampiro.

Em verdade, o CONDE DRÁCULA é o personagem principal do mais importante livro do escritor irlandês BRAM STOKER, que se inspirou na história do príncipe VLAD TEPES, um dos maiores heróis nacionais da Romênia.

Segundo o ministro de Turismo daquele país, DAN MATEI AGATHON, "se o que os visitantes desejam é se arrepiar vendo mãos de defuntos abrindo caixões, não vão se decepcionar. Ofereceremos isso e muito mais na nossa DRACULÂNDIA...". Para tanto, serão investidos, inicialmente, US$ 60 milhões nesse sinistro e emocionante parque temático, com o DRÁCULA e seus descendentes presentes em todas as partes: trens fantasmas, montanha do terror, castelo assombrado e aqueles dois dentes proeminentes que escapam da boca, prontos para agir na primeira e mais próxima garganta.

Em verdade, o príncipe Vlad Tepes jamais bebeu uma única gota de sangue. Apenas cultivava o hábito de espetar seus adversários, durante os combates, diversas vezes, até ter certeza de que não sobreviveriam. Assim como jamais viveu no castelo BRAN, que é visitado pelos turistas como se as "chupadas" houvessem ocorrido naquele local.

Mas se as pessoas querem, a lenda vira verdade, e seus desejos devem ser atendidos. E como...

3
Aprenda com os Clientes

Quando o CDC – Código de Defesa do Consumidor – foi finalmente instituído no Brasil, a grande maioria das empresas se arrepiou. Mas não houve jeito: tiveram de se adequar à nova realidade. Depois do susto inicial, com o passar do tempo, com o aprendizado, descobriram que, em vez de problemas, haviam ganhado um presente dos céus, ainda que por vias tortas.

Hoje, todas se orgulham de seu Serviço de Atendimento ao Consumidor, responsável maior pelas inovações e aperfeiçoamentos introduzidos nas linhas de produtos, a partir das solicitações, sugestões e depoimentos de seus clientes, e decorrentes da intensa e sensível convivência que esses têm com produtos e marcas.

Já as empresas mais maduras, há décadas conversam permanente e sistematicamente com seus clientes. Reconhecem, nessa disciplina originária da experiência e da sabedoria, o melhor e mais importante laboratório de pesquisa e desenvolvimento que qualquer empresa possa ter.

"FIO" E "FOMOS", OU GERAÇÃO FLUX

Em 1996, nascia a publicação do Admirável Mundo Novo, a revista FAST COMPANY, que, até o estouro da bolha, cresceu, prosperou, esbanjava saúde. Depois da bolha, definhou, quase morreu. Desde então, e coadjuvada pela WIRED de CHRIS ANDERSON, é a voz impressa e também digital de tudo o que é mais relevante.

Em suas primeiras edições a revista tratava das novas lideranças, da presença da mulher no ambiente corporativo, até que em três edições seguidas chacoalhou o mundo. ABR./MAIO 1997 – "CHANGE"; AGO./SET. 1997 – "THE BRAND CALLED YOU"; DEZ. /JAN. 1997/1998 – "FREE

AGENT NATION". Na edição de fevereiro de 2012, voltou a revolucionar informando que, de verdade mesmo, e não obstante as mais que comentadas gerações, existia uma única e que englobava todas e sobre a qual todos deveriam refletir e, depois, decidir o que querem para suas vidas.

Anunciou a GERAÇÃO FLUX, onde, mais importante que a idade – embora a idade continue sendo importante porque os mais jovens nascem com uma "moldura zero quilômetro" –, é a ATITUDE. A ATITUDE que você, independente da época e geração que nasceu, decida ter, do que pretenda para sua vida. Mesmo que tenha mais de 80 anos de idade. É isso.

Quem criou o termo para definir GERAÇÃO FLUX, foi o editor da revista, ROBERT SAFIAN. Entrevistado por RAUL JUSTE LORES, correspondente da FOLHA em NYC, disse, "É preciso um novo líder para motivar os diferentes matizes da GERAÇÃO FLUX. Um novo líder que saiba abrir mão do controle total, que desperte a confiança mesmo sob a pressão permanente das incertezas a que estamos expostos. Presidentes tradicionais não ficam confortáveis nessa nova era. Um novo líder é mais que necessário principalmente nas grandes empresas de hoje."

Segundo SAFIAN é preciso aprender a conviver naturalmente, em especial os mais velhos, com o "FIO" – *figure it out* – "vire-se, ou descubra por você mesmo ao invés de ficar esperando alguém te ensinar"; e, também, com o "FOMO" – *fear of missing out* – "medo e sensação permanentes de estar perdendo alguma coisa". O melhor antídoto para o "FOMO" é o "FIO", é a atitude de não esperar e correr atrás.

SAFIAN lembra também que todos que integram a geração FLUX – lembre-se, esta geração não é por nascimento, é por adesão, por atitude – não reconhecem mais separação entre casa, família, trabalho, rotinas, passeios... Convivem com tudo, simultânea e naturalmente, sem estresse. "Os jovens da GERAÇÃO FLUX já trabalham como os chineses. Podem não ir ao escritório sete vezes por semana, mas suas mentes estão permanentemente conectadas ao trabalho por celulares, internet e afins (...) Trabalhar de segunda a segunda [no mesmo espaço físico] não é a melhor maneira de achar respostas para seus problemas... Você não vai ter a grande ideia vendo as mesmas pessoas, no mesmo ambiente... A GERAÇÃO FLUX é apaixonada pelo que faz, não trabalha intensamente apenas por medo concorrência... Veem oportunidade nesse mundo de caos...".

Isso mesmo, querido leitor de 12 ou 99 anos, a bola está com você. Vai querer participar e ser feliz na GERAÇÃO FLUX? Ou, continuar reclamando das mudanças? Empresas capacitem-se para lidar com os FLUXES. No início não é fácil. Eles escapam pelas mãos.

SEGURANÇA VENDE?

Em termos genéricos, todos os consumidores, em todas as situações de consumo, só compram SEGURANÇA.

Desde a compra de um imóvel – em regra uma única vez em toda a vida – até a compra de um Big Mac, as pessoas compram segurança. Segurança de adquirir um imóvel por meio de uma imobiliária de confiança, de comprar um imóvel sólido, de fazer um bom negócio, de assumir compromissos que poderão ser honrados... Assim como, no caso do Big Mac, segurança de ingressar em um mesmo clima, serviço e atendimento oferecidos nos diferentes cantos do mundo, de receber o mesmo pão, a mesma quantidade de hambúrguer, a mesma fatia de queijo, o mesmo molho, enfim, de conseguir sempre o mesmo resultado final. Já a segurança *lato sensu*, como argumento de vendas, poucas vezes é utilizada, até porque, como mencionamos nos parágrafos anteriores, constitui a soma de todos os demais atributos e valores de marketing.

Dentre os setores que recorrem à venda da segurança como um argumento objetivo, o de automóveis é o que vem insistindo mais no tema. Em todos os modelos novos, por exemplo, gradativamente o air bag deixa de ser um opcional e passa a ser um equipamento básico – assim como as proteções que "cercam" as latarias dos carros e atenuam o choque por ocasião de batidas.

Esses comentários poderiam terminar aqui, não fosse um fantástico e recente case de marketing, no qual uma empresa conseguiu se apropriar brilhantemente do conceito de segurança, que hoje se constitui no seu maior argumento de vendas.

Em 1970, Robert Austin ingressou na Volvo (Estados Unidos), para montar o departamento de atendimento a clientes. Desde então, passou a colecionar cartas de alguns proprietários de automóveis Volvo que se tinham envolvido em desastres e que atribuíam o fato de ainda estarem vivos à segurança do carro: "...Volvo saved my life...".

"Corta para 1993." A Volvo, que fabrica carros tradicionais, de tecnologia avançada e design moderno, mas sóbrio, veículos esses reconhecidamente seguros e da maior qualidade, voltados para pessoas conservadoras e de alto poder aquisitivo, de repente começou a se sentir ameaçada pela forma contundente com que seus principais concorrentes passaram a abordar o tema segurança: os "made in USA" e os "made in Japan".

Colocado o problema para sua agência de publicidade, a Messner Vetere Berger McNamee Schmetterer decidiu vasculhar os "guardados" da fabricante de veículos, em busca de alternativas para a solução do problema. E as cartas que Robert Austin colecionara continham a resposta.

Assim, em vez de descrever todos os itens de segurança que seus carros oferecem, a Volvo passou a veicular, em anúncios emocionantes, o testemunhal de celebridades e de pessoas comuns que atribuem ao Volvo o fato de continuarem vivas.

A partir do primeiro anúncio, dezenas de outras pessoas que, em algum momento de suas vidas "foram salvas por um Volvo" passaram a relatar suas histórias. Em pouco tempo, além de a empresa ter constituído, oficialmente, o "Volvo Saved My Life Club" e dispor de mais de uma centena de depoimentos para todos os anúncios seguintes, seu automóvel passou a ser, definitivamente, sinônimo e referência obrigatória e inquestionável de CARRO SEGURO.

Como lembram Al Ries e Jack Trout: "é melhor ser o primeiro na mente do que o primeiro no mercado"; e, no território dos carros seguros, o Volvo, até hoje, continua disparado como o número 1.

ERRANDO É QUE SE ACERTA

Algumas empresas cometem um erro uma única vez, aprendem e se cuidam, evitando repeti-lo, para sempre. Outras, por memória fraca ou pela presença de novos executivos que se recusam a conhecer o histórico da organização, repetem o mesmo erro por muitas vezes. O MORUMBI SHOPPING é um exemplo notável de quem errou – e errou feio – reconheceu a falha, corrigiu e agregou a sua cultura e comportamento a preocupação de se preservar, mantendo-se permanentemente atualizado, e, de preferência, antecipando-se a seus mais diretos concorrentes.

O erro crasso foi cometido na partida. Por razões que até hoje ninguém consegue explicar, o shopping foi posicionado para o último dos públicos que qualquer shopping, em todas as partes do mundo, privilegia ou ambiciona ter: o adolescente. Durante os dois primeiros anos de sua existência o MORUMBI converteu-se no paraíso dos adolescentes da cidade de São Paulo, atraídos pelo piso inferior e sua gloriosa e irresistível pista de patinação e mais uma série de outras atrações. Todos iam para lá, passavam o dia, tomavam uma Coca e azucrinavam os poucos casais e pessoas de idade – e "de grana" – que se aventuravam a conhecer o novo shopping da cidade.

Hoje, onde era a pista de patinação e as outras atrações para os adolescentes, existe o mais completo e qualificado espaço de alimentação – com os melhores restaurantes de cada especialidade –, provavelmente de todo o mundo. E mais uma seleção de lojas de marcas de reconhecido glamour e qualidade. O espaço que antes funcionava como uma espécie de "repelente" para o público relevante e decisivo para o sucesso do shopping, atualmente é um magneto irresistível.

Mas, o MORUMBI não descansa. Continua metrificando permanentemente o desempenho de todos os seus espaços e providenciando correções, sem nenhum constrangimento de propor, em benefício do conjunto dos lojistas, a mudança de espaço entre eles, ou até mesmo, e se necessário, a exclusão de algum para a inclusão de outro que agregue mais valor ao shopping. E, quando preciso, parte para ampliação do seu espaço.

O MORUMBI SHOPPING faz parte da RENASCE – Rede Nacional de Shopping Centers –, do Grupo MULTIPLAN. Sua preocupação indisfarçável e compulsiva com a permanente renovação é a melhor tradução para a denominação da rede a que pertence.

OS PRIMEIROS 20 ANOS DOS RESTAURANTES POR QUILO

Devidamente arrasado pelos críticos da época, inclusive por SÍLVIO LANCELLOTTI, que teve a dignidade de assumir publicamente que foi precipitado em seus comentários, sendo o primeiro a lembrar da origem da inovação e seus primeiros 20 anos, na revista *Já*, do *Diário Popular*, o sistema de restaurante por quilo está totalmente consagrado e merecendo oportuno benchmark de restaurantes de outros países.

Iniciativa de WALTER MANCINI, da cantina FAMÍLIA MANCINI, "*a* atitude" – segundo Lancellotti – "provocou uma verdadeira revolução. Inúmeros colunistas de gastronomia, inclusive este que aqui escreve" – disse ele – "literalmente destruíram a ideia, por considerá-la, então, uma grosseria com os fregueses. Também protestaram muitos dos visitantes costumeiros da cantina, subitamente detonados em seus hábitos glutões. Aos poucos, porém, a tempestade se acalmou. Mancini tinha razão em poupar o bolso dos fregueses e evitar o desperdício."

Agora, o momento fantástico da faísca criativa, segundo seu autor, Walter Mancini: "Todas as cantinas já traziam o antepasto pronto. Isso me incomodava, pois o freguês não tinha escolha e, na maioria das vezes, pagava pelo que não consumia... Ao abrir a FAMÍLIA MANCINI, em maio de 1980, instituí um self-service de antepastos, cada um pegava o que queria e o preço era cobrado por unidade...".

"Um mês após a introdução desse sistema, um freguês assíduo, executivo de uma multinacional, reclamou que havia pagado mais no jantar do que no almoço, embora tivesse comido o mesmo em ambas as refeições... Percebi que era um método que dava margens a erros, e que poderia ser interpretado como desonestidade; assim, fui para casa e fiquei pensando em como resolver o problema e me lembrei das balancinhas das quitandas, de dois pratos, e símbolo da justiça...". No dia seguinte, o sistema estava solenemente introduzido na FAMÍLIA MANCINI, em SÃO PAULO, no BRASIL e, por que não dizer, no MUNDO.

HISTÓRIAS DE RELACIONAMENTO

Em um trabalho de grande fôlego e maior qualidade, ALEXANDRE VOLPI e TICIANA WERNECK produziram uma verdadeira síntese primorosa para a revista *Consumidor Moderno* sobre a contribuição que os SACs – Serviços de Atendimento ao Consumidor –, uma das mais importantes ferramentas do marketing de relacionamento, vêm dando às empresas que, com inteligência e sabedoria, estão conversando com seus clientes, prevenindo eventuais "incêndios" e aproveitando todas as oportunidades e sugestões que acabam recebendo a partir da salutar convivência entre cliente x produtos.

Dentre as histórias relatadas, algumas são, verdadeiramente, maravilhosas. Do SAC da FLEISCHMANN ROYAL NABISCO: "Tempos atrás recebemos a foto de um coqueiro enorme acompanhada de agradecimentos à empresa pelo fermento em pó Royal. Segundo o consumidor, nosso produto foi o responsável pelo crescimento do coqueiro...". GESSY LEVER DIVISÃO. VAN DEN BERGH – recebeu um e-mail de uma brasileira que vive na Suíça e morria de saudade da goiabada da CICA... Além da goiabada, enviaram-lhe uma marmelada, que foi a sobremesa de um grande jantar oferecido pela brasileira aos seus amigos suíços... LEITE VIGOR – atendendo ao apelo de um consumidor, que preparava uma festa surpresa para a esposa e não acertava o ponto do chantilly, foi mandado um "especialista no riscado" para ajudar o doceiro de primeira viagem... ELMA CHIPS – uma mãe, que decidiu jogar fora toda a coleção de *tazos* de seu filho que, desesperado, ficou sem se alimentar, de cama e com febre durante três dias, teve de apelar para a empresa, para recomprar a coleção... CIA UNIÃO DOS REFINADORES – uma consumidora ligou para doar para a biblioteca da União o primeiro livro de receitas editado pela empresa, em 1960... HERING – na coleção da HERING LINHA ÍNTIMA apareceu pela primeira vez sutiãs com a marca dos dois peixinhos, solicitação das clientes, através do SAC, que compravam a calcinha e desejavam fazer um "composê" com o sutiã...

Ou seja, as empresas que adotam como filosofia ação e disciplina, o permanente, aberto e total relacionamento com seus clientes, além de ostentarem uma imagem invejável, aprendem todos os dias com a imbatível criatividade decorrente das práticas diárias dos milhões de consumidores.

Muitas organizações passaram a dar maior importância a esse relacionamento, a partir dos anos 1990, com o CDC – Código de Defesa do Consumidor. Mas, várias já adotavam essa prática, desde os anos 1950, e colecionam histórias e conquistas notáveis decorrentes dessa atitude rentável e salutar.

Para muitas donas de casa, por exemplo, o obrigatório brigadeiro das festinhas de crianças, e de adultos também, sempre foi feito com o Leite Moça da NESTLÉ. Na verdade, isso só começou a acontecer a partir de 1978 quando uma dona de casa, devidamente estimulada, revelou ao Centro NESTLÉ de Economia Doméstica o segredo do sucesso de seu brigadeiro. A receita foi disseminada e hoje não existe brigadeiro em que não entre o Leite Moça. O mesmo relacionamento com suas fiéis consumidoras possibilitou à empresa desenvolver uma nova embalagem para o Nescau, que agora é mais fácil de abrir; oferecer o velho e imbatível Leite Moça nas versões Chocolate e Morango, mais a versão desnatada; e ainda a Linha Fiesta; além do refil do Nescafé, e da sopa Meu Instante, da Linha MAGGI.

Já os 11.600 telefonemas mensais que a SADIA recebia no momento da reportagem de CONSUMIDOR MODERNO, foram responsáveis por inúmeras inovações, desde a nova apresentação de seus hambúrgueres em envelopes plásticos com duas unidades, ao surgimento da linha Sadia Clubinho. Os 2.500 contatos por mês que a ITAMBÉ fazia com seus consumidores resultaram, dentre outros, no aperfeiçoamento de embalagens e no Itambinho, um achocolatado em versão light. E os milhares de contatos/mês levaram a ex-REFINAÇÕES, hoje LEVER, a colocar um bico dosador nos molhos para salada Hellmann's, a rever a embalagem da Doriana e a lançar a versão light do ADES.

Assim, esse filho compulsório e não desejado do CDC – Código de Defesa do Consumidor –, o SAC – SERVIÇO DE ATENDIMENTO AO CLIENTE –, a cada ano que passa faz a felicidade dos clientes e é reverenciado e homenageado pelas empresas que o adotaram. E quando alguém pergunta aos consultores do MADIAMUNDOMARKETING qual a melhor maneira de se identificar o quanto moderna, verdadeiramente, é uma empresa, a resposta é sempre a mesma: basta medir a quantidade de energia e investimentos que ela aloca ao Aftermarketing.

Hoje, as melhores empresas do mundo já chegam a níveis de 80% de investimento no marketing posterior à realização da primeira venda, e de 20% no marketing para realizar a primeira venda. São organizações adeptas e praticantes do vender uma primeira vez e encantar de tal maneira e de forma permanente, que nunca mais esse cliente cogite outra alternativa de produto ou marca. São devotas da fidelização, aderiram de corpo e alma ao marketing de relacionamento, subscrevem e vivem os ensinamentos de Antoine de Saint-Exupéry, no *Pequeno príncipe*: "Tu te tornas eternamente responsável por aquilo que cativas."

4
Customize para Crescer

Se a globalização é uma realidade, a tribalização é uma realidade ainda maior. Assim, não adianta supor que um mesmo produto, ainda que os serviços que preste sejam os mesmos, possa ser posicionado, embalado e comercializado da mesma maneira para diferentes segmentos de consumidores: é preciso customizar.

Assim não fosse, até hoje continuaria prevalecendo o FORD PRETO, ou a VOLKS produzindo só Fuscas e Kombis; além de todos os produtos vendidos em um mesmo tamanho de embalagem, e seriam desnecessários tantos aromas e sabores, modelos e estilos, cortes e tinturas...

SOB MEDIDA OU CUSTOMIZAÇÃO

As chances de um produto aumentam, substancialmente, quando o mesmo é desenvolvido, do começo ao fim, levando-se em consideração as características estáticas e comportamentais do nicho de mercado ao qual se destina.

É muito comum, no cotidiano das empresas, a tentação de aplicar um tratamento superficial e cosmético em alguns produtos, acondicioná-los em novas e atraentes embalagens, mudar seus nomes e atirá-los ao mercado. Em algumas situações, esses procedimentos até funcionam e trazem resultados. Mas não, necessariamente, em todas.

Vivemos um momento único na história do mundo em que as mulheres, finalmente, ocupam uma nova posição na sociedade. Seguramente, esse é o fato mais importante deste século. Muito mais importante que todas as revoluções tecnológicas.

Pois bem, até hoje, uma parcela substancial dos produtos continua sendo desenvolvida para homens; e, depois, adaptada para as mulheres. Entretanto, como todos estão cansados de saber, o mundo está dividido em 50% de homens e 50% de mulheres, arredondando-se, mesmo porque o número de mulheres é ligeiramente superior ao de homens.

Um dos exemplos mais dramáticos dessa "desconsideração", distração, negligência, ou miopia mesmo, era o que vinha acontecendo no mercado de depilação feminina, em que, durante décadas, os fabricantes de lâminas de barbear fingiam que o problema/oportunidade não era com eles, e assistiam, impassíveis, a mulheres depilando-se com os aparelhos e lâminas de seus pais, irmãos e maridos. Uma carnificina...

Em alguns momentos, fabricantes tentaram levar as mulheres "na conversa". Usavam a tradicional lâmina e criavam um suporte com cores e embalagens femininas, mas o estrago na pele continuava sendo rigorosamente o mesmo. Só o preço da carnificina é que aumentava.

Em 1988, a Gillette decidiu enfrentar o desafio. Partiu para o desenvolvimento de um aparelho pensado e criado, do começo ao fim, para as mulheres. Reconhecendo que pernas e coxas, e outras partes das mulheres, nada têm a ver com o queixo dos homens. O produto reunia tantas qualidades e era, pelas suas formas e concepção tão feminino, que a Gillette decidiu batizá-lo com a mesma designação de seu extraordinário sucesso junto aos homens: Sensor.

Lançado em julho de 1992, em seus primeiros meses de existência, o Sensor feminino vendeu mais de dez milhões de unidades nos Estados Unidos. As adaptações anteriores nunca ultrapassaram a metade dessa marca, durante todo o primeiro ano de lançamento. Desde então, e referenciando-se na Gillette, cresce o número de empresas defensoras e praticantes da customização.

DAS FÁBRICAS E DAS COZINHEIRAS ÀS MONTADORAS

Houve um tempo, décadas atrás, em que as unidades industriais eram chamadas de fábricas e fabricavam mesmo. Pesquisavam e selecionavam a matéria-prima que, devidamente processada e recebendo uma série de operações e agregados, saía no final da linha no formato de produto.

O mesmo acontecia com as cozinheiras. Elas iam à feira ou ao mercado, selecionavam e compravam todos os ingredientes da receita, aplicavam seus talentos e produziam, orgulhosas, fantásticos quitutes. As fábricas e as cozinheiras, como sempre foram, agora são espécies em extinção. E, no lugar das duas, prevalecem as montadoras: de produtos e de pratos...

Por essa e outras razões é que dia após dia multiplicam-se as alternativas de componentes para a montagem de pratos. E as novas receitas só falam em ingredientes já industrializados. Assim, muitos produtos originalmente criados e desenvolvidos para o mercado institucional – hotéis, restaurantes, bares – acabam indo parar nas gôndolas dos hipermercados e sendo vendidos para as "montadoras de pratos".

Dentre os lançamentos pioneiros para o mercado institucional, com versões customizadas para o mercado doméstico e disponibilizadas em hipermercados, menção especial à linha RECHEIA FÁCIL DA SADIA. Nove alternativas de "componentes" prontos, à disposição da criatividade das novas cozinheiras: peito de frango cozido defumado, linguiça calabresa defumada fatiada, salame tipo peperoni fatiado, peito de peru defumado desfiado, salame em cubos, presunto cozido em cubos – grandes e pequenos –, bacon em cubos, peito de frango defumado em cubos.

É só montar, temperar a gosto, levar ao forno, servir e correr para os abraços. Muitos abraços.

SANTOS PARA TODAS AS NECESSIDADES E CIRCUNSTÂNCIAS

Na briga para agregar mais fiéis ao "rebanho", recorre-se a tudo.

De milagres a músicas, de dança a orações, de sacerdotes e ministros galãs e modernos a carrancudos e conservadores. Até a Igreja Católica Apostólica Romana, finalmente, decidiu rever sua postura estática e avança avassaladoramente contra seus concorrentes, utilizando seu imbatível e insuperável arsenal de poderosas armas – hoje, de marketing – colecionadas e guardadas no correr de séculos, muito especialmente seu infinito "cardápio" de santos: santos para todas as necessidades, situações e preces.

No ranking das preferências desponta, com larga margem de distância em relação a todos os demais santos, aquela que foi encontrada pelos três pescadores Domingos Garcia, Filipe Pedroso e João Alves, em outubro de 1717.

Como o Conde de Assumar visitaria Guaratinguetá, foi confiado aos pescadores o fornecimento dos peixes para a refeição. Jogaram a rede no rio Paraíba, próximo ao porto de Itaguaçu, e nela veio apenas o corpo de uma pequena imagem. Jogaram, novamente, e veio a cabeça, e nada de peixe. E em todas as vezes seguintes a rede voltou abarrotada de peixes, fato esse considerado hoje o primeiro milagre da Santa... NOSSA SENHORA APARECIDA.

A Basílica de NOSSA SENHORA APARECIDA é visitada anualmente por sete milhões de romeiros, de todos os estados do Brasil e de outros países, consumindo quase três milhões de comunhões, 300 mil confissões e milhares de batizados.

Depois de atirada ao chão por um débil mental, em 1978, e partida em mais de 200 pedaços, reconstituída, a imagem da SANTA hoje fica em um altar a três metros do solo, protegida por vidros à prova de bala e mais um sistema de segurança eletrônico.

Dentro do espírito de atender a todos os segmentos de fiéis, e procurando criar nichos tematizados, a ICAR disponibiliza ou customiza santos para todas as necessidades e circunstâncias.

Os advogados confiam suas orações a seu padroeiro, Santo Ivo; os cabeleireiros, a São Brás; os bombeiros, a Santa Bárbara; os artistas de televisão, a Santa Clara; os arquitetos, a São Tomé; os alpinistas, a São Bernardo; os arqueiros, a São Sebastião; os açougueiros, a São Bartolomeu; os médicos, a São Lucas; os operários, a São José; os enfermeiros, a São Camilo; os comissários de bordo, a São Martinho; os cantores, a São Gregório; os cientistas, a Santo Alberto; os garçons, a Santa Marta; os marqueteiros, a Santa Terezinha; os... têm! Também têm!

OS "BUNDÕES"

Um dia o mundo descobriu e reconheceu os canhotos, e passou a respeitar suas características específicas. Mais para frente, e na medida em que as pessoas começaram a crescer, e depois de muita luta, empresas, produtos e alguns prestadores de serviços começaram a tratar os "altos" de uma forma digna e respeitosa.

Agora e finalmente chegou a vez dos "bundões", que já constituem um contingente expressivo de pessoas, muito especialmente nos Estados Unidos.

Nas últimas duas décadas, o número de norte-americanos obesos aumentou em 50%. E, na média, o norte-americano ganhou quase cinco quilos a mais duas décadas depois: parcela considerável desses quase cinco quilos "alojou-se" na chamada região glútea.

Isso posto, todas as medidas oficiais de assentos naquele país estão sendo reconsideradas. Nos novos estádios desaparecem os assentos entre 35 e 38 centímetros de largura e prevalecem os com 45 a 48 centímetros. Todos os novos cinemas já oferecem cadeiras mais largas. A nova geração de Airbus já terá poltronas mais largas que as do Boeing 747-700. Já os Boeings 777, por sua vez, terão poltronas mais largas que a nova geração dos Airbus...

Assim, e no território dos "bundões", os Estados Unidos também confirmam sua liderança.

GOSTAR NÃO É SUFICIENTE

O ano era de 1965. A carreira diplomática de VINICIUS chegara ao fim – seu comportamento desagradava à revolução. A pedido de um produtor francês, compôs uma música, com BADEN, para um filme. No ano seguinte, e convidado para fazer parte do júri de CANNES, quase caiu da cadeira quando ouviu seu *Samba da benção* no filme de CLAUDE LELOUCH – UM HOMEM UMA MULHER. E caiu da cadeira, mesmo, quando descobriu que nem ele nem BADEN eram os autores nos créditos. Virou a mesa e a gatunagem foi desfeita.

No *Samba da benção*, VINICUS e BADEN, advertem: "Cuidado, companheiro! / A vida é pra valer / E não se engane não, tem uma só / Duas mesmo que é bom / Ninguém vai me dizer que tem / Sem provar muito bem provado / Com certidão passada em cartório do céu / E assinado embaixo: Deus."

Cinquenta anos depois caiu a ficha para as pessoas, para nós, NOVOS CONSUMIDORES. Não queremos mais apenas realizar uma compra; queremos ter uma experiência memorável de compra; queremos aproveitar ao máximo e a cada momento essa vida, que salvo prova em contrário, e até agora não existe prova em contrário, é uma só, como nos ensinou o poeta. Desistimos de "rapidinhas"; queremos nos envolver de verdade – e, até por isso, demos a liderança ao CIALIS, ao invés do VIAGRA.

JOHN JANTSCH é um dos melhores e mais importantes blogueiros do marketing. Dia desses, abordou com extraordinária propriedade esse tema, sob o título, "I LIKE YOU, BUT I DON'T KNOW IF I LOVE YOU." E é por aí. Não é suficiente mais e apenas gostar. Tem que amar, de verdade.

Segundo JOHN JANTASCH, nós, os novos consumidores,

- **gostamos** de empresas que oferecem o bom, mas amamos as que nos garantem o simples;
- **gostamos** das que nos prestam bons serviços, mas amamos as que prestam esses serviços através de pessoas adoráveis;
- **gostamos** das que se comunicam bem, mas amamos as que nos emocionam pela narrativa;
- **gostamos** das que são inovadoras, mas amamos as que nos inspiram;
- **gostamos** das que são diferentes, mas amamos as que nos surpreendem e emocionam;
- **gostamos** das que nos orientam, mas amamos as que nos conduzem a uma jornada extraordinária.

E conclui, se você ambiciona alcançar a liderança em seu campo de atuação não é suficiente que as pessoas gostem de sua empresa; é essencial que ela seja amada.

Como lembrava o poeta, "Ponha um pouco de amor numa cadência / E vai ver que ninguém no mundo vence / A beleza que tem um samba, não...".

5
Produtos, Depois de Lançados, Têm Vida Própria

É de causar perplexidade o número de empresas que se cansa de seus produtos, quando o mercado continua apaixonado por eles.

Duas são as principais causas para esse comportamento absurdo.

A primeira é a confusão que se estabelece na empresa entre a intensidade da percepção interna, quando os dirigentes são impactados permanentemente pelo produto e todos os seus mecanismos de comunicação, e a percepção externa – que é a que conta e a que deveria prevalecer –, quando clientes e *prospects* são impactados esporadicamente por esses mesmos mecanismos.

O sentimento de cansaço, de repetição, de enfado, mesmo, vai tomando conta dos executivos, e, ainda que os números continuem interessantes, ganha corpo e prevalece a necessidade de atualizações, reposicionamentos, até alguém sugerir a descontinuidade.

Se as empresas conseguissem – deveriam – colocar-se sempre na pele do cliente, talvez seguissem os conselhos de Cartola na música *As rosas não falam*: "e quem sabe sonhavas meu sonho, por fim". E os produtos ganhariam uma mais que merecida e justa sobrevida.

A segunda é quando ocorre a troca no comando do marketing. E muitas vezes, e sem a menor consistência, mais para provar que as estratégias anteriores estavam erradas, o novo executivo decide abreviar a vida de produtos com muitos anos pela frente.

Por essas duas e outras razões, é expressiva, nos cemitérios das empresas, a quantidade de produtos enterrados vivos.

UMA BONECA BILIONÁRIA

Sua morte já foi anunciada inúmeras vezes.

Centenas de milhares foram para o lixo, assim que as meninas ingressaram na adolescência. Mas, milhares foram guardadas e hoje são parte de coleções supervalorizadas.

Todas as empresas deveriam colocar nas mesas de seus principais executivos um exemplar dessa boneca, para que eles jamais se esqueçam de seu exemplo e aprendam a respeitar mais seus produtos, entendendo que, uma vez expostos ao mercado, eles passam a ter uma espécie de vida própria. Afinal, a maior virtude que se espera dos executivos é o respeito à vitalidade desses produtos, criando todas as condições para que essa força interna se converta em *share of market*.

Em 1987, John Amerman assumiu o comando da Mattel Inc. para tentar salvar a empresa, vítima de uma série de erros, dentre os quais se destacava o mesmo cometido, na época, pela Estrela no Brasil: o de supor que estava no mercado de brinquedos convencionais e não no mercado de entretenimento, desconsiderando o impacto das novas tecnologias no comportamento de crianças e adolescentes. Naquele ano, a Mattel havia faturado US$ 1 bilhão, perdido US$ 113 milhões, e suas ações batiam no fundo do poço – US$ 5 cada.

Ao analisar o retrospecto da empresa e o desempenho de diferentes produtos, saltou aos olhos de Amerman que, uma vez mais, aquela boneca, como em ocasiões anteriores, poderia realizar o milagre e tirar a organização do buraco.

Ao contrário de seus antecessores, ele fez com que a companhia voltasse a respeitar a incomum vitalidade e o grande carisma da BARBIE. Mais do que isso, criou todas as condições para que esse fantástico potencial se transformasse em realidade.

No final de 1994, ou seja, sete anos depois, a Barbie voltou a brilhar como nunca, carregando consigo a Mattel. O faturamento da empresa saltou para US$ 2,7 bilhões, sendo que a Divisão Barbie – isso mesmo, desde então Barbie é toda uma divisão de produtos e licenciamentos – foi responsável por US$ 1 bilhão. O lucro saltou para US$ 226 milhões, e as ações bateram US$ 27 cada.

Executivos sensíveis e responsáveis deveriam, sempre, olhar para seus produtos e marcas com o mesmo carinho e paixão que Amerman dedicou à "santa" Barbie; com o igual amor e carinho com que as meninas cuidam de suas bonecas.

QUEM NUNCA FUMOU ESTÁ COMPRANDO ISQUEIRO

Parece coisa de louco, mas não é. Quem nunca fumou, como meus filhos e seus amigos, agora compra isqueiro.

Bem, não exatamente isqueiro, mas ZIPPO. E claro, mais do que isqueiro, hoje Zippo é um dos grandes ícones do marketing genuíno e de qualidade.

Para os mais velhos, como eu, Zippo constitui uma referência lá dos anos 1950. Não só Zippo, como também COLIBRI. Só que Colibri se perdeu pelo meio do caminho.

Além daqueles isqueiros tipo "batata", como se chamavam na época, a "curtição" de todo adolescente que se iniciava no hoje discriminado e letal hábito de fumar era conseguir seu primeiro Colibri. Então, na sequência, e em um ambicionado upgrade, chegar ao Zippo.

Nos filmes da época, os galãs só usavam Zippo. Todos em poderosas Harley-Davidson, ao puxar um cigarro com a "mina" na garupa, sacavam o Zippo como se estivessem sacando um revólver, e, em um movimento de vaivém, passavam o Zippo na calça jeans e ele já subia para os lábios com a chama brilhando. Cigarro aceso, de novo um movimento no ar e um barulho característico – assim o Zippo devidamente fechado retornava ao bolso.

Ou se tinha Zippo e se sabia manejá-lo com destreza e competência, ou sua masculinidade era questionada.

A partir dos anos 1980, e nos filmes que retratavam os anos 1950, lá estava o Zippo, de novo. Assim, claro, como em todas as comemorações referentes à época.

Enquanto isso, o consumo de cigarros despencava em decorrência à consciência dos terríveis prejuízos que causa à saúde dos que fumam, e dos que não fumam também, e em decorrência a todas as medidas restritivas que se multiplicam em relação aos discriminados fumantes.

Simultaneamente, em movimento contrário, as vendas de isqueiros, ou melhor, de Zippo, vêm crescendo ano após ano. E novas gerações chegam ao mercado sem nunca terem colocado um cigarro na boca, mas com um vistoso Zippo no "pocket one" das suas "five pocket" Lee ou Levi's.

De 1988 a 1994, as vendas de Zippo simplesmente dobraram. De um patamar de US$ 50 milhões ao ano, saltaram para US$ 100 milhões. E, de lá para cá, as vendas vêm registrando um crescimento médio de 10% ao ano.

Assim como as mais capazes e sensíveis empresas do mundo, que respeitam a vida própria de seus produtos, uma vez colocados no mercado, a Zippo Manufacturing Co. sempre se manteve atenta, mediante observações e pesquisas, ao que estava acontecendo com seu isqueiro. Em uma dessas pesquisas, descobriu, em meio a outras constatações importantes, que mais de 30% de seus clientes eram colecionadores. Sendo assim, a partir de um competente programa de *database* Marketing com seu Trade, todos os anos lança uma nova coleção. E, nas datas comemorativas, produz edições especiais. Na comemoração dos 50 anos do Dia D, em junho de 1994, por exemplo, produziu uma série referente a efemérides. Vendeu, em todo o mundo, "apenas" 450 mil unidades.

Quando uma empresa tem o privilégio de ter um produto Zippo em seu portfólio, é só seguir seus movimentos, a partir do movimento de seus admiradores, e aproveitar as oportunidades que se revelam. A chama jamais vai se apagar.

LIBERDADE PARA CRESCER

Muitas empresas, por excesso de zelo, acabam asfixiando seus produtos; inibindo uma parcela expressiva de suas potencialidades naturais e intrínsecas.

No início dos anos 1960, comecei a conviver, por meio da Jussara, com uma empresa que até hoje é um exemplo de como garantir, criar e oferecer a seus produtos liberdade e estímulos para crescer.

Naquele tempo, o Alto de Pinheiros – hoje um bairro muito bonito e elegante de São Paulo – estava apenas começando.

A mãe da Jussara – separada do marido – decidiu permanecer na casa que fora construída para o sonhado "lar, doce lar" e que durou apenas alguns meses.

O fato é que a Jussara, um pouco mais velha que eu, com prática e habilidade, foi conquistando meu coração. Meu coração? No início, talvez.

Mas, com o passar dos meses, descobri, não obstante todas as atenções e generosidades da Jussara, que estava preso mesmo era por umas iscas de filé, com um creme por cima, de cor meio caramelada, e uns pedaços de cogumelos cortados irregularmente, que a mãe dela preparava todos os domingos para o almoço.

Eu fazia a "viagem" em um possante Fusca de propriedade do Seu Carlos, meu pai, que, em caráter de rodízio, o emprestava para seus dois filhos. E foi um pneu furado em um domingo à noite que me "salvou" dos carinhos da Jussara e das tentações da "carne", digo, do "estrogonofe".

Enquanto trocava o pneu, em pleno mato, na imensa escuridão, senti um forte "bafo" por trás, no meu pescoço. Não se precipite, querido leitor, nas conclusões. Era apenas um simpático e comportado cavalo que passeava pelas noites no Alto de Pinheiros, nos anos 1960. Com o susto, nunca mais voltei!

Na rua onde eu morava, havia dois botecos; um em frente ao outro. O outro eu nem me lembro de quem era. O um era do seu Manuel, um simpático português, próximo dos 40 anos, com uma certa barriga e um alinhado bigode, a quem eu atormentava todos os fins de noite perguntando quanto ele queria para eu arrematar os bolinhos de bacalhau encalhados...

O fato é que, de repente, seu Manuel passou a frequentar o boteco em frente. E aí a curiosidade foi total. E lá fomos nós, investigar as razões de Seu Manuel.

Aparentemente, nenhuma dúvida: Celeste, uma exuberante mulata, só comparável hoje ao Chester da Perdigão, e que não escondia seus predicados. Mas, quando perguntado, seu Manuel afirmava: "Estou tentando descobrir o que é que essa mulata põe na batida de coco, que fica tão cremosa...". A última notícia que tive deles falava de – este sim – um "lar, doce lar" com dois portuguesinhos ligeiramente bronzeados.

Lá na minha terra – Bauru – num belo dia, alguém apareceu com uma novidade. Tratava-se de um creme com sabor de cebola, para passar em bolachas, pão e torradas, servido religiosamente todos os domingos após a missa, e como complemento do aperitivo da santa macarronada. Em poucas semanas, a partir de um "você precisa me dar a receita", aquele creme alastrou-se feito praga. Não havia uma única casa onde se fosse que, para acompanhar uma bebidinha, não viesse o creme em epígrafe. Havia mais creme de cebola nas casas da cidade que andorinha nos jardins da Praça Rui Barbosa; e olha que o que existia de andorinhas na praça Rui Barbosa naqueles tempos não era brincadeira. Que o digam as cabeças sem chapéu dos incautos visitantes.

Há mais de 60 anos, presumo, a NESTLÉ colocou no mercado um produto para o qual muitos torceram o nariz, e cuja durabilidade foi questionada: o creme de leite. Que estava no "estrogonofe" da mãe da Jussara, na batida de coco da Celeste e no creme de cebola nas casas de Bauru – inclusive da Dona Eni. A propósito, nesse creme de cebola ainda entra, de carona, outro produto da Nestlé.

Com o passar do tempo, mediante a Divisão de Pesquisa e Desenvolvimento da Nestlé, leia-se "Cozinha Experimental", gradativamente descobriram-se usos e mais usos para o despretensioso creme de leite. Hoje, o difícil é encontrar uma única receita de doces, sorvetes, batidas, refrescos, salgados, massas e assemelhados em que o creme de leite não esteja presente.

E aí me perguntam o que é marketing? O que é ter consciência do marketing e praticá-lo? E me ocorre responder que, dentre outras coisas, é respeitar ao máximo o potencial pleno de cada um dos produtos da empresa. Mais ainda: criar todas as condições e incentivos para que esse potencial se manifeste e se realize.

Como fez, e faz, a Nestlé com seu creme de leite, com o leite condensado e todos os demais produtos que fabrica, todos os dias, o ano todo.

JEEP

Desde a Primeira Guerra Mundial, o exército norte-americano lamentava a falta que fazia um veículo resistente e versátil, capaz de suportar e enfrentar diferentes situações.

Na década de 1930, a ABCC – AMERICAN BANTAM CAR COMPANY – começou a produzir alguns veículos, cuja maior característica era a capacidade de transitar em terrenos inóspitos e não convencionais, além de ruas, estradas e caminhos. Eles eram mais conhecidos como "veículos de reconhecimento", e foram testados e aprovados pela Guarda Nacional da Pensilvânia.

No dia 7 de julho de 1938, o US ARMY abriu uma licitação para o desenvolvimento e a construção de um automóvel que correspondesse às seguintes especificações: tração nas quatro rodas, capacidade de manter uma velocidade constante de 5 km a 6 km por hora sem aquecimento do motor, força e resistência para superar diferentes tipos de obstáculos, possibilidade de transportar armas prontas para utilização e, ainda, com peso máximo de 580 quilos.

Dentre as concorrentes, destacou-se a BANTAM, que já possuía larga experiência com aquele "veículo de reconhecimento", sob o comando do designer KARL PROBST. Mesmo com 330 quilos a mais que o solicitado, e entregando o protótipo dois dias depois do prazo, a BANTAM se saiu melhor nos *hard test drives*.. Como não tinha capacidade de produção, a fabricação foi confiada à WILLYS e à FORD: 1.500 unidades cada uma para o "veículo de múltiplos propósitos – G (Jee, de *general*) e P (Pi, de *purpose*) = JEEP".

Recebida a encomenda, o exército optou pelos WILLYS, que apresentaram desempenho superior, preço melhor e simplicidade mecânica. De veículo de guerra, o "avô" dos utilitários evoluiu para veículo de campo, "off-road", e hoje se consagra nas ruas das principais cidades do mundo como os modelos mais desejados da indústria automobilística mundial: Pajero, Land Rover, Rav, Explorer, Grand Cherokee...

Para os que ainda não acreditam que produtos depois de lançados têm vida própria, a história do JEEP dá uma ótima reflexão.

A RESSURREIÇÃO DA CAMISINHA

A ocorrência do milagre da ressurreição, em marketing, é muito pouco comum. Na maioria das vezes em que se supõe que o milagre tenha acontecido, de verdade mesmo, o entendimento e a análise é que foram equivocados.

Conclui-se que se tratava de produtos com um longo caminho ainda a percorrer, mas que definhavam nas mãos de marqueteiros preguiçosos, arrogantes e, acima de tudo, incompetentes. Trocado o marqueteiro, os produtos vicejavam como antes, dando a falsa impressão de que ocorrera o fenômeno da ressurreição.

Já com a camisinha foi ressurreição mesmo. E a causa situa-se em uma das variáveis não controláveis do ambiente econômico, e que aqui no MADIAMUNDOMARKETING batizamos de EVENTUALIDADES. Isso mesmo, coisas que acontecem e não são previstas, independentes da vontade dos agentes econômicos, e que acabam determinando fantásticas oportunidades para alguns produtos e morte instantânea para outros.

Decadente, "brochante", com a vida encurtada pelos anticoncepcionais modernos, a camisinha caminhava conformada para o merecido e definitivo descanso. E aí pintou o HIV e uma série de novas doenças sexualmente transmissíveis, além das convencionais gonorreia, sífilis e assemelhadas. Assim, e enquanto se aguarda uma vacina eficaz, o melhor mecanismo de prevenção dessas doenças continua sendo a velha, tradicional e prosaica camisinha.

Depois de muita resistência e sucessivas campanhas de esclarecimento e orientação, finalmente os brasileiros conscientizaram-se da importância de seu uso, e a camisinha, de vinte anos para cá, voltou a brilhar com incomum, merecida e salutar intensidade. De 120 milhões de unidades vendidas em 1996, o número saltou para 145 milhões em 1997, e desde então não deixou de crescer um único ano.

A camisinha é a exceção que justifica a regra. A regra de que produtos, depois de lançados, têm vida própria, com exceção dos que já tendo cumprido sua missão milagrosamente foram salvos pelas circunstâncias.

6
Persiga, Sempre, um Novo Ângulo de Visão

Um dos mais importantes segredos do sucesso empresarial é a disciplina de olhar sempre para os mesmos produtos de uma forma diferente, a partir de um novo ângulo de visão.

Se o produto existe e é um sucesso total ou relativo, a tendência natural é que seus responsáveis o observem e analisem sempre se colocando no lugar dos atuais clientes, e, por decorrência, não identificando outras potencialidades e possibilidades. Pior que isso, muitas vezes nem mesmo acompanham a convivência dos que já são usuários do produto, na presunção de que já sabem tudo, perdendo fantásticas oportunidades de novos usos que decorrem, naturalmente, desse relacionamento.

ILUMINE SEU PRODUTO

Em toda a trajetória do MADIAMUNDOMARKETING temos registrado aquela que talvez seja a maior preocupação de parcela expressiva das empresas que recorrem a nossos serviços e expertise. Para essas empresas – e quase todas as demais –, tudo o que era possível fazer com seus produtos já foi feito. A criatividade se esgotou! Não há mais como inovar e dar sobrevida a "campeões cansados" ou, para utilizar o título de um clássico do faroeste, *Pistoleiros do entardecer*.

Até mesmo as agências de propaganda, verdadeiros depósitos de talento criativo, quando se trata de criar um posicionamento novo e inusitado para elas próprias, na maioria das vezes, acabam jogando a toalha, entregando os pontos, sob o pretexto de que "tudo já foi feito". Será? A nossa experiência e o mundo nos ensinam que NÃO! Com exceção do Sol, da Lua, das estrelas, do dia e da noite, tudo o mais é passível de inovação, de reposicionamento, de força nova e revolucionária. Como nos ensina uma empresa que ILUMINOU SEU PRODUTO.

Após anos de sucesso e muitos modelos vencedores, a TIMEX bateu a cabeça no teto. Seu faturamento atingiu um determinado patamar e, aparentemente, não havia nada mais a ser feito para superá-lo. Foi quando decidiu mudar seu ângulo de visão. Parar de olhar só para frente, e continuar multiplicando seus modelos, olhando para trás e para os lados também. E, ainda, parar de pensar verticalmente e pensar horizontalmente em um atributo capaz de impactar toda a linha de produtos e não apenas alguns modelos.

Olhando para trás, em direção ao passado, a Timex foi buscar um velho botão que, quando pressionado, iluminava parcialmente o relógio com uma luz branca. Olhando para os lados, deu um tom azulado à luz, iluminou o mostrador por completo e batizou a "novidade" com um nome mágico: Indiglo. Depois, cuidou para que a publicidade valorizasse o diferencial, uma vez que é difícil comprovar esse atributo em pontos de venda excessivamente claros.

Finalmente, contou, como sempre merecem as empresas aplicadas, com a ajuda da sorte, embora em situações trágicas: tanto no terremoto de Los Angeles, quanto no primeiro atentado ao World *trade* Center – logo após o lançamento da linha Indiglo, algumas pessoas conseguiram escapar, em plena escuridão, pressionando o botão "iluminador" de seus Timex.

Em menos de um ano, a Timex rompeu o teto e mudou seu patamar histórico de faturamento. Lançada no outono de 1992, a linha Indiglo foi responsável, logo no primeiro ano, por um aumento de vendas da companhia superior a 50%. E, desde então, todos os antigos best-sellers da empresa vêm sendo relançados na versão Indiglo.

Ou seja, sempre é possível revitalizar produtos, quando se é capaz de ter um novo ângulo de visão.

DERIVATIVOS EM MARKETING

Depois da quebra de um secular banco londrino, o mundo inteiro começou a "desconfiar" dos chamados derivativos.

Sem querer ensinar nada a ninguém, mas apenas agregando uma pequena informação, derivativo, como o nome diz, é tudo o que deriva de uma base principal, ou seja, existe um dado básico inicial e dele derivam infinitas alternativas de negócios, investimentos, produtos, serviços, apostas etc.

Vamos pegar como exemplo o futebol, uma partida entre as seleções brasileira e argentina. O normal, o convencional, o básico, são duas pessoas decidirem apostar em quem será o vencedor: Brasil ou Argentina. Mas, sobre essa base inicial, decorrem infinitas "apostas derivativas", como o placar do jogo, quem marcará o primeiro gol ou todos os gols, se um dos gols será decorrente de pênalti, em quantos toques de bola sairá o primeiro gol, em quais minutos acontecerão os gols, quantos jogadores serão expulsos... Ou seja, o jogo continua sendo um só, mas as possibilidades de apostas derivadas são infinitas.

Sob a luz dessa compreensão, pode-se afirmar, com total segurança, que mais de 80% do mundo do marketing é constituído de derivativos. Primeiro, por exemplo, inventou-se um iogurte natural. A partir dessa base, cada indústria do setor passou a oferecer dezenas e dezenas de iogurtes "derivativos". Um dia, a Nestlé lançou um creme de leite para uma finalidade específica; hoje, esse mesmo creme de leite é utilizado de milhares de maneiras diferentes, derivadas daquele uso inicial.

De uns tempos para cá, o entendimento e a política de como é importante exercitar a multiplicação de linhas de produtos e serviços, mediante a técnica de "derivá-las" de um produto ou serviço básico, vem prevalecendo nas empresas mais modernas. A premissa é, mais ou menos, a seguinte: quase tudo o que havia para ser criado já o foi ou, escrevendo de outra forma, muito já se investiu nos processos de criação a partir do zero; vamos passar os próximos 50 anos derivando, ou inovando, a partir do que já foi inventado.

O melhor exemplo é o "Milagre Japonês", que não criou absolutamente nada, restringindo-se a inovar sobre conhecimentos, técnicas, produtos e serviços já existentes. Assim, o domínio japonês no campo da eletrônica foi totalmente alcançado sobre produtos inventados ou criados em outras partes do mundo, aos quais eles agregaram marketing, modernidade, glamour e design: INOVAÇÃO!

Há muitos anos, e através da GNT, tomei conhecimento de um derivativo que fez as pessoas ter uma reação inicial de indignação, mas, depois, com a explicação, passaram a aplaudir os investidores que estavam aplicando parte do seu capital nessa nova modalidade de investimento, de derivativo.

Tratava-se do negócio de comprar – na condição de beneficiário – apólices de seguros de vida de pessoas contaminadas pelo HIV e que já vinham manifestando sinais da doença. Quanto mais avançada fosse a doença, menor era o risco do investidor e menor o deságio, e vice-versa. Quanto menos adiantada a doença, ou seja, quanto maior a perspectiva de vida do doente, maior o risco do investidor, e maior o deságio. Assim, compraram-se seguros que, na hipótese do sinistro, resultaram em indenizações de US$ 200 mil, por US$ 80 mil ou US$ 100 mil, "cash". E a justificativa ética e social era a de garantir aos doentes um final de vida com maior conforto e dignidade, em vez de sua morte representar aumento de patrimônio para seus beneficiários naturais ou originalmente especificados na contratação do seguro.

Felizmente, e com os coquetéis de remédios, esse problema foi sensivelmente atenuado, desaparecendo a oportunidade para esse derivativo.

Após 60 anos de práticas de marketing, prevalece o entendimento: "uma vez criar, 50 vezes derivar".

MACH3, A GILLETTE DE UM BILHÃO DE DÓLARES

Quase dois anos depois de seu lançamento nos Estados Unidos, um dia aterrissou nas farmácias, drogarias e supermercados do Brasil a até então última geração dos produtos com a marca GILLETTE: o MACH3.

Algumas características do desenvolvimento do produto foram e continuam sendo, realmente, impressionantes, além do US$ 1 bilhão investido.

Demandou mais de seis anos, envolveu cinco centenas de cientistas, um pelotão de segurança para preservar todos os seus 35 segredos, hoje devidamente patenteados, e ainda o fato de que nenhuma das pessoas envolvidas no projeto tinha conhecimento da sua totalidade.

Seus diferenciais de liderança são muitos. A começar pelo fato de ser o primeiro aparelho que possui uma terceira lâmina, que dá um derradeiro corte no que restou do fio de barba após a passagem da primeira e da segunda.

Já a cabeça do barbeador é móvel e diferente de seu antecessor, o SENSOR. O cartucho é fixado no aparelho pelas extremidades, possibilitando maior amplitude de movimentos e um "encaixe personalizado" a cada tipo e superfície de rosto.

Construído em "arquitetura aberta", os cartuchos possibilitam a passagem da água, não sendo mais necessária a tradicional batida sucessiva do aparelho na superfície da pia, para melhor limpeza. E, ainda, a fita lubrificante do cartucho vem com um marcador azul, que sinaliza a durabilidade das lâminas. Quando o marcador perde a cor...

Com o MACH3, e uma vez mais, a GILLETTE pontificou pela sua tradicional e marcante característica de não descansar sobre os territórios já conquistados, e pela condição de empresa líder absoluta e incontestável na prestação dos serviços de "fazer a barba".

Sem concorrentes à altura e nenhuma ameaça no horizonte, questiona-se e desafia-se, dia após dia, o compromisso que se impôs de sempre se superar, comportando-se como seu mais cruel concorrente. Para ela, ontem, hoje, amanhã e sempre, o preço da liderança é a permanente e incansável atualização.

CIRCOS E CIRCOS

Enquanto no Brasil, e em muitos outros países, os tradicionais e decadentes circos – por mais nostalgia que possam nos trazer – insistem em colocar animais em seus espetáculos – mesmo, e muitas vezes, não tendo dinheiro nem mesmo para alimentá-los –, os novos circos – sem animais, naturalmente – encantam e prosperam.

Ao mesmo tempo em que em nosso País, toda a população chocava-se com a tragédia de um menino de seis anos devorado por um leão do Circo Vostok, na presença de três mil pessoas, na cidade de Jaboatão dos Guararapes, em Pernambuco, e, em seguida, com quatro leões sendo executados a tiros pelos policiais militares, o CIRQUE DU SOLEIL – o mais emblemático dos novos circos – celebrava seus 23 milhões de espectadores em 15 anos de existência.

Criado a partir da reflexão sobre um dos ensinamentos da filosofia chinesa "aqueles que são capazes de flutuar percorrem toda a Terra superando montanhas e rios, são seres alados que habitarão a ilha dos imortais", em um país sem tradição circense, o Canadá, e com uma trupe que se exibia pelas ruas das cidades durante o verão, "Club de Talons Hauts", o CIRQUE DU SOLEIL destaca-se como o melhor exemplo a ser seguido pelos empresários remanescentes e novos da indústria do circo.

Fundado em 1982, apresentou seu primeiro espetáculo de um repertório que já incluía 12 peças, apenas em 1984. Com pouco mais de 15 anos de apresentações, e além de já ter superado os 23 milhões de espectadores, tornou-se uma empresa rentável, com 2.100 funcionários, 500 artistas procedentes de diferentes países, inclusive muitos do Brasil, com idade média de 32 anos.

Durante a reflexão que os jovens canadenses fizeram, e que deu origem ao CIRQUE DU SOLEIL, uma pergunta esteve presente em todos os momentos: O QUE AS PESSOAS PROCURAM QUANDO VÃO A UM CIRCO? E surgiu a resposta orientadora: EMOÇÃO, ALEGRIA, DIVERSÃO, ENCANTAMENTO. Era esse o produto que tinham de construir, e eles o fizeram primorosamente.

Tendo como forças básicas o cenário/espaço necessário, a luz com precisão de tons e intensidade, a música encantadora e envolvente, artistas perfeitos em suas especialidades, e que também interpretam e cantam, com toda a tecnologia disponível, eles passaram a oferecer o máximo de conforto para os espectadores sob uma direção magistral.

Enquanto o circo convencional definha, o CIRQUE DU SOLEIL recebe, em todos os fins de semana dos últimos anos, e nos diferentes lugares em que oferece seus espetáculos simultaneamente, um público médio de 100 mil pessoas.

BAR ESTADÃO

Para os não iniciados e eventuais futuros frequentadores, o Bar Estadão, o rei do sanduíche de pernil de porco, fica perto do prédio do jornal *O Estado de S.Paulo*, na Marginal do Tietê. Aproximaram-se da resposta certa, só que erraram no tempo, e, por decorrência, no endereço. O Bar Estadão, durante anos, esteve perto do prédio do jornal *Estadão*, mas apenas quando suas instalações ficavam entre a rua Major Quedinho e o viaduto 9 de Julho, na cidade de São Paulo. Foi assim batizado, naquela época, uma vez que quase toda a redação do jornal frequentava suas antigas e tímidas instalações. Depois, o *Diário de S. Paulo* mudou-se para o prédio e ocupou as instalações do *Estadão* – após uma negociação histórica conduzida por Armando Ferrentini – e o bar preservou seu nome e ainda ganhou toda a redação do novo locatário como cliente.

Inaugurado há 45 anos, pelo Bar Estadão já passaram muitas celebridades – eram clientes frequentes Sócrates, Mário Covas, dentre outros. Desde seu início, a direção procurou intuitivamente apostar em uma especialidade, escolhendo o sanduíche de pernil de porco como "peça de resistência e perpetuação". Depois de 30 anos, devidamente consagrado pela "boca do povo" – que não apenas devorava seu sanduíche, como principalmente disseminava e consagrava a mística –, teve sua preferência referendada pela revista *Veja*, que o elegeu o melhor sanduíche da cidade.

A razão do sucesso: preparo e tempero. Peça de pernil criteriosamente selecionada, muitos furos para a introdução do sal, liberação da salmoura, mais temperos exclusivos, quatro horas no forno a gás revestido com tijolo refratário. Em função da demanda permanente, a possibilidade de estar várias vezes ao dia colocando novas peças no forno sempre garantiu um novo pernil em condições ideais de consumo.

Em tempo: são 600 sanduíches por dia; alguns clientes chegam a comer cinco sanduíches de uma só vez!

Circos e sanduíches de pernil sempre existiram. Mas renasceram e chegaram a sucessos memoráveis pela capacidade de releitura de pessoas capazes de olhar para o supostamente prosaico, convencional e definitivo a partir de um novo ângulo de visão.

7
É Melhor Ser o Primeiro do Que Ser o Melhor

Com a sensibilidade e a irreverência que os caracterizam, AL RIES e JACK TROUT, os consagrados autores de *Marketing de guerra* e *posicionamento*, dentre outros livros de sucesso, elegeram como a Primeira de suas *22 Leis Consagradas do Marketing* este que é o nosso sétimo mandamento: "É melhor ser o primeiro do que ser o melhor."

Para sustentar a consistência dessa lei cito os consagrados autores que se reportam à história e à vida perguntando: "A primeira pessoa a atravessar o Atlântico em voo solo foi Charles Lindbergh. Quem foi a segunda?" Ou: "Neil Armstrong foi o primeiro a pisar na Lua. Quem foi o segundo?" Ou: "George Washington foi o primeiro presidente dos Estados Unidos. Quem foi o segundo?" Ou:...

Realmente, fazer o primeiro movimento, ser reconhecida como a MARCA que criou uma nova categoria de produtos ou serviços é uma vantagem competitiva inestimável. Na maior parte das categorias, a liderança pertence ao primeiro a chegar e, em quase todas, o primeiro é a referência, o benchmark.

A IMPORTÂNCIA DE SAIR ANTES

A cada dia que passa, e nessa sociedade em ritmo simplesmente alucinante, sair antes, ainda que com alguns bugs, precede qualquer outra alternativa. Conforme ensinam Al Ries e Jack Trout, "a questão básica no marketing é criar uma categoria em que se possa ser o primeiro. É a Lei da Liderança. É melhor ser o primeiro do que ser o melhor...". E complementam: "É muito mais fácil penetrar na mente primeiro do que tentar convencer alguém a mudar para um produto melhor do que aquele que penetrou primeiro na mente."

Dos cases recentes, que melhor ilustram essa comprovada verdade do marketing e da vida, merece destaque todo especial o do GATORADE. Um produto desenvolvido e criado pela Van Camp e comprado pela Quaker.

Durante muitos anos, com uma competência incomum, a Quaker posicionou o Gatorade com a maior correção, criando a categoria dos isotônicos – produtos que prometem repor os sais minerais e líquidos perdidos durante a realização de exercícios – e gerando um faturamento que só fez crescer, ano após ano. Conclusão: diante dessa verdadeira máquina de fazer dinheiro que é o Gatorade, em determinado momento, a Coca e a Pepsi "caíram matando" na nova categoria com seus produtos All Sport (Pepsi) e Powerade (Coca).

Em vários mercados norte-americanos, a Pepsi oferecia uma caixa de All Sport de graça para cada caixa que o varejista comprasse, procurando asfixiar o Gatorade pelo preço. Já a Coca, dentre outras iniciativas, patrocinou a Copa do Mundo de Futebol, nos Estados Unidos, e as Olimpíadas, dando maior força para o Powerade.

O que aconteceu? Simplesmente o mercado de isotônicos, com tantos investimentos e movimentação, acabou crescendo. E o GATORADE, além de manter a preferência da quase totalidade da clientela, acabou pela liderança decorrente de ter saído antes, conquistando muitos desses novos clientes que a Pepsi e a Coca agregaram ao mercado.

Anos depois, e consciente da inconsequência de suas tentativas, só restou à PEPSI comprar a QUAKER, com seu GATORADE...

INVASÃO DOS BUGS

Piores, muito piores que aquelas tempestades de pragas e gafanhotos que costumavam, em um passado não muito distante, dizimar lavouras inteiras, gerando prejuízos descomunais. Piores mesmo que a famosa saúva – "ou o Brasil acaba com a saúva, ou a saúva acaba com o Brasil" – ou que os milhões de andorinhas que, na primavera e no verão, habitavam jardins e praças, carimbando cabeças desprotegidas. Piores que os borrachudos que dominam parcela expressiva do litoral brasileiro. Piores – porque todas essas pragas foram decorrentes de algum cochilo da natureza ou de alguma "forçada de barra" dos homens, gerando situações de desequilíbrio ecológico –, as pragas dos anos 1990 das modernas sociedades de consumo (os bugs) são absolutamente previsíveis e evitáveis, porém, entre ganhar vanguarda e pioneirismo, e sair certinho, mas depois, as empresas estão preferindo a primeira alternativa.

Por essa razão, amigo leitor e consumidor, é que, cada vez mais, e daqui para a frente, esses moderníssimos produtos, em pleno processo de uso, "engasgarão", não farão exatamente aquilo que você espera e que foi anunciado, vez por outra darão alguns "saltos" fora de hora, e sempre exibirão – nada muito grave – algum tipo de "micropulgas, gafanhotos, moscas, borrachudos, chatos e assemelhados..." Ou seja, todos funcionarão; todos cumprirão suas missões e serviços básicos; todos não decepcionarão. Mas, excepcionalmente, algum levará nota 10! Quer dizer, você acabará se acostumando a conviver com pequenos problemas que, por uma razão de necessidade, tempo e economia, deixará de lado ou passará por cima.

A causa dessa invasão de bugs é a que já mencionamos. Entre esperar que o produto fique 100% perfeito e sair depois de seus concorrentes, ou sair antes e corrigir depois, as empresas – quase todas – estão optando por preservar a vanguarda e sair na frente. Por essa razão é que cada vez mais automóveis recém-lançados têm de voltar às "autorizadas" para uma troca de peças; multiplicam-se os outlets, consolidando uma fantástica e maravilhosa sociedade de consumo com milhares de pontinhos, sujeirinhas, pequenos incômodos e desconfortos.

De todos os setores, o rei – disparado – dos bugs é o da informática. Em um setor em que os upgrades ocorriam a cada 36 meses, e hoje em não mais que um ano, as empresas que disputam a liderança de alguns aplicativos são rigorosamente iguais no hábito de "partir como dá e resolver depois".

De qualquer maneira, essa é apenas uma etapa que, em pouco tempo, espero, será superada para, na sequência, continuarem prevalecendo todas aquelas empresas capazes de oferecer o melhor, o perfeito, com a tremenda vantagem competitiva de chegar antes de seus concorrentes sem precisar atropelar seus consumidores.

SER O PRIMEIRO E PERMANECER COMO O PRIMEIRO

Nesses tempos fugazes em que vivemos, em que a novidade de hoje atropela e desbanca a de ontem, e os novos concorrentes multiplicam-se, é uma grande vantagem chegar em primeiro lugar à cabeça dos consumidores. Chegar, ainda que com alguns bugs, que vem determinando essa verdadeira epidemia de recalls em diferentes setores de atividades e categorias de produtos.

É importante, mas não suficiente. Atualmente se sabe, à custa de muitos prejuízos e desaparecimentos, que é importante SER O PRIMEIRO, mas tão importante quanto é PERMANECER O PRIMEIRO. E o que significa isso? Estar permanentemente atento aos movimentos de todos os concorrentes de hoje e de amanhã, rapidamente bloquear esses movimentos, e quando isso não for possível, tal é o poder de fogo de um dos concorrentes, rapidamente se compor ou se aliar a ele.

O case NETSCAPE é um bom exemplo do que estamos falando. Em 1994, quando chegou ao mercado, a internet ainda era ferramenta da comunidade científica e engatinhava na tentativa de conquistar pessoas físicas e jurídicas. O "Navigator", como era denominado, rapidamente caiu no gosto desses usuários porque garantia acessibilidade plena e fácil navegação na WWW. Não custava nada e, em questão de meses, arrebatou mais de 90% da categoria dos programas de acesso à rede e navegação.

E assim permaneceu durante dois anos, reinando tranquilo e glorioso, esbanjando saúde, e vendo suas ações subirem dia após dia na NASDAQ. Só que, em 1997, caiu a ficha para BILL GATES, que rapidamente entendeu que ou a MICROSOFT apoderava-se da internet já, a partir dos programas de acesso e navegação, ou ficaria, em pouco tempo e literalmente, a ver navios. E, desde então, com seu EXPLORER, foi conquistando, um a um, todos os pontos de mercado do "first mover" NETSCAPE.

Em 1998, para felicidade de STEVE CASE, dono do NETSCAPE, que via sua fortuna despencar a cada novo dia, a AMERICA ONLINE lhe fez uma oferta irrecusável de US$ 4,2 bilhões para comprar o controle da empresa, e assim aconteceu. A mesma AOL, que tempos depois constatou ter comprado um mico que nem é mais utilizado por suas dezenas de milhões de associados e que, por essa razão, só distribui para eles as novas versões do EXPLORER. Os mais de 90% de mercado converteram-se, três anos depois, em menos de 10%.

Assim, e por exemplos como o do NETSCAPE, continua sendo importante fator competitivo SER O PRIMEIRO; mas, tão importante quanto, CONTINUAR SENDO O PRIMEIRO.

OUTLETS E O EFEITO MANADA

Às vezes o efeito manada não passa de um pequeno susto. Outras vezes, tem um prejuízo de proporções descomunais e insuportáveis. Em novembro de 2002 – a internet ainda muito distante do que é hoje, mas de um tamanho suficiente para uma disseminação média e fulminante – a SARS – SÍNDROME AGUDA RESPIRATÓRIA GRAVE – fez uma primeira vítima na China.

O mês era novembro. O registro impreciso e medíocre nas redes estimularam milhares de blogs e sites em todo o mundo a insinuarem uma pandemia iminente. Em menos de uma semana o pânico era geral. Os hotéis de HONG KONG, foco original da suposta pandemia, viram sua taxa de ocupação despencar de 80% para 10%. Milhares de escolas fechadas pelo mundo, e boicote a restaurantes chineses na Europa e nos Estados Unidos. Menos de um ano depois, a constatação que o total de vítimas foi inferior a poucas centenas, portanto, quilômetros de distância de qualquer manifestação epidemiológica. Prejuízo estimado: US$ 100 bilhões.

O chamado "efeito manada", hoje também conhecido como "efeito de rede", acontece todas as vezes em que as pessoas reagem e comportam-se de uma mesma forma diante de uma determinada situação e deixam-se levar ou conduzir pelo comportamento de outras pessoas ou instituições, supostamente mais bem informadas.

O que não faz o menor sentido, no entanto, é constatar o efeito manada no território corporativo. Ainda recentemente, alertamos que a "onda dos clubes de compras ou descontos" era um dos mais bizarros e absurdos efeitos manada de todos os tempos. E pontuávamos: "não sobrará pedra sobre pedra" das milhares de empresas que foram abertas no mundo inteiro. Infelizmente estávamos certos, e hoje a meia dúzia que restou tenta, desesperadamente, se reposicionar para sobreviver.

De três anos para cá, "as bolas da vez" voltaram a ser os outlets. Em um País que levou três décadas para ter um primeiro, que verdadeiramente merecesse essa denominação, depois de inúmeras tentativas malsucedidas: o OUTLET PREMIUM SÃO PAULO, inaugurado em julho de 2009. E que só vingou porque finalmente os fabricantes adotaram um comportamento adequado e consistente com o conceito, devidamente policiados pelos empreendedores do outlet.

Neste momento, fala-se em duas dúzias de novos outlets; mais que ter ou não público para tanto, existiriam fabricantes, marcas e produção capazes de corresponder às expectativas que serão geradas nas pessoas? Seguramente não. E ai, e de novo, dos 24 novos restarão no máximo dois ou três, e milhões de pessoas decepcionadas com expectativas não correspondidas. Pior ainda, dentre os novos empreendedores empresas que não têm a mais pálida ideia, cultura, conhecimento de varejo e decidem investir por supostas "afinidades inerentes", como se isso existisse.

Assim, e brevemente, nas principais estradas do País, esqueletos precoces e abandonados do que um dia pretendeu-se ser outlets...

3M, SINÔNIMO, INOVAÇÃO

Um dia decidimos nos rebatizar de MADIAMUNDOMARKETING. E descobrimos em nossa nova denominação os 3Ms. Não só não nos incomodamos nem nos constrangemos como procuramos levar para todas as empresas que confiaram em nossos serviços em 35 anos de consultoria – 534 organizações – uma cultura muito próxima dessa empresa mais que emblemática: UMA CULTURA DE INOVAÇÃO.

PETER DRUCKER, o maior dos mestres, sentenciou: "todo o negócio, independente do setor de atuação, só tem duas e exclusivamente duas funções; MARKETING e INOVAÇÃO. MARKETING para conquistar e preservar clientes; INOVAÇÃO para sobreviver." E é o que praticamos em nosso dia a dia de consultores. Orientados por DRUCKER, referenciando-nos na 3M.

Feita a introdução, uma matéria em *Época Negócios*, e assinada por LUÍS PENTEADO, sobre a empresa referência em INOVAÇÃO, a 3M. Na abertura da matéria, o jornalista sintetiza: "Sete mil pessoas por ano visitam o CTC – CENTRO TÉCNICO PARA CLIENTES – da 3M do BRASIL. São médicos, dentistas, técnicos de segurança no trânsito, universitários, cientistas, engenheiros e funcionários governamentais, entre muitos outros." LUÍS fala sobre o CTC que foi reinaugurado em março de 2013, quase duplicou sua área de 5,6 mil para 10 mil metros quadrados, sendo 7 mil apenas para os laboratórios. Depois de uma pequena pausa, a 3M voltou a investir, com tudo, no que a notabiliza e converte em benchmark: INOVAÇÃO. E foi eleita, pelo segundo ano consecutivo, como A EMPRESA MAIS INOVADORA DO BRASIL, conforme ranking assinado pela A.T.KEARNEY.

Como é possível medir a importância da INOVAÇÃO em uma empresa como a 3M? De diferentes maneiras. Começando pelo desempenho empresarial. Segundo a *Época Negócios*, a empresa fechou 2013 com um crescimento em seu faturamento entre 10% e 13% contra uma média da indústria que não superou aos 2%. Totalizou R$ 2,9 bilhões e pretende mais que dobrar – R$ 6 bilhões em 2016. E complementando com os seguintes números: de todo o portfólio da 3M – 55 mil produtos em mais de 50 segmentos –, 35% é formado de produtos com no máximo cinco anos de vida. E a meta para 2016 é elevar de 35% para 40%.

Ao concluir sua matéria e fazer uma fotografia mais que merecidamente bonita e elogiosa da empresa, LUÍS PENTEADO diz, "Numa de suas tiradas espirituosas, o presidente [salvadorenho da empresa no Brasil, JOSÉ] VARELA diz que, com 55 mil itens de produtos em mais de 50 segmentos, a 3M deveria ser 'a empresa mais sem foco do mundo'. No entanto, há um esperanto falado por todas as áreas da empresa, composto de dois idiomas, o da TECNOLOGIA e o da INOVAÇÃO. Nem todos dominam muito bem os elementos do primeiro, mas o segundo é obrigatório. Não há uma plataforma específica de INOVAÇÃO na empresa – é um imperativo de todas as unidades de negócios."

Em síntese, o *phocus* da 3M é o de encantar todos os seus *suspects* e *prospects* e convertê-los em clientes, apóstolos e disseminadores, pelo seu compromisso, devoção, DNA, cultura e clima de INOVAÇÃO.

Ou, se preferirem, 3M, INOVAÇÃO É A SUA MARCA.

8
O Preço da Sobrevivência É a Permanente Atualização

Muitas vezes, as empresas pensam que a "galinha dos ovos de ouro", ou a "vaquinha leiteira", exauriu toda sua fertilidade e está mais a merecer aposentadoria.

Na verdade, produtos não se aposentam, e muito menos têm prazo de validade que não seja a data colocada na embalagem, e para efeito de consumo. Na maioria das vezes, a suposta exaustão é decorrente da falta de cuidado e, muito especialmente, da falta de talento das empresas e de seus executivos de "eternizar" suas "galinhas dos ovos de ouro".

Um produto vencedor pode viver um ano, dez anos, cem anos. Tudo dependerá da capacidade da organização em promover sua permanente atualização, em perfeita, incansável e rigorosa sintonia com o mercado.

SEMPRE É POSSÍVEL RENASCER

Se para os humanos, até onde se saiba, e até porque ninguém retornou para contar, é impossível renascer, para os produtos, mais do que possível, é desejável e obrigatória uma disciplina de permanente renascimento.

A história do marketing está repleta de exemplos. De produtos que tiveram uma primeira, segunda, décima, enésima vida. Vitórias de empresas sensíveis e capazes de acompanhar e detectar as mudanças de seus mercados de atuação, caminhando junto, simultaneamente e, em boa parte das vezes, se antecipando a elas.

A empresa vencedora, além de estar atenta ao movimento, tem de ser capaz de enxergar a floresta, a árvore e, se possível, a raiz. E, respeitadas essas referências, agir! Rapidamente, mas sempre no momento certo.

Dentre os exemplos recentes de renascimento de produtos, o mais sensacional é o sutiã, que, não faz muito tempo (quem diria), foi queimado em público, no que se imaginava ser um sinal de definição e liberação da mulher.

Os anos se passaram e os seios, que sempre foram, com absoluta certeza, a linha do horizonte dos olhares masculinos, exageradamente exibidos, ingressaram em período de franca banalização. E nem todos, estética e anatomicamente, estavam em condições de gozar de tanta liberdade...

A partir de meados dos anos 1980, estabelece-se a convergência e aproxima-se da chamada síntese. Da liberação sexual à radicalização e promiscuidade, descobriu-se que, tanto no homem quanto na mulher, as "maiores tentações" residiam no insinuado, no sugerido, e não no explicitamente escancarado.

O padrão de beleza feminino, devidamente revisto e recuperado, abandona as mulheres magérrimas tipo Audrey e Twiggy, e volta a ganhar volume. No início dos anos 1990, prevalecem mulheres bonitas, elegantes e, muito especialmente, cheias. Claudia Schiffer passa a ser o referencial, o paradigma. Mais recentemente, Kim Kardashian quebrando recordes e mais recordes no digital.

Depois de centenas de pesquisas, renasce o velho e convencional sutiã em diferentes modelos; mas todos, sem exceção, comprometidos, conforme diz um anúncio dos fabricantes norte-americanos, com a possibilidade de seios "empinados, cheios e exuberantes".

Conclusão: todos os fabricantes de lingerie, de duas décadas para cá, seguiram os passos da Playtex "Wondebra" e da Gossard, despejando no mercado os sutiãs que reabilitam e equiparam, ou aproximam, em "competitividade", mulheres de diferentes anatomias.

No Brasil, os fabricantes mandaram ver. Valisere com seu "Double Effect", DeMillus com o "Super Up" e a Duloren com o "Volupté", os quais, nas palavras de Heloisa Helvécia, da *Revista da Folha*, "funcionam como elevadores. Suspendem e projetam os seios para a frente, inflando qualquer decote. As montanhas – colinas – ficam juntas a ponto de um fio de cabelo não passar pelo vale central."

Garanta aos produtos de sua empresa uma reflexão semelhante. Conscientize todos os seus companheiros de trabalho de que o preço da sobrevivência é a permanente atualização, para que, do mesmo modo que os seios, sua empresa possa permanecer, sempre, orgulhosa, robusta, exuberante.

PRODUTOS BENNY WATERS

Assim como em todos os anos anteriores, iniciei 1995 com uma semana em Nova York.

Além da possibilidade de conviver 24 horas com a família, durante sete ou oito dias – o que é fundamental –, aproveito para recarregar meu marketing olhando, tocando, sentindo, assistindo a produtos, manifestações, serviços, técnicas, que, somados a outras informações, deixam-me "pautado" – ao vivo – para as tendências que se avizinham.

Ao sair de São Paulo, 80% da agenda está completa, com shows e espetáculos reservados, e os restantes 20% defino assim que piso na mais importante ilha do mundo. Deixo as malas no hotel e corro a "newstand" mais próxima, para me abastecer de jornais e revistas e completar a programação.

Naquele ano, no "Village Voice", descobri que haveria uma homenagem ao legendário saxofonista BENNY WATERS, no Metrópolis – uma das melhores casas de jazz de Manhattan –, por ocasião de seu aniversário. Com sorte, e uma gratificação, conseguimos uma mesa.

Para os que não sabem – e acredito que quase ninguém saiba –, BENNY WATERS é um dos pioneiros do jazz.

Nasceu em Maryland, em 1902, em uma família de músicos e, aos seis anos, já tocava órgão e piano. Mudou-se para a Filadélfia com a família e, aos dez anos, junto com os irmãos, formou um conjunto que animava as festas das famílias ricas, respeitando os arranjos contidos nas partituras. Nas horas vagas, brincava com os irmãos improvisando sobre os temas das melodias...

A cortina se abre e lá está Benny Waters, com seus 93 anos, saudando seus amigos e admiradores da plateia e todos os grandes nomes do jazz que foram homenageá-lo naquela noite.

Não preciso dizer que aquela noite e aquele momento ficaram e permanecerão guardados definitivamente em minha memória e no meu coração. Os que lá estavam viveram uma emoção única, inesquecível, como traduziria o poeta Keats: "A thing of beauty is a joy forever."

Benny revelava alguma dificuldade de locomoção, a vista fraca, mas a música, isso mesmo, a música, continuava inteirinha dentro dele. Quando começou a soprar o velho sax, as pessoas ingressaram em um gradativo, suave e maravilhoso delírio.

Agora mesmo, enquanto escrevo este comentário, emociono-me ao lembrar daquele ser humano, figura antológica da história do jazz, que preservava, absolutamente íntegra, e aos 93 anos, sua especialização, sua arte, seu ofício.

É por tudo isso que daqui para frente resolvi homenagear aqueles produtos que se sustentam e se preservam com o passar dos anos e das décadas, chamando-os de "PRODUTOS BENNY WATERS".

A natureza, o talento e a disciplina garantiram a Benny Waters atravessar 93 anos brilhando e merecendo o reconhecimento e a admiração das pessoas.

Já os produtos, para se "perpetuarem" e chegarem a "PRODUTOS BENNY WATERS", dependerão, cada vez mais, da competência, da qualidade e da disciplina do marketing praticado por seus gerentes.

Muito especialmente neste mundo extremamente competitivo em que vivemos, onde o compromisso com a renovação, mais que compromisso, é obrigação a ser cumprida todos os dias e sem exceção.

BENNY partiu no dia 11 de agosto de 1998, três anos depois daquela noite maravilhosa e inesquecível. Mesmo cego pela catarata continuou fazendo shows até os 95 anos.

ADEUS, CIRCO GARCIA, OU O ÚLTIMO RUGIDO DO LEÃO

Com o encerramento das atividades do Circo Garcia, praticamente chegou ao fim, em nosso País, da mesma forma como vem acontecendo em outras partes do mundo, o circo tradicional, fortemente ancorado na presença de animais dentre suas atrações.

Tudo começou em Campinas, no ano de 1928, quando Antolin Garcia, aprendiz de alfaiate, depois de fugir de casa para trabalhar no pequeno circo de Benjamim de Oliveira, e ganhar experiência, decidiu levantar "sua própria lona" pela primeira vez. E entre muitas glórias, sucessos, desapontamentos, alegrias e luta, Carola Boets, viúva de Antolin, 74 anos depois, mais especificamente no dia 29 de dezembro de 2002, no Bairro de Santo Amaro, na cidade de São Paulo, anunciou ser aquela a última apresentação daquele que foi um dia "O Maior Espetáculo da Terra".

Para os donos remanescentes dos circos tradicionais, a maior razão da decadência decorre de proibições que muitos municípios brasileiros vêm fazendo quanto à presença de animais nas apresentações, além da perseguição incansável e impiedosa da ONG Aliança Internacional do Animal.

Já a ONG, que cuida da proteção desses animais, por meio de sua presidenta, Ila Franco, alega que, de forma geral, a maioria dos animais desses circos vive em uma situação dramática e de profundo estresse em decorrência da péssima e insuficiente alimentação, de maus-tratos e por serem mantidos em locais absolutamente inadequados.

A ONG agravou o problema desses circos, mas a contagem regressiva, que agora chega ao fim, começou há muitos anos e por outras e definitivas razões. Trata-se de um conjunto das mais variadas causas, e que passa pelo prevalecimento da televisão, do videocassete e, mais recentemente, dos DVDs, da internet, pela recuperação dos cinemas nas grandes metrópoles, as novas religiões, a falta de tempo... Em síntese, novas alternativas mais acessíveis e mais atraentes em todos os sentidos – sem entrar no mérito, naturalmente –, as quais provocaram sensíveis mudanças nos comportamentos e hábitos das pessoas/famílias.

De novo, repete-se o que Peter Drucker já alertara em 1964, em seu livro *Managing for results* (traduzido no Brasil como *Administração lucrativa*): "Nenhum produto ou empresa isoladamente tem a menor importância para o mercado." Assim que uma ou muitas novas alternativas garantam à pessoa uma melhor compra pelo mesmo valor, a compra é feita no ato. E como alerto em meu livro *O grande livro do marketing*, "Assim como 'o preço da liberdade é a eterna vigilância, o preço da sobrevivência e da salvaguarda das posições de mercado conquistadas é a permanente preocupação e cuidados em manter a marca e o produto 'vivos', atualizados, competitivos, renovando o encantamento que provocam em seus admiradores a cada novo dia."

O que definitivamente não aconteceu com os circos tradicionais, rapidamente substituídos por outras alternativas de lazer e divertimento, e ainda, especificamente em seu território de atuação, pelos novos circos, emblematicamente exemplificados pelo Cirque du Soleil, conforme relatamos algumas páginas atrás.

Em tempo, na mesma semana em que o Garcia dizia pela última vez "Respeitável Público", três leões foram abandonados na cidade de Sumaré, no interior de São Paulo. O *Jornal da Tarde* foi atrás e, em contato com o Centro Nacional de Pesquisa para a Conservação de Mamíferos Carnívoros

(CENAP), constatou que existem hoje no Brasil um total de 57 leões confinados em pequenas jaulas – inclusive em fundos de quintal de delegacias policiais. Todos abandonados por circos. Segundo a reportagem do *JT*, "Os animais, em geral, são abandonados quando ficam velhos e não conseguem mais participar dos espetáculos."

Assim como os circos, os velhos leões, irresistíveis atrações desses mesmos circos no passado, estão dando seus últimos e definitivos rugidos. Rugidos esses que, nos tempos áureos, chegavam a ser ouvidos a até nove quilômetros de distância.

Nos tempos da minha infância em Bauru, os leões rugiam na entrada da cidade e eu ouvia na avenida Rodrigues Alves; era a certeza de que, para felicidade geral da criançada, e desespero dos gatos que eram trocados por ingressos, o Circo Garcia estava chegando...

BRAND JOURNALISM

Sempre se ouviu dizer que se o McDONALD'S permanecesse fora do ar – ausente das grandes redes e emissoras de televisão – por um período superior a duas semanas, na terceira semana as vendas começariam a declinar; e, se continuasse ausente por mais de um mês, a queda no mês seguinte não seria inferior a 10%. E assim caminhava a humanidade, e nisso fiavam-se as grandes redes: na certeza que jamais perderiam a lealdade dos grandes anunciantes, muito especialmente daqueles que dependem do envio regular, sistemático e contínuo de "lembretes" para seus clientes, ou "dependentes". Até que LARRY LIGHT, CMO – *Chief Marketing Officer* – do McDonald's, anunciou, em 2004, a surpreendente revisão na política de comunicação da empresa.

Segundo ele, o até então vitorioso "mass marketing" ingressa em período de suave, mas irreversível decadência, muito especialmente diante de um consumidor mais exigente, que busca um envolvimento maior com a MARCA, o que é absolutamente impossível através de comerciais de televisão que "não conseguem contar a história por inteiro...".

Esse verdadeiro "tipping point", ponto de ruptura, ou, se preferirem, ritual de passagem, ou, melhor ainda, simples detalhe, aconteceu exatamente no dia 15 de junho de 2004, quando LARRY, falando no "AdWatch: OUTLOOK 2004 CONFERENCE" no New York Sheraton and Towers, definiu a nova e histórica política de comunicação da rede: "Chegamos ao fim da maneira de posicionar a MARCA como fizemos até hoje. O marketing moderno precisa recorrer, permanentemente, a muitas histórias, e não se restringir a uma única e telegráfica de cada vez – estamos abandonando o 'conceito de mensagem universal e comum a todos'."

Assim como outras empresas já vinham fazendo, muito especialmente a NIKE e a STARBUCKS, o McDONALD'S passa a adotar a política da "BRAND NARRATIVE", ou "BRAND JOURNALISM": "Daqui para frente não apostaremos mais em simples comerciais ou promoções que tentem ser um resumo de nossa estratégia, da mensagem de MARCA que queremos passar... Não precisamos mais de uma grande execução para uma grande ideia, e sim, uma grande ideia que possa ser utilizada em todas as dimensões, momentos e meios...".

E, concluiu, "os dois terços da verba que nos últimos anos eram investidos em espaços nas grandes redes, serão reduzidos a um terço... Quando uma empresa assume uma nova direção em seu marketing, está trancando a porta em direção ao passado, revelando o futuro, e nada deve ser escondido."

A decisão do McDONALD'S é histórica e emblemática por tratar-se de um anunciante que, até ontem, privilegiava e reverenciava as grandes redes de televisão. Dos quase US$ 600 milhões anuais de sua verba – foi o que investiu em 2002 e 2003 – US$ 400 milhões passam a ser destinados para aquelas atividades que um dia foram chamadas de "bellow the line"...

A ÚLTIMA FARMÁCIA

Ao completar 50 anos em um mesmo endereço, na rua Joaquim Antunes, na cidade de São Paulo, a FARMÁCIA JARDIM PAULISTANO fechou suas portas. LUIZ LANFREDI, farmacêutico, durante meio século atendendo milhares de clientes e amigos que viu nascer, crescer, mudar, prosperar, morrer e sobreviver baixou as portas pela última vez no dia 7 de dezembro de 2007. Setenta e oito anos de dedicação e ótimos serviços, em um rosto marcado pelas rugas e pelos cabelos brancos.

Muitas dessas farmácias ainda resistirão Brasil adentro e Brasil afora, mas, já não fazem parte do mundo moderno. Em um raio de um quilômetro da FARMÁCIA JARDIM PAULISTANO no mínimo 40 outras drogarias de rede, em diferentes formatos e serviços, com um mix maior de produtos; e mais, as farmácias anexas aos supermercados; e mais, as vendedoras porta a porta; e mais, a internet; e mais, o que está por vir.

Seu LUIZ não atualizou por que não quis. O formato que lhe realizava e trazia felicidade era aquele; e assim resistiu até o fim. Definitivamente, os formatos modernos não tinham nada a ver com ele.

Pessoas, nós, consumidores, não compramos produtos. Compramos os serviços que esses produtos prestam. Quando novos "produtos farmácia" passaram a oferecer um mix de serviços mais conveniente aos consumidores, nós, não obstante todo o apreço, amor e consideração que a JARDIM PAULISTANO e seu LUIZ fizeram por merecer, pelos ótimos serviços prestados, foram suficientes. Sempre serão lembrados com respeito, saudades, admiração e reconhecimento. Mas, as compras, passam a ser realizadas em novos endereços.

Em verdade, a JARDIM PAULISTANO foi a última das pequenas farmácias da região dos Jardins a fechar suas portas. Outras sete, nos anos anteriores, a precederam no caminho.

Como não poderia deixar de ser, muitos dos clientes foram se despedir do farmacêutico LUIZ. Falando a FERNANDO VIEIRA do *Diário do Comércio*, GENOVEVA VIDIGAL, 53 anos, disse, "Meu avô, meu pai, eu e meus filhos... Foram várias gerações cuidadas pelas mãos do Seu LUIZ. Vamos sentir sua falta... E muito!" Já MARIA DE LOURDES RIBEIRO, 50 anos, levou flores para o farmacêutico por tudo o que fez por seus clientes: "Ele não era um farmacêutico. Era mais: o médico do bairro. Mesmo depois de uma consulta com um médico a opinião dele era a que valia." E outro cliente, LUIZ CASSINO pontuou, "Era um farmacêutico que receitava não tomar remédio." Imediatamente endossado por SINÉSIO BATISTA, 80 anos, e dono da banca de jornal vizinha da farmácia há mais de 40 anos: "Tinha gente que chegava doente e saía curada só com uma boa conversa."

Valeu, "seo" LUIZ. Foi ótimo enquanto durou. Que saudades!

9
O Melhor Atalho É Aliar-se aos Concorrentes

O que era impensável, no passado, converteu-se em uma das grandes novidades dos anos 1990: aliar-se aos concorrentes; em parte, ou em muitos casos e, dependendo da etapa do processo, na totalidade.

Neste novo mundo de concorrência ilimitada, fica cada vez mais clara a diferença entre concorrência genérica – tudo concorre com tudo – e concorrência específica – a que ocorre dentro de cada uma das categorias de produtos e serviços. E que muitas vezes, mesmo dentro de uma mesma categoria, é preferível unir-se a seus iguais ou semelhantes para enfrentar gigantes a permanecer rezando para não ser, literalmente, esmagado.

Assim, e diante da alternativa de ficar com todo o resultado, mas levar décadas para chegar ao porto de destino chamado sucesso e à realização econômica – e muitas vezes não chegar nunca –, empresas, sabiamente, estão optando por dividir resultados e reduzir a viagem a dois ou três anos. Em alguns casos e circunstâncias, reduzir a dias mesmo. Muitas empresas, como no filme, estão "dormindo" de forma inteligente, consciente e salutar com os próprios inimigos.

QUANDO O PROBLEMA É DE UM, O PROBLEMA É DE TODOS

Em um dos episódios mais lamentáveis da história do marketing brasileiro, e por açodamento e irresponsabilidade dos órgãos técnicos e da imprensa, uma das principais marcas de palmito do País, a GINI, teria literalmente sido varrida das gôndolas dos supermercados e da lista de compras das donas de casa. Isso só não aconteceu graças à reserva de imagem que possui e a seu preparo para crises, na medida em que foi capaz de responder a tempo e com elevado grau de profissionalismo à situação.

Mesmo assim, os prejuízos foram elevados e sinalizadores de que as empresas do setor precisavam se organizar – aquelas sérias e responsáveis – e cuidar da IMAGEM DO PALMITO. Pois o que aconteceu com a GINI poderia ter acontecido com qualquer outra do setor, e futuros e eventuais riscos deveriam ser prevenidos.

Isso posto, GINI, mais ITA, RIOMAR e HEMMER somaram-se, constituindo a ANFAP – Associação Brasileira dos Fabricantes de Palmito –, que, dentre outras preocupações, passou a cuidar não apenas do produto, mas também de orientar a opinião pública e muito especialmente o consumidor sobre os palmitos verdadeiramente de qualidade, MEDIANTE A APOSIÇÃO DE UM SELO, e os chamados clandestinos.

Os demais fabricantes também foram convidados a participar da associação e se beneficiar da proteção do selo de qualidade, desde que devidamente auditorados no tocante à qualidade de todo o processo de produção.

A terrível injustiça cometida com a GINI não foi em vão. Melhor que não tivesse acontecido, mas, já que aconteceu, que bom que os principais empresários do setor conscientizaram-se do fato e tomaram todas as providências.

Que o exemplo sirva para outras categorias de produtos. A "lama" lançada sobre um dos concorrentes fatal e inevitavelmente respingará sobre todos os demais.

A SOMA DOS PEQUENOS SUPERMERCADISTAS

Conscientes de que sozinhos não sobreviverão, e vendo semanalmente pequenas lojas encerrarem suas atividades diante do irresistível magnetismo decorrente do agregado de valores das grandes redes, as pequenas redes de supermercados iniciaram um processo de soma em direção à recuperação da competitividade perdida.

Tendo como benchmark a IGA – Independent Grocers Alliance – dos Estados Unidos, organização com mais de 70 anos de existência, pequenas redes brasileiras também criaram sua IGA – Aliança de Varejos Independentes –, que, em 1998, já contava com 13 organizações associadas e 28 lojas, com um faturamento de R$ 300 milhões.

Em dimensões menores, mas rigorosamente com a mesma preocupação de recuperar e agregar competitividade, oito redes cariocas somaram-se

– Princesa, Rosana, Cariocão, Torrebela, Germans, Celma, Feira Nova e Campeão – e adotaram denominação única – REDE ECONOMIA. Seus presidentes se reúnem todas as quartas-feiras e também constituíram uma empresa "back-office", comum a todos, para a centralização de compras e vendas, RH e informática dos estabelecimentos consorciados. Grandes objetivos: mais e melhores serviços, preços 10% menores e aumento da rentabilidade em 3%.

Em um mercado no qual, de 300 organizações, 20 ficam com mais de 40% de toda a receita, não resta alternativa à maioria das demais 280 que não seja a de se darem as mãos. Questão de sobrevivência.

SOMAR PARA SOBREVIVER TAMBÉM NO TURISMO

Na hora do sufoco, não existe concorrente específico, só genérico. É isso que está acontecendo com as empresas rodoviárias nacionais, que resolveram se dar as mãos diante das terríveis ameaças, ou melhor, das desconfortáveis sombras projetadas pelos aviões lá de cima.

Como todos estão acompanhando, a partir de um determinado momento, empresas aéreas de diferentes países somaram-se formando redes, e a competição deixou de ser no plano internacional, entre empresas individuais, e passou a ser entre redes. Esse foi o exemplo ou a dica de solução.

Simultaneamente, ocorreu a desregulamentação, dentro do País, no transporte aéreo de passageiros. A concorrência se acirrou e os maiores prejudicados, no primeiro "round" das disputas, foram os ônibus mesmo. Em alguns momentos e circunstâncias, além de ser muito mais rápido e confortável viajar de avião, em vez de ônibus, isso também passou a ser mais barato.

Olhando para cima, e para se defender dos aviões, as empresas de ônibus resolveram seguir o exemplo dos próprios aviões e constituíram a REDE BRASIL DE VIAGENS: 28 empresas, atendendo 3.500 cidades em todo o Brasil – menos Amazonas, Amapá e Roraima – e mais cidades na Argentina, Paraguai, Chile e Bolívia. Quando o perigo ameaça o próprio negócio, inimigo vira aliado e vamos em frente!

À semelhança dos aviões, nas conexões, os passageiros de ônibus da RBV embarcam a bagagem na origem e só vão retirá-la no destino;

nas principais paradas rodoviárias estão instalando salas VIPs; o cuidado com a alimentação dos clientes é de responsabilidade das nutricionistas, que preparam um cardápio leve e saudável por um preço idem; na outra ponta, e unidas, passam a negociar uma única apólice de seguro para mais de 10 mil ônibus, racionalizam e dividem garagens, oficinas e estruturas...

Quando o mundo ingressa em mudança, que é o ambiente em sua totalidade, ninguém pode ficar parado, muito menos as empresas rodoviárias nacionais.

INTEL, OU "AONDE A VACA VAI..."

Um dia, olhando para frente, um dos fundadores do ADMIRÁVEL MUNDO NOVO INTEL, o genial ANDREW GROVE sentenciou, "SÓ OS PARANÓICOS SOBREVIVEM." Muitos acharam engraçado. Engraçado? No ADMIRÁVEL MUNDO NOVO só as empresas paranoicas, as que o tempo todo acreditam ser perseguidas, alimentam a desconfiança, consideram hostilidades de diferentes formatos e procedências e tenham alucinações hostis sobrevivem. Que o diga a própria INTEL, a maior responsável pelo início da construção DESTEMUNDO NOVO, quando lançou e tornou acessível, em 1971, seu legendário microchip 4004.

O sábio JOÃO DA PRAIA avisou, "Aonde a vaca vai o boi vai atrás." Nós consumidores somos A VACA. As empresas, O BOI. O BOI sempre tem de atentar, ir, ser, estar próximo e disponível À VACA para atender e corresponder às suas expectativas no momento certo. Se A VACA desenvolve novos e estranhos hábitos, se interessa por novas formas de mugir e pastar, O BOI, nós, EMPRESAS, temos de ir atrás e corresponder.

A VACA agora só quer saber dos "mobiles". Dos gadgets individuais e móveis. Anunciados pela APPLE e aperfeiçoados por diferentes concorrentes. A INTEL e a MICROSOFT adoravam quando A VACA pastava e mugia parada. Agora ELA caminha e os chips e os softwares que lhes garantia saúde, riqueza e prosperidade revelam-se inadequados. Deixaram de ser paranoicas e começam a comer poeira.

Mas, vamos nos ater a INTEL. Uma nova empresa, não aprisionada e nem dependente dos velhos modelos, vem roubando a cena e ocupando seu lugar. Oferecendo À VACA, nós, o que A VACA quer. Pegando carona na arquitetura da ARM, apostando que menos é mais e antes de completar seus primeiros 30 anos – fundada em 1985 – a QUALCOMM é O BOI que entendeu e coloca-se disponível às novas manias da VACA. Apostou todas as fichas nos equipamentos móveis, descobriu que vender o chip isoladamente não dava pé e integrou tudo – modem, processador, placa de vídeo –, e criou a plataforma hoje dominante, SNAPDRAGON. Todo o resto virou história e caminha para o pó.

Hoje a plataforma SNAPDRAGON é o coração de mais de 800 equipamentos, e, brevemente, de 1.500. Atualmente detém 52% do mercado de chips móveis. Enquanto a INTEL, onde tudo começou, contenta-se com apenas 12,3% desse território, ainda que domine com 95% de participação o mercado dos chips para PCs e NOTEBOOKS. Pena que esse território encolha assustadoramente e em velocidade infinitamente superior a que determinou, um dia, seu prevalecimento. Há dois anos a INTEL valia o dobro da QUALCOMM; hoje, vale menos.

De novo, a velha lição. Pessoas não compram produtos, compram os serviços que os produtos prestam. Empresas jamais podem se apaixonar por produtos, e sim, e o tempo todo, e para sempre, por pessoas que compram os serviços que seus produtos prestam. Para que possam no devido tempo, anteciparem-se, sobreviverem e prosperarem.

Aonde a VACA for o BOI, independente de qualquer outra consideração, e mesmo que ache que a VACA ENLOUQUECEU, deve, imediatamente, ir atrás. Simples assim...

CATAVENTO E GIRASSOL

ALDIR BLANC e GUINGA são os autores de *Catavento e girassol*. Uma música mais que inspirada e que se converte em pequena preciosidade na voz de Leila Pinheiro. Casais que passam a vida juntos ligados pelas gigantescas diferenças. "Meu catavento tem dentro / O que há do lado de fora do teu girassol / Entre o escancaro e o contido / Eu te pedi sustenido / E você riu bemol / Eu tenho um jeito arredio / E você expansiva / (o inseto e a flor) / Um torce para Mia Farrow / O outro é Woody Allen... / Você vai pra Parati / E eu pro Cacique de Ramos...". Mal sabiam eles que isso acontece cada vez mais no mundo corporativo.

A abertura da matéria da revista *Exame*, edição 1.055, assinada por TATIANA BAUTZER, "Hora de arrumar a casa", onde trata dos poucos encontros e infinitos desencontros entre o BTG PACTUAL e seus sócios na BR PHARMA, tem tudo a ver com *Catavento e girassol*. Só que ao invés de envolver um casal e eventualmente dois ou três filhos mexe com a vida de milhares de pessoas em todo o Brasil. Que se perguntam a todo instante onde, quando e como o barco vai atracar... O texto começa assim, "O empresário paraense Raul Aguilera é um crítico ácido da atuação do banco BTG PACTUAL no mercado farmacêutico. Em 2009, o BTG começou a comprar redes de farmácia regionais com o objetivo de construir o maior grupo do País no setor. Foram sete aquisições para fazer da BR PHARMA o que ela é – uma companhia com 1.186 unidades, vendas de R$ 3,5 bilhões e valor de mercado de quase R$ 2 bilhões. Aguilera, que construiu do zero uma das maiores redes regionais do País, a BIG BEN, não está nem aí para números tão grandiosos: 'O problema é que muita gente na BR PHARMA pensa com cabeça de banco, não entende nada de varejo', diz ele. Vinda de um concorrente invejoso, uma crítica como essa seria coisa da vida. O problema é que RAUL AGUILERA é o segundo maior acionista da BR PHARMA, atrás apenas do próprio BTG...".

Quando fez a transação Aguilera imaginava colocar "o burro na sombra" e mudou-se com a família para San Diego, na Califórnia. Dois meses depois estava de volta para corrigir, em seu entendimento, "erros primários na condução dos negócios". Demitiu o executivo que ficou em seu lugar, reassumiu a presidência da rede, e mandou de volta para São Paulo dez executivos escolhidos e enviados pelo BTG.

De novo, a velha e mais que repetida lição que executivos, muito especialmente os do mercado financeiro, recusam-se a aprender. Comprar empresas é uma coisa; integrá-las e convertê-las em um grupo de verdade e onde as pessoas aderem a uma nova causa e caminham na mesma direção é outra e completamente diferente. Mas, como tudo o que têm em suas cabeças é fazer negócios, promover "ajuntamentos", alavancar o resultado no curtíssimo prazo mediante a técnica da mutilação, realizar o lucro e pular fora no menor prazo possível, não é relevante considerar-se se água, vinho, azeite, outros sólidos e líquidos misturam-se por si só e naturalmente. Não têm tempo a perder nem com cataventos e muito menos com girassóis.

10
"Na Fábrica Produzimos Cosméticos; nas Lojas Vendemos Esperanças"

Este mandamento é uma contribuição inestimável de Charles Revson para o marketing. A partir desse pensamento, ele construiu um gigante do mundo da beleza denominado REVLON.

Durante muitos anos, e até as vésperas da decolagem do marketing moderno, no início dos anos 1950, as empresas privilegiavam, quase exclusivamente, o lado racional das pessoas. Por decorrência, socorriam-se, sempre que necessário, nas pesquisas quantitativas. E assim caminhava o mundo até que, no final dos anos 1940, a Procter & Gamble decidiu dar uma chance ao então desconhecido ERNEST DICHTER, discípulo de Paul Lazarsfeld, da Escola Behaviorista de Viena.

Dichter mergulhou nas verdadeiras razões e motivos de as pessoas comprarem e usarem sabonetes, e suas conclusões possibilitaram à P&G, até hoje, ter no seu mais que centenário sabonete IVORY um case de sucesso extraordinário e sem precedentes. E a MATTEL, dar vida a sua "galinha dos ovos de ouro", BARBIE! – "O que as meninas querem é uma boneca com *sex appeal, long legs, big breasts and glamorous.*"

As descobertas de Dichter deram origem às pesquisas qualitativas, que hoje precedem, em importância, as quantitativas, e revolucionaram por completo o conteúdo e a forma da comunicação publicitária, colocando especial ênfase na intuição de pessoas sensíveis e privilegiadas como CHARLES REVSON.

ABSOLUT MARKETING

O ano de 1994 passou para a história do marketing moderno pelo fim de um casamento de sucesso. Uma das mais fantásticas parcerias de todos os tempos, e que produziu, talvez, o mais criativo e instigante case dos últimos anos: ABSOLUT.

Os produtores suecos da Vodka Absolut decidiram romper o contrato com a Carillon Importers, o que significou tirar o produto das mãos mágicas e abençoadas de um dos gênios do marketing, MICHEL ROUX. Mas, vamos à história.

Em 1979, Roux foi procurado pelos suecos para que assumisse o marketing e a distribuição da Absolut nos Estados Unidos. Naquele ano, a Absolut vendera dez mil caixas, exatamente 10% do que vendera a líder das marcas importadas, Stolichnaya. No início de 1994, Roux devolveu o produto aos suecos com a liderança absoluta de mercado, vendendo não apenas três milhões de caixas/ano, como vendendo duas de cada três garrafas de vodca importada. E, muito mais que isso, transformou Absolut simplesmente em um dos poucos ícones do santuário do marketing moderno.

Agora, algumas das crenças e práticas do gênio que produziu esse verdadeiro milagre, Michel Roux:

- "A bebida vodca caracteriza-se por não ter cheiro, cor, sabor. Todo o meu trabalho foi o de criar uma imagem e dar vida ao produto. Os Estados Unidos são o país onde as pessoas estão sempre aspirando a alguma coisa. Assim, procurei passar o sentimento de que, agregando Absolut às suas vidas, estariam sinalizando bom gosto, modernidade e conhecimento às demais pessoas de seus relacionamentos."

- "Minha filosofia de marketing é a seguinte: eu não estou vendendo uma commodity. Estou vendendo um produto capaz de fazer com que as pessoas se sintam melhor e mais felizes sempre que o consumirem. Mais do que isso, estou procurando criar um ato ou uma atitude social. Outros fabricantes podem tratar seus produtos como commodities; eu acredito que os meus têm alma."

- "Sempre me aborreço quando alguém me pede um plano para os próximos dez anos. Como posso – me pergunto – se o tempo e suas circunstâncias não param de mudar?! Na minha opinião, ter estratégia é estar permanentemente preparado para aproveitar as oportunidades que cruzam a sua porta. ESTAR PREPARADO PARA REAGIR, POSITIVAMENTE, ÀS OPORTUNIDADES É O SEGREDO DO SUCESSO. Em verdade, você não precisa de uma estratégia no sentido convencional. O que você precisa, mesmo, é ter sensibilidade para saber quando é o momento, qual é o mercado, e o que as pessoas desse mercado estão desejando. É disso que se nutre um negócio."

- "O maior erro que uma empresa pode cometer é só se preocupar com seus concorrentes: vai acabar copiando seus acertos ou repetindo seus erros. O que as empresas devem fazer, na maior parte do tempo, é não despregar o olho do mercado e ir, sempre, em sua direção. Minha sensibilidade, no caso da Absolut, foi extremamente desenvolvida pelas caminhadas diárias que fazia aos pontos de vendas e bares, conversando com vendedores e barmen. As melhores e mais genuínas informações estão com eles; desde que você saiba perguntar e, principalmente, ouvir."

RESTAURANTES "CLIMATIZADOS"

Todas as pessoas, naturalmente, têm seus restaurantes preferidos. O processo de escolha é, mais ou menos, semelhante. Em um determinado dia, por alguma razão, o indivíduo conhece um restaurante. Porque gostou da comida, do serviço, do lugar, da frequência, do "clima", de um garçom, do maître ou da decoração, ele acaba repetindo a escolha e, depois de muitas outras vezes, torna-se cliente. Isso acontece e sempre aconteceu em São Paulo, no Rio de Janeiro, em Milão, em Miami, em Tóquio e, de certa forma, em todas as demais cidades do mundo.

E assim foi até o final dos anos 1980, quando alguém, de forma criativa e condimentada pelo marketing da melhor qualidade, decidiu oferecer esse "clima" na partida, fazendo com que as pessoas, antes de irem atrás da comida – pois muitas vezes não sabem exatamente o que vão comer –, fossem em busca de uma sensação. A sensação de ingressar em um restaurante "climatizado", a partir de um tema, e durante uma ou duas horas sentirem-se fazendo parte de uma tribo, de uma ideia, de um contexto que até então era uma referência distante nos seus sonhos e imaginação, nas suas leituras e nos filmes.

Desde o primeiro Hard Rock Café e sua lenta multiplicação, a partir dos anos 1990, a febre dos RESTAURANTES TEMÁTICOS vem se acelerando.

O primeiro Planet Hollywood foi inaugurado no dia 22 de outubro de 1991 na 57th Street, em Nova York. A associação de um homem de negócios, Robert Earl, com um produtor de cinema, Keith Barish, rapidamente atraiu outros sócios mais famosos, e hoje, e depois de alguns tropeços decorrentes da inexperiência, é uma rede de quase 30 restaurantes – 20 nos Estados Unidos e dez em outros países –, com um faturamento expressivo e, agora, consistente.

Além de irem à busca do "clima" de Hollywood, as pessoas que frequentam o Planet convivem durante algumas horas, temperadas por batatinhas, hambúrgueres e Coca, com trajes que artistas usaram em filmes famosos, com objetos e partes de cenários e, principalmente, com a esperança de que a porta se abra e os "sócios mais famosos" do início retornem e entrem: Arnold Schwarzenegger, Bruce Willis, Sylvester Stallone, Demi Moore.

Depois do Planet, outros temas foram utilizados e estão se transformando em novas redes: Harley-Davidson Café, Motown Café, Marvel Comics Café, dentre outros.

Mais do que com os sanduíches, outras comidinhas e bebidas, esses restaurantes faturam mesmo é com os "recuerdos": camisetas, blusas, malhas, moletons, tênis, chaveiros, isqueiros, relógios, pulseiras e todas as demais quinquilharias. Todos, naturalmente, dentro do tema. E até agora têm conseguido praticar margens 20% maiores nas comidas e bebidas, e 100% maiores na venda dos "recuerdos".

Muitos acreditavam que essa era apenas uma nova onda, que em pouco tempo ingressaria em franco, irreversível e dramático declínio. Alguns desses "temáticos" desapareceram por absoluta incapacidade de seus gestores de preservarem viva e brilhante a chama. Mas outros, pela riqueza do tema, pela capacidade de renovação e atualização plena de um marketing de total qualidade, sobreviveram e assim continuarão por muitas e muitas décadas.

E enquanto as pessoas continuarem em busca da realização de seus sonhos e fantasias, ou seja, sempre.

LUIZ SEABRA E A SUA NATURA

Luiz Seabra, na época 60 anos, bacharel em economia, preparava-se para comemorar os primeiros 35 anos de uma empresa que se converteu em referência obrigatória (em todos os sentidos) e que só faz crescer e prosperar: a NATURA.

Depois de oito anos fazendo uma carreira brilhante na Remington Rand – de *trainee* a superintendente –, ele gerenciou um pequeno laboratório de cosméticos em São Paulo durante três anos e, em 1969, fundou a Natura Cosméticos, uma pequena loja na rua Oscar Freire, em São Paulo. Às vésperas dos 35 anos, aquela Natura transformou-se em uma Natura mundialmente respeitada e reverenciada, com 2,8 mil funcionários, mais milhares de consultoras de beleza, um faturamento na casa dos R$ 2 bilhões, invadindo, ano após ano, novos e distantes territórios. Nos anos seguintes, abriu o capital e multiplicou seu faturamento por três. Mas, voltemos aos primeiros 35 anos.

Em artigo para o *Diário do Comércio e Indústria*, Seabra conta histórias e revela crenças e segredos:

- *O início:* "Estávamos na contramão do mercado: a cosmética terapêutica era uma ilustre desconhecida, e os princípios ativos de origem natural ainda não estavam na moda. Nossas embalagens modestas, quase artesanais, inviabilizavam negócios com os canais tradicionais de acesso aos consumidores. Sem alternativas, abrimos uma lojinha na rua Oscar Freire, muito antes que a região se tornasse o sofisticado centro comercial em que se transformou anos mais tarde (...) Naquela loja, dando consultas às nossas clientes, aprofundando as percepções, os sentimentos e conhecimentos que nos diferenciavam, identificamos aquele que viria a se constituir nosso grande capital intangível: a união das paixões pela cosmética e pelas relações."

- *A paixão pela cosmética:* "Nasceu da percepção de uma nova linguagem que poderia atender às necessidades profundas de nossa civilização: a criação de produtos que atuassem como instrumentos de bem-estar, que promovessem uma melhor e mais íntima relação mente/corpo, que trouxessem prazer. Todos aumentando a autoestima de mulheres, homens e crianças, respeitando sua identidade, integridade e dignidade – sem os estereótipos, manipulações e preconceitos tão frequentes no chamado mundo da beleza."

- *A opção pelas vendas diretas:* "Com o êxito alcançado por nossos produtos e tratamentos, visualizamos a possibilidade de grande expansão dos nossos negócios. Para isso, tínhamos como alternativas a abertura de uma rede de *franchising*, multiplicando o exemplo da loja da Oscar Freire, ou a adoção do regime de vendas diretas. Entre as clientes entusiasmadas pelos resultados obtidos com o uso de nossos produtos, tínhamos um número considerável de interessadas em se tornarem consultoras, após o necessário treinamento. Foi esse o fator determinante na opção pelas vendas diretas."

- *Dificuldades:* "Em fins de 1987, esgotado o período do Plano Cruzado, que tentara controlar o processo inflacionário, nosso modelo, que vinha se desenvolvendo com grande dinamismo, também se esgotou. Tensões na arquitetura societária das empresas impunham soluções criativas, sob pena de sério risco de continuidade para os nossos negócios, mesmo com todo o sucesso mercadológico e uma excelente imagem de marca. Como legado desse período, ganhamos a convicção de que a transparência, a verdade, a ética e o respeito ao outro transformam as adversidades e os períodos mais desafiantes de uma empresa, ou de uma carreira, em fatores de enriquecimento espiritual que trazem uma nova força para a alma e o coração de quem não renuncia ao sonho por nenhum preço."

- *Razão de ser:* "Acreditamos que a vida é um encadeamento de relações, e que nada no universo existe por si só, tudo é interdependente. Acreditamos que a percepção da importância das relações é o fundamento da grande revolução humana na valorização da paz, da solidariedade e da vida em todas as suas manifestações (...) Não dá para evitar uma certa perplexidade em que 34 anos se passaram. Mas a verdade é que foi tudo tão intenso e verdadeiro – transformador, no sentido mais profundo do termo –, que o que se impõe é a visão nascida do sonho para os próximos 10, 15, 50 anos. Semear o 'bem-estar/estar bem' no Brasil e no mundo."

"Na Fábrica Produzimos Cosméticos; nas Lojas Vendemos Esperanças"

VENDILHÕES DO TEMPLO

Transtornado CRISTO entrou no TEMPLO em JERUSALÉM e encontrou vendedores de bois, ovelhas, pombas, cambistas; e, aos berros, chibatadas de um azorrague de cordas, os expulsou, com merecida e necessária humilhação.

No mundo corporativo situações como essa são recorrentes. Líderes de negócios aposentam-se e colocam executivos em seu lugar. Certamente, escolhas malfeitas. Não obstante jurarem respeito e admiração pela obra construída, garantirem que darão sequência no caminho escolhido, com as necessárias atualizações, que serão rigorosos na preservação do DNA da empresa, em poucas semanas revelam a outra face, caem em tentação, fica o "dito pelo não dito" e tudo o que buscam é deixar sua própria marca, mesmo que seja necessário destruir a marca até então vitoriosa. Em poucos meses ou anos o fundador é chamado de volta para apagar o incêndio.

Nas empresas brasileiras isso já aconteceu algumas vezes, e nas americanas três vezes nos últimos anos. A APPLE chamou de volta Steve Jobs, a DELL, Michael Dell, e há sete anos, Howard Schultz retomou o comando da STARBUCKS. E seu retorno agora está documentado no livro *Em frentye! Como a Starbucks lutou por sua vida sem perder a alma*.

No livro HOWARD confessa, "Quando parti sabia que teria que confiar na decisão dos que ficaram em meu lugar, ainda que meu instinto me sinalizasse, permanentemente, que estavam se desviando do caminho." Em 2007, não conseguiu mais permanecer calado diante dos riscos que corria a empresa e manifestou sua insatisfação publicamente. Um ano depois retomou o comando.

Assim que retomou o comando da empresa HOWARD entendeu que o mesmo consumidor moderno e diplomado que lhe garantiu fama e fortuna tinha caminhado alguns degraus a mais em seu processo evolutivo e a empresa não conseguiu, ou negligenciou em acompanhá-lo: "Houve uma mudança significativa no comportamento dos clientes, e dos consumidores em geral. O que importa hoje, mais que nunca, é a relevância de seu produto na vida das pessoas. Em outras palavras, muito mais que o preço, para os novos consumidores o que mais conta é o que a MARCA e a empresa representam para ele. Como a empresa se comporta não só em relação a eles, mas em relação a seus colaboradores. Os consumidores estão cada vez mais dispostos a gastar mais em companhias e MARCAS com que mais se identificam."

E no livro, HOWARD SCHULTZ reitera que, em determinadas situações, só o fundador é capaz de evitar o naufrágio, "acredito que apenas os fundadores são capazes de trazer a empresa de volta a sua essência. Se na crise, agora superada da STARBUCKS, tivéssemos contratado um desses executivos modernos e movidos a bônus, teria se concentrado na redução de custos e, em decorrência... Na destruição da MARCA...".

CLIENTES INDESEJADOS

Muitas vezes, a gestão da MARCA, foge do controle. E não há o que fazer a não ser ter paciência, serenidade e discrição. Muitas vezes, em decorrência de uma fatalidade; outras, de um trabalho de tão boa qualidade que acabou atraindo clientes que sua MARCA, e muito especialmente seu POSITIONING STATEMENT jamais consideraram e muito menos queriam.

Ladrões usando camisetas com MARCAS de empresas e produtos; SADAM manifestando sua paixão por DORITOS e CHEETOS e nas filmagens de seu esconderijo, no alto de uma prateleira improvisada, o CAFÉ PELÉ; sequestradores de Abilio Diniz com camisetas do PT, e muito e muito mais.

Já na segunda situação, de trabalho excepcionalmente benfeito que acaba atraindo clientes indesejáveis, um novo exemplo aconteceu nos Estados Unidos, e ocupou as principais mídias e comentários.

OLIVER GARDEN é, talvez, a rede de restaurantes de maior sucesso nos EUA. Foi criada no início dos anos 1980 pela General Mills, e mais adiante, na reorganização da empresa, foi incluída em uma unidade específica de restaurantes. E ano após ano bate recordes de crescimento com um grau de lealdade de seus clientes – a família americana – impressionante. Tira partido de seu sotaque italiano, diz ser a única que oferece o HOSPITALIANO – e adota como *positioning statement* "When you're here, you're family."

Diante de tanto sucesso, acabou atraindo e conquistando a preferência não só da família americana, mas de outras tribos e pessoas. Uma de suas maiores admiradoras, mais que apaixonada pela OLIVER GARDEN, é uma das três mulheres de Hugh Hefner, fundador e presidente da PLAYBOY – Kendra Wilkinson –, famosa por suas fotos, filmes e seios descomunais. Não só é apaixonada, mas, em todos os lugares onde vai e entrevistas que dá, encontra uma maneira de falar com total emoção sobre seu sentimento pela Oliver Garden. Ainda recentemente, em uma entrevista a uma das maiores redes de televisão, disse que a Olive Garden é infinitamente melhor que o melhor dos restaurantes da Itália.

Não recebe nada por isso, e, muito pelo contrário, a OLIVER GARDEN adoraria que Kendra permanecesse com a boca fechada. Em um mundo onde empresas lutam para conseguir a adesão de seus clientes e convertê-los em embaixadores da marca, a Oliver não consegue disfarçar seus desconforto e constrangimento pela paixão de Kendra. A rede é atendida pela agência de publicidade GREY, do grupo WPP, que publicamente, e através de sua VP Michele Kay disse que não há o que fazer.

E aí o burburinho chegou até Kendra que agora reitera enfaticamente seu amor em seu BLOG no MY SPACE levando a OLIVER GARDEN ao desespero.

Definitivamente, não há o que fazer. Dar tempo ao tempo, aguardar que novas paixões manifestem-se, e que finalmente, um dia, o cliente indesejado pare de falar, e na sequência, mude definitivamente suas preferências.

11
Produtos Inacessíveis Jamais serão Comprados

É raro o mês em que alguma publicação de negócios ou a seção de economia de um jornal ou revista não comente "a falta de hábito do brasileiro em relação ao consumo de determinado produto".

Alguns até cometem heresia maior ao afirmar coisas do tipo "o brasileiro não gosta de chocolate" ou "o consumo per capita de iogurtes do brasileiro é insignificante, se comparado com o país x, y, z...". Como se pode adquirir hábitos diante de produtos inacessíveis?

E, para muitos, inacessibilidade refere-se, exclusivamente, a produtos de preço elevado. Dentre todas as inacessibilidades, essa é a última. Até porque, e para poder concluir se o desembolso foi proporcional ou desproporcional, se o produto ou serviço, independentemente do preço pago, é caro ou barato, o consumidor precisa ter acesso a ele. Acesso em termos de comunicação – percepção e entendimento –, acesso em termos físicos – distribuição –, acesso em termos de uso, caso realize a compra – instalação/abertura, utilização –, e acesso em termos de facilidade de convivência – assistência técnica e garantias.

A SABEDORIA DOS CAMELÔS

De tanto ver as grandes corporações se esmerarem no culto à eficiência e não à eficácia; de vê-las se deixarem apaixonar por seus produtos e não pelas verdadeiras expectativas do mercado; e, mais recentemente, constatarem o excessivo apreço que revelam pelo desenvolvimento tecnológico, ignorando os limites e ritmos do ser humano, os camelôs, espalhados por todas as esquinas das grandes metrópoles do mundo, urram com todas as forças: "Não requer prática, nem habilidade."

Se esse argumento já era poderoso no passado, agora é uma encantadora e emocionante música para os ouvidos dos consumidores de todo gênero.

Magnetizados pelas ilimitadas possibilidades do desenvolvimento tecnológico, os fabricantes partiram para uma corrida desesperada e inconsequente para agregar mais e mais serviços aos produtos básicos, que jamais os consumidores desejaram, e que só os deixam confusos e com a sensação de serem ignorantes.

Ontem, como hoje e amanhã, o que os consumidores querem mesmo é pagar um preço justo por um produto que, além de prestar bons e relevantes serviços, seja fácil de ser posto em funcionamento por pessoas comuns. Ou seja, que não percam de vista a função e o uso; que se lembrem de que muitas vezes consumidor ou cliente é sinônimo de USUÁRIO.

Assim, torna-se inevitável o que já vem acontecendo de forma dramática: cada vez mais aumenta o contingente de produtos supostamente maravilhosos e, literalmente, ignorados pelo mercado.

Diante desse crescente imobilismo dos consumidores, da manifesta e inequívoca sensação de frustração que já não escondem mais, os fabricantes decidiram puxar o freio de pé, de mão e de cabeça, para refletir.

Em uma das últimas Convenções Anuais de uma das empresas até então de maior vanguarda tecnológica do planeta, a DIGITAL EQUIPMENT, seu fundador e presidente Kenneth Olsen afirmou, perante uma plateia perplexa, que não sabia como fazer café no forno de micro-ondas fabricado pela própria empresa. Passada a sensação de espanto, o que se ouviu na sequência, uma gritaria dos técnicos presentes e aliviados; uma sucessão de "eu também", "eu também", "eu também...". Não era solidariedade ao presidente e fundador; eles não sabiam, mesmo.

A primeira tentação dos fabricantes, nesse processo reflexivo, foi a de responsabilizar o microchip como o autor do crime de complicar os produtos. Como é muito barato e capaz de armazenar mais de 50 operações diferentes, os fabricantes decidiram usar toda a capacidade dele, entulhando os produtos com serviços complexos que jamais passaram pela cabeça dos consumidores.

Pesquisa realizada na Europa constatou que, em mais de 90% dos lares onde o relógio do videocassete não ficava piscando, havia, no mínimo, a presença de um adolescente. Nos lares onde não havia, o relógio nunca fora acertado/usado.

A Ricoh descobriu que uma importante conquista tecnológica que incorporou ao seu fax – importante para os técnicos, naturalmente – nunca fora usada por mais de 95% dos proprietários dessas máquinas.

Em uma pesquisa com donos de videocassetes, a Ogilvy & Mather, dos Estados Unidos, constatou que apenas três dos proprietários usavam o aparelho para programar e gravar programas a serem vistos em outro dia, e que a grande maioria jamais gravou o que quer que fosse; apenas restringiu-se a assistir a filmes alugados!

No Brasil, durante décadas, os consumidores foram acusados de não ler os manuais de instruções. Pergunta: dá vontade de ler? Repito a pergunta: dá vontade de ler? Pergunto mais: os que tentaram ler tiveram vontade, pela "riqueza, criatividade e facilidade de compreensão do texto", de ir até o fim? E, última pergunta: os que venceram esse desafio conseguiram entender tudo...?

Se os manuais dos produtos comuns do passado eram impossíveis de ser lidos, o que dizer dos manuais dessas máquinas maravilhosas? É por essa razão que todos os fabricantes com um mínimo de juízo e sensatez, e a partir de um determinado momento, resolveram recorrer à sabedoria dos camelôs lançando, no desespero, produtos de simples utilização.

Assim, e de lá para cá, muitos fabricantes no Brasil oferecem aparelhos de televisão, por exemplo, que se resume a um pequeno e prático controle com nove botões. Prático, com nove botões? – perguntará o leitor. A resposta é sim, pois você ainda encontra, em todas as lojas, aparelhos de televisão e vídeo com mais de 50 botões e infinitas funções. E os novos aparelhos de DVD e vídeo trazem todos os passos da programação em seus painéis e no formato de menu, conduzindo mais facilmente as tentativas dos pobres consumidores. E, para muitas empresas, passou a ser regra agregar a todos os produtos, além do manual de instruções completo, um modelo simplificado, em papel cartão, exclusivamente com as operações básicas – as que os proprietários acabam precisando em 99,99% das ocasiões.

Enfim, produtos acessíveis em todos os sentidos...

DESCOBRIRAM O GARGALO DA LARANJA; AZAR DO LEITE!

Se os produtores de leite sempre reclamaram das dificuldades que caracterizam o negócio, de uns tempos para cá eles têm muito mais a reclamar. A razão é muito simples: parcela expressiva do mercado, gradativamente, vem sendo dividida com o suco de laranja.

Para muitas pessoas, sempre foi um mistério o insignificante consumo de suco de laranja no Brasil, em comparação com outros países onde as condições de produção, clima e temperatura eram significativamente mais desfavoráveis.

De uma forma míope, e no passado, investiu-se pesado em comunicação, tentando reverter a tendência, como se o problema fosse a falta de informação dos consumidores.

A partir do início dos anos 1990, essa situação começa a se reverter. E de vinte anos para cá a revolução é total. A razão desse acontecimento é bastante simples, só que os agentes econômicos do setor levaram décadas para descobrir.

Só não se consumia mais suco de laranja no Brasil pela sua inacessibilidade. Ou as pessoas o tomavam em bares e restaurantes ou não tomavam. Não tinham o hábito e, muito menos, a vontade de comprar laranja todos os dias, levá-las para casa, fazer "ginástica" no espremedor manual ou montar o elétrico, e depois ter de limpar tudo.

Já em 1996, e segundo a Abras – Associação Brasileira de Exportadores de Cítricos –, o consumo de sucos de frutas no Brasil, de forma especial o de laranja, crescera 400%, desde a implantação do Plano Real. E esse crescimento devia-se muito à utilização da embalagem longa vida no envasamento de suco, facilitando sua comercialização nas lojas de autosserviço.

No mesmo ano, a Abecitrus – Associação Brasileira de Exportadores de Cítricos – previa um novo recorde no consumo de suco de laranja no ano de 1997, totalizando 27 bilhões de litros ou, e finalmente, o mesmo consumo per capita dos Estados Unidos – quase 20 litros/ano. E os fabricantes de máquinas extratoras de suco comemoravam os melhores anos de suas vidas.

Além da revolução na embalagem e na distribuição, por meio dos supermercados, as principais padarias das maiores cidades do Brasil hoje ostentam, orgulhosas, uma máquina de espremer laranja que não para de funcionar, vendendo a todas as pessoas que vão comprar o "pão nosso de cada dia" um litro de suco de laranja fresquinho, sem nenhuma "química". A mesma máquina que, aliás, já se faz presente, também, nas feiras livres... E os "laranjinhas" – vendedores ambulantes de suco – também se multiplicam pelas ruas e estradas do País... Ou seja, depois que se tornou acessível, o consumo de laranja só fez aumentar.

Seguindo a mesma trilha, outros sucos de outras frutas também passaram a frequentar a mesa e o shopping list da família brasileira na última década.

CONFINS OU O MODERNO ENTENDIMENTO DE PREÇO

O consumidor moderno, após muitas compras malfeitas e dinheiro jogado pela janela, evoluiu, alcançou a senioridade, e seu entendimento de preço hoje é completamente diferente do que foi um dia.

Sua análise não se restringe mais e única e exclusivamente aos números. Eventualmente, até começa pelos números, um ponto de partida. Mas, na sequência, e dependendo da característica do que está comprando, agrega uma série de outros fatores que culminam no MELHOR PREÇO A PAGAR. E MELHOR PREÇO A PAGAR, em parcela expressiva das vezes, não é sinônimo de MENOR DESEMBOLSO.

Belo Horizonte convive hoje com um ótimo exemplo do MODERNO ENTENDIMENTO DE PREÇO.

Como todos sabem, BELÔ é servida por dois aeroportos. Um antigo, apertado e desconfortável – o da PAMPULHA – e outro moderno, confortável, espaçoso e, acima de tudo, mais seguro – o CONFINS.

Construído há pouco mais de 20 anos, CONFINS tem uma arquitetura moderna e imponente, misturando concreto e vidro, em uma área privilegiada e descomunal – 15 milhões de metros quadrados. Sua tecnologia é mais avançada – o que o torna mais seguro e flexível, em todos os sentidos.

Detalhe: PAMPULHA está a oito quilômetros do Centro, e CONFINS, a 40, por estrada precária e trânsito pesado. Na maioria das vezes, o tempo de voo entre BELÔ e São Paulo ou Rio de Janeiro é menor que o que se leva para chegar ao aeroporto de CONFINS. E, de uns anos para cá – outro importante detalhe –, com a evolução das aeronaves, as pistas não precisam mais ser tão longas, o que de certa forma reabilitou, além de PAMPULHA, também Congonhas (São Paulo) e Santos Dumont (Rio de Janeiro).

Ou seja, na cabeça dos consumidores modernos, pesados todos os prós e contras, e elucidada a equação custo x benefícios, o velho e desconfortável, mas acessível PAMPULHA dá de dez no novo, confortável e inacessível CONFINS.

Em 1989, CONFINS embarcava 1,3 milhão de passageiros/ano contra 200 mil de PAMPULHA. Em 2005, CONFINS embarcava 1 milhão, e PAMPULHA mais de 2 milhões...

GAP: NA DÚVIDA, OS DOIS

Muitas empresas ainda questionavam, no início dos anos 2000, se deveriam ingressar na WEB, e, ingressando, tentar comercializar seus produtos na rede.

Como não havia tempo a perder, e enquanto perdurar a dúvida, a recomendação que demos a essas empresas é que entrassem imediatamente. Como decidiu fazer a GAP, desde os primeiros passos da WEB.

Na condição de empresa líder na comercialização de roupas jovens nos Estados Unidos, por meio de 2.660 lojas, a GAP não pensou duas vezes; rapidamente decidiu também comercializar seus produtos na internet. E desde então vem praticando uma política de soma e complementação de canais.

A primeira providência foi colocar em todas as lojas um corner da GAP "virtual". Para que, assim, nenhum cliente ficasse em dúvida se a MARCA também estava na internet, para que rapidamente fosse memorizando o endereço, e, ainda, para que, se tivesse vontade de experimentar, mas sentisse dificuldade, recebesse o auxílio de um dos vendedores das lojas, devidamente treinados.

Na sequência, e sempre que algum cliente chegava à loja e não encontrava determinado artigo ou número, rapidamente acessava, com a ajuda do vendedor, a GAP "virtual", onde não falta nada, e a compra era realizada para entrega quase imediata. Se por alguma razão o produto comprado na GAP "virtual" não agradasse ou não servisse, poderia ser trocado na loja mais próxima, sem nenhuma dificuldade ou burocracia.

E, aos poucos, os milhões de clientes da MARCA real foram se cadastrando na GAP "virtual", fornecendo as informações necessárias para que a empresa pudessem informá-los, sob medida, e no mínimo uma vez por mês, sobre vendas especiais, novos produtos e cantar o "Parabéns a você" no dia do aniversário.

Garantir acessibilidade, no terceiro milênio, passa obrigatoriamente por replicar no mundo virtual o que está e acontece no mundo real.

DELIVERY NA AREIA

Quem diria, McDonald's, Bob's, Almanara, cantinas, restaurantes, muitas e muitas pizzarias concorrendo com o Zé da Calabresa, com o Mané do Biscoito, com a Terezinha do Queijo Coalho, com a Filomena da Empada. Tudo aconteceu e explodiu, finalmente, no verão de 2004.

Nos anos anteriores, em menor escala já vinha acontecendo, mas naquele ano, institucionalizou-se.

Nas grandes cidades de praia do Brasil, muito especialmente Florianópolis, Rio de Janeiro, Salvador, Guarujá, Fortaleza, Recife, Alagoas, Camboriú, e todas as demais, o delivery passa a funcionar a poucos metros do mar. E tudo isso, claro, tem a ver com o tamanho desse mercado, a disponibilidade e disposição das pessoas para gastar e consumir, e, a utilização generalizada e culturalmente incorporada da telefonia celular. "É do McDonald's? Sim, dois milk-shakes de chocolate e dois Big Macs, para entregar aqui na terceira barraca da esquerda ao lado do Posto 6... O número do celular para confirmar é...".

Qual o tamanho do mercado? No Rio de Janeiro, por exemplo, a estimativa é que duas milhões de pessoas frequentem as praias da cidade nos finais de semana. E que o consumo médio dessas pessoas é de R$ 10/dia, o que significa compras na praia das 10h às 16h de aproximadamente R$ 20 milhões no sábado, e outros R$ 20 milhões no domingo.

O mês de janeiro de 2006, por exemplo, foi espetacular para os ambulantes informais que produzem e vendem na areia, e para os formais e institucionalizados que agora também vendem na praia via celular. O Sol foi generoso e as vendas dispararam. Um crescimento médio de 20% em todo o Sul e Sudeste do País, com picos de até 40% em alguns negócios na cidade do Rio de Janeiro.

Em algumas praias as prefeituras começaram a adotar um controle mais rígido, que passa, inclusive, pela impossibilidade ou proibição total de se produzir qualquer produto de alimentação na areia da praia. E como reagiram os ambulantes? Rapidamente desenvolveram soluções de distribuição e logística para preservar a clientela.

Em matéria do ESTADÃO, assinada por Nilson Brandão Junior, o relato da proprietária da barraca ORDEM E PROGRESSO, Cristiane, no Rio de Janeiro: "as vendas de janeiro foram 40% maiores que no mesmo mês do ano passado. Nossa barraca funciona como uma espécie de microempresa informal. Damos trabalho para 10 pessoas, que nos custam R$ 310 por dia, investimos outros R$ 500 na compra de mantimentos, e ainda gastamos de R$ 25 a R$ 30 no celular. Como não podemos mais produzir na areia alugamos um apartamento em Ipanema por R$ 2 mil/mês e que é nossa base logística. Lá produzimos os sanduíches, espetinhos de carne, frango, calabresa e todos os demais petiscos. E pelo celular coordenamos as vendas e a entrega, à medida que os banhistas vão pedindo...".

Como lembrava com total propriedade o saudoso e imortal PETER DRUCKER, "Não se pode gerenciar a mudança, apenas permanecer a sua frente". E é o que estão fazendo todos: formais e informais.

12
Não Tente Fazer de Sua Marca um Bombril

Houve uma época, nos anos 1960, 1970, e até meados dos anos 1980, que as empresas caíam na tentação de utilizar a mesma santa e abençoada marca em infinitos produtos que nada tinham a ver um com outro, bastando que considerassem a única ótica que verdadeiramente conta e interessa: a do mercado.

Mas, não era desse jeito que acontecia. Se a marca vinha apoiando com sucesso toda uma família de produtos, por que não teria semelhante comportamento com uma outra família? E assim, e sem perguntar aos prováveis clientes se reconheciam autoridade naquela marca vencedora para abençoar outras categorias de produtos, "mandavam ver". Além de barbaridades serem perpetradas, e que levavam a fracassos descomunais, acabavam colocando em risco a integridade de marcas até então vencedoras e mais que adequadas aos produtos que vinham batizando.

Hoje, a incidência dessa prática é menos comum, mas, volta e meia, empresas supostamente campeãs em marketing, e imaginando saber tudo sobre a marca, avançam o sinal. Quando tudo o que deveriam fazer, em defesa de seu maior patrimônio que são suas marcas consagradas, é recorrer ao enorme arsenal de ferramentas que permite mensurar, com muita precisão, até onde uma marca pode ir sem colocar em risco os territórios já conquistados.

NÃO ESTRAGUE SUA MARCA; NÃO DETONE SEU MAIOR PATRIMÔNIO

Estender uma marca de sucesso para novos produtos em diferentes categorias é uma temeridade. De cada 100 experiências, 99 fracassam. Pior ainda, além de não alavancarem os novos produtos, acabam enfraquecendo, na cabeça das pessoas, a percepção, o entendimento e a imagem que tinham da marca vitoriosa, enquanto ela apadrinhava uma única categoria e poucos produtos.

Já no livro *O novo posicionamento,* lançado em março de 1996 no Brasil pela M.Books e Madia Mundo Marketing, Jack Trout, em parceria com Steve Rivkin, ia fundo no tema e oferecia exemplos emblemáticos. Dentre todos, talvez o que mais tenha repercutido foi o referente ao equívoco protagonizado pela LEVI STRAUSS & CO. e sua incomum capacidade de reconhecer o erro e corrigi-lo a tempo.

Poucas empresas entendem melhor os problemas da extensão de linha e falta de foco do que a Levis Strauss & Co., a legendária fabricante de jeans. Mas, mesmo assim, e naquelas crises de tentação, nos anos 1970 e início dos 1980, tentou estender o patrimônio de sua marca sem nenhum critério mais consistente.

Campeã em jeans, e sentindo a tendência para uma roupa mais informal e pura, simplesmente, lançou mão da marca consagrada, batizando as novas linhas de Levi's Casuals e Levi's Chino. E, ainda, para piorar, lançou a Levis's for the Feet. Mas o estrago estava apenas começando. Na crise de irresponsabilidade, ainda agregaram ao mercado mais sofisticado a Levi's Pantela Sportswear, a Levi's Tailored Classic e a Levi's Action Slacks & Suits. Enfim, uma grande salada e maior confusão, esquecendo-se de que Levi's é Levi's e ponto.

Na cabeça das pessoas, e no correr de décadas, a empresa se notabilizou por ser a maior autoridade na produção e comercialização do DENIM, DURÁVEL e VOLTADO PARA O DIA A DIA. Um produto único, de qualidade consagrada. E quando uma marca consegue essa performance, e por isso tem um valor extraordinário, acaba se convertendo quase em designação genérica de categoria de produto e não pode e não deve ser utilizada para outra coisa que não seja o produto que a notabilizou. Por decorrência, esses derivativos não se encaixavam dentro da percepção e do respeito que as pessoas tinham pela LEVI'S, e, por decorrência, foram solenemente ignorados.

Diante do insucesso, pesquisas e mais pesquisas foram realizadas, todas as alucinações estancadas, e uma nova marca, exclusivamente voltada para o segmento casual foi lançada: DOCKERS.

Só então os consumidores começaram a entender. Superaram o risco de ficarem perdidos e confusos diante de sua marca de jeans preferida e acabaram se tornando, também, clientes da nova marca.

Alguns anos depois, a Levi's continuava sendo um negócio multibilionário em escala mundial, e a Dockers tornara-se a mais vendida nos Estados Unidos, e invadia países da Europa e das Américas.

O DIA EM QUE A MINALBA COLOCOU EM XEQUE SUA ÁGUA

Se as empresas e seus executivos fossem mais aplicados e aprendessem com os erros cometidos por outras empresas, economizariam milhões e milhões de reais, poupariam tempo, não abririam o flanco para os concorrentes atacarem os territórios já conquistados e muitos, especialmente, não passariam vergonha.

No final dos anos 1990, o mercado testemunhou, perplexo, à tentativa de uma empresa bem-sucedida de tentar contrariar um dos mais importantes mandamentos do marketing. Aquele que diz, a partir do aprendizado de décadas, que uma vez consolidada uma imagem ou uma especialização ou uma vez consagrada uma marca por uma competência específica, jamais essa marca deverá ser utilizada na tentativa de apadrinhar outros produtos, ainda que na aparência apresentem algum tipo de sinergia ou afinidade.

Estamos nos referindo ao erro crasso cometido pela MINALBA ao tentar convencer os consumidores de que, além de produzir uma ótima água mineral, além de ser quase um sinônimo de água, também era capaz de produzir o refrigerante MINALBA nos sabores guaraná, uva, cola e laranja.

Seus dirigentes, após um investimento de US$ 12 milhões, revelavam-se otimistas e afirmavam ter vendido durante os testes mais de 100 mil caixas com 24 unidades. E que as pesquisas registraram uma aprovação de mais de 80% dos consumidores, sendo a qualidade da água uma das principais razões do sucesso do refrigerante.

Era o mesmo filme já visto tantas e tantas vezes. Passada a síndrome da experimentação, que garantiria ao produto de um a dois anos de vida, o refrigerante seria retirado do mercado, ou sobreviveria agonizante nas gôndolas, com a empresa se arrependendo por ter caído em tentação e colocado em risco a força de uma marca vencedora. De resto, nunca se soube de alguém que comprasse refrigerante avaliando a leveza da água...

Conforme previsto, o fracasso se consumou.

YAKULT: OS DIVIDENDOS DE UMA DECISÃO EQUIVOCADA

Como é do conhecimento de todos, a líder de uma categoria por ela mesma criada, a dos "Yakults" – a marca converteu-se em designação genérica de produto –, a YAKULT, de forma equivocada e prepotente – não foi consultar o mercado com intensidade e qualidade necessárias –, decidiu ingressar no território dos cosméticos. E assim, e às vésperas da virada do milênio, com certo alarde, lançou os primeiros produtos de sua linha – 20 itens, sendo a metade importada do Japão.

Indo direto ao ponto, não aconteceu absolutamente nada que não fosse uma desconcentração da empresa no território que criou e domina, aumentando as possibilidades de Nestlé e Parmalat de abocanharem generosas fatias de seus "lactobacilos". E foi o que acabou acontecendo.

Em nenhum momento, as previsões iniciais se confirmaram. Vendedores de "Yakults" – lactobacilos – não vendem cosméticos; porque não sabem, porque não dá para misturar alimentos com cremes e perfumes no mesmo "balaio", e porque, e principalmente, OS CONSUMIDORES NÃO QUEREM, NÃO DESEJAM ISSO, e MUITO MENOS ACREDITAM NELE.

Enquanto se concentrava em territórios estranhos, viu os 100% de mercado que eram exclusivamente seus despencarem para 70% pelo avanço de suas novas rivais na categoria dos lactobacilos; novas na categoria, mas campeãs na área de alimentos. Pior ainda, no ano do lançamento dos cosméticos YAKULT, a empresa registrou uma quebra em seu faturamento de 12%.

Em declarações à revista *Dinheiro*, na época, o presidente da empresa no Brasil, Sr. SADAKATA, afirmou: "Estão nos imitando, é hora de mudar", e por essa razão, e para conter os novos concorrentes, a empresa lançou, tardiamente, uma versão mais forte de seu produto – em vez de 10 milhões, 40 milhões de lactobacilos por frasco.

Disse mais, que em cinco anos os cosméticos representariam 10% das vendas da empresa no País e concluiu: "Sabíamos que não seria possível aproveitar as mesmas vendedoras de bebidas. Vender alimento é bem diferente de vender cosméticos". Se sabiam, por que fizeram?

Era e é exatamente isso que o consumidor pensa e em que acredita, Sr. Sadakata, e por essa razão jamais passou pela cabeça dele que YAKULT possa ser uma boa marca para cosméticos, na medida em que é ótima para produtos com lactobacilos.

Em síntese, a incursão da YAKULT nos cosméticos tomou tempo, recursos, energia e... Enfraqueceu a empresa.

Algumas mulheres que se arriscaram na aventura e experimentaram cremes de beleza com marca de derivado de leite sonham, até hoje, com lactobacilos vivos em seus rostos e, na melhor das hipóteses, provocando cócegas; na pior, esburacando a pele...

A AMBICIOSA ESTRATÉGIA DA COPERSUCAR PARA A CONSAGRADA MARCA UNIÃO

Ries e Trout foram definitivos: "Não existe uma segunda chance de se causar uma primeira boa impressão." Scott Fitzgerald, mais elegante: "Não existem segundos atos na sociedade norte-americana." Mas, no fundo, algo que o marketing aprendeu em seus primeiros 60 anos, completados em 2014: uma marca extremamente bem-sucedida carrega em si o sucesso, e normalmente paga um preço muito elevado por essa conquista. Só pode continuar apadrinhando o produto do qual decorreu o sucesso, ou, no máximo, produtos muito próximos. Que o diga a inventora e maior fabricante de copiadoras do mundo, que até hoje tem uma dificuldade absurda de apor sua marca a outros produtos, mesmo aqueles com grande afinidade.

Assim, foi com muita cautela e as maiores restrições que os consultores do MADIAMUNDOMARKETING receberam a estratégia da Copersucar, anos atrás, de apor a marca, que na cabeça de muitos brasileiros "inventou" o açúcar (a União) a outros produtos próximos e distantes. Muito especialmente, apadrinhar adoçantes com uma marca que transpira e exala calorias e doces naturalmente adoçados por "todos os poros".

Tudo bem que fizeram pesquisas, e pesquisa é para isso mesmo. Tudo bem, também, que contrataram um grupo de competentes profissionais. Mas, a experiência e a sensibilidade lançam uma sombra de indisfarçável preocupação e dúvidas sobre o sucesso dessa estratégia. E como a estrutura de distribuição da empresa é abrangente e capaz, se a estratégia não funcionar, só se perceberá o engano dois ou três anos depois, e a revisão ou a marcha à ré serão extremamente custosas em todos os sentidos.

Falando à revista *Dinheiro*, o diretor comercial da empresa passava um grande otimismo: "O mercado consumidor nos olha como uma indústria de alimentos (...) e isto é uma ótima constatação." E anuncia os primeiros produtos da família, que apresenta ao mercado em forma de barras de cereais União; e, na sequência, as mesmas barras em versão light. Quanto ao futuro, sinaliza: "A indústria alimentícia é dividida em duas categorias, doce e salgada. Pense em um produto da linha doce e a União o terá."

Além de estar consagrada como a melhor marca para açúcar do Brasil – e essa conquista cria uma restrição a seu uso, como já dissemos –, a palavra "União" situa-se dentro do território dos códigos de médio poder de fogo, ainda que a "união" transmita muita simpatia. Trata-se de uma marca que não faria sentido ser criada neste momento do mundo, caso não existisse, e por tudo o que se aprendeu sobre Brand Power®. Inclusive, tem-se a desvantajosa combinação de quatro vogais para uma única consoante, que ainda por cima não está posicionada no início da palavra.

Conforme previsto, em pouco tempo, a UNIÃO convenceu-se do erro e descontinuou as barrinhas.

DIVERSIFICAÇÃO PARA APROVEITAR A CAPACIDADE DAS FÁBRICAS É SEMPRE DE ALTÍSSIMO RISCO

Dentre as empresas brasileiras que melhor representam a trajetória da indústria do País, bem como sua tenacidade, sensibilidade e competência, a TRAMONTINA merece uma posição de especial destaque. São mais de cem anos de glórias e desafios, a partir da chegada do italiano Valentin Tramontina ao Brasil, em 1911, montando uma fábrica artesanal de facas. No decorrer desses anos, a empresa assumiu a liderança inquestionável em sua área de atuação, está presente nos principais mercados mundiais – com competitividade – e não para de crescer e prosperar.

No ano de 2003, no entanto, de acordo com reportagem assinada por Fabrícia Peixoto e Carlos Barbosa na revista *Dinheiro*, a Tramontina resolveu diversificar, o que, cá entre nós, não só não é pecado, como revela-se importante virtude quando decorrente de uma ótica de mercado. Mas, e de novo repetimos, de acordo com a matéria da *Dinheiro*, não foi isso que determinou esse processo de diversificação da empresa.

Aproveitando-se da capacidade e competência de uma fábrica de cabos de talheres que a companhia acabou criando para otimizar sua produção, a decisão foi de também fabricar cadeiras e mesas com a marca Tramontina. Da mesma forma, aproveitando-se da capacidade e competência da fábrica de cabos de plástico, decidiu fabricar móveis para piscina, também com a marca Tramontina.

Muitas perguntas que não querem calar. 1 – O que essa iniciativa agrega de valores econômicos e emocionais ao grupo? 2 – O que essa atividade drena, por menor que seja, da parcela da energia que está voltada para o negócio principal da Tramontina? 3 – Os consumidores reconhecem competência na Tramontina para a fabricação de móveis? (E essa é a mais importante das perguntas).

O maior preço que uma marca de descomunal sucesso paga é ficar profundamente associada àquilo que faz com maestria e que lhe garante a liderança nos três *shares*: *mind*, *market* e *client*. E, por decorrência, não poder usar essa mesma marca em produtos que fogem de seu espectro de abrangência, que contrariem seu DNA.

13
Quem Renega os Seus, Degenera

Este mandamento faz parte da sabedoria que a natureza e nossos antepassados nos legaram. Toda empresa que tenta passar por cima de suas raízes e esquecer suas origens – que estão definitivamente marcadas na cabeça de seus clientes e do mercado – acaba desembocando em situações ridículas e se afundando em crises de difícil superação.

À medida que caminha pelo ambiente econômico, a empresa vai deixando um rastro em sua trajetória, onde pontificam, além de seu estilo e personalidade, suas competências específicas. E se o sucesso é crescente, mais forte e maior é sua autoridade em seu território de atuação, e próxima de zero suas chances nos demais territórios. E quando não resiste às tentações, assume o elevado risco de degenerar-se.

ENDOCRINOLOGISTAS LIDERAM CAMPEONATO DE GORDURA

Cá entre nós, e com toda a franqueza, amigo, você se sente confortável indo procurar uma solução para seus quilinhos a mais e, ao ingressar na sala do endocrinologista, ver, na sua frente, um médico com muitos quilinhos a mais?

Como você já está lá acaba passando por cima, faz a consulta, recebe uma série de reprimendas, recomendações para que abandone seus hábitos sedentários, que corte o uísque, que caminhe no mínimo meia hora todos os dias, além de um severo regime alimentar e, de quebra, e muitas vezes, uma receita com uma certa fórmula grampeada em papel azul, que sempre fica retida na farmácia.

Aí, e durante dois meses, você faz todos os sacrifícios, perde de dois a cinco quilos, talvez, e com sorte, um pouco mais, e animado retorna ao consultório do endocrinologista gordo.

É recebido com festa e cumprimentos, repetem-se as recomendações, mas você sente um certo desconforto que não é capaz de decodificar naquele momento. Minutos depois, e já na rua, vem a sua cabeça a figura de seu médico que – agora sim, cai a ficha – nos dois meses em que você perdeu alguns quilos, ele, ao contrário, ganhou os que você perdeu e muitos outros.

Pausa no papo sobre endocrinologista e volto à região onde nasci e comentava-se sobre um padre que, durante o dia, confessava os fiéis, e à noite, devidamente "desbatinado", fazia o maior sucesso na "zona".

Ou ainda sobre um querido professor da Faculdade de Direto do Largo São Francisco, que terminava as noites ajudando sua amante em uma lanchonete da rua da Consolação, em São Paulo. E onde seus alunos faziam questão de frequentar só para, na hora do cachorro-quente, berrar: "Capricha na mostarda, excelência."

Ainda um último exemplo. Você contrata um consultor de comunicação, uma agência de publicidade, para promover suas marcas e produtos e, na hora de aparecer, só eles é que aparecem. Pessoas que, por dever e formação, deveriam se realizar e se sentirem felizes nos bastidores, mas que não conseguem administrar suas vaidades, suas almas de mariposa, e projetam-se compulsivamente à frente de seus clientes, marcas e produtos diante do primeiro facho de luz.

Pois bem, amigo leitor, no território das empresas, e no mundo dos negócios, é exatamente isso o que vem acontecendo. Os mais famosos endocrinologistas empresariais estão disputando "cabeça a cabeça" quem consegue vencer o campeonato da gordura.

Em um mundo cada vez mais especializado, com empresas criteriosas, racionais e tecnologicamente reorganizadas e redimensionadas os "médicos" que durante a última década prescreveram essas soluções e assinaram essas receitas, hoje fazem exatamente o contrário: convertem-se em descomunais paquidermes, exibem-se, orgulhos, aos holofotes da mídia mundial e intitulam-se consultores de tudo, ou seja, de nada.

Pior ainda. A cada dia que passa, distanciam-se mais de seus clientes e do mercado, mas, como precisam cumprir os contratos assinados, mandam para o campo uma tropa de soldados comandada por um jovem e talentoso sargento MBA sem a menor experiência...

Quando os mais famosos e renomados endocrinologistas disputam o campeonato mundial da obesidade, a especialização está em xeque.

CAUSA MORTIS: "ISOMORFISMO MIMÉTICO"

PAULO GOELZER é um daqueles brasileiros que se destacam em determinado campo de atuação e tem suas qualidades mais fortemente reconhecidas, primeiro lá fora e depois dentro do País. Hoje, ocupa a vice-presidência sênior de uma das mais importantes redes de varejo do mundo, a norte-americana IGA – quatro mil supermercados –, e também tem se notabilizado pelas conferências que faz sobre sua especialidade.

Dentre os temas abordados, sua referência ao ISOMORFISMO MIMÉTICO é de uma oportunidade única e merece uma reflexão das empresas de todos os setores de atividades.

Segundo Goelzer, e à semelhança do que acontece com muitas crianças, existe uma tendência natural nas pessoas – e nas empresas também – de se referenciar em seus heróis, ícones e ídolos. E, assim, não é incomum crianças esborracharem-se no chão na tentativa de repetir as proezas de um Super-Homem, saltando de muros e até mesmo janelas. E isso se chama ISOMORFISMO MIMÉTICO – tendência natural de imitar quem admiramos.

Na opinião de Goelzer, é exatamente isso que vem acontecendo no varejo, e em outros setores de atividades, com empresas que se referenciam na experiência dos líderes de sua categoria, procurando repetir suas estratégias e adotar seus procedimentos, como se essa transcrição pura e simples fosse possível e recomendável.

No varejo, especificamente, o que se nota são empresas de pequeno e médio portes colocando em risco seus negócios, acreditando que a política indiscriminada de preços baixos é a mais adequada, já que é adotada pelos gigantes do setor: "Basta ver como a lucratividade dessas empresas vem caindo nas últimas décadas, como se o preço baixo fosse a única estratégia existente", aponta Goelzer. E reitera: "A estratégia da redução de preços está levando o setor a um beco sem saída. Em breve, muitas empresas estarão praticando margens insuficientes e até mesmo negativas. E se as coisas continuarem nesse ritmo, e dessa maneira, terão de voltar no tempo e trabalhar com escravos, para poderem praticar uma margem zero."

Paulo recomenda aos pequenos e médios empresários do varejo, como alternativa à tentação compulsiva – e porque não dizer suicida – do ISOMORFISMO MIMÉTICO, que normalmente se resume à prática dos preços baixos só suportáveis pelos gigantes, a busca obstinada pelas diferenciações e exclusividades, ou revocacionar-se pela especialização em segmentos específicos de públicos que demandam mais e melhores serviços. E oferece exemplos de empresas de pequeno e médio portes do varejo norte-americano que seguiram esse caminho e hoje apresentam taxas de crescimento e lucratividade muito acima da média das companhias gigantes.

E conclui sua tese do ISOMORFISMO MIMÉTICO aconselhando que: "Em vez de tentar o sucesso fazendo-se passar pelo Super-Homem, é melhor ir atrás do sucesso sendo você mesmo."

169 ANOS, E, FIM

Durante mais de 160 anos o RIGGS BANK foi uma instituição respeitável e de amplo prestígio na comunidade financeira internacional. Notabilizava-se por ter a confiança da aristocracia norte-americana, muito especialmente, de suas mais importantes lideranças políticas. Nenhum outro banco mereceu, por exemplo, a confiança dos presidentes dos EUA como o RIGGS: foram 22 presidentes e suas famílias. E assim passariam outros cem, duzentos anos, não fosse um poderoso e devastador vírus contaminar, em pouquíssimo tempo, toda a confiança construída no correr da trajetória da instituição, e jogar a marca literalmente na lama.

Tudo começou com as suspeitas de que o ditador PINOCHET concentrava a maior parte de sua fortuna de procedência não comprovada no RIGGS. Durante algum tempo, os dirigentes do banco desmentiram e usaram todos os mecanismos legais para não responder os questionamentos procedentes do Chile e de Organizações Não Governamentais.

Devido ao constrangimento do noticiário internacional, instalou-se uma investigação no Senado Americano, e, em paralelo, o Departamento do Tesouro passou a rastrear todas as movimentações do ditador.

Diante das pressões, o RIGGS admitiu em 2004 que PINOCHET, seus procuradores e familiares mantinham nove contas no banco; contas essas abertas em 1995. O Subcomitê de Investigações do Senado dos Estados

Unidos comprovou que não eram nove, eram 28 contas, abertas não em 1995, mas há mais de 25 anos.

Mediante ao poder devastador do vírus "PINOCHET", que em poucos meses corroeu toda a imagem construída no correr de mais de 150 anos, o RIGGS tentou, desesperadamente, acertar-se com o Fisco Americano e com as famílias vítimas do ditador, mas, não foi suficiente. Seus depósitos foram minguando em velocidade igual ou maior que a derrocada de sua marca.

Sem alternativa, para preservar o que restou da instituição e antes que não sobrasse mais nada, aceitou uma proposta de venda para um banco da Pensilvânia, o PNC, que passou a ocupar o lugar de sua bandeira na fachada de suas agências, exatamente na manhã de uma segunda-feira de maio de 2005.

Se não existem segundas chances de se causar uma primeira boa impressão, não existe chance nenhuma de se recuperar o prestígio, por maior que seja, de uma instituição que não resiste às tentações e se deixa seduzir e corromper pelo dinheiro dos contraventores de todas as espécies. Renegando suas origens e degenerando-se. Muito especialmente, o dinheiro de emblemáticos e perversos ditadores.

MORDIDO PELO MELHOR AMIGO

Vaidoso, idade avançanda, BENE PEREZ criou coragem e submeteu-se a uma plástica rejuvenescedora. Botox, correção de pálpebras, papada e outros pequenos detalhes. Com o rosto inchado voltou para casa. Abriu a porta e foi mordido por seu melhor amigo, REX, depois de mais de dez anos de convivência e felicidade. Você é, socialmente, o que as pessoas acreditam que você seja; se você muda o que você é, ainda que apenas na aparência, na melhor das hipóteses as pessoas vão ficar confusas; em condições normais, terão certeza de não se tratar da mesma pessoa. Foi o que aconteceu com dois SANTOS.

Em verdade, há seis anos, alguém decidiu restaurar a imagem de SÃO LONGUINHO na paróquia de GUARAREMA, na Grande São Paulo. Fundada em 1752 pelos jesuítas, a igreja é a única do País que tem uma imagem de SÃO LONGUINHO – um dos soldados na crucificação de Cristo, devidamente convertido e adorado por fazer verdadeiros milagres na busca recorrente das pessoas por objetos perdidos. Depois de seis meses voltou

SÃO LONGUINHO; irreconhecível. A túnica branca virou marrom. De romano, virou franciscano – colocaram no santo calçado, mochila e lanterna. Na ocasião, e entrevistada pela reportagem da REDE GLOBO, uma fiel aposentada, Carmen Segala, desabafou, "Não é o mesmo. Eu tenho fé na foto que carrego na bolsa e não nessa imagem esquisita."

Você quer virar uma "imagem esquisita"?

Não obstante a grande repercussão que teve a "plástica" no SÃO LONGUINHO, o absurdo voltou a acontecer. Desta vez a "vítima" foi a imagem de SANTA BÁRBARA, datada do início do século XIX, que ocupa o altar principal da capela da Fortaleza de Santa Cruz da Barra, em Jurujuba, Niterói, em "plástica" realizada pela equipe de preservação e conservação do Museu Histórico do Exército do Forte de Copacabana. SANTA BÁRBARA, segundo muitos fiéis, "virou BARBIE".

Ouvido pela reportagem de *O Globo*, o professor de história da arte e especialista em arte barroca, Elmer Corrêa Barbosa, disse, "O que se vê é algo grotesco. Mais parece uma imagem de gesso contemporânea. Em nada se parece com o que se fazia naquela época, no início do século XIX. Era um período pós-barroco, em que os artistas buscavam uma aproximação das imagens religiosas da figura humana, através de uma técnica chamada de encarnação."

Segundo o historiador Milton Teixeira, "é uma obra lindíssima, que conheço há 20 anos e deve datar de 1810. Estava em bom estado. Isso que fizeram foi um crime. Descaracterizaram uma peça histórica que, no máximo, precisava de uma limpeza."

Será que não é disso que você está precisando? De uma boa limpeza? Por fora e por dentro. Ou você prefere, mesmo, converter-se em uma réplica de si mesmo, de qualidade inferior, e provocar estranhezas e desconfianças nas pessoas que gostam e respeitam você como você é.

E ainda ser mordido pelo melhor amigo...

MEU MALUCO FAVORITO

Não é a primeira vez que falo dele em meus livros. Mas, suas maluquices, excentricidades e alegria de viver são irresistíveis. Irradia simpatia e felicidade, permanentemente, não obstante o recorde de loucuras que já cometeu e outras tantas a caminho.

Refiro-me a RICHARD BRANSON, que agora conta seus segredos – ou, maluquices – em precioso livro da EDITORA SARAIVA: *Like a virgin*. Ele, e sua monomarca VIRGIN – para algumas centenas de negócios de diferentes setores de atividade – são a exceção que justificam a regra. Tudo bem que não se deve colocar todos os ovos em uma única cesta, mas espalhá-los pelo mundo é de uma ousadia abismal.

Logo no início do livro ele revela – e recomenda – cinco lições para se abrir uma empresa. A primeira, sem a qual não se passa para as demais, é SÓ FAZER O QUE VOCÊ GOSTA. Segundo BRANSON, "abrir uma empresa requer muito trabalho e tempo: portanto é bom que você aprecie o que faz". A segunda é SER INOVADOR. "Se você quiser prosperar no mundo moderno tem de fazer diferente para construir e deixar uma marca." Se for para terem mais do mesmo, as pessoas preferem continuar com quem conhecem, gostam e confiam. A terceira diz respeito às PESSOAS. "As empresas nada mais são que um grupo de pessoas, que, por sua vez, se convertem em seu maior patrimônio... Na maioria das empresas é o seu próprio produto... Em um mundo cheio de mediocridade e indiferença, ter pessoas apaixonadas pelo negócio faz uma tremenda diferença." A quarta, saber OUVIR. "Ninguém tem o monopólio das boas ideias e dos bons conselhos. Vá até as pessoas, deixe-as à vontade e ouça e saiba o que têm a dizer." E a quinta é SER VISÍVEL. "Um bom líder não fica sentado atrás de uma mesa."

BRANSON, não obstante ser louco de pedra, é absolutamente consciente do que é valor para uma empresa: "O segredo é ver sempre sua empresa ou marca de fora para dentro. Em vez de olhá-la estritamente pelo prisma dos últimos resultados financeiros do trimestre, procure se ver como os clientes o veem."

E se lembra, permanentemente, do MELHOR CONSELHO QUE JÁ OUVIU. E que não é um, são três: "Três joias me veem a mente. Primeira, uma de efeito duradouro de minha mãe, EVE, que sempre me ensinou a nunca olhar para trás e lamentar, mas seguir em frente em busca da próxima conquista. Segunda, também da minha mãe, que me dizia para jamais criticar abertamente as pessoas. Quando me via falando mal de alguém me fazia ficar em pé diante do espelho por cinco minutos. Para ela, 'meu discurso crítico era um mau reflexo de meu próprio caráter'. E a terceira, recebi em 1980 de Sir FREDDIE LAKER, quando decidi criar minha empresa aérea: '– Você jamais terá o poder publicitário necessário para desbancar a BRITISH AIRWAYS. Assim, terá de sair por aí vendendo pessoalmente o seu produto. Do contrário, não sobreviverá. Trate de aparecer sempre nas primeiras páginas, não nas últimas.' E é o que tenho feito em toda a minha vida, ainda que pagando mico vez por outra."

Se você se entusiasmou com ele, não se esqueça da recomendação do Ministério da Saúde e do Melhor Juízo: "BRANSON COM MODERAÇÃO."

Até porque BRANSON é único; assim como você. Respeite-se para ser querido e admirado.

14
"Nada do Que Foi Será de Novo do Jeito Que Já Foi um Dia"

Quando uma empresa começa a franzir a testa ao tentar enxergar o mercado ou, pior ainda, a bater em poste e cair em buracos, a causa não necessariamente é o enfraquecimento da visão, a perda de sentido e direção e a diminuição da sensibilidade. Na maioria das vezes, são sensações decorrentes do distanciamento e perda de contato e sintonia com o mercado.

Assim, decidimos enunciar este mandamento da mesma maneira como o fizeram Lulu Santos e Nelson Motta na consagrada canção *Como uma onda*, que se inicia exatamente com essa referência: "Nada do que foi será de novo do jeito que já foi um dia." Queremos reiterar, para as empresas, a importância vital de monitorar o mercado e o ambiente político, econômico, tecnológico e social 24 horas por dia, todos os dias do ano. Sempre tentando identificar, com antecedência, mudanças de todo tipo que, mais cedo ou mais tarde, inexoravelmente impactarão todos os negócios; para o bem e para o mal. Desafios, Oportunidades, Ameaças, Tendências e Benchmarks em busca de novos e consistentes insights.

NÃO É A VISTA QUE ESTÁ CANSADA; É O MERCADO QUE MUDOU

É exatamente o contrário do que acontece no plano real e no cotidiano das pessoas.

Um determinado dia, enquanto você tenta ler alguma coisa à distância, alguém pergunta por que você está franzindo tanto a testa.

Um pouco adiante, você percebe que algumas pessoas conseguem ler as letrinhas pequenas de um outdoor, onde você só vê uma sombra.

Finalmente, na volta de uma viagem, e com o dia já escurecendo, suas dificuldades de dirigir, por deficiência de visão, acentuam-se. Aí você resolve dar uma passadinha no oftalmologista só para conferir e descobre que a deficiência visual ultrapassou o limite e os óculos são inevitáveis.

No mundo empresarial, a partir dos anos 1990, a situação passou a ser exatamente inversa. Como afirmei logo no início: "Não é a vista que está cansada; é o mercado que mudou", ou seja, uma brutal, repentina e sensível transformação da paisagem do mundo dos negócios faz com que você enfrente uma tremenda dificuldade em ver, perceber e sentir com a mesma tranquilidade e confiança anterior. Por essa razão, de todos os "REs" que surgiram nos últimos tempos, existe um que precede, de longe, todos os demais. É o que Al Ries e Jack Trout chamam de REFOCUSING. Isso mesmo. Antes de reengenheirar, de reformatar, de reduzir, e até mesmo para saber se seu caso comporta esse tipo de solução, a primeira providência a ser adotada é REFOCAR o mercado, de tal forma que você e sua empresa sejam capazes de entender as consequências do furacão tecnológico que arrebentou as bases dos nossos conhecimentos, impregnando de terríveis dúvidas todas as nossas certezas.

Hoje, mais que nunca, no mundo dos negócios, parafraseando o que se dizia no tempo do bonde, "tudo é passageiro, menos cobrador e o motorneiro". Mas não existe mais bonde, dirá o leitor. Claro, por isso mesmo, como não existe mais bonde e, por decorrência, nem motorneiro, e os cobradores de ônibus estão sendo substituídos por catracas eletrônicas, TUDO É PASSAGEIRO. Por essa razão, amigo, antes de embarcar em uma dessas palavras da moda e começar a tesourar sua empresa, acerte seu foco.

A partir do momento em que você voltar a perceber/entender o que está acontecendo no mercado genérico e em seus mercados específicos, três alternativas vão se colocar a sua frente, à espera de uma decisão: ou sua empresa está subdimensionada, ou superdimensionada, ou perfeita para seguir em frente. Mas, se por afobação e insegurança você já partir para os cortes, seguramente conseguirá produzir um monstro. Vai arrancar três dentes da frente, quando um prosaico Melhoral resolveria a dor. Vai amputar um pé, quando bastava trocar o sapato. Vai se castrar, quando seria suficiente comprar uma cueca de número maior...

MEU PRIMEIRO PIANO OU O MAPPIN ACABOU

Na década de 1950, as mães tinham mais juízo e colocavam os filhos para aprender música.

Dentre os instrumentos, dois predominavam: o piano e o acordeom. A mim coube aprender piano. Primeiro no Colégio São José, em Bauru, e depois no Conservatório Dramático e Musical de São Paulo.

Do esforço incansável de minha mãe, movida pela santa intuição de que a música seria parte fundamental da minha vida, acabei chegando a um diploma, depois esquecido no fundo de alguma gaveta.

Mas a música, essa não, carrego dentro de mim para sempre, dedicando duas ou três horas todos os sábados para, em uma espécie de musicoterapia, teclar meu Roland e descarregar as tensões e dificuldades da semana que se vai.

Quando comecei a estudar piano, usava emprestado o da vizinha. Depois de um ano, ganhei de meus pais meu primeiro e único piano, comprado em prestações e de um vendedor viajante do MAPPIN.

Primeiro veio um folheto, onde fizemos a escolha. Decidida a compra, o encomendamos, e, menos de um mês depois, parou um caminhão na porta da minha casa. Foi um acontecimento...

Após 45 anos testemunhei, constrangido, o MAPPIN definhar, não obstante os lances de venda e compra de um interessado. O que teria comprado seu novo controlador? – me perguntei, na época.

Um sonho antigo de ser dono do Mappin? Prejuízos e possibilidades de maiores empréstimos em instituições oficiais, para aplicar em suas outras empresas?

Imaginei que Walter John Mappin e John Kitching, fundadores do MAPPIN STORES, em 29 de novembro de 1913, estivessem na iminência de se levantar de seus túmulos e fazer o que o publicitário Leo Burnett prometia, quando alguém ameaçava descaracterizar seu negócio: arrancar seu nome da porta.

O novo controlador falava em transformar o MAPPIN em uma gigantesca franquia: uma rede de mil lojas. Só podia ser brincadeira ou delírio.

Franquiar o quê? Para quem?

E aí, na época, não me contive e escrevi um artigo no qual dizia, entre outras coisas, que "O MAPPIN", "O Nosso Mappin" como agora chamam, esquecendo-se de que o slogan pertence à Varig, "A Nossa Varig", tem uma imagem definitiva. De uma loja de departamento para a maioria, ou de um magazine, para os mais velhos, que no fundo quer dizer a mesma coisa, ou seja, uma grande loja com dezenas de seções, aonde se vai, ou melhor, aonde se ia, para resolver todas as compras pessoais e da casa...

Só que isso hoje é feito de forma muito mais moderna, agradável, confortável, segura e melhor nos shopping centers. Pois, enquanto se restringiam aos Jardins – Iguatemi e Ibirapuera –, eles ainda garantiram uma sobrevida ao MAPPIN, MESBLA, ULTRALAR, CLIPPER, SEARS e assemelhados. Mas, ao se multiplicarem por todos os cantos da cidade, não obstante o saudosismo e o lado "cult" das pessoas, os shoppings eliminaram o constrangimento de se acotovelar na simpática e velha loja da Praça Ramos... Ou na então "nova" do Itaim, com sabor de saudade...

Da mesma forma como aconteceu com boa parte das lojas de departamentos em todo o mundo.

As que conseguiram permanecer como organização utilizaram todo o know-how acumulado durante décadas para realizar um competente "spinoff", transformando-se em dezenas de cadeias de lojas especializadas, com marketing, gerenciamento e denominações próprias e específicas.

Esse MAPPIN, o que acaba de ser vendido, concluía, já acabou faz tempo. Só falta fecharem suas portas. Já o das nossas recordações e momentos de grande encantamento, com seus chás regados a violinos e música clássica, esse permanecerá para sempre...

Infelizmente, eu estava certo.

COITADO DO BRANQUINHO OU ADEUS, DINHEIRO

Durante anos, o branquinho (o corretivo) reinou soberano em todas as empresas. Era o melhor amigo das secretárias e o maior vendedor de esferas da IBM.

Na hora do erro, datilografando uma carta ou um documento qualquer, era só passar o branquinho e rebater por cima. Pronto, tudo estava resolvido.

Como as esferas das IBMs elétricas eram frágeis e "temperamentais", em muito pouco tempo o branquinho ia danificando o corpo das letras, e a empresa precisava comprar uma esfera nova.

Aí chegaram os computadores e foram embora 99,9% das máquinas de escrever das empresas modernas.

E o branquinho caiu em desuso, como de certa forma, as tradicionais secretárias.

No passado, e em uma das mudanças do MADIAMUNDOMARKETING para um novo endereço, fizemos uma "blitz" no almoxarifado procurando levar para a nova sede só o que efetivamente fosse passível de utilização.

Descobrimos surpresos, algumas caixas de branquinhos, devidamente endurecidos, que rapidamente foram encaminhadas ao lixo.

Ou seja, definitivamente o mercado não é dado a saudosismos e reconhecimentos. Aparece um substituto melhor, na avaliação do consumidor, e o produto até então "insubstituível" é, no mesmo momento, abandonado. Sem direito a homenagens e reverências.

O que, de certa forma, e em algum momento, também vai acontecer com o dinheiro.

No início dos anos 1970, Itaú, Unibanco e City se somaram para lançar o CREDICARD. Naquela época, o "mote" do lançamento era que finalmente estávamos ingressando na "Cashless Society" – sociedade sem dinheiro.

Claro, era uma força de expressão, e hoje, mais de 40 anos depois, continuamos carregando notas e moedas nos bolsos/carteiras.

Só que, agora, e à semelhança do branquinho, o dinheiro – de verdade – começa a se despedir.

Em pouquíssimos anos, nos chocaremos ao encontrar pessoas ainda carregando dinheiro, da mesma forma que hoje nos chocamos quando encontramos empresas usando o branquinho.

O cartão de crédito convencional, tipo Mastercard, Amex, Diners, Visa, não conseguiu acabar com o dinheiro, como anunciaram lá atrás, porque tinha apenas o poder de pagar contas, não o de portar valores.

Agora, com os SMART CARDS – cartões inteligentes – já utilizados por algumas empresas no Brasil, e crescendo a uma velocidade inimaginável nos Estados Unidos e Europa, o dinheiro pode descansar em paz.

Esses cartões, além do plástico, trazem dentro de si um pequenino CHIP capaz de armazenar 500 vezes mais dados que os cartões convencionais.

Assim, e na medida em que o "chip" da inteligência for agregado aos cartões de crédito, com o mesmo cartão é possível pagar a viagem, a compra de um televisor ou as despesas de um restaurante, que serão devidamente cobradas na fatura do final do mês.

E, simultaneamente, o jornal da banca, o refrigerante do bar e o ingresso do cinema são, no ato, debitados do valor que estiver carregado no cartão.

Quando o cartão "se esvaziar" à semelhança dos pneus, será suficiente passar em uma máquina e recarregá-lo, sendo o saque debitado automaticamente na conta-corrente.

O branquinho e o dinheiro, amigo leitor, são apenas dois exemplos para estimulá-lo a refletir sobre o grau de atualização e a provável sobrevida dos produtos de sua empresa.

O branquinho ter partido, tudo bem, agora, o dinheiro estar prestes a acabar? É demais! Ou você acredita que seus produtos são mais resistentes que o próprio dinheiro? Resistentes a todas as movimentações do mercado...

A propósito e em tempo: até mesmo os *smart cards* estão com os dias contados. Viverão poucos anos de glória e cederão todos os espaços aos *smartphones*. As "carteiras e porta níqueis" dos tempos modernos.

NÃO É O AMBIENTE ECONÔMICO QUE ESTÁ MUDANDO; A MUDANÇA É QUE É O AMBIENTE ECONÔMICO

O título não é meu. É de CHARLES FISHMAN, na fantástica revista FAST COMPANY – a "WIRED" da administração e dos negócios. E traduz, com incomum felicidade, o que de verdade está acontecendo no mundo.

Heráclito já afirmava, 475 anos a.C., que "ninguém é capaz de pisar duas vezes na mesma água de um rio". Se estivesse vivo, diria quão difícil é encontrar o rio e quão arriscado é tentar pisar em suas águas, tão forte é a correnteza.

Neste momento, na Europa e Estados Unidos, duas dezenas de cientistas e administradores alocam a totalidade de seus tempos e talentos para entender a mudança, e, na sequência, preparar pessoas e organizações para viverem – sobreviverem – em uma quadra histórica onde A MUDANÇA É O AMBIENTE.

Em verdade, tudo começou quando ISAAC ASIMOV prognosticou, no início dos anos 1980, como seria o ambiente dali para frente: "Há uma mudança, mudança contínua, mudança inevitável, que é o fato dominante da sociedade moderna."

E agora, depois de todos os estudos, esses cientistas e administradores, e também os profissionais de treinamento – para que se possa viver em um ambiente onde A MUDANÇA É O AMBIENTE – trazem suas primeiras conclusões, ou os pontos comuns nos resultados de suas pesquisas e ensinamentos:

1. A MUDANÇA ocorre primeiro na cabeça de quem faz e está no processo. E depois, no processo, com a cumplicidade, a adesão e a vontade de quem faz. Antes de mudar a empresa, você precisa convencer as pessoas de que a mudança precisa ser feita; que é questão de vida ou morte.
2. A MUDANÇA, por decorrência, refere-se às pessoas. E as pessoas, por mais que você espere, sempre vão surpreendê-lo, em todos os sentidos.
3. A MUDANÇA, no início de todo processo, caracteriza-se por 1% de adesão e 99% de resistência.
4. NA MUDANÇA, os sistemas formais de comunicação são importantes. Mas, os informais – "radiopião" – são infinitamente mais importantes. Não se faz a MUDANÇA sem um sistema de comunicação informal planejado, organizado e administrado – ainda que na aparência e na sensação, ele permaneça informal.
5. A MUDANÇA não decorre do fato de querer que as pessoas mudem. Decorre da capacidade da empresa em envolvê-las na MUDANÇA.
6. MUDANÇA é, portanto, convencimento. Nada a ver com fé, crença ou religião.
7. MUDANÇA é sinônimo de tensão e ambiguidade; jamais de consenso.

8. Ninguém deve morrer pela companhia para conseguir a MUDANÇA. Lembre-se do general George S. Patton: "I want you to remember that no bastard ever won a war by dying for his country."
9. Se você é o agente da MUDANÇA – empresário ou executivo profissional –, antes de mudar a companhia, MUDE VOCÊ.
10. Mesmo que a empresa não mude, MUDE VOCÊ!

A 11ª ainda não existe, mas, muito provavelmente, será MUDAR OU MORRER. E a 12ª foi vaticinada há mais de século por Giuseppe Tomasi di Lampedusa e destina-se aos céticos e conservadores: "Algo deve mudar para que tudo continue como está."

PS.: Nenhum ser humano tem o poder de mudar outro ser humano. Mas, com paciência, talento e treinamento, todos podem ser ensinados e envolvidos a fazer o que fazem de uma forma diferente. A aprender a trabalhar em um ambiente em permanente mudança, ou na mudança que é o ambiente.

A RESPOSTA ESTÁ NO SAPO

Uma semana de descanso, comigo alguns livros e o último exemplar da *Forbes*.

Todas as noites, depois do jantar, vendo a Lua crescer, o mar vazar, e de mãos dadas com Katinha – minha adorada mulher e companheira inseparável e definitiva nessa aventura incrível que é a vida –, passeávamos pelos jardins do Cabo Santo Agostinho Resort, a 40 quilômetros do Recife.

Muitos sapos pelo caminho, assim que nos aproximávamos e eles registravam nossa presença, imediatamente davam um grande salto para a frente, fugindo de um suposto perigo, de uma interferência estranha ou de uma ameaça iminente.

Na capa do exemplar da *Forbes* que levei, uma reportagem sobre a teoria desenvolvida por REUVEN BRENNER, professor de economia da Universidade de Montreal: a "Leapfrogging Theory", cuja tradução corresponde àquela brincadeira de criança que chamávamos de "pular carniça", em que os participantes saltam os obstáculos à semelhança do sapo.

E aí juntei com outra experiência com sapos, que trago dos tempos do Colégio de Aplicação, e o enigma decifrou-se, a resposta tinha sido encontrada, ou melhor, a solução está no sapo. A resposta para este momento de angústias, dúvidas, incertezas, indagações, perplexidade e desespero no qual empresas e profissionais se encontram.

No Colégio de Aplicação aprendi que se você pegar um aquário, que tenha dentro um sapo que passa os dias em cima de uma pedra, em um ambiente que não se altera, com água e peixinhos ao redor, e colocar esse aquário sobre as chamas de uma boca de fogão, a água vai ferver, os peixinhos vão morrer cozidos, até porque não conseguem saltar as paredes do aquário, e o mesmo vai acontecer com o sapo – cozido ou torrado –, porque não percebeu nem registrou – e, portanto não reagiu – mudança alguma em seu ambiente.

No Cabo de Santo Agostinho me lembrei, vendo aqueles sapos saltarem e lendo a teoria de BRENNER, de que a qualquer interferência no ambiente que percebam e registrem, rapidamente aqueles batráquios pulam; e para a frente.

BRENNER recorda uma série de empresas que em determinado momento tiveram suas lideranças ameaçadas e, como sapos incomodados, rapidamente reagiram saltando para frente e consolidando suas posições de liderança.

E eu rapidamente me lembrei de outras, como a Souza Cruz, toda vez que é atacada pela Philip Morris; a Microsoft, quando se sentiu ameaçada pela Netscape; a Coca-Cola, ameaçada pela Pepsi; e assim por diante...

Isso posto, recomendo que executivos e empresas reflitam sobre a lição ou o exemplo do sapo.

Se acreditam que nada mudou, ou que as mudanças só afetam os outros, que permaneçam do jeito que estão em seus "aquários" e preparem-se para morrer cozidos.

Mas, se querem sobreviver, prevalecer e crescer, reconhecendo que ingressamos em uma época do mundo e da economia onde a mudança é o ambiente, então, que tratem de saltar rapidamente, de preferência várias vezes ao dia, "Num indo e vindo infinito", como recomendam Lulu Santos e Nelson Motta.

15
A Comunicação Universal É uma Impossibilidade Definitiva

Que caminhamos inevitavelmente para uma aldeia global, para alguns, ou que nela já nos encontramos, mesmo, para outros, não há a menor dúvida. O que não quer dizer que as pessoas passaram a se assemelhar em termos de comportamentos, preferências e manifestações.

As primeiras fotografias dessa ALDEIA GLOBAL, devidamente reveladas, observadas e analisadas com sensibilidade, apontam na direção oposta.

Cada vez mais, as pessoas enturmam-se e frequentam pequenos grupos, são movidas por afinidades e aprofundam-se na manifestação de suas preferências específicas.

Assim, para que a comunicação – condição essencial de existência para empresas e produtos – aconteça, é indispensável a melhor sintonia comportamental possível, com essas pessoas e suas tribos, respeitados todos os diferentes momentos em que esses relacionamentos acontecem. Caso contrário, as perdas de tempo, energia e dinheiro tornam-se inevitáveis, ou pela equivocada homogeneização da linguagem ou pela inadequação do momento em que se tentou o acesso.

MOMENTOS DE CONVERGÊNCIA: EVENTUAIS OU TEMÁTICOS, OU A COMUNICAÇÃO GLOBAL NÃO EXISTE

Enquanto o processo de reprodução humana mediante clonagem não prevalecer – e em princípio isso jamais deverá acontecer –, a comunicação global é um engodo, uma impossibilidade, uma total e absoluta ficção. Já escrevi isso há 30 anos e, no meu livro *Datamarketing behavior* introduzi a figura do *Camaguru* – nós, os novos consumidores, cada vez mais genéricos na superfície de nossos comportamentos e cada vez mais individuais no âmago de nossos comportamentos. E agora repito uma vez mais: a comunicação global é, simplesmente, impossível.

E a impossibilidade não está na mídia. A impossibilidade está nos receptores das mensagens e é inata a eles. De novo nós, superestimulados pelas conquistas tecnológicas recentes que nos possibilitam aprofundar, ainda mais, como mergulho final e definitivo, em nossas individualidades. E, excepcionalmente, cultivar nossas amizades cada vez mais restritas e seletivas.

Isso posto, e para os que confundem unidade temática com comunicação global, introduzo agora o conceito de MOMENTOS DE CONVERGÊNCIA.

Se a comunicação global, como alternativa de estratégia de marketing, para as empresas e suas agências de publicidade, é uma impossibilidade, uma ficção, os MOMENTOS DE CONVERGÊNCIA acontecem agora com razoável frequência e, quando ocorrem, possibilitam a utilização de uma mesma peça de comunicação. Em alguns desses MOMENTOS – pouquíssimos e excepcionais –, pode-se utilizar uma mesma peça, para todos os cantos do mundo.

Os MOMENTOS DE CONVERGÊNCIA, de uma forma geral, podem ser divididos em EVENTUAIS ou TEMÁTICOS. EVENTUAIS, quando decorrentes de um evento com um poder de magnetização e interesse de tal ordem, que provocam, determinam e conseguem concentrar a atenção de milhões de pessoas espalhadas ao redor do mundo: os Jogos Olímpicos, por exemplo. Assim, na medida em que ocorre a convergência e a cabeça e as emoções das pessoas de diferentes nacionalidades estão sintonizadas e "climatizadas" com o contexto e com o espírito da competição, faz sentido, nesse exato momento, por exemplo, a Coca-Cola ou a Nike veicular um comercial único para todo o mundo.

Já os MOMENTOS DE CONVERGÊNCIA TEMÁTICOS referem-se muito mais à unidade de interesse de segmentos específicos da população mundial do que à totalidade das pessoas. São passíveis da comunicação global segmentada. Nas transmissões do Campeonato Mundial de Golfe pela ESPN, as pessoas que se sentam para assistir às partidas nas diferentes partes do mundo, nesse exato momento e por convergência temática, são passíveis de receber mensagens iguais dentro do tema de seu interesse:

equipamentos para a prática desse esporte e complementos básicos e relacionados.

De qualquer maneira, mesmo nas duas situações, a possibilidade da comunicação global está infinitamente mais para o merchandising que para a publicidade.

A probabilidade de se alcançar resultados e realizar-se a transmissão da mensagem estão muito mais na simples aposição da marca no relógio central dos estádios, que, volta e meia, é focalizado pela televisão, ou na meia do jogador de tênis, que na veiculação de um comercial em que seus protagonistas andam, falam, comportam-se e recebem incidência maior ou menor de luz, cor, ambiente, moda, estilo... Ou seja, a possibilidade de erro, fracasso e lamentáveis equívocos é iminente e total.

CONHECER GLOBALMENTE, PENSAR NACIONALMENTE, AGIR LOCALMENTE

Finalmente chegamos a um ponto comum.

Há 20 ou mais anos, muitas pessoas acreditavam que, do ponto de vista do marketing, o mundo caminhava de forma inexorável para transformar-se em um mercado único para a maioria dos produtos. Um "Global Market", onde prevaleceria um "Global Marketing".

Hoje, passada essa espécie de "terrorismo globalizante", chega-se a um ponto comum exatamente contrário ao que se imaginava. Poucas empresas, produtos e marcas suportarão um "Marketing Global".

Anos atrás, registramos os ensinamentos do então presidente mundial da Young & Rubicam, Peter Georgescu. Ele foi taxativo: "Para haver uma comunicação global ou multinacional, os mercados têm de ter os seguintes fatores: primeiro, a marca precisa estar no mesmo nível de desenvolvimento; segundo, o tipo de consumidor que compra os produtos tem de ser o mesmo, tanto demograficamente quanto psicologicamente; terceiro, o nível de competição tem de ser similar."

Se tomarmos as palavras de Georgescu ao "pé da letra", temos de concluir que nenhuma empresa, produto ou marca é passível de um tratamento global. Se as analisarmos, no entanto, com sensibilidade e inteligência, concluiremos que, em algumas categorias de produtos e marcas, muito especialmente em função das características dos nichos de mercado que ambicionam, é possível não um mesmo tratamento global, mas uma estratégia global devidamente customizada.

Hoje, por exemplo, já se sabe que, dentre todos os segmentos etários e comportamentais, o que mais suporta um marketing global customizado é o dos adolescentes. Todas as pesquisas realizadas no mundo inteiro sinalizam ser esse segmento o que apresenta o maior número de características comuns.

De qualquer maneira, é fundamental, para o presente e o futuro das empresas, produtos e marcas, que sempre se tenha uma visão global. Para que os empresários e seus marqueteiros possuam um quadro completo do que está acontecendo mundialmente com produtos e serviços que ambicionam oferecer respostas às idênticas ambições e expectativas de consumidores.

Em síntese, cada vez mais a regra de ouro do marketing moderno é: CONHECER GLOBALMENTE, PENSAR NACIONALMENTE E AGIR LOCALMENTE. De forma muito especial, em países com as dimensões territoriais dos Estados Unidos e Brasil, em que, em uma mesma época do ano, vendem-se "Grand Cherokees" com suporte para esquis no Norte e suporte para bicicletas na Flórida (Estados Unidos) ou onde comercializam-se malhas, edredons e mantas de lã para o inverno no Sul, e guarda-chuvas, para o mesmo inverno, no Norte-Nordeste (Brasil).

ALÔ, CORAÇÃO

Muitas vezes nas músicas encontram-se as melhores explicações para o que acontece na vida.

No início dos anos 1980 eu abria minhas conferências com o hino dos tempos modernos.

Esse caracterizava, e ainda caracteriza, melhor do que qualquer texto técnico, o que viria a acontecer com o mundo, e que acabei por homenagear convertendo um de seus versos no enunciado de um dos MANDAMENTOS.

Não sei exatamente – quem souber, por favor, me escreva – os momentos e as circunstâncias que levaram LULU SANTOS e NELSON MOTTA em um instante único de genialidade e convergência a compor uma canção definitiva, perfeita, irretocável e profética.

Claro que estou me referindo à COMO UMA ONDA NO MAR, que agora transcrevo os primeiros versos, para que você possa refletir com calma e tranquilidade sobre sua dimensão e importância. Até mesmo cantarolar. E conferir sobre o acerto dos autores: "Nada do que foi será / De novo do jeito que já foi um dia / Tudo passa / Tudo sempre passará / A vida vem em ondas / Como o mar / Num indo e vindo infinito..."

E pensar que quase 20 anos antes de Lulu e Nelsinho criarem essa obra-prima, PETER DRUCKER no seu antológico livro *Uma era de descontinuidades* pautou o mundo para o que viria a acontecer, e acabou sendo chamado pela grande maioria, inclusive os críticos, de terrorista, de "chutador". Depois de 20 anos, milhares de brasileiros de todas as idades cantariam o hino dos novos tempos com surpreendente e natural tranquilidade...

Agora chegou o momento de retomarmos outra canção, e que antecede à *Como uma onda no mar*. Da mesma forma que o "freguês de caderneta" está sendo revivido no marketing de relacionamento e com o Database marketing.

Uma canção que fala da possibilidade reconquistada do ser humano exercer na plenitude sua individualidade.

Superado o suposto furacão das descontinuidades, uma vez que a mudança passa a ser uma característica permanente e definitiva, e despertando do pesadelo de se inserir definitivamente em uma "mega massa" denominada "globalização", o ser humano descobre fascinado, que de global mesmo só existe uma tênue superfície, como se fosse um lençol de tecido leve e ralo, que uma vez tirado de cima revela pessoas – "... agora / Há tanta vida lá fora" –, cada vez mais individuais, reencontrando-se com suas turmas, muitas turmas, num indo e vindo infinito, repito, como uma onda no mar.

Essa canção é de Gutemberg Guarabyra e Renato Correa, e foi imortalizada pelo Trio Esperança: "Eu vou voltar aos velhos tempos de mim / Vestir de novo meu casaco marrom / Tomar a mão da alegria e sair / Bye, bye, Ceci 'nous allons'..."

Empresas e marqueteiros modernos, e na trilha do sucesso, convivem hoje com consumidores que retornam aos seus casacos marrons, aos velhos tempos de mim, tomando a mão da alegria e saindo, conscientes de que nada do que foi será do jeito que já foi um dia, por mais que Copacabana diga que sim, que tenham a brisa à disposição, num indo e vindo infinito...

Alô, Coração!

SOB MEDIDA

Até o final dos anos 1950, ainda eram milhares. Toda cidade brasileira tinha, no mínimo, dois ou três com grande clientela. Com o correr dos anos, alguns passaram a trabalhar em fábricas, outros nos serviços de ajustes nas lojas e outros foram se aposentando e desistindo. Dentre todas as profissões, seguramente essa é uma em processo de total e irreversível extinção, até porque, também, os filhos se recusam a seguir a carreira do pai e dar continuidade ao negócio.

E é exatamente nessa profissão que definha – a dos alfaiates –, que se encontra a melhor referência para se explicar e entender o que já vem acontecendo, e muito rapidamente se transformará em uma das principais características da maioria dos negócios. O BTO, ou SM MARKETING. BTO, do inglês *Built-To-Order*, e SM, de Sob Medida.

Lá por 2020, a desintermediação será um dos traços mais característicos do mundo. Se hoje a regra ainda é a intermediação, em 2020 ter intermediários, para muitos negócios, será a exceção. E mais do que o desaparecimento dos intermediários, o prevalecimento da possibilidade de que nós, consumidores, teremos de comprar cada vez mais produtos personalizados; BTOs; SMs.

As primeiras manifestações desse novo mundo já vinham frequentando as páginas das mais importantes publicações de negócios. E, dentre todas, a mais emblemática e sinalizadora foi a da DELL COMPUTERS, que chegou à liderança mundial em microcomputadores sem jamais ter vendido, um único que fosse, em uma loja. Sempre direto ao consumidor, uma empresa que já nasceu desintermediada. E, além de direto ao consumidor, BTO, SM, ou seja, cada computador montado exatamente de acordo com as preferências específicas de cada um dos milhões de clientes DELL ao redor do mundo.

Ainda recentemente, e quando de sua chegada ao Brasil, determinou radical mudança no comportamento de seus principais concorrentes em nosso País, alterando seus processos de comercialização para mecanismos mais próximos aos praticados pela DELL, e causando grande revolta em seus, até então, fiéis revendedores.

No território específico dos alfaiates, o SM ou BTO caminha a todo vapor. A LEVI'S, de vinte anos para cá, vem fabricando seu jeans sob medida. A Vila Romana, no Brasil, saiu à frente, também anos atrás, comprometendo-se a entregar em qualquer lugar do País, a partir de sua fábrica em

João Pessoa, em até cinco dias e na casa do cliente, o terno sob medidas que foram tiradas na loja. A FIAT, já em 1998, vendeu mais de 70 mil carros, que foram pedidos e desenhados nos computadores das revendas, e, nos anos seguintes, as demais montadoras adotaram processo semelhante, e, em conjunto com a FIAT, também os disponibilizando na internet.

E especificamente no território da música, e para se reconstruir após o "terremoto" MP3 e outros programas assemelhados, todas as indústrias fonográficas, mais os novos *players*, passaram a comercializar seu acervo de gravações pela internet, e sempre BTO ou SM.

PADIM CIÇO E A BANDEIRA

Anos atrás registrei, em artigo, que "santeiros tecnológicos" da China estavam roubando emprego dos "santeiros de barro" brasileiros. Que Padim Ciço, agora em material plástico e que ainda fala, canta e abençoa não é feito mais nas imediações de Juazeiro. É "Made in China". Os de barro encalham...

A nova revelação é que as Bandeiras do Brasil também, e em boa parte, são produzidas na China. Isso mesmo, a nossa bandeira, aquela dos versos de Castro Alves, "Auriverde pendão de minha terra / Que a brisa do Brasil beija e balança / Estandarte que a luz do Sol encerra / E as promessas divinas da esperança..."

Tudo bem, o mundo é assim mesmo, concorrência ampla, geral e irrestrita, mas, que no mínimo causa estranheza ícones da tradição e religiosidade brasileiras e símbolos da pátria serem fabricados na China, e prevalecerem na preferência dos comerciantes, e depois, e por decorrência, dos fiéis e brasileiros, causa mesmo; e, incomoda.

No tocante ao Padim Ciço nada é feito, e a versão digital cresce e prospera. Já no que diz respeito à bandeira a indústria nacional crítica, esperneia e acusa: "Chineses Desrespeitam Padrão Regulado por Lei."

E que padrão é esse? O estabelecido pelo Decreto-lei nº 4, de 19 de novembro de 1889, e que no correr dos anos sofreu poucas modificações. Estabelece que nossa bandeira tenha por base um retângulo verde com proporções de sete polegadas por dez, sobrepondo-se um losango amarelo e um círculo azul, no meio do qual existe uma faixa branca com o lema "Ordem e Progresso" em letras maiúsculas verdes, sendo a letra "E" central um pouco menor, além de 27 estrelas brancas. E de onde vêm essas estrelas brancas? Correspondem a uma imagem da esfera celeste, inclinada segundo a latitude da cidade do Rio de Janeiro, às 12 horas siderais (8h30) do dia 15 de novembro de 1889...

Pois bem, a maior parte de nossas bandeiras procede, assim como as imagens de Padim Ciço, da China; "Made in China".

Isso posto, existe todo um movimento do SIETEX – Sindicato da Indústria de Especialidades Têxteis no Estado de São Paulo – para a criação de uma norma atualizada e que regule a produção de nossa bandeira. Os fabricantes brasileiros reclamam que a não observância dos padrões e a falta de fiscalização determinam uma concorrência desleal, fazendo com que as bandeiras brasileiras "Made in China" com tamanhos errados e apenas uma das faces bordadas, cheguem às ruas, estádios, solenidades e nas mãos do povo, a um preço 50% inferior aos que podem praticar.

Independentemente do que venha a acontecer, talvez o movimento mesmo devesse partir de nós, consumidores. Só comprando os Padim Ciço de barro, dos santeiros do nordeste do País, e a Bandeira do Brasil devidamente certificada e que corresponda a sua normatização, preferencialmente fabricada por uma empresa brasileira.

Nada de xenofobia. Apenas um mínimo de respeito, mínimo mesmo, a algumas manifestações básicas e institucionais de nosso País.

16
Melhor Que Seguro Empresarial É Ser uma Marca de Qualidade

Queiram ou não, de forma ativa ou passiva, natural ou planejada, com estridência ou silenciosamente, as empresa e seus produtos causam alguma impressão, para o bem ou para o mal, nas pessoas. E assim dão início ao processo de construção de MARCA – boa ou ruim – na cabeça e no coração dessas mesmas pessoas.

A MARCA não é o porto de origem, é o porto onde se pretende chegar. Seu processo de construção é permanente e interminável. Evolui ou involui a cada novo movimento da empresa. E sua força e consistência revelam-se a cada vez que um estímulo externo liga o "interruptor da marca" na cabeça e no coração do cliente, fazendo com que ele sorria de felicidade pela lembrança que tem só de ótimas experiências e melhores recordações ou franza o cenho por todos os constrangimentos e inúmeras decepções ou simplesmente não manifeste nada porque todos os registros apagaram-se de tão insignificantes que foram.

Na primeira situação, a empresa vai bem e sua tendência é de crescimento e mais sucesso; na segunda, tem problemas e necessita urgente de correções de rotas; na terceira, simplesmente não existe.

Já que ser uma MARCA é inevitável e essencial, por que não planejar e comandar o processo; por que confiar apenas na cumplicidade dos deuses e nos desígnios das circunstâncias?

HARLEY-DAVIDSON: A FORÇA DE UMA MARCA

Em 1903, em um pequeno barracão de 3 metros x 3 metros no quintal da casa dos Davidson, em Milwaukee, quatro jovens procuravam dar vida a um sonho: passear de motocicleta. O único problema é que a motocicleta não existia e, para dar o passeio e realizar o sonho, eles precisavam superar o desafio de construí-la. Lá estavam Bill e Arthur Harley, Walter e William Davidson. E na porta cinza e mal iluminada do barracão, algumas letras escritas à mão: Harley-Davidson Motor Co.

Em seus 112 anos de existência a empresa, como negócio, apresentou altos e baixos. Em seus 112 anos de existência, de forma crescente e exemplar, a companhia soube construir uma mística. Mística essa que lhe possibilitou superar todas as crises – e não foram poucas – e levar a Harley-Davidson à invejável posição que hoje desfruta em todo o mundo, como referência e paradigma de motocicleta. Como uma das mais importantes MARCAS LEGENDÁRIAS de todos os tempos.

Seu primeiro grande salto aconteceu em 1909, quando lançou uma motocicleta mais potente, com motor de dois cilindros – o dobro de potência em relação aos modelos anteriores –, possibilitando aos motociclistas alcançar a incrível velocidade de 90 km/h.

O uso de motocicletas na Primeira Guerra Mundial era tudo de que a Harley-Davidson precisava para alavancar sua produção. No final da guerra, mais de 20 mil de suas motos haviam sido utilizadas, com total sucesso, nas mais difíceis missões.

Sua primeira grande crise aconteceu em 1929, devido à depressão econômica que liquidou todos os demais fabricantes de motos, só sobrevivendo dois: a Harley-Davidson e a Indian. A Indian faliu mais tarde, em 1953.

Com a Segunda Guerra – e o uso militar das motos –, a produção voltou a crescer, tendo sido embarcadas 90 mil Harley-Davidsons para os campos de batalha. Depois da guerra, a demanda civil por motos decolou, definitivamente, e a empresa ingressou em um novo patamar.

Até o final dos anos 1970, ela reinou absoluta. Mas, logo no início dos anos 1980, ingressou na maior crise de sua história. Atacada "cruelmente" nos flancos pelas japonesas Honda e Kawasaki, e vendo sua qualidade despencar pelo aumento de produção, a empresa passou meses na "UTI". Os fiéis compradores reclamavam do vazamento de óleo e do excesso de barulho do motor. Os índices de defeitos de fabricação chegaram à escandalosa marca de 50%!

O processo cirúrgico foi fundo, muito especialmente no comando da empresa. De toda a administração, permaneceram apenas 13 membros – todos acionistas e motociclistas – na tentativa de salvar a Harley. Da análise da competitividade de suas concorrentes japonesas, a Harley decidiu mudar completamente seus métodos produtivos e gerenciais, introduzindo novas práticas como estoque *just in time,* controles estatísticos de produção, controle de qualidade realizado durante todo o processo e pelos próprios operários. Em paralelo, denunciou suas concorrentes pela prática de *dumping*. A denúncia foi aceita, e, em 1982, o presidente norte-americano Reagan impôs tarifas adicionais, durante cinco anos, para as motocicletas japonesas importadas.

Nesses cinco anos, a Harley-Davidson fez uma revolução em seu marketing, introduzindo técnicas hoje conhecidas como OUTBREAK MARKETING, ou Marketing de 10ª Geração, tendo nos HOG – Harley Owners Group – a síntese melhor de seu vigoroso reposicionamento.

Fundado em 1983, e oferecido inicialmente aos compradores das motos daquele ano, os HOGs hoje possuem mais de um milhão de sócios em todo o mundo, que pagam uma anuidade de US$ 35.

Seu objetivo é envolver os proprietários, cada vez mais, com suas Harleys, procurando superar três desafios que o marketing da HD considera decisivos. O primeiro é fazer com que as pessoas usem suas Harleys sempre, da mesma forma como utilizaram nas primeiras semanas após a compra; se isso não acontecer, acreditam que dificilmente farão o "upgrade", assim que sair o modelo mais novo.

O segundo é fazer com que, à medida que utilizem intensamente suas motos, passem a comprar cada vez mais as roupas e os acessórios Harley-Davidson, importante centro de lucros para a empresa.

E o terceiro, soma do primeiro com o segundo, e o mais importante de todos, é fazer com que a felicidade e o sentimento de poder que os *harleydavidsonianos* trazem em seus rostos, todas as vezes que passam pelas pessoas, montados em suas máquinas, contagie seus vizinhos, amigos e parentes, semeando novos compradores.

Conheça agora os principais serviços e atividades que o HOG proporciona a seus associados, transformando-se no coração do OUTBREAK MARKETING da Harley.

- ABC's of Touring: uma espécie de rali permanente entre os sócios. Cada vez que um deles prova, por meio de foto em que aparece ao lado de sua moto, que esteve em um determinado lugar dentre os selecionados pelo HOG, ganha um certo número de pontos. Em função da quantidade de pontos que vai acumulando, passa a ter direito a prêmios que simbolizam, para os demais possuidores de Harley, os graus de desafios que já enfrentou e superou: distintivos, broches, medalhas, "condecorações". Ao final de cada período, os vencedores recebem um bônus de US$ 500, mais acessórios exclusivos em edição limitada.

- Hog Travel Center: agência de viagens exclusiva para os sócios dos HOGs. Oferece programas e roteiros sob medida para aquelas pessoas que têm alma de motociclista...
- Fly and Ride: programas especiais de turismo, disponibilizando Harleys para aluguel em dez lugares selecionados a dedo nos Estados Unidos e alguns outros locais igualmente privilegiados no Canadá, Austrália e Alemanha: "Aonde quer que você vá, existe uma Harley-Davidson ansiosamente esperando por você."
- Emergency Service Ride: serviço de cobertura para todos os membros do clube que necessitem de socorro por algum eventual problema com suas Harleys.
- The Enthusiast: a mais antiga revista sobre motocicletas do mundo, publicada desde 1916, oferecida gratuitamente aos sócios dos HOGs.

E ainda um programa de milhagem, um *handbook* anual sobre todos os assuntos de interesse dos sócios, cursos permanentes, recompensa em dinheiro para todos os sócios que derem uma informação que possibilite a prisão de alguém que roubou uma HD e muito mais.

De um primeiro HOG formado em 1983, esses grupos com sedes locais hoje se multiplicam por todo o mundo, totalizando um número muito superior a mil!

A Harley-Davidson acredita que, quanto mais integrar e estimular os aficionado por suas motos, maior energia estará agregando a sua já poderosa MARCA, que acabará "transbordando e se derramando" por milhares de novos aficionados. Assim, os HOGs estão totalmente voltados para ocupar os fins de semana e feriados prolongados dos proprietários de Harleys, com alternativas de passeios, excursões e atividades em que o "espírito HD" se faça presente durante todo o tempo, fortalecendo ainda mais a mística da empresa.

E para que possam passar tanta credibilidade e gerar tantas adesões e simpatias, os executivos que trabalham na HD são selecionados a dedo e com um único, assumido e escancarado ato de discriminação: ou adoram motos ou não trabalham na companhia. Já em 1909, Walter Davidson notabilizou-se pelas façanhas que conseguia fazer com a moto que ajudou a inventar e construir. O atual presidente da HD só anda com sua Harley e nem quer ouvir falar de BMWs, Mercedes...

Em todos os eventos organizados pela empresa, não se contratam profissionais demonstradores para os *test drives* ou "degustações" das HDs. Conforme reitera o presidente da companhia, com grande e indisfarçável entusiasmo, "sempre que há uma reunião de milhares de motociclistas, em vez de contratarmos uma empresa para promoções e distribuição de folhetos, como fazem nossos concorrentes e a quase totalidade das montadoras de automóveis, nossos gerentes, engenheiros, advogados, contadores e secretárias montam em suas Harleys e vão, pessoalmente, representar a empresa...".

Antes de concluir, já vou respondendo a uma pergunta que certamente deve estar na sua cabeça e que se refere à importância que a Harley-Davidson confere à propaganda.

Mesmo tendo evoluído em seu marketing e alcançado o estágio máximo que é o de poder praticar a comunicação em estado de arte e que é a que prevalece nas empresas que adotam o OUTBREAK MARKETING, a HD continua investindo em propaganda. Não mais como fazia no passado, tentando passar seu conceito e mística para novos clientes, e, também, muito longe dos volumes que aplicava em veiculação.

Ainda assim, a propaganda, segundo o presidente da HD, consome 20% do orçamento da comunicação em marketing e seu objetivo principal para a empresa, como para todas as empresas que conseguem praticar um Marketing de 10ª Geração, é o de gratificar e recompensar emocionalmente todas aquelas pessoas que compraram suas Harley-Davidsons, reforçando a sensação de que tomaram uma decisão inteligente, de extremo bom gosto e maior qualidade.

A MARCA MAIS VALIOSA DO BRASIL

Pesquisas recentes apontam a marca ITAÚ como a mais valiosa do Brasil. Sem entrar no mérito desse resultado e da metodologia dessas pesquisas, é inegável que, no correr dos últimos 40 anos, o ITAÚ construiu, de verdade, com talento, disciplina e competência, uma marca fortíssima.

Assim, e no momento da consagração, dou meu testemunho, como um dos autores do processo inicial de posicionamento seguido de simplificação e redução, que é o alicerce dessa conquista – em conjunto com ALEX THIELE, ALFREDO ROSA BORGES e o Dr. OLAVO SETUBAL –, contando, agora, como tudo aconteceu.

No início dos anos 1970, o ITAÚ decidiu criar seu Departamento de Marketing – o primeiro dentre todos os bancos. Por ser um dos poucos profissionais que já caminhava nessa especialização, fui contratado por meio de seleção realizada pela KORN FERRY para comandar a nova área e cuidar de sua implantação, subordinado ao gerente-geral de Desenvolvimento, ALEX THIELE. Convidei para meu gerente de Propaganda ALFREDO ROSA BORGES. E começamos do zero.

O ITAÚ, que não era ITAÚ, era produto da compra, incorporação e fusão sucessiva de diferentes instituições financeiras. No momento em que ingressei no banco, estava deixando de ser BANCO FEDERAL ITAÚ S.A. para converter-se em ITAÚ AMÉRICA, dois anos depois, e descartando uma sucessão de outras marcas pelo caminho.

Desde a implantação do Departamento de Marketing, estava claro que muito rapidamente precisávamos simplificar e unificar as infinitas denominações com as quais convivia a organização. E para suportar, do ponto de vista do DESIGN – elegância, pertinência, relevância, bom gosto e consistência formal –, contávamos com a competência, dedicação e entusiasmo da agência que escolhêramos assim que ingressamos no banco, a DPZ. Muito especialmente da genialidade e paixão do publicitário, designer, artista e ser humano único, FRANCESC PETIT. Se alguém merece o crédito de ser o autor do design da marca mais valiosa do País, essa distinção pertence, indiscutível, exclusiva e merecidamente ao saudoso PETIT.

Assim, e no correr de três anos, todas as reduções e simplificações foram sendo realizadas, contando com o apoio e adesão do ALEX THIELE às sucessivas propostas que encaminhávamos sustentadas em uma base racional consistente, que garantia a aprovação do querido "OLAVÃO", como era chamado por seus colaboradores mais próximos o Dr. OLAVO.

Faltava a última e definitiva redução para se alcançar o *small is beautiful & better*. Eliminar o AMÉRICA da marca e consagrar o ITAÚ – de origem indígena, brasileiro, fácil, simpático, e que, dentre outras vantagens, além da facilidade, magnitude e impacto das infinitas possibilidades de aplicação da marca, garantia economia substancial de secundagem no rádio e muito especialmente nos comerciais de televisão em todas as décadas seguintes.

A marca foi criada e desenhada pelo Petit. Os layouts submetidos e aprovados por mim e pelo Alfredo. E o Alex levou para a aprovação do Dr. Olavo. Naquela época, a então esposa do Dr. Olavo estava gravemente doente – semanas depois veio a falecer –, e a decisão era dificílima, pois implicava a supressão da poderosa marca AMÉRICA. Mais que isso, uma marca trazida ao banco por um de seus principais acionistas e vice-presidente, Dr. HERBERT LEVY.

Dr. Olavo pediu ao Alex que gostaria de conhecer a opinião da esposa e respaldar-se na sua sensibilidade, cultura e lastro humanístico para ajudá-lo na decisão. Por força das circunstâncias e do destino, no dia da apresentação o Dr. Herbert Levy fazia uma visita à senhora TIDE SETUBAL, quando chegou o Alex com os layouts da nova marca assinada pelo Petit. Estabelecido o impasse, e com a elegância que o caracteriza, Dr. Herbert Levy transferiu seu voto para Dona Tide, que fez uma defesa apaixonada e arrasadora da nova marca...

Assim nasceu a marca ITAÚ, que, com idêntica disciplina, talento e competência da equipe de marketing do banco, sob o comando sensível de ANTONIO JACINTO MATIAS durante as três décadas seguintes, foi ganhando corpo, brilho, consistência, respeito e merecida consagração.

HÁ MARKETING DEPOIS DA MORTE

Anos atrás, relacionava-se que, dentre as celebridades que mais faturam em todo o mundo, parcela expressiva é de pessoas que já partiram há muitos anos. Dentre essas, e, por exemplo, está Norma Jeane Baker.

Até hoje causa um grande "frisson" uma resposta supostamente atribuída a Norma Jeane Baker – MARILYN MONROE – quando perguntada sobre o que usava para dormir... "Apenas três gotinhas do Chanel Nº 5", teria sido a resposta.

Os registros da época permitem supor que o efeito foi equivalente a um Viagra para muitos homens, da mesma forma quando, anos depois, e em publicidade para Calvin Klein, Brooke Shields afirmava: "Sabe o que existe entre mim e meu jeans Calvin? NADA!".

Isso posto, um dos ícones do marketing dos perfumes – talvez o maior de todos –, CHANEL Nº 5, estava para completar 75 anos desde seu vitorioso lançamento. Só que, nas últimas duas décadas, registrava um suave, glorioso e natural declínio em suas vendas. Até porque as adolescentes que o adotaram, assim como Marilyn Monroe o fez um dia, muitas delas, agora, eram avós. O que fazer?

Como de hábito, em situações como essa, sucedem-se as reuniões e multiplicam-se os "eu acho".

Em uma dessas reuniões, e para espanto de todos, a VP de Marketing de fragrâncias, LAURIE PALMA, com tranquilidade e convicção, disse: "A solução está na parede." E realmente estava.

Lembrou-se de uma série de quadros realizados por ANDY WARHOL eternizando o CHANEL Nº 5.

E, após muitas ponderações, ela conseguiu convencer seus companheiros de diretoria a criar uma embalagem especial para uma edição comemorativa de 75 anos usando o trabalho de ANDY WARHOL, que também seria reproduzido na publicidade.

Como não poderia deixar de ser, um maravilhoso e indispensável material de ponto de venda foi providenciado, no qual se evidenciavam pôsteres e móbiles.

E assim, e com todo o foguetório e homenagens a que os ícones têm direito, o CHANEL Nº 5 foi relançado, a partir de sua edição comemorativa, no mês de junho, quinze anos atrás.

De lá para cá, as vendas não param de crescer, e, muito mais importante que isso, suas maiores compradoras são, de novo, e como sempre foram, as adolescentes. Ou seja, se o mesmo cuidado que Coco Chanel dispensava a toda sua obra for dado a esse velho CHANEL Nº 5, devidamente renascido, os próximos 75 anos estão mais que garantidos.

Quando dois gênios criativos – mesmo após a morte – reencontram-se – COCO CHANEL e ANDY WARHOL –, o sucesso é certo; e, uma vez mais se constata que há marketing, e quem sabe, até vida, após a morte.

No final da vida, COCO CHANEL, perguntada por um jornalista porque a moda era tão efêmera, respondeu: "É da essência da moda sair de moda"... E quando o jornalista já ia se retirando, emendou: "Agora, se você cuidar direito, o sair de moda pode nunca acontecer...".

HEINZ

Conforme contam seus vizinhos, HENRY JOHN HEINZ já nasceu vendedor. Aos 12 anos de idade, em sua cidade PITTSBURGH (ESTADOS UNIDOS), ele vendia para esses mesmos vizinhos a produção de conservas que sua mãe preparava com os produtos da horta no quintal da casa, muito especialmente as de um certo "tomate macetado".

Com 25 anos, em 1869, associou-se a um amigo e criou a HEINZ & NOBLE. O primeiro dos produtos da nova empresa, uma conserva de repolho com uma inovação que revolucionava a comercialização desse tipo de produto na época: embalagem de vidro, que possibilitava constatar a excepcional e irresistível aparência do conteúdo.

Em 1875, e pelo excesso de produção, a empresa acabou falindo. HENRY JOHN HEINZ não desistiu. Aprendendo com os erros, ele reconstruiu seu negócio, pagou todos os credores e, em 1896, com 52 anos, o "Rei das Conservas" tornava-se uma celebridade e um dos homens mais ricos dos Estados Unidos.

HEINZ também ficou conhecido por crenças, práticas empresariais e máximas que produzia. Dentre essas, três são responsáveis por parte significativa de sua mística:

1. "Heart power is better than horse power", procurando, com seu discurso e prática, ensinar a seus comandados que uma pessoa produz muito mais quando motivada e reconhecida, usando a insuperável energia que brota no coração.

2. "Quality is to a product what character is to a man", talvez mais mesmo que as virtudes intrínsecas de seu imbatível e mundialmente consagrado KETCHUP HEINZ, lançado em 1876, o compromisso que foi capaz de comunicar a centenas de milhões de consumidores sobre a qualidade de seus ingredientes, a higiene e a limpeza em todo o processo de fabricação.

3. "It's not so much what you say, but how, when and where", uma das mais importantes lições de publicidade, até hoje é repetida nos corredores das principais agências de publicidade em todo o mundo.

Entre as iniciativas da HEINZ, após a morte de seu fundador, merece especial registro o "PAVILHÃO DE VIDRO" que manteve durante 46 anos em Atlantic City, por onde passaram mais de 50 milhões de visitantes, para conhecer as técnicas e qualidade de produção, bem como a história da companhia, sustentando a mística plantada pelo fundador e possibilitando a desejada CONVIVÊNCIA COM A MARCA, que hoje as empresas com marketing de vanguarda mais ambicionam.

CONVIVÊNCIA COM A MARCA

1. MERCEDES

Assim como a NIKE com sua NIKETOWN, a COCA-COLA com a BIG CONTOUR de LAS VEGAS, da 5ª Ave em NYC e o Museu em Atlanta, a MERCEDES também recorre de forma primorosa a "matadora" estratégia de fazer com que as pessoas convivam, sob intensa emoção, com sua marca: "Brand Experience".

Isso acontece na cidade de STUTTGART, na ALEMANHA, no MUSEU MERCEDES-BENZ, onde, e entre outras coisas, os visitantes se convencem de que a MERCEDES foi a inventora e precursora dos automóveis, pela genialidade de seus fundadores KARL BENZ e GOTTLIEB DAIMLER.

Nesse museu, o visitante vai encontrar desde o motor de combustão interna patenteado em 1886 por BENZ, que equipou o triciclo – primeiro veículo a motor – usado para o transporte de pessoas em todo o mundo; passando pela logomarca de 1916, devidamente atualizada em 1926, da qual foram desaparecendo os adornos e palavras no correr dos anos, até a atual em que ilustra, de forma única e imponente, a estrela de três pontas; muitos carros ícones – desde os bólidos de competição pontificados nos "Flechas de Prata" que encantaram o mundo sob a competência de FANGIO, até desembocar nas atuais McLarens.

Mas, o grande momento de todo o percurso, no qual algumas pessoas – fanáticas ou sensíveis – chegam a se emocionar às lágrimas, tendo inclusive a vontade de se ajoelhar, acontece quando se veem diante do 300 SL, de 1952, com portas em forma de asas de gaivota... Preparado para voar... Seguramente uma das mais importantes celebrações – quem sabe a maior – ao valor, importância e força decisivos do DESIGN.

2. ESTRELA

À semelhança de algumas das mais importantes e tradicionais empresas do mundo, a ESTRELA, desde a virada do milênio, abriu as portas da sua CASA DOS SONHOS, muito especialmente para crianças que desconheciam o que a empresa produziu no correr de décadas, e que tanto emociona seus pais, tios e avós.

Em uma bonita casa vizinha ao Parque do Ibirapuera, em São Paulo, e em 11 ambientes espalhados por dois andares, 300 crianças, todos os dias, percorriam a história da ESTRELA – dos anos 1930 até recentemente –, no chamado MARKETING DE CONVIVÊNCIA COM A MARCA, e encantavam-se com os jogos de armar, com o Banco Imobiliário, com a SUZI, com o futebol de botão, com os autoramas de Fittipaldi, Piquet e Senna, até os novos lançamentos.

A iniciativa da ESTRELA seguia a linha das estratégias adotadas por outras empresas para criar momentos e situações de forte emoção, em que clientes se encontram com suas marcas preferidas, sedimentando os laços de respeito e admiração. Infelizmente, e em função das dificuldades que até hoje vive a empresa, a CASA DOS SONHOS foi descontinuada. Mas, a iniciativa revelou-se mais que acertada e vitoriosa.

É o que faz, como já citamos anteriormente, a NIKE em algumas cidades norte-americanas, com suas NIKETOWN, em que alia a CONVIVÊNCIA COM A MARCA com VENDAS, embora o objetivo principal não seja vender produtos. É o que também faz a principal concorrente da NIKE, a REEBOK, com suas academias de ginástica exclusivas, que se iniciaram a partir da COLUMBUS AVE, em Nova York, já com algumas instaladas na cidade de São Paulo.

3. YPIÓCA

À semelhança das iniciativas de marcas mundiais consagradas, a YPIÓCA, uma das maiores produtoras de cachaça do Norte/Nordeste do País, inaugurou recentemente em MARANGUAPE – CE, visando possibilitar uma convivência mais intensa com sua marca, o "Museu da Cachaça".

Instalado em uma antiga Casa de Engenho, o Museu da Cachaça tem um acervo de peças e registros dos mais significativos, ilustrando a história da aguardente de cana no País e, mais especificamente, na região, detalhando o processo de produção e culminando com o maior tonel de madeira do mundo, com capacidade para 374 mil litros.

Os visitantes pagam um ingresso único de R$ 5 e, no final da visita, ingressam em um bar típico dos anos 1930, onde fica o tonel do *Guiness book*, com direito a degustação de uma dose de YPIÓCA.

4. VOLKSWAGEN

Inserindo-se na mais moderna e eficaz ferramenta do marketing, que é a de possibilitar, estimular e exercitar a mais intensa, profunda e encantadora CONVIVÊNCIA COM A MARCA, a VOLKS, com seu parque temático sobre o automóvel, AUTOSTADT, comemora quinze anos de sucesso, e mais de 3.500 pessoas de diferentes lugares do mundo percorrem diariamente suas atrações.

Localizada na cidade de WOLFSBURGO, na Alemanha, sede mundial da VOLKSWAGEN, a AUTOSTADT – Cidade do Automóvel – foi construída com o objetivo de atrair todos os apaixonados por carros do mundo para um dia de aprendizado, emoções e convivência com a marca. Um dia inesquecível, de recordação para sempre, conforme sentenciou cem anos antes o poeta John Keats: "A thing of beauty is a joy forever."

De propriedade e iniciativa da Volks, imaginava-se, inicialmente, que sua frequência se estabilizaria em mil visitantes por dia. Se algum erro houve no projeto, foi subestimar a paixão que muitas pessoas têm pelos automóveis... A frequência tem sido três vezes maior, o que já determinou a complementação e ampliação de algumas áreas do parque.

Instalada em 25 hectares, e com investimento de quase US$ 300 milhões, a AUTOSTADT, Parque Temático para crianças e principalmente adultos, tem logo na entrada um *big motor* de acrílico, em que as pessoas podem entrar, caminhar e entender seu funcionamento. Mais adiante, uma espécie de Museu do Automóvel, sem distinção de marcas e procedências. Mas, o ponto alto da AUTOSTADT, equivalente a um "Castelo da Branca de Neve" na Disney, é o primeiro protótipo do FUSCA, todo em vermelho, e como foi projetado pela genialidade de FERDINAND PORSCHE; a seu lado, o milionésimo exemplar do fusquinha, fabricado em 1955.

Os visitantes que não conseguirem conter o entusiasmo e apreço pela marca, poderão realizar seus sonhos e comprar um automóvel de uma das marcas da VOLKS, no KUNDENCENTER – pavilhão do consumidor –, com direito à solenidade, fotos e comemorações.

17
Não Mate Sua Vaca Leiteira de Exaustão

Não são apenas as marcas que são vítimas da ganância e compulsão desmedida das empresas; o mesmo acontece com produtos.

Acreditando que, como foi bem-sucedido e vitorioso na prestação de determinados serviços, aquele mesmo produto, com uns penduricalhos adicionais, poderá invadir outros territórios, agregar novas e maiores receitas, e enfim, conquistar o mundo.

Uma ótima vaca leiteira continuará sendo uma ótima vaca leiteira se for respeitada em sua natureza e vocação. Por mais que se queira, e não obstante todos os hormônios e conquistas fantásticas da engenharia genética, jamais conseguirá cantar ópera, andar de bicicleta, assobiar e chupar cana ao mesmo tempo...

DELÍRIO EMPRESARIAL

Os mestres da elegância sempre ensinaram, mas as pessoas ou não acreditavam ou não se sentiam seguras para seguir seus conselhos.

Ainda me lembro de Marcelino de Carvalho, há muitos anos, contando na televisão o segredo de sua reconhecida elegância: simplicidade. Seu guarda-roupa era o mais simples e prático possível, com peças de qualidade, naturalmente. Segundo Marcelino, o homem moderno – daquela época, mas talvez até mesmo mais válido para os dias de hoje – deveria se limitar a dois blazers: um preto e outro azul-marinho. E a uma única calça: cinza escuro. Era essa sua receita de elegância.

As lições de Marcelino também deveriam ser observadas no campo empresarial em que, muitas vezes, produtos vencedores são vítimas da vaidade, incompetência e até mesmo do DELÍRIO de marqueteiros e dirigentes de empresas. E quando empresários ou marqueteiros manifestam sua tentação de multiplicar um produto vencedor em infinitas versões, para supostamente infinitos nichos de mercado, limito-me a contar as desventuras da FILOFAX.

Um verdadeiro "ovo de Colombo", a agenda Filofax constituiu-se em um dos ícones do marketing dos anos 1980. O segredo do sucesso era a junção, em uma única peça, de forma bonita, prática e funcional, de um diário e uma agenda de endereços e informações relevantes. E, ainda, de quebra, a possibilidade de, nos anos seguintes, só se comprar o refil. Assim, apenas na venda de suas agendas, o Filofax Group chegou a um lucro de US$ 23 milhões, em 1988, e suas ações foram lançadas nas bolsas de valores com absoluto sucesso.

As revistas de negócios, com total merecimento e razão, celebraram o sucesso de um produto mágico, criativo e vencedor.

Aí baixou o DELÍRIO EMPRESARIAL. Eles começaram aumentando substancialmente o preço. Depois, para justificar novos aumentos, lançaram mais de mil alternativas de capas e milhares de opções de "recheio". Do velho produto simples e campeão, passou-se a ter, nos pontos de vendas – os poucos que concordaram –, uma gôndola inteira com as capas e os "recheios", onde os consumidores ficavam absolutamente perdidos, e o máximo que conseguiam era produzir, constrangidos, agendas-monstro. O preço da Filofax, que, anos antes, na versão mais completa, não passava dos US$ 60, saltou para mais de US$ 300.

Em poucos anos, a empresa estava à beira da falência. Até outubro de 1990, ainda não se sabia se os refis estariam prontos para o Natal, por absoluta falta de dinheiro para pagar os fornecedores.

Foi nesse exato momento, que se decidiu mudar a rota da companhia e retornar às origens. Foi nesse exato momento, que se decidiu pôr fim ao delírio.

Hoje, mais de duas décadas depois, a Filofax retorna aos dias de glória com sua tradicional agenda, cujos preços situam-se entre US$ 16 – versão para estudantes – e US$ 77 – a versão mais completa. As infinitas alternativas de capas e "recheios" foram reduzidas, a partir das verdadeiras expectativas de seus usuários e das limitações impostas pelos pontos de venda, e a cotação de suas ações voltaram a subir.

Como nos ensinavam as pessoas mais sábias e experientes, nada pior do que quando o sucesso sobe à cabeça...

ENCURRALADOS

A palavra não é das mais bonitas, mas é a que transmite melhor o sentimento dos executivos que vêm conseguindo preservar seus empregos nos últimos anos.

Vou começar falando de Spielberg e de seu filme de 1971, *Duel* – um cult *movie* –, que foi lançado no Brasil como *Encurralado*, onde estão presentes seu talento e criatividade e, historicamente, a base de todo o sucesso que alcançaria nos anos seguintes.

Como os que assistiram a essa pequena obra-prima devem se lembrar, em *Duel,* feito originalmente para a televisão, um caminhão descomunal persegue durante intermináveis 90 e poucos minutos um pacato motorista (como nós), até os limites da loucura. Se você ainda não assistiu, procure na internet, vale a pena. É sobre nosso tempo e momento que Spielberg fala.

Continuo agora com a também histórica matéria da revista *Quatro Rodas,* n. 449, assinada por LEMYR MARTINS e coadjuvada por JOÃO WADY CURY – "ELES ESTÃO DROGADOS" –, a qual trata de um dos maiores problemas das estradas e das marginais das grandes cidades: MOTORISTAS REBITADOS.

Não faça essa cara de interrogação e muito menos se julgue ignorante. Eu também não sabia. Motorista rebitado é motorista turbinado, ou indo direto ao popular, motorista drogado, dopado.

Outra expressão que aprendi há um tempo foi com o Caco Barcellos, em um programa da GNT – "Cachorro Louco". São motoqueiros inexperientes, que aterrissam em São Paulo na segunda-feira, na terça compram uma moto e um guia de ruas e na quarta já estão travestidos e trabalhando como motoboys, para agenciadores de cargas, e ganhando por performance.

Ou seja, saem desembestados pelas ruas de uma cidade que não conhecem, matando e morrendo... Mas voltemos aos motoristas rebitados.

As constatações da matéria são impressionantes e definitivas. De cada seis caminhões que você cruza nas estradas, um tem seu motorista drogado. Ou, em outras palavras, no momento em que você lê este livro, existem 300 mil motoristas de caminhões dopados rodando pelo Brasil e na iminência de iniciarem um *Duel...*

Primeira e óbvia recomendação: nunca, em hipótese alguma, se meta com ou enfrente um motorista de caminhão, muito especialmente nas estradas... A vítima seguramente será você. Mas, se ainda não estiver convencido, veja este outro dado que a *Quatro Rodas* traz: os caminhões representam 6,5% da frota de veículos do País, mas estão presentes em 42% dos acidentes!

Enquanto você vai refletindo, leia alguns dos depoimentos:

"É uma vida dura em que não são poucas as vezes em que tenho de fazer três mil quilômetros emendando em dois dias e duas noites, para ganhar R$ 1.500,00 brutos, com um frete de Porto Alegre ao Recife. Com quatro comprimidos de NOBESE ou LIPOMAX, em 24 horas estou tinindo...".

"Se precisar tocar direto, a gente arrebita com dois comprimidos...".

"Eu já vi muitas coisas nessas estradas. Motoristas que compram o rebite em saquinhos e tomam aos punhados. Uns ficam loucos. Perto de Vitória da Conquista, vi um boiadeiro – caminhoneiro que transporta gado – se descabelar e rolar pelo chão, de madrugada, porque seus bois tinham fugido da carroceria. Era delírio puro. Ele já tinha entregue a carga na noite anterior...".

"O único jeito de não pressionar o caminhoneiro é fabricar caminhões sem faróis. Aí a gente não podia viajar à noite... Com um NOBESE com conhaque, enxergo até uma agulha no asfalto...".

Ninguém é culpado, como de hábito. Os motoristas alegam que ou "se arrebitam" ou não conseguem cumprir os desafios que os agentes de cargas colocam. Os agentes de carga alegam que ou aceitam esses desafios das empresas e repassam para os motoristas contratados ou não têm a carga. As empresas alegam que ou conseguem entregar os produtos dentro do prazo combinado com outras empresas, ou com o varejo, ou perdem o cliente... E assim por diante. Periga de alguém ainda dizer hoje, como já acontece rotineiramente na mídia brasileira, que isso é marketing ou que o culpado é o marketing.

As montadoras dizem que não têm nada a ver com isso, embora não fiquem felizes quando veem seus caminhões e suas marcas estampadas nos jornais, revistas e televisão, literalmente mergulhadas no sangue de inocentes.

As seguradoras dizem que sem elas seria pior ainda, ou, lendo da maneira correta, por que diminuir o número de sinistros, se o que importa é aumentar o prêmio dos seguros? Em verdade, não expressaram o que acabo de escrever, mas, pela maneira como procedem, é como se o fizessem.

As instituições financeiras sentem-se desconfortáveis, mas precisam continuar financiando, "lisando", até porque, se os problemas multiplicarem-se, corrige-se nos juros.

Quando se cai na área pública, aí então, amigo, esqueça mesmo. Ministério dos Transportes, DNIT, Ministério da Saúde... "Veja bem...".

Os donos dos postos de gasolina, onde os motoristas se "abastecem" enquanto abastecem seus caminhões, dizem que se pegarem um frentista vendendo "bolinha" o dispensam no ato. Mas, em muitos casos, o traficante é o próprio dono do posto.

E as drogas NOBESE e LIPOMAX têm o nome e o endereço de seus fabricantes conhecidos. E, se chegam até os postos, é por sua ação ou omissão. Mas também... Nada.

Além de alertá-lo para os perigos que corremos nas estradas, procurei fazer uma rápida reflexão sobre o mundo em que vivemos. E que nos obriga, como nunca, a aprender a conviver com o perigo a cada fração de minuto, a cada virada de esquina, a cada novo passo.

E para também refletir sobre esses novos executivos que estão aterrissando ou sobrevivendo nas empresas devidamente "reengenheiradas".

Assemelham-se, em todos os sentidos, a esses motoristas, ainda que na sua maioria procurem formas sadias de aumentar suas resistências.

Enfrentam desafios semelhantes, trabalham com equipe mínima, ou nenhuma, e se não entregarem a carga no prazo combinado, provavelmente não terão uma segunda chance.

Esse problema não é nada diante do desemprego. Você, com toda razão, poderia argumentar, mas, não deixa de ser uma situação preocupante, diante da dimensão econômica do perigo que as empresas estão se expondo ao privilegiarem a presença de EXECUTIVOS REBITADOS ou EXECUTIVOS CACHORROS LOUCOS em posições de comando.

Assim, não mate seus executivos – vacas leiteiras ou mesmo bezerros – de exaustão... A vítima, mais cedo ou mais tarde, e inevitavelmente, será a sua empresa.

LUCRO A QUALQUER PREÇO

Nos dias em que vivemos, é muito comum a presença de figuras sinistras caminharem pelas empresas sob o manto e o discurso da lucratividade. E vestem-se de duas maneiras.

Como CARRASCOS CEIFADORES, que abatem o maior número de cabeças por dia – funcionários e fornecedores –, na burrice suicida de rentabilizar a empresa pela permanente redução na coluna "despesas".

Ou como ESTÚPIDOS PREDADORES, que abatem o maior número de concorrentes possível pela prática de uma espécie de dumping, agora na burrice suicida de rentabilizar a empresa, ainda que acabem com o negócio.

Antiga ou moderna, nova ou velha, a organização de sucesso caracteriza-se pela gestão equilibrada e sensível de todos os seus recursos.

Pode até acontecer, circunstancialmente, por razões independentes de sua vontade e competência, que uma empresa se veja obrigada a recorrer, no curtíssimo prazo, a medidas de contenções ou a uma política de preços mais agressiva. Mas, a curtíssimo prazo.

Na medida em que essa prática de turbinar empresas pela administração de anabolizantes, esteroides ou anfetaminas ganha simpatizantes e envereda pelo caminho de se transformar em um "estilo de gestão", a contagem regressiva da derrocada final tem início. Em pouco tempo, a companhia irá direto para uma UTI qualquer, com mínimas possibilidades de recuperação.

Nos últimos 20 anos, tenho testemunhado empresas prestadoras de serviços, de grande sucesso e marca invejável, serem seduzidas por investidores profissionais cuja especialidade é engordar porcos e liquidá-los nas bolsas de valores, e permitirem que patrimônios construídos ao longo de décadas sejam detonados em questão de meses...

O "lucro a qualquer preço" é uma anomalia, aberração, tolice e blasfêmia. Como prega DRUCKER, há 60 anos, o objetivo de uma empresa é conquistar e preservar clientes, ou seja, a permanente busca da LEALDADE. E se for competente, cumprirá sua missão da melhor forma lucrativa, que não necessariamente é a de ganhar dinheiro no curto prazo.

Lendo uma sinopse de um livro lançado nos Estados Unidos, de dois importantes consultores de Boston da BAIN & CO., FREDERICK REICHHELD e THOMAS PEAL, deparei-me com o importante depoimento deles:

"Durante décadas, as empresas sempre procuraram ser rentáveis e preservar a lealdade de seus clientes e funcionários. Recentemente, com o aumento da concorrência – genérica e específica –, todos os programas de bônus e compensações se voltaram para o curto prazo. Nos Estados Unidos, a cada três meses, administradores profissionais têm de produzir o milagre de aumentar os lucros, não importa a que preço. Literalmente asfixiam seus colaboradores com tanta pressão, e espremem além dos limites as tetas da vaca leiteira-empresa. Durante quatro a oito trimestres, quebram um recorde atrás de outro e recebem uma proposta milionária de um concorrente. Deixam as empresas ricas, as equipes arrasadas, a vaca leiteira-empresa definhando e os clientes batendo em retirada...".

Isso posto, e salvo prova em contrário, o lucro continua sendo decorrência de uma gestão de qualidade. E os maiores ativos das empresas são seus clientes, funcionários, fornecedores e sua MARCA.

A INIMAGINÁVEL LEVEZA DAS EMPRESAS

Foram necessários mais de cem anos para que finalmente se descobrisse que empresas não têm raízes; que empresas têm país de origem, mas não têm mais nacionalidade; que sempre estão de passagem; que migram, à semelhança das aves, assim que uma nova estação ofereça condições e vantagens que se transformem em competitividade de produtos e marcas nas gôndolas dos supermercados, nas lojas dos shoppings centers, nos portais da internet. Que o digam muitas empresas que estavam na Argentina, e outras tantas que "habitaram" o ABC Paulista durante muitos anos.

Um exemplo forte desse comportamento foi dado pela BLACK & DECKER, no Brasil, tradicional fabricante de eletrodomésticos e ferramentas. Durante anos, ela permaneceu instalada em Santo André, no ABC Paulista, e, em 1996, concluiu que estava no lugar errado, mudando-se para Uberaba, no Triângulo Mineiro.

Os anos que antecederam a decisão, primeira metade da década 1990, foram de prejuízos e perda de competitividade. O que mais se ouvia na fábrica era que a empresa pretendia deixar o País. Na última hora, decidiu-se pela permanência, mas, em outro lugar, bem distante dos encargos do ABC.

Depois de quatro anos, o faturamento da empresa saltou de R$ 118 milhões para R$ 175 milhões, com um aumento de produtividade superior a 20%, e luz verde nos resultados. De um custo de mão de obra de US$ 10/hora por funcionário do ABC, caiu para US$ 3,35/hora do Triângulo Mineiro...

Prefeituras, não matem seus contribuintes de exaustão; suas cidades ficarão na lembrança e farão parte da história no capítulo dos exemplos a não serem seguidos.

ASSASSINATO DA CERVEJA

Matéria de capa da edição de 29 de outubro / 4 de novembro 2014 da BUSINESSWEEK, diz, "A conspiração para destruir a cerveja americana". E a acusada é a AB INBEV. Segundo a revista, seu CEO, o brasileiro CARLOS BRITO, recusa-se a falar com a imprensa.

A BLOOMBERG diz que hoje a AB INBEV detém 48% do mercado americano de cerveja e 69% do brasileiro, é a segunda maior na Rússia e a terceira na China. Possui mais de 200 marcas pelo mundo, e está acabando com a cerveja em benefício da rentabilidade.

Na matéria, a história de um americano – BRIAN RINFRET – que bebeu a vida inteira a cerveja alemã BECK'S. Em janeiro parou em um liquor em MONROE, Nova Jersey, e comprou um 12-pack da BECK'S. Assim que chegou em casa, abriu uma garrafa, e, "I was like, what the hell? It tasted light. It tasted weak. Just, you know, night and day. Bublly, real fizzy. To me, it wasn't German beer. It tasted like a Budweiser with flavoring…"

Ao examinar o rótulo cuidadosamente descobriu que a "alemã" BECK'S é, agora, produzida nos EUA. Pagou pelo que acreditava ser, e recebeu o que jamais desejou. A partir daí, começou a questionar a empresa, e, nada. Aí colocou um aviso na página oficial das BECK'S no FACEBOOK: "BECK'S made in the U.S. not Worth drinking. Bring back German BECK'S. Please." E então os protestos foram aumentando. Um outro fã da cerveja postou na mesma página: "This is a travesty", e outro completou, "I'm pretty bummed."

O que fez a INBEV? Baniu BRIAN de sua página no FACE. Proibiu um admirador, apóstolo e evangelizador de uma de suas marcas de se manifestar! BRIAN criou sua própria página, milhares aderiram ao protesto, e as vendas da BECK'S nos EUA caíram 14% em quatro semanas.

É esse o DNA da AB INBEV, que por aqui chamamos coloquialmente de AMBEV. Segundo a revista, trata-se de uma empresa que não dá a mínima para os componentes emocionais das pessoas apaixonadas pelas marcas que ela comprou em sua trajetória de sucesso. Sem mais nem menos, fechou plantas tradicionais, como uma de Manchester, Reino Unido, onde era fabricada a BODDINGTONS, com mais de 227 anos de existência.

De certa forma, a revista acredita que o negócio da companhia seja o de quebrar todos os recordes de lucros e colocar o preço de suas ações no topo, ainda que para isso seja preciso acabar com a cerveja. Recentemente, e nessa linha de raciocínio, para horror dos verdadeiros bebedores de cerveja, a empresa reduziu o teor alcoólico de STELLA ARTOIS e lançou a MICHELOB ULTRA DRAGON FRUIT PEACH!!!

Cá entre nós, isso é sucesso? Você, como brasileiro, orgulha-se dessa espécie de "mensalão" das cervejas, do tipo os fins justificam os meios? Se tudo vale a pena, se a alma não é pequena, como ensinou PESSOA, na INBEV, AMBEV, apenas e tão somente não existe alma. Que legado pretendem deixar seus dirigentes? Começa que para eles esse compromisso não existe, e, se existisse, seria... OS QUE VIEREM DEPOIS QUE SE...

O marketing genuíno, verdadeiro, DRUCKERIANO, passa a quilômetros de distância deste tipo de mentalidade empresarial.

18
Quem Se Apaixona pelo Produto É Ignorado pelo Mercado

É da natureza humana fazer as coisas no sentido natural, isto é, de dentro para fora. É da natureza e essência do marketing fazer as coisas exatamente ao contrário, isto é, de fora para dentro. Mas, nem todos conhecem e seguem o sentido da natureza humana.

Começam tendo ideias; da ideia – que é tão boa, todos os amigos e parentes elogiaram – queimam várias etapas e partem para a fabricação do produto: se esmeram na embalagem, orgulham-se da propaganda e até se dispõem a pagar um bom dinheiro para sua exposição nos bons pontos de venda. Semanas ou meses depois descobrem perplexos, que aquela ideia genial, que se converteu em um produto fantástico, não despertou o menor interesse...

E aí o mercado era imaturo, o cliente insensível ou burro, o tempo não ajudou, os vendedores eram incompetentes... Embora o produto fosse ótimo. Ótimo para quem?

O CULTO AO PRODUTO

Nada mais perigoso no marketing do que se apaixonar pelo produto. Quando isso acontece, a sentença está decretada. Mais cedo ou mais tarde, a empresa terá a recompensa. Ficará com o produto, perderá o mercado.

Aos de memória curta, lembrem-se do Titanic. Redescoberto no fundo do oceano, com todas as suas maravilhas, que sucumbiram diante de um iceberg, e protagonista de um filme recordista de bilheteria.

Há 65 anos, uma das maiores empresas do mundo mereceu a mais debochada gargalhada da história do marketing e, definitivamente, as costas do mercado para seu produto perfeito. A sentença de morte, decretada ainda na semana do lançamento, foi acatada pela empresa em novembro de 1959.

Quando Henry Ford II completou 40 anos, o Edsel finalmente estava exposto em 1.200 revendas por todos os Estados Unidos. Pouco mais de dois anos depois, havia vendido 108.000 unidades – metade do previsto apenas para o primeiro ano. Milhares de empregados da Ford foram despedidos, e centenas de revendas foram à falência. Nesse momento, os norte-americanos começavam a se apaixonar por um certo besouro...

Roy A. Brown Jr. foi o designer que projetou o Edsel: "Pediram-me um carro diferente; que as pessoas imediatamente reconhecessem. Foi o que fiz...".

Hoje, os Edsels remanescentes pertencem a colecionadores. São vendidos à base de US$ 30 mil e ajudam a nos lembrar dos riscos que uma empresa corre quando se esquece, ainda que momentaneamente, do mercado e se deixa fascinar por sua obra.

Em outubro de 1955, no dia 19, iniciou-se talvez a mais famosa troca de cartas da história do marketing. De um lado, a consagrada poetisa norte-americana Marianne Moore. De outro, Robert Young, diretor do Departamento de Pesquisas de Mercado da Ford Motor Co.

Naquele dia, Bob Young escreveu para Miss Moore: "Nesta manhã nos defrontamos com um problema relativo ao trabalho com palavras e a fragilidade de seus significados. Acreditamos ser a senhora a pessoa adequada para nos ajudar. Precisamos escolher um nome para a mais importante linha de carros da companhia. E precisa ser mais que uma marca. Tem de possuir tantas qualidades intrínsecas, que efetivamente mova as pessoas. Tem de expressar elegância, resistência e modernidade, e ser curto, como um flash de desejo que brilhe na cabeça das pessoas...".

No dia 21 de outubro, Miss Moore respondeu: "Sinto-me orgulhosa pela honra da missão... Sei que será difícil, mas acredito que nas próximas semanas terei novidades...".

As cartas se sucederam por mais de um ano. Como não poderia deixar de ser, Marianne Moore não foi bem-sucedida. Até que, com muita sorte, talvez pudesse ter chegado ao nome. Mas poetas fazem poesias; marqueteiros e publicitários criam marcas... (E economistas só deveriam escrever livros).

As sugestões de Marianne foram muitas: "The Inpeccable", "Drama", "The Resilient Bullet", "The Inteligent Bullet", "The Ford Faberge", "The

Arc-en Ciel", "Moongoose Cinique", "Anticipator", "Regna Racer", "Aeroterre", "Turbotoro", "Angelstro", "Chaparral"...

Esta história lembra-me o dia em que a Philip Morris pediu a Dorival Caymmi que criasse um jingle para o lançamento de um cigarro. E para desespero meu, que atendia a conta publicitária da empresa como executivo da ALMAPBBDO, o compositor aceitou, e a tragédia acabou se consumando.

Em 8 de novembro de 1956, David Wallace, que substituíra Bob Young no Departamento de Pesquisas da Ford, escreve a última das cartas, agradece a Marianne e informa que o nome escolhido foi EDSEL. O nome de Edsel Ford, filho único do fundador da companhia, que, durante 20 anos, cumpriu à risca os rígidos princípios impostos pelo pai. Tendo morrido em 1943, nada mais natural que homenagear o mais importante e maior investimento da empresa de todos os tempos com o seu nome.

Toda a tragédia começou na cabeça de um ex-executivo da GM, Louis D. Crusoe, que não se conformava com o fato de a Ford dominar o segmento dos carros baratos do mercado e de que, quando seus consumidores ascendiam socialmente, passavam para os modelos da GM – Buicks, Oldsmobiles e Pontiacs. A Ford precisava também ser competitiva nas outras faixas do mercado.

A Ford criou quatro divisões: Continental, Mercury, Lincoln, e a quarta, a SPD – Special Products Division –, foi confiada a Crusoe, para que ele desenvolvesse o carro do século em 18 versões diferentes: o Projeto E (de *experimental*). Crusoe justificava assim o briefing recebido: "Eu não posso permitir que alguém saia de nossas revendas só porque deseja um produto melhor." Crusoe pediu a Roy (designer) um carro memorável, de personalidade única e de imediato reconhecimento pela frente, pelos lados ou por trás.

Em 15 de agosto de 1955, Henri Ford II e seu staff foram conhecer a maravilha. A cortina se abre. Segue-se um longo e interminável silêncio. De repente, com lágrimas nos olhos, Henri começa a aplaudir. E todos fazem o mesmo. O Edsel foi aplaudido de pé pela diretoria. Só que o veredito final sempre pertencerá ao mercado...

No dia 4 de setembro, o Edsel chegou ao mercado. Em vez de silêncio e aplausos, silêncio e gargalhadas: "A grade vertical, na frente do carro, parece mais um assento de privada, o colar de um cavalo ou o órgão sexual feminino... Ele mais parece um Oldsmobile chupando limão...".

Além de todos os erros cometidos no projeto, quando o veículo ainda estava na prancheta, nunca se vendeu tanto automóvel nos Estados Unidos. Quando o Edsel chegou ao mercado, uma grande crise iniciava-se, e o fracasso foi acelerado.

Em tempo: todas as pesquisas referentes ao produto foram realizadas... Apenas não se lembraram de perguntar ao consumidor se era esse o carro que ele queria. Se o carro dos sonhos da Ford era o carro dos sonhos de seus clientes.

SHOPPING ÁTICA, MAIS UM TRISTE EXEMPLO DE EXCESSIVO APREÇO AO PRODUTO

Anos atrás, em um final de semana, minha mulher retorna para casa carregada de livros e com os olhos brilhando: "Fui a um lugar bárbaro, você precisa conhecer!"

No dia seguinte, no MADIAMUNDOMARKETING, mais três ou quatro consultoras dão o mesmo depoimento, e com igual ou maior emoção e entusiasmo.

Macaco velho, com as mãos, olhos, ouvidos, cabeça, sensibilidade e corpo calejados por mais de 30 anos de marketing – na época –, e com o coração arrebentado porque sou viciado e dependente de informações, muito especialmente as de publicações em que se inserem, de forma especial livros e revistas, não resisti e repeti, para todos, o mesmo comentário: "Uma pena, não vai durar muito...".

Estavam se referindo ao Ática Shopping Cultural, que, naquele momento, agitava o Brasil, merecendo milhares de saudações e elogios em centenas de páginas de jornais e revistas, e muitas horas de televisão em todos os telejornais e programas culturais do País, em uma espécie de redenção da cultura no Brasil e de redescoberta dos livros pelos brasileiros.

Meses depois, e antes de escrever este texto, resolvi perguntar a todas aquelas mesmas pessoas que se empolgaram com o novo espaço, quantas vezes mais retornaram àquele lugar tão fantástico. E a resposta, como eu já imaginava, foi a mesma: "Nenhuma".

Ou seja, assim como acontece com grande frequência na história do marketing, passado o fenômeno que denominamos SÍNDROME DA EXPERIMENTAÇÃO, chega a hora da verdade e de se testar a vitalidade dos produtos, com a repetição sucessiva de compras. No caso do Ática, infelizmente, isso jamais aconteceu, o que obrigou sua venda, anos depois, para a FNAC, que até hoje não conseguiu rentabilizar aquele ponto de venda e muito menos recuperar uma parcela mínima dos investimentos que fez na aquisição.

Dentre todos os equívocos cometidos no planejamento daquele produto, um foi fatal: a localização.

Não que o ponto fosse só ruim, porque era de difícil acesso e complicada dirigibilidade para os que lá chegavam de carro. Era e é péssimo porque não considera e respeita os hábitos comportamentais das pessoas quando se dirigem às compras, e aí, sim, aproveitam para adquirir livros, revistas, CDs e assemelhados.

Tudo isso, ontem, hoje, e cada vez mais, insere-se no território das compras complementares ou de oportunidades. Essas compras acontecem, e acontecerão cada vez mais, nos shoppings centers, e já se constituem em um traço definitivo de comportamento e cultura de consumo nos grandes centros urbanos do País.

Se tivessem se encantado menos com o produto, e prestado mais atenção e analisado melhor os consumidores, respeitando suas caminhadas, expectativas e comportamento, certamente teriam canalizado o mesmo e gigantesco investimento para muitas lojas de dimensões menores nos shoppings centers, em vez de enterrá-lo em uma pirâmide onde cultua-se o produto e renega-se o mercado.

MEMÓRIA FRACA OU PREPOTÊNCIA MESMO

Só a arrogância e a prepotência podem explicar a recidiva da burrice que volta e meia se manifesta nas grandes empresas.

A Anheuser-Busch (comprada pela AB INBEV), principal cervejaria dos Estados Unidos, com 48% do mercado – mais que o dobro da segunda colocada Miller – talvez para compensar a estupidez de sua rival que um dia cometeu a loucura de lançar a cerveja sem cor, em um momento de igual insensatez, resolveu lançar a TEQUIZA no mercado norte-americano.

O que era a TEQUIZA? Estará você se perguntando. Objetivamente não é nada, ou, exatamente isso que você está imaginando: uma cerveja com sabor de tequila e limão.

De onde a líder Anheuser-Busch tirou essa preciosidade? Segundo a diretora de novos produtos da empresa, Collen Beckmeyer, que deveria ter sido interditada: "Muita gente gosta de pôr limão na cerveja, e muitas vezes toma-se tequila com cerveja. Com a TEQUIZA combinamos os três sabores em um."

O desvario não terminou aí. Existiu uma segunda versão da TEQUIZA, a TEQUIZA TWANG, com sal e limão, para que os consumidores simulassem a fórmula mexicana de beber tequila sem ter todo o trabalho.

Um dia, as empresas vão entender os consumidores. O que eles querem pronto, e o que adoram preparar. E parar de tentar resolver por eles, respeitando suas aparentes idiossincrasias, e poupando milhões e milhões de dólares.

A TEQUIZA é mais um precioso case para as próximas edições do livro de Robert Mcmath e Thom Forbes – *Onde eles estavam com a cabeça* – uma coleção de estupidez em marketing –, que o MADIAMUNDOMARKETING lançou no Brasil, juntamente com a MAKRON BOOKS, no início de maio de 1999.

NAS TRILHAS DO MAGAZINE LUIZA

A "versão brasileira" de loja virtual, um híbrido de cliques e tijolos (*bricks & clicks*), pioneiro e emblematicamente desenvolvido e implantado pelo MAGAZINE LUIZA, e de declarado sucesso, passou a ser replicada pelas principais organizações do varejo e até mesmo por empresas de outros setores de atividades.

Diferente dos demais *players* do setor, o MAGAZINE LUIZA, em vez de abrir uma janela comercial com o mundo na WWW e ficar esperando os clientes, foi mais adiante. Identificou uma série de praças que não comportavam o formato convencional de suas lojas, criando uma espécie de "posto de atendimento", ou "quiosque", onde existem computadores conectados à rede, catálogos e gente para ensinar, atender e também vender. Quando este texto foi escrito, já eram quase 30 lojas, localizadas em bairros distantes de cidades onde a empresa já possuía a loja convencional, em shoppings e em municípios onde ainda não estava presente, como Monte Alto e Morro Agudo.

Já a C&A implantou sua loja piloto em agosto de 2001, em Itu – SP, com uma pequena e sensível diferença: além de toda a parafernália eletrônica e de vendedores, decidiu, nessa sua primeira experiência, disponibilizar algumas amostras reais dos produtos que estão na WWW.

Depois, foi a vez da tradicional rede gaúcha de eletrodomésticos COLOMBO ingressar no território B&C, começando com duas primeiras lojas, em Porto Alegre e Novo Hamburgo, propondo-se a abrir 20 lojas, nesse formato, e em todos os anos seguintes.

E, na sequência, vieram as demais organizações de varejo.

A LUIZA acertou logo na primeira, enquanto todos os demais se deixaram seduzir exclusivamente pela tecnologia, porque jamais desgrudou seus olhos do mercado. E, a partir do mercado, da expectativa, das possibilidades, do conhecimento, das aspirações e inseguranças das pessoas é que pensou na melhor solução para trazê-los, com paciência, carinho, respeito e sabedoria, gradativamente, e acatando o ritmo de seus aprendizados, para dar os primeiros passos no mundo do futuro, do e-commerce.

Tendo como base essa experiência inicial, hoje a LUIZA, duas décadas depois, é uma referência no comércio eletrônico do Brasil.

SÍNDROME DA EXPERIMENTAÇÃO

Nos primeiros 60 anos do marketing – nascido em novembro de 1954 com o livro de Peter Drucker, *Prática de administração de empresas* –, dezenas de ocorrências relevantes, absolutamente ignoradas pelos que chegam agora ao mercado, pelas escolas e que se caracterizam como "síndromes".

Conta a lenda que nos primórdios da industrialização existia a preocupação de fazer produtos "bons demais", que não acabariam nunca, e assim as pessoas não repetiriam a compra. E aí nasceu a primeira das síndromes, batizada de "OBSOLESCÊNCIA PLANEJADA". Supostamente, produtos com pequenos defeitos de origem para que quebrassem e possibilitassem uma nova venda. Os tempos passaram e essa sensação foi facilmente suplantada pela chamada SÍNDROME DA SUPERAÇÃO. As pessoas temiam comprar o novo de hoje, tão grande a rapidez das mudanças, que ao chegarem em casa com o produto, este já estaria superado. E aí, a contraposição foi uma espécie de acordo entre a indústria, oferecendo como antídoto a SÍNDROME DO NOVO PROLONGADO... E por aí vai.

Mas, de todas as SÍNDROMES, a que é mais resistente é a SÍNDROME DA EXPERIMENTAÇÃO. É assim: quem vende pela primeira vez apenas vendeu pela primeira vez; não tem e nem necessariamente terá um cliente. Tem apenas uma pessoa que se interessou e resolveu experimentar. Só com o tempo, com sua satisfação, reconhecimento de correspondência entre o que paga e o que recebe e mais a permanente e incansável renovação de quem fabrica e vende é que se vai garantir que o comprador de uma primeira vez converta-se em um cliente para sempre. E depois, e apaixonado – MARKETING EM ESTADO DE ARTE –, ascenda à condição de apóstolo e evangelizador da MARCA. Mas, e na maioria das situações, tudo começa e termina na EXPERIMENTAÇÃO.

Essa é uma componente natural de quase todos os produtos novos. Despertam curiosidade e geram uma experimentação. Isso dura alguns meses, e as curvas de vento batem no teto, até o último dos retardatários experimentar. Terminado o processo, e se não for capaz de converter experimentadores em clientes, o produto derrete, some, desaparece.

Quando a onda dos iogurtes frozen aterrissou no Brasil alertamos aos investidores tratar-se de "chuvas de verão", como na linda música de FERNANDO LOBO. Passado o turbilhão da chegada e a volúpia da experimentação, e como diz a música, "Agora eu tenho calma / Não te desejo mais" ou Amigos, simplesmente / E nada mais." Próximo...

Nas CHUVAS DE VERÃO, que foi a moda dos iogurtes frozen, MARCELO BAE e sua YOGOBERRY ocuparam a cena. Em março de 2011, anunciava ao portal SUA FRANQUIA os números de seu sucesso: "A maior rede de frozen yogurt do País, YOGOBERRY, presente em 13 estados brasileiros prepara-se para alcançar a meta de 100 franquias até o final de abril." Em julho de 2014, declarava à Revista DINHEIRO, "Fechamos 54 lojas das 112 que chegamos a ter em 2012... As lojas viviam lotadas, foi um produto que cativou o Brasil... Quando o movimento das lojas caiu, a operação começou a se tornar inviável."

Em verdade, a onda, as CHUVAS DE VERÃO dos iogurtes frozen não "CATIVOU" nem o Brasil nem os brasileiros. Apenas deu vontade de experimentar a novidade. Cessada a SÍNDROME DE EXPERIMENTAÇÃO, próximo...

19

Um Elefante Leva Séculos para Comportar-se Como Coelho. Mas Sempre Será um Elefante

Nos últimos anos, no desespero de preservar suas conquistas, tem sido muito comum grandes corporações fantasiarem-se de guerrilheiras, tentando assimilar os métodos e estilos das pequenas organizações. O máximo que conseguem é o ridículo de um corpo 58 em um modelo 42.

Para tornarem-se mais ágeis, só resta às grandes empresas repensarem-se por completo, adotarem um novo formato organizacional, abrindo mão, para terceiros, de sua confiança de todas as demais funções; reservando para si o planejamento e gestão de marketing – desenvolvimento e atualização de produtos e serviços, comunicação, vendas, relacionamento, monitoramento permanente de mercado. Esmerando-se na ciência e na arte de converter compradores de uma primeira vez em clientes para sempre; e, depois, pela excelência dos serviços e atendimento, elevá-los, apaixonados, a condição de apóstolos e disseminadores da MARCA.

Esse processo é particularmente desafiador, pois implica uma ruptura cultural completa, que demanda tempo, comprometimento e determinação. Por decorrência, e na maior parte das tentativas, as empresas param no meio do processo e transformam-se em organizações híbridas de estranho formato. Modernas na aparência, mas os paquidermes de sempre na alma e nos procedimentos.

O DIA EM QUE O "POWER" ENVERGONHOU A UNILEVER

Dos desafios empresariais contemporâneos, nenhum é maior que a tentativa desesperada que grandes corporações fazem para ganhar competitividade, tornando-se ágeis como as jovens e pequenas empresas guerrilheiras. Quase todas que tentaram superar esse desafio, do dia para a noite, acabaram por "quebrar a cara", muitas vezes humilhando-se publicamente pelo ridículo do desempenho. Assim, nada mais inteligente e sensato, por parte das IBM, Esso, GM e assemelhadas, que nasceram e prosperaram em outros tempos e com outras culturas de management, que procurem recuperar a competitividade perdida usando como referência as práticas e os procedimentos das novas e modernas organizações, sem, entretanto, nunca se esquecer de que essa "virada" demanda tempo e que sempre continuarão sendo "elefantes".

Um dos melhores exemplos foi dado pela Unilever. E olha que não foi por falta de aviso. E, pasmem, o aviso foi dado pelo seu maior concorrente.

Certo dia, Ed Artzt, *Chairman and Chief* da Procter & Gamble, procurou Niall Fitzgerald, *Vice-Chairman & Detergents Coordinator* da Unilever, para alertá-lo: o novo produto que a empresa estava lançando, em vários países da Europa, simplesmente ESTRAGAVA AS ROUPAS. Ou por achar que era "truque da concorrência" ou por não confiar em Ed, o fato é que a Unilever decidiu seguir em frente e, meses depois, encabulada, confessou seu erro publicamente.

No final de fevereiro de 1995, ao anunciar os resultados do ano anterior, Michael Perry, *Chairman* da Unilever, admitiu um prejuízo de US$ 90 milhões com o projeto "Power" – o nome do produto para lavar roupas que usou marcas diferentes em alguns países, como Omo Power e Persil Power. Mas, muito pior que o produto foi o trauma interno na companhia, que, pela primeira vez, tentava romper com uma cultura que condiciona qualquer lançamento de produto a uma série de procedimentos que acaba demandando, em média, três.

Para que isso fosse possível, a Unilever criou uma nova divisão sediada em Bruxelas – Lever Europe –, para competir em rapidez e agilidade com seus concorrentes, admitindo que, no marketing moderno, cada vez mais prevalece o ensinamento de Ries e Trout: "É melhor ser o primeiro do que ser o melhor." O objetivo específico da nova divisão era abreviar para no máximo seis meses o que demandava, na cultura Unilever, três.

Além de denunciar os graves bugs que o Power continha, por meio de assessoria de imprensa, a Procter também recorreu à publicidade, publicando anúncios alertando os consumidores sobre os "riscos que suas roupas estavam correndo". Durante um bom tempo, a empresa teve de rever o produto e, em alguns países, ressarcir os consumidores pelos eventuais prejuízos acarretados às suas roupas. Já os prejuízos para a marca, esses foram irreparáveis...

De qualquer maneira, e como ensina a maravilhosa Sophia Loren, "Erros são parte dos encargos que se paga por uma vida plena." Só que alguns erros podem ser minimizados, ou até mesmo evitados, se os gigantes entenderem que não há reengenharia capaz de transformar elefantes em coelhos em questão de meses. E que, mesmo quando isso acontece, os traços culturais dos elefantes continuarão prevalecendo por muitos e muitos anos. Por décadas mesmo. Quem sabe, para sempre.

ALERGIA ÀS GRANDES ORGANIZAÇÕES

O maior drama que as grandes empresas vivem neste momento, nos quatro cantos do mundo, inclusive no Brasil, é o absoluto e total desinteresse que os melhores talentos profissionais revelam em aceitar seus convites outrora tentadores. Preferem, mil vezes, trabalhar em pequenas organizações ou caminhar com as próprias pernas.

Os poucos que não resistiram à tentação de propostas descomunais, em termos financeiros, em muito pouco tempo pediram o boné, com a insuportável sensação de quase morrerem por "asfixia intelectual".

Uma das atividades em que mais se observam esse novo comportamento é na publicidade. Os melhores talentos estão trocando dezenas de milhares de dólares, e infinitas mordomias, pelo desafio de decolar junto com pequenas e médias agências, ou partir para voo solo.

Um dos livros de sucesso de anos atrás e escrito pelo professor JOHN P. KOTTER, da Universidade de Harvard, *The new rules*, apresenta um estudo realizado com os 115 alunos da turma de administração de 1974 daquela renomada instituição de ensino.

Assim que saiu da escola, quase a metade deles se deixou tentar pelas propostas e tranquilidade das grandes empresas. Com o passar do tempo, houve arrependimentos.

Em 1992, dezoito anos após a formatura, apenas 23% deles continuavam em grandes organizações, 40% tocavam negócios próprios e os restantes trabalhavam para pequenas e médias empresas.

As conclusões do estudo do professor KOTTER sobre as causas dessa mudança de comportamento são aquelas que muitos dos leitores, que passaram por situação semelhante, devem estar imaginando: nas pequenas e médias empresas, ou em negócios próprios, os profissionais têm, verdadeiramente, autonomia, suas ideias são ouvidas e respeitadas, e de quebra ainda acabam ganhando mais, ou seja, SÃO MAIS FELIZES.

Ainda sobre o mesmo assunto, em uma de suas edições, a revista *Fortune* trouxe como capa a reportagem "KISSING OFF CORPORATE AMERICA", em que o depoimento de jovens e brilhantes profissionais norte-americanos, rigorosamente semelhante aos que ouço cada vez mais dos melhores talentos brasileiros de diferentes campos de atuação.

"Nas grandes organizações, suas ideias e sugestões de mudança não são bem recebidas; se você insistir, está fora", BARBARA DORAN – Doran Capital Management.

"Tudo o que quero é estar em um lugar onde meu crescimento seja uma decorrência natural do meu talento e da minha energia", TIM McDONALD – Interative Management Institute.

"Para vencer em uma grande organização, você tem de usar máscara o tempo todo e jogar no lixo suas crenças e convicções", DANIEL GROSSMAN – que recusou uma proposta milionária da MATTEL, para tocar sua Wild Planet Toys.

Claro que existem exceções, mas em número reduzido. Uma das mais consistentes que conheço é a extraordinária e gigantesca organização construída por BILL GATES, a MICROSOFT, onde os gênios permanecem felizes e altamente motivados. E as novas organizações como o GOOGLE, FACEBOOK e LINKEDIN.

Assim, ou as grandes organizações pesquisam fundo e reorganizam-se para criar um ambiente atrativo e estimulante aos melhores talentos, ou estarão condenadas a transformarem-se no paraíso dos medíocres e das pessoas comuns. E aí, adeus competitividade.

ASSIM FALOU LOUIS GERSTNER JR.

Supostamente, Louis Gerstner Jr. teria sido o executivo que recuperou a IBM, frequentando durante um bom tempo a lista dos best-sellers com seu livro em que registra essa proeza: *Quem disse que os elefantes não dançam?* Título que caberia bem melhor em outros trabalhos, como, por exemplo, o realizado por Jack Welch na GE. Digo supostamente porque nem Gerstner nem Welch nem todos os grandes líderes de todos os cases da administração moderna, e até mesmo um Henry Ford – o maior de todos –, podem merecer, isoladamente, esses registros e reverências. A propósito, ainda como herança de sua gestão, como acabamos de constatar uma vez mais, e no mundo inteiro, vê-se que a IBM até hoje não aprendeu a se comunicar.

De qualquer maneira, Gerstner foi entrevistado por Angela Pimenta, da revista *Exame*, fazendo comentários e afirmações que merecem a reflexão de todos:

- "Uma empresa que faz a diferença é aquela que lidera. É aquela a quem seus clientes perguntam que direção tomar (...) Até o início dos anos 1990, antes da crise, a IBM era vista justamente como essa empresa a quem o cliente recorria para se orientar. No final da década, reconquistamos esse posto." Provavelmente, Gerstner está se referindo aos clientes corporativos, porque toda vez que a IBM estufa o peito e resolve se exibir para os comuns dos mortais, utilizando equivocadamente a mídia de massa, é *simplesmente um desastre.*

- "O que eu argumentava em 1993, quando assumi a direção da IBM, era que havia um lugar no mundo, uma grande oportunidade para uma empresa que fosse capaz de reunir todas essas peças [do território da indústria da computação] e fornecer ao cliente uma solução verdadeira e única. E é isso o que construímos ao longo dos últimos dez anos." Em verdade, essa ainda é uma estratégia em processo de construção, e de relativo impacto nos resultados econômicos da IBM, conforme se pode comprovar pela análise de seus números.

- "Nosso foco [durante a gestão de Gerstner] sempre esteve em aplicações para os consumidores já existentes. Enquanto isso, muitos de nossos competidores estavam tentando criar novas indústrias com novos tipos de consumidores, enquanto estávamos felizes em nos manter focados em nossos clientes." Nesse momento da entrevista, Gerstner refere-se à bolha das empresas ponto.com, em que a IBM também investiu e se deu mal durante sua gestão. No entendimento dos consultores do MADIAMUNDOMARKETING, o que a salvou de um desastre gigantesco não foi sua falta de apetite, e, sim, sua lentidão em avançar no processo. Caso contrário...

- "A IBM tinha uma cultura única, diferente de qualquer outra empresa do mundo (...) Se você realmente acredita que é necessário mudar a cultura de uma empresa, não pense que pode fazê-lo apenas escrevendo metas inalcançáveis e dizer: 'Vamos ser mais rápidos, focados e sensíveis aos desejos dos clientes' (...) A experiência me mostrou que a mudança de cultura tem tudo a ver com trabalho duro, comunicação consistente e convencimento das pessoas de que elas precisam mudar (...) Isso tudo deve ser feito a cada dia." Reside exatamente aqui a maior virtude de Gerstner em relação à qual os elogios e referências a sua gestão são mais que justos e merecidos.

DE MORRER DE VERGONHA

Como é do conhecimento de todos, a PHILIP MORRIS é uma das mais competentes empresas do mundo nas práticas do marketing. Ainda que seu produto principal, fabricação de cigarros, seja hoje amaldiçoado por parcela expressiva das pessoas, não se pode deixar de reconhecer sua incomum capacidade de construir e gerenciar marcas, e de produzir ícones.

Isso posto, e provando que até os especialistas acabam cochilando e cometendo gafes históricas, a PHILIP MORRIS, envergonhada, viveu o pior dia de toda a sua história, quando sua subsidiária da República Checa contratou a consultoria ARTHUR D. LITTLE, que jamais deveria ter aceito a encomenda, para uma análise do impacto econômico e social do cigarro.

E a conclusão, assinada pela empresa de consultoria, que é de arrepiar o mais cruel dos facínoras, e de revoltar os quase sete bilhões de habitantes do planeta, com exceção, naturalmente, da equipe da PHILIP MORRIS da República Checa e dos consultores da ARTHUR D. LITTLE responsáveis pelo "job", é a seguinte: o fumo provoca "EFEITOS POSITIVOS" nas finanças do país; pela receita decorrente dos impostos sobre seu consumo e pelas "ECONOMIAS COM O SISTEMA DE SAÚDE POR CAUSA DA MORTALIDADE PREMATURA".

Segundo a ARTHUR D. LITTLE, a morte prematura a que estão condenados os fumantes fez com que o governo checo economizasse entre US$ 28 e US$ 30 milhões no sistema de saúde, aposentadoria e moradia de pessoas idosas, apenas no ano de 1999.

Considerando que o percentual de fumantes na população adulta do Brasil – 38% homens e 29% mulheres – é bem maior que o da República Checa – 28% homens e 18% mulheres –, eles se transformam em termos absolutos significativamente maiores pela densidade populacional de nosso País, assim, em vez de ficar criticando e reclamando, nosso ministro da Saúde deveria agradecer às cigarreiras pelas "substanciais economias que têm proporcionado ao sistema de previdência e saúde do País"!

Em tempo, a PHILIP MORRIS desculpou-se formalmente, em todo o mundo, pela terrível gafe de sua subsidiária checa.

Dois paquidermes juntos, de um lado PHILIP MORRIS, e de outro, ARTHUR D. LITTLE, em vez de se comportarem como grandes empresas, maduras, sensíveis e experientes tentam se fazer passar por guerrilheiras, perdem-se no açodamento e mergulham em um ridículo histórico; simplesmente insuperável!

O FIM DA PESQUISA?

Na revista GALILEU uma entrevista com a psicóloga CORDELIA FINE, "sentando o pau" no que ela chama de sexismo, ou comportamento sexista de muitos cientistas. E que, segundo ela, é o principal responsável pela alimentação de alguns preconceitos nas comparações que se faz entre homens e mulheres. E, conclui, "Não conhecemos uma única sociedade que tenha conseguido acabar totalmente com o sexismo, mas acredito que sim. Quer dizer, haveria tantos homens quanto mulheres engenheiros, escritores, matemáticos, bons motoristas...". E é contundente quando acusa os responsáveis ou contratantes das pesquisas, "Dados que não confirmem a tese original do pesquisador são ignorados...".

Mas, não é por essa razão, ou críticas extemporâneas como as de CORDELIA, que a pesquisa tal como conhecemos perdeu o sentido, significado, razão de ser; seu definhar deve-se exclusivamente a MOEDA TEMPO. Os métodos tradicionais e consagrados não atendem mais a nova realidade do mundo, onde, por uma série de fatores, muito especialmente por limitações de tempo, o consumidor vem revelando mudanças sistemáticas e fugazes em seu comportamento. E aí, quando a pesquisa é concluída, e seus resultados apresentados, o consumidor já "está em outra". Ou seja, muito rapidamente as pesquisas se assemelham mais a autópsias do que a bússolas.

Isso posto, e devidamente consagrada e reconhecida pelos ótimos serviços prestados, sai de campo a velha, boa, tradicional, confiável e irretocável pesquisa de mercado, e entra em seu lugar o compromisso indeclinável das empresas de MONITORAREM, 48 horas por dia – 24 no analógico e 24 no digital – o comportamento de seus *suspects, prospects* e *clients*; seus, e de todos os seus concorrentes. E, simultaneamente, monitorarem, 48 horas por dia – de novo 24 no analógico e 24 no digital – o ambiente Político, Econômico, Social e Tecnológico e todos os seus derivativos. E esse conjunto de ações, devidamente organizado, consolidado, analisado, entendido e capaz de produzir recomendações e insights, vem sendo batizado por algumas empresas de INTELIGÊNCIA DE MERCADO.

Muito mais que um arsenal de ferramentas, ou métodos consagrados, caracteriza-se por um processo permanente e exaustivo da busca, organização e análise da informação, depois e com o aditivo da sensibilidade, conhecimento e senioridade dos que a processam, convertê-las em ouro puro; quer na forma de INTELIGÊNCIA, quer na forma de INSIGHTS.

Enquanto se alimentam discussões como a proposta por CORLDELIA FINE, o mundo gira, a Luzitana roda e o consumidor alucina. Será que vale a pena continuar tirando fotografia ainda pelo processo convencional?

Vale! Mas, apenas em circunstâncias excepcionais. Em todas as demais, é olho no mercado, no ambiente, e pé no acelerador.

20
Um Produto É a Soma de Todos os Serviços Que Reconhecidamente Presta

Na economia moderna não existe mais o produto puro, que só presta um serviço específico. Todos os produtos, sem exceção, qualificam-se em termos de competitividade pela soma dos serviços que prestam, além do específico. Serviços esses pertencentes ao plano objetivo e ao plano emocional.

Quando o marketing engatinhava, lá pelos anos 1950 e 1960, era voz corrente que só se podia usar suas técnicas e conhecimentos com coisas tangíveis, portanto, só aplicáveis a produtos. A partir dos anos 1990, nenhuma empresa, com um mínimo de competência, ignorava que as pessoas não compram produtos, e, sim, os serviços que esses produtos prestam. Não compram uma furadeira, compram os serviços de fazer um buraco na parede; não compram um saca-rolhas, compram os serviços de liberar o vinho contido nas garrafas; não compram um livro, compram os serviços de prover os conhecimentos nele contidos.

A LIÇÃO DA ALFACE

De uns tempos para cá, à medida que a competição aumenta e a sociedade de serviços avança, duas palavrinhas passaram a ser utilizadas com maior frequência, e as duas caminhando na mesma direção.

A primeira delas é *features,* que, no dicionário de inglês, está repleta de significados. Dentre esses, o que me agrada mais é aperfeiçoamentos. Assim, no marketing moderno, quando se procura diferenciar um produto, procura-se agregar *features,* isto é, "aperfeiçoamentos".

Por que prefiro aperfeiçoamentos? Porque seja lá o que for que você agregue a um produto, o consumidor tem de reconhecer, nesses agregados, componentes que melhorem a mercadoria, que a tornem mais atraente e, até mesmo, que predisponham esse consumidor a pagar mais pelo mesmo, ou seja, que façam com que o consumidor reconheça, nos agregados, aperfeiçoamentos.

A outra palavrinha que caminha na mesma direção, ou seja, que é usada como sinônimo de *features*, é *values*, que também, no dicionário está repleta de significados, dos quais dois deles me parecem traduzir o verdadeiro sentido com que se usa ela no marketing moderno. O primeiro é o óbvio, isto é, valores. Ao procurar diferenciar seus produtos perante seus concorrentes, você sempre recorre à técnica de agregar valores. Tanto de ordem objetiva, como subjetiva. O segundo sentido, que também me agrada, é importância. Ao agregar *values* em um produto, você está agregando importância a ele, isto é, tornando-o mais importante em relação a seus concorrentes e perante os consumidores.

Isso posto, nas conferências que realizo, as pessoas me pedem exemplos. O primeiro que dou, um tanto quanto "tolo", mas de fácil entendimento, é o "elogio-ofensa" que volta e meia as pessoas se fazem ao dizer: "Puxa, fulano, como você está bonito hoje, ou seja, nos outros dias, aquela pessoa é literalmente um "lixo".

Por que, de repente, o rei dos feios é percebido como bonito? Pela simples razão de ter agregado *features* ou *values* a sua forma tradicional de se apresentar. Seja por meio de uma roupa melhor, de um penteado, de um sorriso, de um perfume, de uma nova atitude.

O segundo exemplo que dou, e que me parece extremamente ilustrativo, é a "lição da alface". Diga-me, querido amigo, algum dia você imaginou que pagaria pela velha alface, para fazer suas saladinhas, dez vezes mais do que se acostumou a pagar durante toda a sua vida? Pois é, de 20 anos para cá é o que muitos vêm fazendo, morrendo de felicidade e achando o preço justo.

A razão é que se agregou, à velha alface, *features* ou *values*. Agora ela vem escolhida, lavada, esterilizada, em atraentes embalagens de plástico, com o nome e sobrenome dos responsáveis pelo produto. Em vez dos R$ 1,00 por um pé de alface na feira, agora você paga, com entusiasmo e gratidão, R$ 8,00 pelas folhas selecionadas e valorizadas de um mesmo pé de alface...

ASPIRINA: O ELIXIR DOS ALQUIMISTAS EXISTE OU, SE PREFERIREM, O PRODUTO PERFEITO

Na Idade Média, os alquimistas dedicavam seus dias na busca de uma substância que fosse capaz de transformar qualquer metal em ouro, bem como de curar, fortalecer e rejuvenescer as pessoas. Uma espécie de bálsamo para todos os males. O remédio perfeito e definitivo. Mesmo não tendo conseguido transformar qualquer metal em ouro, a ASPIRINA, no momento em que completou seu primeiro centenário, é dentre os remédios o que esteve mais próximo de ser, comprovadamente, o bálsamo para todos os males.

Sintetizada pelo cientista alemão FELIX HOFFMAN há pouco mais de 110 anos, o ácido acetilsalicílico já se revelou milagroso, atenuando as dores de artrite de seu pai. De lá para cá, não parou de "fazer milagres".

Recentemente, Dr. CHARLES HENNEKENS, renomado cientista e professor da Universidade de Miami, afirmou que: "Durante muito tempo, ninguém levou muito a sério os prodígios alcançados pela aspirina, por se tratar de um remédio simples, comum e barato. Hoje, eu e meus companheiros da comunidade científica mundial costumamos dizer que se a aspirina precisasse de receita médica para ser comprada, custasse 10 vezes mais e fosse apenas 50% mais eficaz, seria muito mais respeitada e valorizada...".

Constatações recentes sobre a pílula milagrosa: MAL DE ALZHEIMER – pessoas que tomam regularmente aspirina quatro ou mais vezes por semana têm uma perda de memória comprovadamente menor que as que não tomam; ARTRITE – atenua significativamente as infecções e dores decorrentes; CÂNCER – seu uso regular reduz sensivelmente a incidência de determinados tipos da moléstia, e, mesmo nos casos em que a doença se manifesta, reduz em 50% os riscos de morte; PEDRA NOS RINS – previne a formação de pedras em pessoas que têm essa tendência pela característica de seus organismos. Além, naturalmente, de prevenir infartos e ataques do coração... E, pesquisa realizada com mais de 200 mil pacientes, publicada pela revista científica *The British Medical Journal* comprovou que a aspirina reduz os riscos de ataques cardíacos e derrames porque impede que as plaquetas formem coágulos capazes de bloquear as artérias.

Em síntese, um dos poucos produtos com uma força interior única, que quando se imagina ter esgotado todas as suas virtudes revela novas e até então desconhecidas, sendo, seguramente, dentre todos, o que mais merece a "tarja azul" que o carinho e o afeto das pessoas lhe atribuem, quando verbalizam: UM SANTO REMÉDIO.

E não para de agregar *features* e *values* sem acrescentar um único centavo a seu preço.

CENTO E DOZE ANOS DE FORD

No exato momento em que a Ford celebrou seus primeiros 112 anos – fundada em 16 de junho de 1903, em Michigan, nos Estados Unidos, por Henry Ford e outros 11 empreendedores –, o mundo chegou a uma encruzilhada. Empresas lutando desesperadamente em busca da preservação de sua competitividade, procedendo a racionalizações ou reduções de todo tipo, despejando milhões e milhões de novos desempregados todos os anos no mercado e encaminhando-se muito rapidamente para o absurdo de alcançarem, finalmente, a competitividade plena, de serem imbatíveis, não fosse o fato de não existir mais um único consumidor para comprar seus produtos...

Assim, para começar a comemorar os primeiros 112 anos da Ford, nada mal lembrar a motivação do gênio que a criou, inspirou e a colocou em pé, Henry Ford, conforme as palavras de Lee Iacocca, ex-presidente da companhia: "Henry produziu carros acessíveis, pagou altos salários e ajudou a criar e fortalecer a classe média." Será que não está mais que na hora de o mundo refletir sobre isso? Um mundo onde a classe média de quase todos os países está sendo literalmente massacrada, onde a proporção de ricos e pobres já passou há muito dos limites do suportável, tolerável ou aceitável?

Nesses 112 anos, também nada melhor do que lembrar as lições históricas do maior empreendedor do século passado, Henry Ford, segundo a revista *Time*. Principalmente suas lições de marketing:

Lembrar que para a maioria dos empresários, "Um cliente insatisfeito era considerado não como uma pessoa cuja confiança houvesse sido violada, mas como um aborrecimento ou uma possível fonte de mais dinheiro para consertar o trabalho que deveria ter sido benfeito na primeira vez."

"Por exemplo, com automóveis não havia grande preocupação com o que acontecesse com o carro depois de vendido. Não importava seu consumo de gasolina, por exemplo. E se quebrasse e precisasse trocar peças, azar do proprietário. Era considerado bom negócio vender peças ao preço mais alto possível, com base na teoria de que, como o homem já havia comprado o carro, ele teria de trocar as peças e estaria disposto a pagar por ela o que fosse pedido."

E trazia sua visão e entendimento:

"Um fabricante não cumpriu sua obrigação com seu cliente no fechamento da venda; apenas começou. No caso do automóvel, a venda da máquina é apenas a introdução. Se a máquina não entregar o serviço, teria sido melhor o fabricante jamais ter realizado a venda, porque ele terá a pior das publicidades, um cliente insatisfeito."

"Um homem que comprasse um dos nossos carros, em minha opinião, tinha direito ao uso contínuo daquele carro e, por isso, se houvesse uma falha de qualquer natureza, era nosso dever providenciar para que aquela máquina fosse consertada o quanto antes. No sucesso do carro da Ford, a garantia de assistência mecânica foi um elemento de destaque."

"Empresários fracassam em seus negócios porque gostam tanto dos velhos métodos, que não conseguem mudar. A vida, como a vejo, não é uma localização, mas uma jornada. Até mesmo o homem que mais se sente 'acomodado' não está acomodado: provavelmente está fraquejando. Tudo está em fluxo e assim foi destinado a ser. A vida flui. *Podemos morar no mesmo número daquela rua, mas nunca é o mesmo homem que vive lá.*"

Na Madia Marketing School o gênio da administração moderna e do marketing tem um lugar de destaque e é reverenciado e homenageado em cada uma das novas turmas do MASTER em marketing. Divide com Alfred Sloan Jr. a posição única de cardeal do marketing, na religião que nos orienta e nos ilumina, e que nos possibilita orientar e iluminar o caminho de nossos alunos e clientes, o marketing. E de quem e em quem encontramos algumas das mais emocionantes lições e exemplos de que um produto é um produto mais a soma de todos os serviços que presta e que o cliente reconhece e valoriza.

PARKER 51

Nem todos os leitores devem se lembrar da emoção que era para os formandos dos anos 1940 e 1950, quando logo após a solenidade de recebimento dos diplomas, e de entoarem o HINO NACIONAL, ganhar de seus pais e padrinhos uma CANETA-TINTEIRO PARKER. Se possível, e de preferência, a emblemática e referencial PARKER 51.

Tudo começou com um simpático professor em Janesville (Estados Unidos), que não se conformava com as canetas-tinteiro da época, cujos serviços de escrita deixavam de corresponder às expectativas de seus alunos. Eram as canetas vendidas pela tradicional casa de canetas JOHN HOLLAND, que escorriam muita tinta ou entupiam, exigindo o gesto de chacoalhar que, muitas vezes, terminava em "ejaculação precoce" de toda a carga em cima do papel, da mesa, da toalha...

Como era representante da JOHN HOLLAND, e ganhava "uns trocados" vendendo as canetas para seus alunos, na hora de consertar, a responsabilidade era dele. E já que era, e já que entendia do assunto, porque não fabricar uma caneta de verdade? Um produto que oferecesse, verdadeiramente, todos os serviços que as pessoas gostariam de receber?

Suas primeiras canetas saíram de uma pequena bancada de trabalho, em 1888, e orgulhosamente assinadas GEORGE SAFFORD PARKER. Em 1892, era constituída a PARKER PEN COMPANY. Seu reconhecimento de qualidade e liderança, no entanto, só veio a ocorrer a partir de 1921, com a caneta DUO-FOLD e a consagração definitiva com aquela que é um dos ícones do marketing de todos os tempos, a PARKER 51, lançada em 1942, pouco antes do final da guerra, e com a qual os contendores assinaram o armistício, pondo fim à SEGUNDA GUERRA MUNDIAL. Ela foi fabricada ininterruptamente até o início dos anos 1980, e é presença básica e obrigatória, em todas as cores e versões, nas coleções dos aficionados e colecionadores de canetas.

Por que a rainha das canetas foi batizada de "51"? Em comemoração ao 51º aniversário da companhia, e jamais por ter sido lançada em 1951, como muitos pensam. Por que sucedeu? Pelos serviços do design, da maciez da pena, da densidade da tinta que liberava, da empunhadura... E pelo bom gosto e elegância que agregava a todos os seus felizes possuidores. Ah, e ainda escrevia...

A VOZ DOS PRODUTOS

Produtos têm voz? TÊM! Na maioria das vezes, falam silenciosamente, traduzindo o que são, na soma dos diferentes componentes que o caracterizam, e produzem uma palavra – substantivo, adjetivo, advérbio, interjeição, dentro de nós. Em outras vezes, falam de verdade, emitindo sons, ruídos, estalo e sussurros que nos encantam e seduzem.

Enquanto escrevo este comentário, KATINHA, meu amor, a meu lado, digita um texto. Como ainda se lembra com saudade das máquinas de escrever, agregou o som delas ao teclado de seu notebook. Champanhe sem o espocar da cortiça não é champanhe. E imagine uma queima de fogos sem som. O horror do "xabu" e, assim, não seriam CARAMURU.

A VOZ, ou melhor, o som do automóvel, do motor do automóvel, então, sem comentários. De manhã, ao dar a partida e diante de um som desafinado, o proprietário vai para a lida transtornado. E vizinhos de apartamento, na horizontal e na vertical, saem na porrada se a torneira não se manca e se mantém silenciosa. Principalmente, nas madrugadas das cidades.

Agora ter voz, som, ruído, barulho característico e quase música tornou-se obrigação das empresas e de seus produtos, diante de um novo consumidor – NÓS – cada vez mais exigente e sofisticado. Mais clientes para produtoras de som. Mas, desafios maiores, também.

Leio no THE WALL STREET JOURNAL que a busca pela voz do produto vem se tornando uma obsessão nas empresas. Na matéria, um novo lançamento da CLINIQUE – rímel – HIGH IMPACT EXTREME VOLUME – que despendeu centenas de horas e dólares para desenvolver a tampa perfeita e adequada, considerando as expectativas das consumidoras 2.0. Que ao fechar, garantisse a sensação que foi devidamente rosqueada, que o líquido jamais ressecaria e tudo isso garantido pelo "clique" ouvido no final do processo. E que ainda teria de passar classe e elegância.

Em 2010, a PEPSICO desconsiderou o barulho insuportável produzido por embalagens ecologicamente corretas de seu SUNCHIPS; mas como eram acusticamente insustentáveis e retornou às velhas embalagens de plástico. Enquanto a SHARPIE tem como atributo essencial na experiência de se usar seu marcador campeão um som que descreve como "scritch-scratch". E mais: aspiradores com abafadores de ruído, ou até mesmo o som do silêncio; ou a voz assumidamente muda de certos móveis e equipamentos eletrônicos, que simplesmente fazem com que suas gavetas deslizem, silenciosamente.

Assim somos nós. Consumidores 2.0. Queremos produtos que nos impactem positiva, intensiva e adequadamente, de preferência, através, dos cinco sentidos. Lembre-se sempre da lição da PROCTER com seu TAMPAX RADIANT, que era ignorado pelas adolescentes por ser barulhento, ao abrir. Agora abre suavemente e não denuncia, nos banheiros públicos, o que está acontecendo. "A adolescente quer ser discreta, mas com a embalagem antiga não havia como... agora nossa embalagem é silenciosa", ALEX ALBACARYS, P&D mundial da PROCTER para TAMPAX.

É quando o som do silêncio vale ouro.

21
Jamais Se Faça de Louco

O fato de não reconhecer um problema, ainda que e eventualmente, a empresa não tenha sido sua causadora, não a desobriga de enfrentá-lo e resolvê-lo.

Empresas com síndrome de avestruz acabam, pela posição não assumida, ou seja, por injustificável omissão, pagando um preço elevadíssimo, que pode acabar determinando consequências insuportáveis e até mesmo o desapreço total e irreversível do mercado pelo seu mais importante patrimônio: sua MARCA.

Da mesma maneira que reconhecem a importância de ter brigada de incêndio e exercitá-la, periodicamente, para eventualidades que provavelmente nunca acontecerão, deveriam ter e exercitar, sistematicamente, política e brigada para gerenciamento de crises.

Mais cedo ou mais tarde, em maiores ou menores proporções, vão acontecer.

RECALL, ANTES QUE SEJA TARDE

"Falem mal, mas falem de mim" pode ser bom, eventualmente, para certos políticos, alguns artistas e idiotas em geral. Se é para falar mal, melhor mesmo é que não falem nada. De que adianta se notabilizar por grosserias e pisadas de bola, carregando pela vida um saco de adjetivos pejorativos recolhidos ao longo do caminho? Se tudo isso é verdade para as pessoas, para empresas, produtos e marcas, muitas vezes, pode ser mortal.

Errar é humano. Reconhecer o erro, mais humano ainda. E pedir desculpas, em tempo, talvez seja a maior manifestação de inteligência, muito mais que de humildade. Assim deveriam proceder as empresas. Mas elas nem sempre agem dessa forma.

Todas as pesquisas realizadas em diferentes lugares do mundo, nos últimos 20 anos, constataram apenas o seguinte: a forma mais rápida e definitiva de contaminação, no marketing, ocorre quando um consumidor, perversamente envenenado pelos maus-tratos de uma companhia, começa a abrir a boca para parentes e amigos. Aí é fogo.

Nos primeiros dias contamina, de forma direta, ou já por meio de terceiros, de 30 a 80 pessoas. No final do primeiro mês, o número de contaminados já passou de cem, e, no período de um ano, até onde se conseguiu medir, seu poder de infectar outros consumidores excede a mil. Mais precisamente, dependendo da dramaticidade com que a notícia é passada, e do tamanho da boca do ofendido, de 800 a 1.200 pessoas. Ou seja, nunca mais aquelas mil pessoas conseguirão olhar para a empresa, o produto e a marca da mesma forma. Carregam, dentro de si, uma má ou péssima imagem de uma organização que, ao "pisar na bola", fingiu não ser com ela, manifestando uma insuportável e burra prepotência. E se esses 1.200 resolverem compartilhar nas redes sociais... Por isso, RECALL, ANTES QUE SEJA TARDE.

O primeiro recall no Brasil aconteceu em 1970, e na indústria automobilística, com o Ford Corcel. Problemas de regulagem na suspensão provocavam instabilidade no carro e desgaste acelerado dos pneus. Em pouco tempo, na carona de um filme de sucesso da época, interpretado por Mastroianni, o Corcel foi apelidado de "Belo Antônio" – bonito, mas não funciona.

A primeira tentação da Ford foi a de fingir que não era com ela. Mas, assim que Joseph O'Neill assumiu a presidência, reconheceu o erro e chamou todos os compradores para o necessário reparo. Foram consertados 50 mil carros, e a imagem, aí então recuperada, começou a se fortalecer. Até hoje, o Corcel é o carro da Ford que mais vendeu no Brasil: 1,2 milhão de unidades.

Anos depois, Ford e Volks, juntas, sob a bandeira da Autolatina, tiveram problema semelhante. Um defeito na caixa de direção hidráulica de seus modelos Escort, Verona (Ford), Pointer e Logus (Volks) – "irmãos de sangue". Pelo aprendizado do passado, a Ford imediatamente reconheceu o erro e chamou os proprietários para a troca. A Volks decidiu ignorar e não reconhecer o problema. Meses depois, teve de fazê-lo, pressionada pelos fatos e pela justa indignação de seus 12.327 consumidores em quem, involuntariamente, deu uma rasteira, não tendo a sensibilidade e a sabedoria de pedir desculpas, como ensina e recomenda o marketing da melhor qualidade. Esses 12.327 nunca mais se esqueceram da VOLKS...

A TRUCULÊNCIA DA ABIFARMA

Quando do lançamento dos genéricos no Brasil, a ABIFARMA – Associação Brasileira da Indústria Farmacêutica –, em um folheto simplesmente medieval, constrangeu e ameaçou médicos e farmacêuticos sob o disfarce das "boas intenções", ancorando-se em um título cínico que dizia "Não trocamos a experiência do médico por nada".

Só que depois, dentro do folheto, em uma tentativa de anestesiar, na partida, a Lei n. 9.787/99, que cria os Remédios Genéricos e sua regulamentação, não conseguiu mais esconder sua truculência nem disfarçar suas verdadeiras intenções.

Aos médicos, por exemplo, lembrou, candidamente, que o direito deles de escolher a prescrição é universal e intransferível, e, em seguida, partindo do pressuposto de que os profissionais não sabem exatamente como proceder, ou seja, que são estúpidos recomendava o seguinte procedimento: "Preencha o receituário normalmente, com o nome do medicamento da marca de sua confiança, apresentação e posologia. Acrescente, com carimbo, ou por escrito: NÃO AUTORIZO A SUBSTITUIÇÃO."

Não satisfeita, a ABIFARMA partiu para a ignorância: "Quando autorizar a troca, o médico poderá responder civil e criminalmente por esse ato. Se não expressar que proíbe a substituição, terá também a responsabilidade adicional, porque estará compartilhando a substituição com quem fez a troca."

Já às farmácias e farmacêuticos, e quando o médico autorizasse a troca, lembrou que "só o Farmacêutico Responsável pela farmácia é que poderá efetuar a substituição". E depois, não conseguindo mais disfarçar sua fúria, encostou o farmacêutico na parede: "O Farmacêutico Responsável deverá escrever na receita Nome, Número do Registro no Conselho Regional de Farmácia e nome do medicamento genérico e fabricante usado na substituição. Deverá ainda datar e assinar a receita na frente da pessoa que está comprando o produto...". Ou seja, se tivesse dependido só da ABIFARMA, a Lei dos Genéricos jamais teria decolado...

O marketing moderno e de qualidade, que defende a importância das marcas, envergonhou-se e decretou luto fechado, diante da falta de competência e sensibilidade manifestada pela Associação que congrega a Indústria Farmacêutica em nosso País, e em todos os sentidos. Muito especialmente no tocante a sua comunicação. Parecia que tínhamos retornado à Idade Média...

ATRÁS DOS LUCROS DO PORNOMARKET HÁ RESPEITÁVEIS EMPRESAS

No chamado "mercado sem crises", que nunca sai da moda, o da pornografia, atrás das fachadas de homens, mulheres, sexo, aparelhos, gritos, sussurros e expressões, em tese, inadequadas, como a de recorrer ao seu "santo nome em vão" nos finalmente, ganham não apenas as empresas especializadas na categoria, como e também, importantes e respeitáveis corporações. Respeitáveis...?

Em um balanço do pornomarket de 2001, realizado pelo portal ABC-NEWS.COM, nos Estados Unidos, que entre outras informações revela terem os norte-americanos alugado, no período, mais de 750 milhões de "filmes adultos" e gasto mais de US$ 2 bilhões apenas em "pedágio" para terem acesso a filmes e fotos na WWW, há a revelação do nome de algumas grandes e emblemáticas corporações que também se beneficiam do mercado sem crises, o do sexo.

Dentre outras empresas, e apenas para citar quatro, a matéria relaciona a maior rede de hotéis do mundo, a MARRIOTT, que gera dezenas de milhões de dólares por disponibilizar em seus apartamentos, em várias partes do mundo, acesso aos canais de sexo explícito mediante "pay-per-view". Empresas de telefonia, como a AT&T e a MCI WORLDCOM, e o negócio do tele sexo que se traduz em mais de US$ 1 bilhão anuais. E, ainda, quem diria, a GM, isso mesmo, a General Motors, dona da DIRECT TV, na qual se encontram vários canais de sexo com receitas anuais superiores a US$ 150 milhões.

Se forem mais a fundo, talvez descubram, com ou sem surpresa, que algumas ou muitas religiões também geram importantes "dízimos" para o pornomarket. Em verdade foram e descobriram...

UM DEDO DE CRISE

Um "dedo em riste", o indicador, incomoda, sinaliza autoritarismo, prepotência e pessoa alterada; o mesmo dedo no nariz mostra falta de educação, "pessoa porca", embora todos já tivessem recorrido algum dia ao expediente; esse mesmo dedo se fechando em círculo com o polegar, sinaliza positivo, certeza de vitória, de sucesso; na tentação de uma criança, um delicioso furar de bolo; em conjunto com o médio, um V de vitória;

mas, o médio, sozinho, e para o alto, foi capaz de quase "derrubar" uma companhia aérea. Que o diga a AMERICAN...

O dia 14 de janeiro de 2004 era mais um dia na vida de uma grande companhia aérea, não fosse ter realizado anos atrás, uma contratação equivocada, que qualquer pré-admissional registraria: o potencial para o desequilíbrio e inadequação para muitas profissões, muito especialmente, para conduzir BOEINGS, e comandar tripulações.

DALE ROBBIN HERSH, inconformado com a reciprocidade brasileira às práticas americanas, se fez registrar e fotografar, com um olhar irônico, e o dedo médio em posição de sentido, mandando os funcionários que cumpriam sua obrigação, e, de certa forma, todos os brasileiros, "TNC". Preso no ato, rapidamente recebeu a solidariedade de seus comandados da tripulação, a exposição ganhou as agências noticiosas, correu o mundo e acendeu um perigoso incêndio na imagem da AMERICAN AIRLINES, uma das mais importantes companhias aéreas do mundo, já debilitada pelas consequências econômicas do Bin-Laden, guerra do Iraque, medidas antiterrorismo, epidemias...

Segundo todos os manuais de Gestão de Crise, e também DANILO NARDI, Consultor especializado do MADIAMUNDOMARKETING, que vem realizando os chamados "MÍDIA TRAINING" em dezenas de empresas, quando isso acontece, a primeira providência, com sensibilidade e discrição, é: APAGAR O FOGO O MAIS RÁPIDO POSSÍVEL para que cesse a causa, e, por decorrência, todos os seus efeitos na mídia. Depois, e se for o caso – o que definitivamente não era nesse "incêndio" da AMERICAN –, é discutir, defender-se e até mesmo ressarcir, em ambiente próprio e adequado, fechado, longe da luz dos refletores, dos microfones e das câmeras de televisão. E foi o que fez a AMERICAN.

Em nenhum momento tentou questionar a ação das autoridades, não perdeu tempo em explicar o inexplicável, não se recusou a pagar a multa imposta: concentrou toda sua energia em prestar serviços para os passageiros dos voos seguintes, prejudicados pela ruptura na escala das equipes de tripulantes, e mandar HERSH o mais rápido possível para casa.

E, de quebra, enviar o chefe de pilotos BRIAN FIELDS para se desculpar com os funcionários da Polícia Federal. Não obstante a barbeiragem do piloto, um "case" exemplar de gestão de crise.

GAMBIARRA MARKETING

Todos os anos tiro três semanas de férias. Três semanas alternadas. Teve um ano que só consegui tirar duas. E a segunda foi em um mês de outubro. Como já conhecia todos os hotéis resorts da PRAIA DO FORTE na BAHIA, mas ainda faltava um, fomos, KATINHA e eu, conhecê-lo. O IBEROSTAR PRAIA DO FORTE.

Um gigantesco hotel, aproximadamente 1.100 apartamentos em dois grandes blocos, ideal para famílias com filhos, e tudo funcionou razoavelmente bem dentro do que se pode esperar de um hotel dessa dimensão. No geral, nota 8. Mas, com um pequeno e lamentável detalhe.

Na quinta-feira, ao chegarmos para o café da manhã, havia uma grande mesa para recepcionar os hóspedes, oferecendo champanhe e outros mimos. Diferente dos outros dias, rapidamente vinha uma das atendentes falar com o hóspede, desejar um bom-dia, mais que sorridente e saltitante. No grande salão, onde em muitos balcões eram colocadas as comidas, muitas novidades, mas, mais importante que as novidades, chefes de cozinha sorridentes dizendo, "é uma honra ter os senhores entre nós e poder servi-los". Ficamos meio tontos, mas, de qualquer forma, felizes.

Assim foi o dia inteiro. Ao voltarmos da praia/piscina, 17 horas, no quarto haviam mais mimos e uma toalha em formato de cisne. E a noite, no jantar, uma verdadeira apoteose para receber os hóspedes. Quando tudo parecia perfeito, eis que surge uma funcionária do hotel, em trajes vinho/vermelho, muito semelhante ao Exército da Salvação, também toda solícita e sorridente, dizendo ser uma espécie de AUDITORA DE QUALIDADE, e nos pede que preenchamos uma daquelas FICHAS BURRAS onde, supostamente, hóspedes avaliam os serviços que recebem. Meia dúzia de itens, ótimo, bom, regular e ruim, e, na saída uma urna. NO DIA SEGUINTE TUDO VOLTOU AO NORMAL!

Esse comportamento é um exemplo do MARKETING ESPANHOL OU PORTUGUÊS, não obstante todo o crescimento das últimas décadas daqueles países, mais que estarem engatinhando, cultivam o estranho prazer do autoengano e praticam uma espécie de "GAMBIARRA MARKETING".

Melhor usar o tempo daquela funcionária de maneira mais eficiente: em vez de fazê-la distribuir fichas e ficar esperando pelos preenchimentos e colocação nas urnas, dar um competente treinamento a ela para que pedisse licença às pessoas nas mesas, dez ou 20 vezes que fossem, no próprio restaurante, em uma das refeições, e conversar de forma direta, sincera e franca, e colher, verdadeiramente suas impressões, comentários e sugestões. Claro, sem o lamentável espetáculo da encenação de um único dia, para uma fotografia falsa e grosseira na noite.

Ou oferecem aquele tratamento todos os dias, ou não oferecem exclusivamente no dia da pesquisa. Mais que incomodados, os hóspedes voltam para suas casas constrangidos com a manifestação de tolice de uma das maiores cadeias hoteleiras do mundo.

22
Não Brinque com a Comunicação, a Vítima Pode Ser Sua Empresa

Neném Prancha, o filósofo do futebol, afirmava: "O pênalti é tão importante que deveria ser batido pelo presidente do clube." Idêntica consideração deve ser levada em conta quanto aos diferentes processos de comunicação de uma empresa.

Um alto executivo, extremamente qualificado, de preferência o número 1 na escala hierárquica, deve se preocupar, permanentemente, com a organização e disciplina de cada um dos emissores de sinais e códigos de comunicação de uma empresa: produtos, embalagens, marca gráfica, merchandising, relações públicas, propaganda, eventos, recepções, call centers, folders, pontos de venda, relacionamento e, de forma especial, pessoas – as que trabalham na empresa –, executivos – e as que trabalham para a empresa –, e fornecedores.

Todas as batalhas empresariais, sem exceção, são batalhas de comunicação. A organização que não consegue realizá-la, mais que "trumbicar-se" como dizia o Chacrinha, pura e simplesmente não é e jamais será. NÃO EXISTE! E esse é o primeiro desafio: realizar a comunicação. Mas, para vencer as batalhas, preservar os territórios conquistados e crescer, é preciso fazê-lo da melhor maneira possível. Em relação a tudo o que a empresa já fez, e, muito especialmente, a tudo que vem fazendo seus concorrentes.

AMARGO REGRESSO OU TARDIO ARREPENDIMENTO

Aquilo que todas as pessoas com um mínimo de juízo estavam cansadas de saber acabou acontecendo. Luciano tanto brincou, tanto tripudiou, tanto associou sua outrora fantástica e glamorosa marca com símbolos contraditórios, negativos e chocantes que acabou por levá-la à lona.

Tempos depois, mais de uma centena de milhões de dólares depois, e cinco anos de orgia e promiscuidade visual e de comunicação, Luciano caiu em si – naturalmente ou forçado por seus irmãos e franqueados –, deu meia-volta e iniciou o difícil e doloroso caminho da recuperação. Pouco tempo depois de ter posado nu, aos 57 anos, para uma campanha de ajuda aos "sem casa" – não confundir com os "sem calça" –, LUCIANO BENETTON tenta se recompor há 20 anos; e, até onde for possível, reparar parcela do descomunal prejuízo que causou.

Vendo seu império em xeque, pela curva descendente dos resultados, e não suportando mais os "olhares acusadores" de seus irmãos Carlo, Gilberto e Giuliana, nem a indignação e os processos de milhares de franqueados pelo mundo, Luciano, finalmente, entrega os pontos. Assim, todos os que se acostumaram com as extravagâncias publicitárias da Benetton podem se preparar porque, "daqui para a frente", como dizia um certo "rei", "tudo vai ser diferente".

Encantado com as extravagâncias que cometia, Luciano esqueceu-se do marketing de sua organização. Seu "sistema de *franchise*" era tão inconsistente e desorganizado que em hipótese alguma poderia ser qualificado como tal. Os "contratos", todos, eram de boca, e os supostos franqueados só tinham obrigações, sem nenhuma contrapartida de serviços que não fosse a possibilidade de utilizar a marca Benetton, bem como um mix de produtos e tabelas de preços que desconsideravam as características específicas de cada mercado.

Nos Estados Unidos, a Benetton conseguiu a proeza de não estabelecer territórios de mercado ou zona de influência das lojas. Em uma determinada época, na 5ª Avenida, em Nova York, existia uma dezena de lojas Benetton e, em alguns casos, uma ao lado da outra. Das 500 lojas que a marca "abençoava" naquele país, no início dos anos 1980, hoje restam menos de 200.

A partir de um determinado momento, a Benetton passou a competir com organizações mais modernas, arrojadas e mais bem sintonizadas com o mercado. Enquanto uma GAP, por exemplo, renovava sua coleção de moda jovem a cada seis semanas, a Benetton permanecia dividindo o ano em duas estações, ou seja, duas coleções anualmente. E muito mais...

Há um tempo, para queimar a língua, o ótimo fotógrafo, mas "travesti de publicitário" Oliviero Toscani – aquele que faz todas as fotos maravilhosas e chocantes da Benetton –, em matéria transcrita em jornal da cidade de São Paulo, "desancou" os verdadeiros publicitários, os fundamentos básicos da profissão e, de quebra, os alicerces do marketing moderno.

Hoje, por causa de suas fotos e campanhas, encomendadas e aplaudidas pelo mecenas Luciano, a Benetton, enquanto vê sua marca agonizar na UTI do marketing, responde a processos em vários países do mundo, sob diferentes alegações. De forma muito especial, de alguns franqueados que viram sua clientela minguar pelo impacto negativo de uma marca que, para se expor, recorreu a refugiados palestinos, a vítimas da AIDS no leito de morte e outras desgraças mais.

FALSO BRILHANTE

Nunca, como em 1998, a publicidade brasileira brilhou tanto. Incensada pela crítica especializada e pela ignorância e superficialidade da imprensa em geral. Uma espécie de apoteose generalizada de, e ao, autoengano.

No exato momento em que a instituição publicidade vivia sua mais terrível crise em todo o mundo, por infinitas razões, no Brasil e dentre seus novos líderes prevaleciam pessoas com comportamento de "Macunaímas" e de "Predadores", comemorava-se o desempenho das agências brasileiras nas premiações internacionais.

Se no correr da história afirmava-se que "papel aceita tudo", mais recentemente diz-se que computador, além de também aceitar tudo, materializa e produz "fajutos" maravilhosos, autênticos anúncios de farinha à semelhança de um certo anticoncepcional que andou frequentando as páginas policiais.

E na medida em que a mais renomada das premiações passou também a distinguir a mídia impressa – anúncios de jornais e revistas –, os mestres dos falsos brilhantes deitaram e rolaram.

Sobre aquela vitoriosa safra brasileira de 1998, que prevaleceu em Cannes, os otimistas afirmam que apenas 50% era constituída de fajutos; já os pessimistas falam em 80%...

De lá para cá, a situação só tem se agravado, e, não obstante a terrível crise, os festivais continuam concorridos e povoados pelo que se convencionou chamar no meio de "anúncios ou comerciais fantasmas".

A velha e boa propaganda nunca mais será a mesma. Será diferente, e provavelmente melhor. Independentemente, mesmo, de todos os arranhões e fendas causados à instituição, seus fundamentos voltarão a ser considerados nos novos modelos de prestadores de serviços que começam a se manifestar no mercado, conforme apregoavam alguns de seus grandes mestres e precursores:

LEO BURNETT – "Precisamos que o consumidor diga 'Que produto fantástico', e não 'Que comercial fantástico'... O verdadeiro objetivo de uma agência é aumentar as vendas de seus clientes, agregar mais e melhor reputação a seus produtos e marcas, por meio da força das ideias que for capaz de criar e produzir... Assim, a publicidade sempre tem de dizer às pessoas 'Olha que produto maravilhoso temos para oferecer, veja tudo o que pode fazer por você, saiba agora como comprá-lo e tê-lo.'"

BILL BERNBACH – "A verdadeira criatividade é a que necessária e obrigatoriamente se traduz em mais vendas com menos investimentos... missão é vender os produtos de nossos clientes e não a nós mesmos. Nosso compromisso é o de suportar e superar a tentação de trazer a luz dos holofotes para nós, em vez de mantê-la sempre e permanentemente sobre os produtos e marcas de nossos clientes... Fazer um produto conhecido não é a resposta. A resposta é fazê-lo desejado."

DAVID OGILVY – "O objetivo de um comercial não é divertir o telespectador, mas levá-lo a comprar alguma coisa... Resista à tentação de criar publicidade que ganha prêmios. Fico sempre agradecido quando ganho prêmios, porém a maioria das campanhas que produzem resultados jamais ganha prêmios, pela simples razão de que elas não atraem a atenção para si mesmas... Não me empolgo quando alguém diz 'Que anúncio inteligente'; realizo-me quando alguém comenta 'Não sabia disso! Vou experimentar esse produto!' ... Quando Ésquines falou, foi uma exclamação só: 'Como ele fala bem!'. Quando Demóstenes falou, disseram: 'Vamos marchar contra Felipe!'. Todas as minhas simpatias estão com Demóstenes."

Não se tem notícia de que algum dos três mestres, em qualquer tempo, tenha considerado a possibilidade da existência de um anúncio ou comercial fantasma assinado por suas empresas, para concorrer a qualquer premiação. Para eles, certamente, isso era inimaginável. Um estelionato.

HOMENS GRÁVIDOS NA INGLATERRA

Marketing de Relacionamento, Database Marketing, CRM, "Freguês de Caderneta", escolha o nome e o recurso que quiser para se manter próximo de seus clientes em busca da lealdade e fidelização, mas seja sempre cuidadoso para não repetir a falecida Mãe Dinah, e o que fez um hospital da Inglaterra.

Computadores são burros e obedientes por definição e constatação. Mandou fazer, e desde que a ordem seja passível de ser cumprida pelo programa, é imediatamente executada. Assim, todo o cuidado no pedir e no selecionar, antes de dar o "enter".

Mãe Dinah e seus sócios compraram um "mailing" de dez mil nomes, anos atrás, com nome, endereço e data de nascimento, e enviaram correspondência personalizada "pelo signo" para essas pessoas, sempre dizendo que "gozariam de ótima saúde" naquele ano. Ou porque o "mailing" estava desatualizado, ou porque as pessoas morrem mesmo, o fato é que uns dez indivíduos que teriam "ótima saúde" já haviam "partido" com missas rezadas e almas encomendadas e o mal-estar nas famílias foi total.

Agora, não tão grave, mas igualmente descuidado, o Hospital Real de Chesterfield e North Derbyshire, na Inglaterra, parabenizou 30 pacientes, dentre eles seis homens idosos, informando-os de que ESTAVAM GRÁVIDOS!

Como sempre acontece nessas ocasiões, a culpa rapidamente foi colocada, pelo porta-voz do hospital, na "moça que opera o computador", e, em seguida, e em tom solene, confirmou que "nenhum daqueles senhores estava esperando bebê".

BENWIMP, O ELIXIR DA BOA VENDA

TONY ROBBINS, não obstante sua discutível aparência e indisfarçável queda pelo estilo canastrão, tem se revelado um dos melhores treinadores de pessoas dentro do marketing moderno.

Desde líderes políticos e empresariais, passando por artistas de Hollywood, até alguns dos melhores atletas da atualidade, ROBBINS coleciona uma relação de alunos de fazer inveja.

Sua especialidade é treinar as pessoas sobre a "Arte de Como se Colocar", para ser bem-sucedido. Muito especialmente no que diz respeito ao ofício das VENDAS.

De todos os seus conselhos e recomendações, dois são particularmente interessantes e merecem sua atenção.

O primeiro diz respeito ao que o vendedor sempre deve fazer, antes de se colocar diante de um *prospect*, mesmo se tratando de um produto campeão de vendas.

Segundo ROBBINS, muitas vezes uma pessoa começa a vender uma mercadoria e alcança sucesso. As vendas evoluem rapidamente. No entanto, com o passar do tempo, e de tanto repetir o mesmo discurso, a emoção com que fala vai desaparecendo. Em pouco tempo, as recusas vão se manifestar.

À semelhança dos cantores profissionais, que são extremamente cuidadosos com suas gargantas, e dos bons esportistas, que se concentram nos fundamentos, os vendedores devem fazer o mesmo. Todos os dias, ao se levantar, pensar no que vai fazer durante o dia, concentrando-se firmemente, como se fosse a primeira vez. Na sequência, lembrar-se das vendas mais difíceis que conseguiu realizar. Pessoas que diziam que não iam comprar e acabaram comprando. E, finalmente, ao colocar os pés na rua, pensar nos artistas que há décadas interpretam o mesmo papel e fazem as plateias se emocionarem cada vez mais. Ou seja, em vez de permitirem que suas interpretações enfadonhem, pela repetição, conseguem que elas se excedam, pela repetição e aperfeiçoamento.

Já o segundo diz respeito à senha BENWIMP. ROBBINS defende que o candidato a bom vendedor, para desenvolver um relacionamento de qualidade com seus *prospects* e clientes, deve seguir a fórmula BENWIMP.

B, de BELIEVE, é aquilo em que as pessoas acreditam sobre você, seus produtos e sua companhia. E, de EVALUATION, ou, o que as pessoas precisam saber para avaliar bem seus produtos e dizerem sim. N, de NEED, o que as pessoas realmente estão querendo. De preferência, saber isso antes de procurá-las. W, de WOUNDS, procurando conhecer as angústias, problemas e insatisfações das pessoas. A perspectiva de livrar-se dos problemas move mais as pessoas, até mesmo que a perspectiva de se sentirem satisfeitas. I, de INTERESTS, para que você possa se concentrar nos valores que efetivamente são do interesse das pessoas, e mobilizá-las, positivamente, em relação aos seus argumentos. M, de MENTORS, ou seja, procure conhecer, antecipadamente, quais são os ídolos e referências dessas pessoas, outras pessoas que respeitem e que usem o produto. E, finalmente, P, de PROUD, alguma coisa de que se orgulhem, e que a realização da compra possa assegurar.

Ou seja, o que ROBBINS sugere é que os bons vendedores sempre sigam um roteiro de reflexão e organização dos argumentos, em função de cada um dos *prospects* – e suas características específicas – que vão abordar.

Isso, em vez de sempre repetir o mesmo e surrado discurso, como se fosse uma das espécies dos PSITACIFORMES PSITACÍDEOS, também conhecida como a dos PAPAGAIOS...

AUTENTICIDADE?

Cada empresa escolhe um caminho a seguir. Define as pessoas que quer conquistar – seu PHOCUS –, procura conhecer essas pessoas em suas componentes estáticas – idade, região, características – e comportamentais – razões e motivos para que se sensibilizem e se deixem atrair –, e desenvolve a necessária identidade – POSITIONING – capaz de corresponder às expectativas dessas pessoas.

A BRAHMA, a SKOL e a ANTARCTICA, lá atrás, decidiram-se pelo negócio de bebidas. E uma boa parte do investimento, foi para a produção de cervejas, que, claro, contém álcool. Mais adiante, foram compradas "na bacia das almas" por um grupo de investidores e aí nasceu a AMBEV.

Agora, depois de crescer e prosperar, de invadir o planeta e simulando uma "crise de consciência" a AMBEV tenta, desesperadamente, em um mundo onde as empresas que primam pela falta de AUTENTICIDADE pagam um elevado preço, sensibilizar as pessoas que seduziu e motivou, a beberem com moderação.

Isso posto, corta e abre na matéria na revista DINHEIRO. Simplesmente ridícula e lamentável: "UM CEO DE BAR EM BAR".

Um séquito acompanha o presidente da AMBEV, visitando bares da região da MOOCA (São Paulo) e pregando cartazes de uma campanha sobre consumo responsável de bebida. Que papo é esse? Não existe consumo responsável de bebida. Existe consumo e ponto.

De uma carência total e absoluta do que mais se espera de empresas verdadeiramente modernas: AUTENTICIDADE. Obrigam o ZÉ do BOTEQUIM a fixar cartazes nas paredes de seu bar alertando seus clientes sobre consumo responsável de bebidas alcoólicas, e antes de saírem, conferem como vai o ZÉ do BOTEQUIM no programa de incentivos para vender mais bebidas alcoólicas, leia-se, cervejas. PATÉTICO!!! Pontos negativos também para a revista por cobrir uma palhaçada sem a menor graça; um verdadeiro escárnio à sensibilidade e inteligência de seus leitores.

No final da matéria, e de uma forma absurda, a reportagem, confundindo "alhos com bugalhos", aponta outros CEOs que também vão às ruas – esses sim, por razões profissionais e verdadeiras. Como MARCELO RABACH, presidente do McDONALD'S, LUIZA TRAJANO, presidente do MAGAZINE LUIZA e JOSE GALLÓ, presidente da RENNER, que volta e meia visitam suas lojas para conversar com seus clientes, e não para escarnecê-los, como faz a fabricante de cervejas.

Como lembram GILMORE e PINE, autores do livro *Autenticidade* e citando DAVID LEWIS e DARREN BRIDGE, "o mundo desenvolvido passou da escassez à abundância; e da abundância à autenticidade". E essa ficha ainda não caiu para muitas empresas. Certo, AMBEV?

23

Embalagem, o Argumento Derradeiro

Depois de 60 anos de marketing, constatamos a presença de um novo consumidor no mercado, devidamente diplomado por décadas de compras malfeitas e dinheiro jogado fora, cada vez mais individual, seletivo, exigente, impiedoso e absolutamente consciente do valor de seu poder aquisitivo – dinheiro – e poder restritivo – tempo –, quase inacessível às empresas. Muito especialmente às desconhecidas.

Mesmo contando com um arsenal invejável e moderno de infinitos armamentos de comunicação, e depois de muitas tentativas, as empresas encontram-se diante de um quase paradoxo: nunca tiveram tantas possibilidades de comunicação, nunca foi tão difícil acessar o consumidor.

Dentre as poucas certezas que restam, prevalece aquela que diz que mais cedo ou mais tarde o consumidor vai percorrer os pontos de venda e desfilar pelas gôndolas; e que essa é a chance derradeira que produtos e marcas têm de sensibilizá-lo, atraí-lo, convencê-lo a pegar, examinar e colocar no carrinho. Nesse momento, vital e decisivo, a embalagem é, simplesmente, tudo. Sem desconsiderar sua importância em todos os demais momentos dos processos do marketing.

SE ÂNFORA, VINHO; SE JARRO, AZEITE

Os alunos da Madia Marketing School sabem que, sob o viés da COMUNICAÇÃO, o MARKETING apresenta-se em TRÊS DIMENSÕES.

A do MARKETING DIRETO: quando a empresa se comunica direta e individualmente com seus consumidores/clientes por meio de mecanismos de comunicação dirigida – da prosaica e ainda eficiente mala direta, até a internet; a do MARKETING INDIRETO: quando a empresa pega carona em um veículo de comunicação, na tentativa de sensibilizar novos clientes e agradar os já clientes – o exemplo maior dessa dimensão é a publicidade; e o MERCHANDISING: quando o produto, por si só, ou suportado em materiais de apoio, tem de se vender aos que passam pelos pontos de venda, prevalecendo sobre os demais concorrentes da mesma categoria, e que se encontram ao lado. E nessa 3ª dimensão, a EMBALAGEM responde por, no mínimo, 50% do sucesso, e, certamente, 100% do fracasso.

Assim, e para os que andam em busca de mais informações sobre a importância e o papel da EMBALAGEM, recomendamos a leitura da edição de dezembro/janeiro 2001 – n. 31 – da revista *Packing*, da JLD Planejamento Editorial – que trouxe uma reportagem especial sobre a história da embalagem em uma categoria em que esta é muito mais que 50% do sucesso, é praticamente 80%: a dos produtos de beleza.

Dessa importante reportagem, um momento de luz, esclarecedor, sobre a MISSÃO DA EMBALAGEM, ou, se preferirem, a FUNÇÃO DA EMBALAGEM: "Apenas uma pequena parcela (menos de 10%) dos itens expostos em supermercado tem apoio de propaganda. Todo o restante se vale da embalagem para conquistar o consumidor."

"Assim, a embalagem precisa chamar a atenção para sua existência. Essa é a primeira missão do design, pois se o produto não for notado, todo o esforço do fabricante terá sido em vão. Cumprida essa primeira missão, o design da embalagem precisa oferecer, rapidamente, uma informação direta e objetiva sobre seu conteúdo, para que serve e a quem se dirige. Na sequência, explicitar seus valores e especificidades do tipo 'eu sou um xampu para cabelos secos, com ingredientes que os revitalizam e embelezam'. E, ainda, e por fim, transmitir a sensação de que oferece a melhor relação custo x benefício dentro de sua categoria/especialização...".

No início da história da embalagem, não existiam rótulos. Os produtos eram identificados exclusivamente pela forma da embalagem: se ânfora, vinho; se jarro, azeite. Séculos depois, e hoje, essa missão continua sendo a mais importante, à qual se convencionou denominar a gestalt da embalagem/design – o conjunto das sensaçõe que transmite na soma de todos os seus elementos, e que se traduz em uma síntese de julgamento e valor, da mesma maneira como acontecia nos primórdios: se ânfora, vinho; se jarro, azeite.

CHANEL Nº 5

Nenhum outro perfume, em toda a história do perfume, vendeu tanto e sobreviveu tantos anos quanto o de COCO CHANEL, o CHANEL Nº 5.

A Segunda Guerra Mundial havia terminado, o mundo retomava suas atividades dos tempos de paz, e uma estilista pontificava pelo seu estilo revolucionário e inovador, absolutamente identificado com o mais forte traço do design da época e da revolução industrial: o ART DÉCO.

O traço reto era característica marcante de suas criações, e sua presença nas corridas de cavalo, de chapéu, vestindo um traje estranho, rapidamente batizado "tailleur", e em contraste com as mulheres de vestido ao seu lado, garantiam e garantiram a ela uma posição única em toda a indústria e história da moda mundial.

Assim, em 1921, GABRIELLE CHANEL – COCO – encomendou a ERNEST BEAUX uma fragrância que traduzisse suas crenças e pensamentos sobre a mulher do presente e do futuro. Em resposta, e conhecendo COCO, BEAUX não só desenvolveu o aroma que correspondia integralmente ao briefing recebido, como sugeriu o número 5, uma vez que a estilista tinha neste seu número de sorte. Ela só lançava suas coleções no dia 5 de maio...

Além da perfeição do aroma, o CHANEL Nº 5 tem na sua embalagem, que contrariava as embalagens ornamentadas e "nouveau" da época, seguramente seu maior diferencial de liderança. Em cristal, retangular, com uma espécie de selo identificador, quase como se fosse uma etiqueta.

Presença intensa nas pinturas de ANDY WARHOL – seu modelo preferido, com sete séries de quadros diferentes –, e o perfume de MARILYN MONROE, que dizia ser a única peça do "vestuário" que usava para dormir, CHANEL Nº 5 atravessou todo um século sendo o preferido das bisnetas, netas e filhas das mulheres que testemunharam seu nascimento.

MULHERES, HOMENS E EMBALAGENS

De cada dez produtos nas gôndolas dos supermercados, apenas um teve o devido e merecido apoio de comunicação por meio de outras mídias além da embalagem. Claro que muitos deles contam com a sombra e as bênçãos de uma poderosa marca. Mas, mesmo nessas situações, a embalagem acaba sendo o fator decisivo para que o produto seja percebido, desejado, examinado, colocado no carrinho, levado para casa, consumido e, finalmente – pela felicidade da convivência durante todo o processo, muito especialmente em função do conteúdo, da praticidade e beleza da embalagem –, comprado mais e mais vezes.

Em pesquisa qualitativa encomendada pela Associação Brasileira de Embalagem (ABRE) ao instituto de pesquisa Research International, tendo como amostra homens e mulheres entre 25 e 48 anos, das classes A/B e C/D, uma vez mais ficou comprovada a importância decisiva das embalagens. Segundo Regina Schindler, da Research, as embalagens "Compõem a identidade e a personalidade do produto, permitindo a projeção de valores e sensações importantes na hora da escolha, de maneira racional ou emocional."

Da pesquisa, eis outras constatações relevantes:

1. Mulheres são muito mais suscetíveis ao design da embalagem de produtos de uso pessoal que os homens.
2. Homens se interessam mais pela praticidade das embalagens, informações constantes em seus rótulos e superfícies, e eventuais possibilidades de reutilização.
3. Nas classes A/B, o processo de decisão de compra considera de forma preponderante todos os benefícios decorrentes do produto/embalagem, além da praticidade, ainda que o preço impresso na etiqueta seja elevado. Já nas classes C/D, mesmo valorizando todas as facilidades decorrentes do design da embalagem, a análise da relação custo x benefício realiza-se em margem muito mais estreita.
4. Pessoas casadas valorizam sempre embalagens maiores, considerando a melhor relação quantidade/preço normalmente existente. Já os solteiros privilegiam embalagens individuais, instruções claras e objetivas, comodidade e conforto para comprar e para consumir.

COCA-COLA

É muito pouco provável que em qualquer momento do futuro – assim como foi no passado e é no presente – venha a existir outra marca com a força, penetração, cobertura e mística da COCA-COLA.

Tudo começou em ATLANTA (Estados Unidos), em 1886, quando o farmacêutico Dr. JOHN STITH PEMBERTON desenvolveu um tônico para preservar e fortalecer a memória, com folhas de cocaína, caramelo, ácido fosfórico e os "sete sabores naturais trancafiados a sete chaves até hoje". Verdade, ou não, alimenta a mística; e como alimenta!

Para os que acreditam que contadores são pessoas quadradas, sem a menor capacidade criativa, que ao menos abram uma exceção para o contador do Dr. PEMBERTON, o Sr. FRANK ROBINSON, que não só batizou a bebida com o nome de COCA-COLA, como ainda desenhou a primeira marca com letras manuais inclinadas.

Durante os anos iniciais, a COCA-COLA era vendida na farmácia do Dr. PEMBERTON, em copos, e ainda em garrafões, para os primeiros varejos, com a instrução de mistura e uso do xarope. Foi de um comerciante do MISSISSIPI a iniciativa de vender a bebida já pronta, e em garrafas, aproveitando os vasilhames da BIEDENHAR'S SODA WATER. Garrafas de 178 ml, vedadas com as rolhas HUTCHINSON.

Pouco antes de morrer, e desconhecendo a trajetória de sucessos e glórias que seu xarope alcançaria, PEMBERTON vendeu sua COCA-COLA a ASA CANDLER, em 1888, por US$ 2.300 – dois mil e trezentos dólares!

Não obstante o sucesso da bebida, seu novo proprietário, ASA CANDLER, não se conformava com o fato de não existir uma embalagem própria e exclusiva para o produto. Assim, em 1915, promoveu um concurso de DESIGN, para a escolha da nova garrafa de COCA-COLA. O vencedor foi a indústria de embalagens ROOT GLASS COMPANY, que respondeu à altura o briefing de ASA CANDLER: "Precisamos de uma garrafa que uma pessoa reconheça como COCA-COLA até mesmo quando apalpá-la no escuro."

Segundo o diretor da ROOT, ALEX SAMUELSEN, o processo de pesquisa para a criação foi confiado a um de seus empregados, CLYDE EDWARDS, que saiu em busca de informações sobre folhas de coca e noz--de-cola – fruto africano. A proposta da empresa era a de associar a garrafa a esses dois componentes. Como EDWARDS tinha certa dificuldade com o inglês, acabou confundindo coca com cacau e trouxe, na volta de sua pesquisa, uma página da *Encyclopedia Britannica* com os desenhos das vagens curvas do cacau. Foi de onde saiu a ideia de se fazer uma garrafa curva – a antológica CONTOUR –, que acabou vencendo o concurso e transformando-se, com o passar dos anos, e até hoje, na embalagem mais famosa do mundo.

CALCINHAS COR DA PELE

Em momentos de mudanças todo o cuidado é pouco. "Liberar geral" jamais é o melhor a se recomendar. A transição, muito especialmente no tocante às aparências, deve ser gradativa e administrada. Pode-se e deve-se romper, detonar, implodir a estrutura, organização, processos e forma de trabalho. Mas, o que vai para fora tem de ter a virtude de exalar e expandir o novo, a modernidade e a atualização, mas jamais transmitir às pessoas, pelo exagero, pela falta de sintonia e harmonização, uma empresa caótica, confusa, desgovernada. Isso gera insegurança, e, inevitavelmente, baixas significativas na clientela.

No NATAL de 2010, todos os comentários concentraram-se no CÓDIGO DE VESTIMENTAS, com 43 páginas, do UBS, definindo política e padrões de como se trajar para todos os seus funcionários da SUÍÇA. Começa que nenhuma política ou regra com 43 páginas traduz um procedimento adequado e eficaz em termos de comunicação. E depois, porque algumas das determinações poderiam até mesmo causar dupla interpretação. Em verdade, só não causaram porque todos conhecem a austeridade do UBS.

Uma dessas normas, a mais comentada, determinava que todas as mulheres usassem roupa íntima da cor da pele. Pela simples razão de que, sem perceber, podem usar uma saia com um grau maior de transparência e se vestirem calcinhas vermelhas ou pretas poderiam denunciar o traje, criar constrangimentos e até mesmo desviar a atenção dos clientes que precisam permanecer atentos a todas as recomendações de investimentos.

Outra norma, também bastante comentada, recomendava que os homens usassem nós de gravata que combinassem com a estrutura óssea de seus rostos. Já dá para imaginar que os executivos do UBS, se levassem ao pé da letra a determinação, demandaria, no mínimo quinze minutos até conseguir aquele nó que esteticamente melhor componha seus rostos redondos ou longilíneos; gordos ou magros; quadrados ou triangulares...

O PEOPLE das empresas, seus executivos, funcionários e colaboradores, constituem o ponto de contato mais sensível e relevante no processo de BRANDING. Nos demais pontos de contato, desde que adequadamente organizados, posicionados e apresentados, nada a temer. O que estabelece a diferença entre empresas e marcas, nos dias de hoje, ESTILO E PERSONALIDADE, será transmitido a risco zero.

Já o contato humano, e até mesmo porque cada pessoa é uma e única, naturalmente tende a ter características específicas. E se não houver um cuidado extremo na harmonização desse comportamento, cada um, através de seu gestual, palavras e atitudes contribuirá ou somando na consonância cognitiva ou aumentando a dissonância cognitiva. E claro, e como a primeira impressão é a que dá início ou já encerra uma conversa, é essencial que no "bater os olhos" o cliente ou *prospect* tenha uma primeira e simpática impressão; que não se assuste; que não saia correndo.

Que não pense que entrou em lugar errado.

24
No Baú dos Esquecidos Sempre Existem Diamantes Intocados

Os cemitérios do marketing estão abarrotados de produtos vencedores que foram enterrados vivos pela falta de competência e sensibilidade de seus executivos de marketing.

Em parcela expressiva dessas situações, os serviços prestados pelos produtos "falecidos" eram da maior importância para os clientes, desde que tivessem sido posicionados de forma adequada. Na comunicação, na embalagem, na distribuição, nas vendas...

Assim, não é incomum empresas com muitos anos de vida decidirem vasculhar o passado e descobrirem preciosidades que merecem uma segunda chance, uma vez que a primeira, que supostamente tiveram, não pôde ser considerada.

O MILAGRE DAS VELAS

Em uma das esquinas da vida, o ex-publicitário da McCann Erickson e ex-executivo da Procter, ROBERT GOERGEN, resolveu repensar sua carreira. Primeiro, enquanto não vinha a inspiração, foi trabalhar na administração de Fundos de Investimentos. Mas, em determinado dia, ao se fixar na chama de uma prosaica vela que decorava sua mesa em um barzinho, enquanto tomava uma dose de Absolut com gelo e três gotas de limão, começou a ter ideias...

No início, sentiu-se penalizado em relação às velas, de quem as pessoas só se lembravam nas cerimônias religiosas e nos momentos de escuridão. Mas, simultaneamente, não desconsiderou o efeito magnetizante de sua chama. Aí pintou o estalo e brotou a ideia. Se as chamas mexiam com as pessoas, por que não multiplicar os momentos e os lugares de utilização das velas? Por que não se agregar *values* e dar dignidade ao produto? Assim, onde todos os mortais, durante séculos, viram apenas velas, Goergen enxergou oportunidade.

Em 1978, com mais três amigos, comprou o controle acionário da Valley Candle, uma pequena indústria localizada no Brooklyn, Nova York, logo após o falecimento de seu fundador, com um faturamento anual de US$ 3 milhões.

Ao atingir a maioridade, 19 anos depois, a nova empresa, rebatizada de Blyth Industries, faturou US$ 331 milhões, com um lucro anual de US$ 24 milhões. Mais que isso, contribuiu decisivamente para uma espécie de "ressurreição das velas", hoje presentes com uma frequência inimaginável em diferentes momentos de nossas vidas.

Em poucas palavras, Goergen reinventou a vela. Em suas pesquisas, procurou sempre identificar, nos diferentes espaços físicos e momentos existenciais, "lugares" para novas velas. Em diferentes formatos, cores, embalagens e aromas.

Entre outras inovações, Goergen introduziu velas com citronela, uma fragrância proveniente da Ásia que, ao ser queimada, espanta mosquitos e outros insetos. Fez, ainda, as velas "caminharem pelas casas", além dos castiçais dos livings. Velas com aroma de musky para os banheiros e florais, para os quartos. Passou a oferecer, também, velas com a mesma fragrância dos perfumes da moda e investiu na criação de espaços adequados nas lojas de departamentos, para a comercialização de seus produtos. E muito, muito mais...

Em poucas palavras, algumas das ideias recusadas pelos clientes, no tempo de McCann, Goergen teve a oportunidade de implementar em sua empresa, o que lhe garante um lugar na galeria dos heróis do marketing deste início de século, pelo notável feito de regenerar uma ex-commodity, de tirar um produto do anonimato.

Pelo notável feito de conferir, no território dos produtos e cases de sucesso, uma chama única, memorável e definitiva para as suas velas.

OS "ZEPPELINS" ESTÃO DE VOLTA

Bastou fazer as contas, como deveriam ser feitas, e os dirigíveis voltam para as linhas de produção, 62 anos após o último voo. A tragédia de

6 de maio de 1937, nos Estados Unidos, quando se incendiou o dirigível alemão HINDENBURG, fez com que o mundo colocasse, prematuramente de lado, talvez uma das mais fantásticas e modernas alternativas de transporte de cargas.

Melhor ainda, bastou que se adotasse um novo ângulo de visão, depois de superado o trauma, e prevaleceram as infinitas vantagens que os dirigíveis têm sobre as demais alternativas de transportes de determinadas cargas.

Assim, a empresa alemã CARGOLIFTER, com sede em Frankfurt, colocou suas ações em Wall Street contando com a adesão de acionistas privados e o capital suficiente para decolar suas operações, fabricando seis unidades para que façam a rota Europa–Estados Unidos. Depois, inicia a produção regular, e uma filial da empresa será instalada na América do Sul – na Argentina ou no Brasil.

Os dirigíveis da CARGOLIFTER AG terão 240 metros de comprimento e 61 metros de altura, ou seja, o equivalente a três Jumbos de comprimento e um edifício de 20 andares de altura. Uma autonomia de voo de dez mil quilômetros, com velocidade de 80 a 120 quilômetros/hora, a uma altitude média de dois mil metros.

Entre as simulações que avaliaram a viabilidade do retorno dos dirigíveis, a definitiva refere-se ao transporte de grandes peças, como componentes de refinarias ou máquinas pesadas. Hoje, para se realizar o transporte dessas peças, que quase sempre ultrapassam as 100 toneladas, faz-se necessário muitas vezes construir pontes, alargar estradas, combinando em alguns casos navios, trens e carretas especiais que, no total, e computando todo o tempo gasto, acabam resultando em velocidade média de 8 km/h, ou seja, a mesma de uma bicicleta em um simpático passeio dominical em um parque qualquer.

O mesmo transporte, realizado pelos dirigíveis, encurtará o tempo entre 9 e 16 vezes, além de eliminar os infinitos transtornos causados pela "caravana" que hoje fazem esse tipo de transporte.

Sem falar em todas as possibilidades da venda de publicidade nas superfícies externas dos dirigíveis...

Muitas vezes, na vida e no marketing, a solução moderna, eficaz e revolucionária encontra-se em algum lugar do passado. Muitas vezes, olhar para trás é olhar para frente.

POST-IT

O POST-IT, hoje presente em 90 de 100 mesas de trabalho pelo mundo, marcando páginas e transmitindo recados e anotações, nasceu de um fracasso, de um produto que não correspondeu aos objetivos que determinaram sua criação. E que, por essa razão, permaneceu anos esquecido no descomunal laboratório de invenções da 3M e envergonhando sua irmã mais velha e best-seller mundial, a fita Scotch.

Até que um dia, ARTHUR FRY, executivo da 3M e membro de um coral religioso, sentiu falta de um adesivo de baixa densidade, que o ajudasse na marcação das partituras de música, facilitando a utilização durante os ensaios e concertos. E aí se lembrou daquele produto fracassado e esquecido nos porões do "3M-LAB", que, devidamente reabilitado, primorosamente batizado de POST-IT, passou a desempenhar com competência única aquele e dezenas de outros serviços e utilizações.

POST-IT é um dos milhares de exemplos e cases de sucesso que se inserem na máxima de que vivemos em um mundo onde, na maioria das vezes, o melhor, em vez de se perder tempo tentando criar alguma coisa a partir do zero, é PEGAR CARONA no que já existe. Até mesmo nos fracassos...

PRODUTOS NÃO SE SUICIDAM

No dia 13 de junho de 2011, a BBC exibiu um documentário – ESCOLHENDO MORRER – do escritor TERRY PRATCHETT, mostrando o milionário PETER SMEDLEY, que decidiu dar fim a própria vida, em uma clínica de SUICÍDIO ASSISTIDO na SUÍÇA. Clínica esta que ajuda as pessoas a morrer. Como não poderia deixar de ser, a polêmica tomou conta da EUROPA e do mundo. Na ocasião, a clínica informou já ter prestado serviços para mais de mil pessoas que decidiram abreviar suas vidas, desde sua criação, há 12 anos. Todos sabiam da prática e de sua existência, mas, a transmissão pela TV colocou novas luzes e muita emoção sobre o tema.

Como não poderia deixar de ser, ONGs e a IGREJA CATÓLICA condenaram a prática, e, em especial, a disseminação por meio da transmissão televisiva. O milionário SMEDLEY, de 71 anos, padecia de uma doença neurodegenerativa, a esclerose lateral amiotrófica. Absolutamente convencido da impossibilidade de cura, e do final quase vegetativo que o aguardava, decidiu abreviar seus dias. Contratou os serviços da DIGNITAS, e partiu no mês de dezembro.

No documentário, SMEDLEY ingressa em sua sala de morte. Senta-se em um sofá. Um tubo é colocado em sua veia. Esse tubo injeta em seu corpo um produto químico que produz a morte em poucos segundos. Para ser injetado é preciso que quem decidiu morrer aperte um botão que aciona o mecanismo. SMEDLEY apertou o botão.

Diferente dos suicidas assistidos, produtos não pedem para morrer. Nem existem clínicas para pôr fim às suas razões de ser; de continuarem merecendo a confiança e preferência de seus clientes. O mundo muda, as pessoas mudam, suas expectativas evoluem, e, de verdade, os clientes não compram produtos; compram os serviços que esses produtos prestam.

Assim, se o gestor do produto não providenciar para que o item que gerencia continue prestando serviços com qualidade, relevância e de uma forma melhor que outros produtos, este adoece e, em pouco tempo, chega ao fim. Infelizmente, a maioria dos gestores, e não obstante o marketing já viver sua 12ª geração, desconhece (afirmo mais uma vez) que as pessoas não compram produtos, e sim os serviços que esses produtos prestam.

E na maioria das situações, não percebem que existe alguém oferecendo de forma melhor os mesmos serviços que o produto que gerenciam oferece, ainda que sob novos e diferentes formatos. E assim, e de forma totalmente inconsciente, medíocre e lamentável, cometem uma espécie de SUICÍDIO ASSISTIDO por incompetência crônica, abreviando a existência dos artigos.

Produtos que não pediram para morrer.

Em seus atestados de óbito, a *causa mortis* deveria ser OMISSÃO DE SOCORRO.

ENSINO A DISTÂNCIA?

Ainda é grande o número de pessoas que se pergunta se o ENSINO A DISTÂNCIA, o e-learning, tem futuro. Mais que ter futuro, tem passado.

Se lá atrás onde tudo era infinitamente mais difícil, milhões de brasileiros encaminharam-se na vida fazendo cursos a distância por meio do material que recebiam pelos CORREIOS, o que dizer de hoje, então, com todos os novos recursos da tecnologia? Tem passado, tem presente e ótimas perspectivas futuras.

Durante décadas, muitas famílias no interior do País, socorriam-se dos serviços e préstimos de mecânicos, radio técnicos, massagistas, cabelereiros, manicures, costureiras, bordadeiras e outros especialistas que dependuravam atrás de suas bancadas de trabalho, e com muito orgulho e respeito, o diploma do curso a distância que fizeram, e que garantia o sustento da família. Do Instituto Monitor ou do Universal Brasileiro.

Nicolás Goldberger, imigrante húngaro, chegou ao Brasil com um único e importante capital: seu conhecimento técnico em eletrônica. Abriu um pequeno negócio na região central da cidade de São Paulo. Referenciando-se no que acontecia em outros países onde se vendia a distância, ele criou um kit composto de algumas apostilas mais algumas peças que possibilitavam a montagem de um rádio caseiro. Vivíamos a Era do Rádio, o sucesso foi fulminante, e em 1939 estava criado O Instituto Radiotécnico Monitor, já com alguns cursos profissionalizantes. No mesmo ano em que se filmava *E o vento levou*, *O mágico de Oz*, e ouvia-se pelo rádio *Over the Rainbow*.

Em mais de 70 anos o Instituto Monitor registra mais de cinco milhões de alunos matriculados. Em sua missão, "educar e capacitar o ser humano de modo a valorizar sua individualidade e torná-lo elemento ativo no processo de desenvolvimento do País".

Dois anos depois do Monitor, nascia o Instituto Universal Brasileiro, em 1941, portanto, completando 74 anos. No correr de sua história formou, treinou e profissionalizou mais de quatro milhões de alunos e tem uma base permanente de 200 mil alunos. Entre os cursos profissionalizantes que ministra a distância estão os de agropecuária, aromas e essências, auxiliar administrativo, auxiliar de administração de empresas, auxiliar de contabilidade, barista, beleza da mulher, bijuterias, bordado e crochê, cabelereiro, corte e costura, cozinheiro e muitos outros mais.

Se o Monitor e o Universal, "na unha", treinaram e encaminharam para a vida, mais de oito milhões de brasileiros, desde o tempo da carroça, carro de boi, máquina de escrever, telex e episcópio, e, muitas vezes, à luz de velas, como pode alguém ainda, em um País da extensão territorial do Brasil, não acreditar em EAD – ENSINO A DISTÂNCIA?

E se a redentora e inadiável INCLUSÃO DIGITAL acontecer, então, sai da frente.

25
Pensar Pequeno É Pensar Grande

É da natureza do ser humano, e de algumas pessoas em especial, o apetite voraz e insaciável, a gula, ou, como diziam os antigos, "o olho maior do que a barriga". E esse comportamento acaba desembocando, inevitavelmente, em indigestão, obesidade mórbida e intervenções cirúrgicas radicais de redução de estômago e outras técnicas.

No âmbito empresarial acontece o mesmo, até porque empresas são comandadas por pessoas suscetíveis de semelhantes tentações. E aí, nem bem alcançam sucesso em determinado território, rapidamente investem em novos territórios, dispersando atenção, energia e recursos, desguarnecendo o flanco dos territórios conquistados e aproximando-se, também rapidamente, de crises e dificuldades.

Assim, e entre as virtudes mais comuns e que melhor caracterizam as empresas vencedoras, está a de PENSAR GRANDE, PENSANDO PEQUENO, privilegiando a especialização, o crescimento por extensão e não por saltos, a concentração nas atividades essenciais e indelegáveis, terceirizando todas as demais, aumentando as possibilidades de melhor corresponder às expectativas de cada um de seus clientes – cada vez mais individuais e específicos em seus hábitos e comportamentos.

CHICO DO CARANGUEJO

Quase 40 anos depois, Francisco Querino Lourenço continua sendo chamado de CHICO DO CARANGUEJO, na Praia do Futuro, em Fortaleza.

Desde pequeno, ajudava seu pai na compra de caranguejos, em Aracati, para vendê-los 140 quilômetros depois, em Fortaleza.

Em 1983, comprou uma barraca com oito cadeiras, na Praia do Futuro, batizada de Meu Garoto. Com o sucesso, o antigo proprietário alegou que tinha vendido a barraca, mas não o nome, e pediu o nome de volta. Mal sabia ele que a razão do sucesso era o carisma de Francisco e sua obstinação em não abrir mão de seu PHOCUS e especialização: atrair todas as pessoas que frequentavam aquela praia e gostavam de um caranguejo bem-feito.

Hoje, CHICO DO CARANGUEJO, além de um dos personagens mais famosos da Praia do Futuro, é um empresário extremamente bem-sucedido. A barraca aumentou, seus negócios empregam mais de cem pessoas, e cresceu, por extensão, sem abrir mão do *phocus* e da especialização, fornecendo caranguejo – 32 toneladas/mês – para mais de cem restaurantes.

Alcança, como justa recompensa pela sua incomum intuição e invejável disciplina, o mais que merecido sucesso. Disciplina e compromissos que a maioria das organizações, por mais profissionais e gigantescas que sejam, acaba negligenciando, deixando-se levar pelas tentações.

PORTO SEGURO – UM PRÊMIO À CONSISTÊNCIA E À ESPECIALIZAÇÃO

Al Ries e Jack Trout, os consagrados autores do livro *Marketing de guerra*, em muitos de seus livros e artigos sempre recomendam que as empresas jamais ambicionem ser um *Sol*, e sim esmerem-se, de forma compulsiva, em se converterem em um eficaz *laser*. Ou seja, à semelhança dos demais autores da administração moderna, Ries e Trout enfatizam a importância de se concentrar energias, de focar, de se especializar, ainda que – e por meio de – diferentes formatos organizacionais.

Assim fez a PORTO SEGURO, concentrando parcela expressiva de suas energias e competência no território dos seguros de automóveis, antecipando-se permanentemente a seus concorrentes e inovando a todos os momentos, durante todos os últimos anos, para finalmente alcançar a liderança desse segmento de seguros em 2002, com uma receita de prêmios de R$ 1,3 bilhão, superando a Bradesco Seguros, com uma receita de R$ 1,2 bilhão, e a Sul América, com R$ 1,1 bilhão.

Em pouco tempo – e na medida em que depende da simpatia e adesão dos corretores (independentes) de seguros, uma vez que não possui rede própria –, a Porto Seguro adotou um marketing de relacionamento único para cativar o *trade*, agregando serviços e valores que facilitassem o trabalho desses corretores e aumentassem a possibilidade da realização de novas vendas. Depois, estabeleceu parcerias com revendas e lojas de automóveis, para estar sempre próxima por ocasião tanto da compra do automóvel como da venda do seguro correspondente.

E finalmente, com maior ênfase ainda, a empresa tem procurado manter os proprietários de automóveis, clientes de seu seguro, em estado de permanente encantamento. Desde a garantia de descontos em diversas redes de estacionamento, até o oferecimento de um lanchinho para os segurados que recorrem ao socorro de seus carros-guincho. Hoje, estendendo seus préstimos a seus segurados de automóveis, inclusive ao território de suas casas, consertando geladeiras, máquinas de lavar, fornos de micro-ondas, desentupindo pias e muito mais, de olho no seguro de seus patrimônios.

Mais que assumir a liderança desse território, a Porto Seguro, pela excelência de seu marketing, está se convertendo em uma empresa referência em seguros de automóveis. De referência à mística, a distância é muito curta. Na sequência, se seus concorrentes não reagirem de forma competente, acabará por se converter em sinônimo: seguro de automóveis é igual a Porto Seguro.

PENSAR PEQUENO, O MUST DESTE INÍCIO DE MILÊNIO

Se existe uma certeza, neste início de milênio, de algum pensamento que prevalecerá nas empresas e nos livros, é PENSAR PEQUENO. O PENSAR PEQUENO para SER FORTE, COMPETITIVO, CRESCER e... SER GRANDE!

O código-senha para se praticar o PENSAR PEQUENO é adotar o downsizing, muito especialmente, segundo o especialista em marketing de guerrilha, Jay Conrad Levinson, nas seguintes áreas:

1. DOWNSIZE o arsenal de marketing: para conseguir eficácia e contundência na ação, é preciso privilegiar poucas armas e abandonar todas as demais. Seja seletivo.

2. DOWNSIZE o universo de *prospects*: em vez de tentar conquistar o mundo, concentre-se nos *prospects* que realmente têm possibilidade de ser convertidos em clientes. Seja seletivo.
3. DOWNSIZE o número de pessoas no comando: por melhores que sejam as pessoas que trabalhem na empresa, apenas coloque no comando, entre os melhores, os mais capazes. O comando é um espaço pequeno onde, em regra, não cabem mais de três pessoas. Seja seletivo.
4. DOWNSIZE a missão da empresa: quanto maior o horizonte de ambição de uma empresa, maiores as chances de fracasso e dispersão. Nenhuma organização, por mais rica e poderosa que seja, pode cair na tentação de fazer muitas coisas para muitas pessoas. A melhor das empresas sempre será a que for capaz de fazer poucas coisas para poucas pessoas, e bem. Seja seletivo.
5. DOWNSIZE o foco de atuação: normalmente as empresas começam com medo de errar por menos, abrindo muito o foco de suas ambições. Com o passar do tempo, adquirindo experiência, descobrem que a sabedoria é estreitar o foco e jamais cair na tentação de diversificar. Seja seletivo.
6. DOWNSIZE o nicho: quanto mais específico for o nicho de atuação da empresa, mais fácil e eficaz será a comunicação e maiores as possibilidades de corresponder às expectativas geradas. Seja seletivo.
7. DOWNSIZE a propaganda: nenhuma empresa, por maior que seja, precisa do impacto de grandes campanhas. A virtude está na consistência da comunicação, em todos os sentidos, por menor que seja. Seja seletivo.
8. DOWNSIZE o mundo: o mercado global sobre o qual tanto se falou, agora existe e está ao alcance de sua empresa. A internet transformou o mundo em um desses globos que se coloca em cima da mesa e se acessa com as mãos – e a cabeça, naturalmente. Ninguém mais precisa de passaporte para vender em todo o mundo. Seja seletivo.
9. DOWNSIZE os concorrentes: uma vez percorridos todos os passos anteriores, a descoberta é que o número dos verdadeiros concorrentes de uma empresa é bem menor do que ela imagina. Mesmo assim, vale a pena um esforço adicional para reduzi-los ainda mais. Seja seletivo.

10. DOWNSIZE a quantidade de horas trabalhadas: agora que a empresa está nos trilhos, tem a dimensão certa e revela-se absolutamente eficaz, cuide de aproveitar a vida e trabalhar menos. Não viemos ao mundo para "trabalhar duro" todas as horas do dia, todos os dias do ano, toda a vida...

O SAUDÁVEL "APEQUENAMENTO" DO CONSUMO

Não se trata de mais um filme da série "Querida, encolhi... Os produtos". Os produtos estão diminuindo de tamanho mesmo, em respeito às aspirações e aos desejos do mercado.

E são duas as principais razões.

A primeira, o processo de amadurecimento e "diplomação" dos consumidores, cada vez mais educados, cada vez mais conscientes da importância de só comprarem o que verdadeiramente vão consumir, mesmo admitindo que pagarão, proporcionalmente, um pouco mais por menos.

A outra é a individualização da sociedade em todos os sentidos. No sentido de as pessoas morarem sozinhas, no sentido de as pessoas, mesmo morando juntas e em família, terem seus momentos de consumo e alimentação desemparelhados, no sentido de mesmo morando sozinhas disporem de unidades habitacionais menores, com espaços para armazenamento e conservação menores, e assim por diante. Ou seja, nunca como antes, "small is beautiful".

Restrito ao açúcar/sal/pimenta/geleias e ketchup/maionese/mostarda, nas lanchonetes com rigor de higiene maior, como um Mc Donald's, desde o início de sua implantação no Brasil, hoje os "sachês" ou embalagens individuais/"porcionadas" multiplicam-se por manteigas, queijos, mel, molhos, café solúvel, queijo ralado, caldo de galinha, margarina, guaraná em pó e muito, muito mais.

Agora, a "pequenização" começa a atacar outras categorias de produtos, como aconteceu com a cerveja ANTARCTICA e sua bem-sucedida latinha de 237 ml – a ANTARCTICA FESTA. Aliás, não foi só a latinha de cerveja, foi o retorno também do saudoso Guaraná "Caçulinha" da ANTARCTICA, assim como de outros refrigerantes de outras empresas, além de água mineral que, em respeito aos consumidores, estão encolhendo suas embalagens.

Querida, encolhi os produtos, e as pessoas revelam-se felizes e agradecidas!

XAMPU SEDA E A CONVIVÊNCIA COM A MARCA

A cada dia que passa, aumenta o número de empresas que canaliza parcela expressiva de seus investimentos em comunicação na montagem de pequenos espaços que possibilitem a mais intensa convivência com suas marcas.

Entre as iniciativas recentes, o destaque é para a UNILEVER, que investiu R$ 1,2 milhão no projeto CAMARIM – um salão de cabeleireiros móvel –, instalado sobre o chassi de um caminhão, com 20 metros de comprimento, e que permanece estacionado nas principais lojas das principais redes de supermercados e nos pátios dos shoppings centers, prestando serviços às consumidoras.

Mediante atendimento personalizado, pretende desenvolver relacionamento com 600 mil consumidoras nas principais cidades do País, na primeira etapa do projeto, garantindo a todas as mulheres que apresentarem um tíquete de compra de quatro produtos da marca SEDA uma análise do fio de seus cabelos e um tratamento completo – da lavagem ao penteado.

Os produtos SEDA da UNILEVER são responsáveis por um dos mais importantes cases de marketing dos últimos anos no território da beleza. Detentores de 5% do mercado de xampus, e 1% do de condicionadores, a partir de 1996, e assumindo que a maioria das mulheres brasileiras possuía cabelos encaracolados, a marca decidiu aumentar a "família" – crescendo por extensão –, agregando variantes de produtos que melhor correspondessem às expectativas das consumidoras. Cinco anos depois, SEDA assumiu a liderança em xampus – 25,9% de share, segundo a ACNielsen, e 29,1% dos pós-xampus.

Como todo líder que se preza, a UNILEVER acredita – e põe em prática – que a melhor forma de preservar sua ambicionada posição é pensar grande pensando pequeno, privilegiando o relacionamento permanente, intenso e individual de suas marcas com suas consumidoras, e no qual se insere, primorosamente, essa iniciativa batizada de "CAMARIM".

26
Mais Vale um Desejo Que Dez Necessidades

Desejos são mais difíceis de serem detectados; necessidades, não. Elas são mais óbvias, mais evidentes; assim, por decorrência, são percebidas por um número maior de empresas e, rapidamente, e em grande quantidade, atendidas.

Já os desejos, quando detectados, o são por uma única empresa, mais competente e sensível, que, com critério, inteligência e criatividade, procura atender a esse desejo da melhor maneira possível. Quando isso acontece, muitas vezes origina-se a uma nova categoria, e a empresa que a instituiu, ao lançar o primeiro produto, tem todos os requisitos para permanecer líder para sempre.

O SEGREDO DE VICTORIA

Você compraria uma companhia com um nome pomposo e à beira da falência, que produzisse e vendesse software ou calcinhas e sutiãs? BILL GATES e LESLIE WEXNER, dois gênios do marketing, compraram.

Todos já conhecem a história de Bill Gates, e os que não conhecem podem fazê-lo por meio da imprensa que, quase todos os dias, recapitula sua trajetória. Mas, o feeling e a sensibilidade, únicos, de LESLIE WEXNER, no território dos desejos, poucos conhecem.

Em 1982, uma empresa agonizava: Victoria Secret's. Uma rede de seis modestas lojas que só perdia dinheiro, além de possuir um sistema de vendas por catálogos que empatava, totalizando um faturamento de US$ 7 milhões/ano.

No final de 1995, depois de dez anos sob o comando e competência de Leslie Wexner, a mesma Victoria Secret's – hoje uma rede de 1.200 lojas e uma operação de catálogos com mais de 400 milhões de exemplares/ano – alcançava o impressionante faturamento de US$ 1,2 bilhão nas lojas e US$ 569 milhões em vendas por meio de catálogos, com um lucro total, nas duas operações, de mais de US$ 300 milhões.

Em verdade, quando Leslie Wexner decidiu comprar a Victoria Secret's o que prevalecia em sua cabeça é que o criador da marca e do negócio teve um extraordinário insight, mas não conseguiu percebê-lo por inteiro. E o que Leslie viu e operacionalizou a mais? Apenas que existia uma nova legião de mulheres no mundo.

Mulheres que, desde as primeiras horas do dia, se paramentavam para competir com os homens, com "armaduras de executivas". Mas que, sob aquelas "armaduras", continuava existindo e pulsando intensamente toda uma natureza feminina, que precisava ser revestida com roupas íntimas macias, sensuais, pinceladas de tons sedutores e capazes de envolver seus mais preciosos tesouros.

Calma, amigo leitor, não comece a ficar nervoso, muito menos excitado. Não era e não é para nós, homens; é para elas mesmas. Uma comunicação em circuito-fechado. Uma espécie de licença que mulheres se concedem por terem de se submeter, para competir, a roupas indisfarçavelmente masculinas. Uma vingança, mesmo.

Consciente de que descobrira o caminho das pedras, Wexner deu forma a sua intuição a partir do treinamento das telefonistas, passando pela decoração das lojas e culminando com o aroma de uma deliciosa fragrância no ar, tudo embalado ao som de Vivaldi e Beethoven – uma sensualidade moderada, mas, ostensiva. Coisa de mulher para mulher. Para homem nenhum botar defeito e, muito menos, entrar. Lojas que são verdadeiras ilhas de resistência.

As outras mulheres compram roupas íntimas duas vezes por ano. A mulher Victoria Secret's compra, no mínimo, dez vezes por ano. As outras mulheres usam lingerie até mesmo por uma questão de higiene. As mulheres Victoria Secret's têm, nas peças íntimas, um importante e decisivo complemento de sua indumentária verdadeira, de seu "make-up", assim como o batom, os cremes, os esmaltes e o perfume.

Wexner descobriu que a mulher executiva tem de se vestir formalmente, mas se preservar deliciosamente feminina, confortável e sensual na "roupa de baixo". Traduziu sua percepção na seguinte frase, e sobre a qual construiu um gigantesco negócio e um dos mais fantásticos cases de marketing deste século:

"Mulheres PRECISAM de roupa de baixo, mas DESEJAM lingerie. Eu prefiro estar no negócio do DESEJAM que no do PRECISAM; questão de margem."

EVE EXPULSA DO PARAÍSO

Na síndrome impiedosa de Herodes que despencou sobre a internet no "estouro da bolha", varrendo do mapa, e para sempre, dezenas de milhares de sites "recém-nascidos", alguns cases de fracasso merecem particular atenção e maior aprendizado. Entre esses, o da EVE.COM, um deslumbrante portal de cosméticos.

Nascido sob a inspiração e talento de duas jovens, MARIAM NAFICY e VARSHA RAO, na cidade de São Francisco, no mês de junho de 1999, oferecia às mulheres executivas e sem tempo, entre 18 e 44 anos, com todas as facilidades possíveis e imagináveis, mais de 200 marcas e milhares de produtos de beleza, onde pontificavam os últimos lançamentos de VERSACE, CALVIN KLEIN, ARMANI, KENZO, CHANEL... Tudo o que elas desejavam, por um preço competitivo, entregue em casa, sem os inconvenientes das lojas e shoppings reais...

Antes de completar seu primeiro aniversário, já era a líder disparada entre todos os portais e sites de beleza, com mais de 600 mil visitas/mês, no mínimo três vezes mais que o 2º colocado. Em outubro de seu quase primeiro ano, à semelhança dos perfumes que vendia, literalmente evaporou... Saiu do ar. Em seu lugar, um aviso: "Querido amigo de EVE, muito obrigado pela preferência... A partir de agora recomendamos que redirecione sua atenção para a SEPHORA, um portal concorrente pelo qual temos grande admiração...".

Por que fechou? Pela simples razão de bater recordes e recordes de visitas daquelas mulheres que acessavam EVE em busca de novidades e informações. Mas, na hora de comprar, continuavam preferindo usar os intervalos do almoço, ou até mesmo algumas horas do fim de semana, para visitar, nos shoppings, as lojas de beleza, com suas consultoras, deixando-se conduzir e seduzir pelas cores, pelo *mise-en-scène*, esparramando gentilmente creme pelas mãos/braços, e, acima de tudo e todos, aspirando diferentes aromas das infinitas novidades, dos últimos lançamentos... Ou seja, EVE era uma chatice, e as lojas convencionais, mais reais, eram o verdadeiro paraíso; a certeza de minutos ou horas de prazer e encantamento.

Se tivesse perguntado às mulheres de seu PHOCUS o que verdadeiramente DESEJAVAM, teria economizado algumas dezenas de milhões de dólares e o constrangimento de ter de se despedir abarrotada de internautas em busca de informações para as compras que realizariam e continuam realizando nos shopping centers e lojas de beleza.

O PRÓSPERO NEGÓCIO DA MORTE

Outro dia recebi uma correspondência inusitada, e que acabou pautando esta reflexão. Em verdade, a morte é um próspero negócio em outros países, muito especialmente nos Estados Unidos, mas nada nos garante que, mais cedo ou mais tarde, o mesmo não vá acontecer no Brasil.

Voltando à correspondência que recebi, ela pretendia me vender uma apólice de seguro de vida, devidamente travestida/embalada de ASSISTÊNCIA FUNERÁRIA.

No texto, a empresa lembrava a inevitabilidade da morte e de nosso despreparo em relação ao assunto. E que, além de enfrentar as dores da perda, os dependentes ainda têm de se preocupar com outras providências. Assim, mediante quatro pequenas parcelas de x reais, a companhia se responsabilizaria pelos transtornos burocráticos e despesas que a família do morto tem pela frente, como registro de óbito, taxa de sepultamento, urna de zinco, paramentos, velório, flores, traslado etc.

No Brasil, mais que em outros lugares do mundo, as pessoas só descobrem a morte quando ela ocorre, e descobrem também como é complicado e caro morrer. Nos Estados Unidos, por exemplo, onde a mentalidade e cultura são completamente diferentes da nossa, existe uma série de providências que são adotadas com a devida antecedência, e mais uma gama de outras que acabam fazendo da morte uma excelente oportunidade de negócios.

Em uma das edições da *Forbes,* vamos encontrar uma reportagem falando sobre a SCI – SERVICE CORP. INTERNATIONAL –, a maior do setor que, de uns anos para cá, começou a comprar empresas em outros países, elevando seu faturamento anual, com o negócio da morte, para US$ 1,1 bilhão.

O que a SCI está tentando fazer na Inglaterra, França, Austrália, Singapura e outras localidades é disponibilizar mais alternativas de produtos e serviços por ocasião dos funerais.

ROBERT WALTRIP, *chairman* da SCI, revela um precioso segredo de seu negócio: por ocasião da morte, as pessoas só não compram mais serviços e homenagens para o falecido porque não estão disponíveis. Assim, e por decorrência, a primeira providência que a SCI adota ao ingressar em um novo mercado é disponibilizar dezenas de novos produtos e serviços, e melhorar substancialmente os já existentes, fazendo com que os "investimentos" ou despesas, mesmo, que uma família faz em um funeral saltem de US$ 2 mil para US$ 6, 8, 10 e até mesmo US$ 20 mil!

Além da qualidade de suas atividades, a SCI acabou ganhando repercussão mundial pelos serviços prestados por ocasião da morte de Elvis Presley, John Lennon e Jacqueline Kennedy Onassis. O funeral de Jacqueline, por exemplo, levou alguns dias e foi transmitido pela televisão para todo o mundo.

Já a maior dificuldade que a SCI enfrenta ao ingressar em um novo país, assim como acontece em outros ramos de atividade, é superar ou contornar os fortes traços culturais, muito especialmente em um negócio como o da morte.

E da mesma forma como procedem as empresas modernas, em vez de considerar se os hábitos de cada local estão certos ou errados, trata, isso sim, de adaptar seus serviços à tradição e, gradativa e suavemente, introduz as novidades.

Acreditando que, quando a morte chega, os parentes dos falecidos PRECISAM providenciar o caixão, flores e orações, mas, DESEJAM, desde que disponíveis, e até mesmo por uma questão de "consciência de culpa do que deixaram de fazer pelo morto", muitas e muitas outras formas de homenageá-lo.

DEPOIS DE DEMI MOORE, JULIANA BORGES

DEMI MOORE era apenas uma artista razoável e uma mulher comum. Segundo seus amigos de início de carreira e escola, um "rostinho bonito e um corpo lamentável". Na primeira vez em que esteve no Brasil, o máximo que conseguiu foi sair com um extra de uma das novelas da REDE GLOBO, já que os galãs nem notaram sua presença. Hoje, 30 e poucas plásticas depois, é uma das mulheres, na opinião da maioria dos homens, mais bonitas e sexys do mundo. Uma das principais responsáveis pela disseminação das cirurgias plásticas por todo o mundo, muito especialmente no Brasil, e que recebeu, nas telas e no mundo da ficção, uma *proposta indecente* de US$ 1 milhão...

Em 2000, e de novo testemunhando que milagres são possíveis, a gaúcha JULIANA BORGES, depois de 19 plásticas – todas do conhecimento dos jurados –, foi consagrada com o título de mulher mais bonita do País, a nossa MISS BRASIL. E, mais uma vez, os *players* do mercado, sensibilizados, agradeceram.

Entre outras "correções", JULIANA BORGES aumentou os seios, para bater nos desejáveis "90 centímetros de busto". Já para alcançar uma cintura de 60 centímetros, lipoaspirou a barriga e as costas. Para aumentar os cabelos, um aplique de 10 centímetros. E mais uma tintura para torná-los castanhos. E para os desfiles noturnos, lentes de contato que realçam o verde – dela – dos olhos. Íamos nos esquecendo, fim das orelhas de abano e das pintas no rosto e no abdome, assim como aplicações de colágeno no maxilar, nas maçãs do rosto e na boca...

Hoje, o Brasil, conforme afirmam algumas entidades especializadas, já é o segundo maior mercado mundial de cirurgias plásticas. No ano de 2014, foram realizadas mais de 350 mil intervenções cirúrgicas, sendo 1/3 de lipoaspirações – com o registro de uma razoável participação dos homens. Entre as tendências recentes desse mercado, que só fez crescer nos últimos 20 anos, prevalecem a retirada das bolsas de gordura das pálpebras dos homens e o aumento e modificação da forma dos seios das mulheres.

Se nos anos 1980 as pessoas só decidiam recorrer aos cirurgiões plásticos aos 55 anos, hoje a "romaria" começa aos 35. E, nessa "romaria", as mulheres ainda são maioria, com 70% das consultas e cirurgias, mas os homens vêm reagindo fortemente, já alcançando uma surpreendente participação de 30%.

Atrás apenas dos Estados Unidos, as intervenções cirúrgicas, em nosso País, crescem a uma velocidade estonteante de 20% ao ano, desde 1994, ano do Plano Real. As 350 mil cirurgias de 2014, considerando-se o preço médio de R$ 6 mil, nos coloca diante de um mercado específico de R$ 2,1 bilhões por ano, e um mercado total envolvendo consultas, preparações, pós-operatório e todos os demais serviços e coadjuvantes que complementam o processo de quase R$ 4 bilhões por ano.

De uns anos para cá, é a especialidade mais procurada pelos jovens médicos: 1,5 em cada 10 formandos. Como, pela legislação em vigor, nenhum médico precisa ter essa especialização para realizar cirurgias plásticas, e como a demanda é grande, a tendência é que essa concentração de médicos aumente a cada nova "fornada". Os que desejarem, no entanto, ter o título de especialista, além dos seis anos de faculdade, mais os dois de residência geral, terão de fazer outros três anos de residência específica, ou seja, em Cirurgia Plástica, totalizando onze anos. Mas, como a demanda é grande e o mercado não quer esperar, fica difícil para os jovens formandos, diante das outras pífias alternativas, não cair em tentação...

A cada novo ano diminui a média de idade em que ocorrem as cirurgias plásticas. Se em 1994, quando o "boom" iniciou, 5% delas eram realizadas em adolescentes, em 2001 essa participação superou os 13%. E em 2014 passava de 15%.

COMER BEM

De tempos em tempos, as pessoas procedem a uma necessária, natural e espontânea releitura sobre o que é comer bem. Há 60 anos era comer em casa, com a família, em torno da mesa. Há 40 tratava-se de comer em um bom restaurante, ou em um restaurante onde havia uma sequência e rotina de pratos a cada dia da semana: segunda, virado à paulista; terça, bife a rolê ou dobradinha à moda do porto; quarta, feijoada; quinta, macarronada; sexta, bacalhoada; sábado voltava a feijoada; e domingo, com a família, no "macarrão da mama", lasanha e outras preferências ou especialidades. Em casa.

Mais adiante, ou de 30 anos para cá, comer em fast-food, depois nas praças de alimentação dos shoppings, e tendo como derivativos rodízios e comidas por quilo, e muito mais... CHEGA! Independentemente da grana, as pessoas, sempre que o tempo permite, querem comer gostoso, em um lugar legal e com preço que caiba no bolso, ainda que com algum sacrifício. "E aí nasceu o chamado 'CASUAL DININD' que toma conta do Brasil e salta direto para o primeiro lugar na preferência das famílias brasileiras.

Onde começa essa história? Na sensibilidade de empresários de grande visão e maior competência. Peter Rodenbeck e Salim Maroun, que juntos introduziram o conceito no Brasil, atendendo a um desejo mais que latente no consumidor, e não percebido pelos demais *players*, com a marca OUTBACK. Hoje sob a presidência e o comando de Salim. Em pouco tempo mudaram o campo do jogo, e tornaram-se, 15 anos depois, a operação OUTBACK BRASIL, referência mundial de uma rede de mais de 1.200 lojas em 21 países. São mais de 50 unidades que vendem 130 mil "bloomin Onions" por mês, e 250 toneladas de costela de porco. Segundo SALIM, "o consumidor está cansado de comer em praças de alimentação".

Diante da fama e da fortuna que o OUTBACK vem fazendo por aqui, outros gigantes do "CASUAL DINING" começam a desembarcar. Alguns já mais que instalados, como APPLEBEE'S, outros aportando como OLIVER GARDEN, RED LOBSTER, CHEESECAKE FACTORY e PF CHANG'S. Assim como manifestações locais ganham consistência, como é o caso de MADERO, que há oito anos abriu sua primeira unidade na cidade de CURITIBA, atende em muitos dias mais de mil pessoas, que buscam um lugar agradável e digno para comer um de seus 45 pratos do cardápio a um preço que oscila entre R$ 20,00 e R$ 40,00. Neste momento abre quatro restaurantes em São Paulo e até o final do ano, com investimentos de um fundo, totaliza 47 restaurantes em cinco estados.

Ou seja, mudou de novo. Na absoluta falta de tempo ainda corremos no fast-food, na comida por quilo, no rodízio, no sistema buffet. Mas, com um pouquinho a mais de tempo, e junto com a família, comida gostosa, servida com qualidade, atenção e carinho, em um ambiente moderno e acolhedor é o que queremos. Ao menos e por enquanto.

27
Quem Espera Nunca Alcança

Os tempos de escassez são coisas de um passado muito distante. A cada novo dia prevalece o excesso: de oferta, de produtos, de serviços, de concorrentes genéricos, de concorrentes específicos. Foi-se o tempo em que os clientes iam à empresa. Portanto, manter uma atitude de permanente espera simplesmente significa apostar no improvável; talvez, mesmo, no impossível. Tem de ir atrás, tem de perseguir, tem de haver comprometimento. E ficar postado aguardando o sinal.

Mais que isso, em muitas situações, as empresas, para serem bem-sucedidas, têm de pensar não apenas na sua atuação, como considerar toda a cadeia de *players* envolvidos; e, se necessário, ajudá-los e motivá-los; e, ainda, fazer por eles, sob pena de não existir nenhum negócio.

Sem jamais perder de vista que todos os negócios, em alguns ou muitos momentos, dependerão da decisão de uma pessoa; e que os consumidores estão na correria, atarefados, estressados e, acima de tudo, sem tempo. Portanto é preciso ir atrás, mesmo. E se revelar disponível. Também não gostam nem de ser incomodados e muito menos interrompidos... Não é fácil!

DVD GRADIENTE: UMA LIÇÃO DE EXCELÊNCIA EM MARKETING

A introdução do DVD no Brasil repetiu aquela mesma lição de que novos produtos só florescem se devidamente trabalhados. Não é que o brasileiro não gostasse e não quisesse migrar do vídeo para o DVD, na época. É que o DVD era, simplesmente, inacessível, em todos os sentidos, muito especialmente no econômico e no cultural. Além de só disponibilizar uma quantidade mínima de títulos, absolutamente insuficiente para mobilizar quem quer que fosse para uma migração.

A GRADIENTE decidiu mudar a história. Implantar o DVD no Brasil, ocupar o território e assumir a liderança. Deixar de ser um mero "hub" em permanente espera e postar-se como "spoke", organizando e integrando os diferentes *players* e processos. E assim fez.

Por meio de pesquisa, constatou o que já imaginava: pouco conhecimento do produto/sistema, preço alto demais – R$ 1,2 mil – e dificuldade em encontrar filmes legendados em português. Para superar os dois primeiros obstáculos, a GRADIENTE só dependia de esforços próprios. Para vencer o terceiro, precisava de parceiros.

Conseguiu um acordo com os principais estúdios do mundo – WARNER, DISNEY, FOX, COLUMBIA, MGM e PARAMOUNT –, que se comprometeram a lançar mil títulos até o final de 2000 no Brasil, formatou a estratégia, integrou os demais *players*, organizou os processos, e...

De maio a agosto de 2000, início da operação DVD, a GRADIENTE vendeu 44 mil unidades, contra as cinco mil que vendera em todo o ano de 1999, e as 64.500 que todas as indústrias do setor comercializaram no primeiro semestre de 2000. Ou seja, sozinha, a GRADIENTE vendeu quase 70% do total dos aparelhos de DVDs comercializados no Brasil naquele ano. E o estoque de títulos disponíveis para vendas praticamente se esgotou, determinando novas tiragens dos títulos mais procurados.

Aconteça o que acontecer com o negócio de DVDs, nenhuma outra empresa conseguirá tirar da GRADIENTE as glórias de ter sido a grande responsável pela sua extraordinária e acelerada introdução no Brasil.

TIMELESS SOCIETY

Em setembro de 2001, quando o MADIAMUNDOMARKETING completou 21 anos, instituiu e lançou, mundialmente, a 9ª Geração do Marketing, a da TIMELESS SOCIETY, que fala da mais importante moeda que os NOVOS CONSUMIDORES carregam nos bolsos: o tempo. E fazendo as seguintes considerações:

"A luta contra a inexorabilidade do tempo é um dos mais fortes traços de toda a trajetória do homem. Se em um passado muito distante o dia tinha 24 horas, hoje continua tendo, só que agora imprensadas em um mundo de mais de 7 bilhões de pessoas, provocando congestionamentos brutais, roubando-nos preciosas e irrecuperáveis horas, onde antes despendíamos poucos minutos."

Assim, milhões de pessoas em todo o mundo assistem inermes e impotentes, da mesma forma que CAROLINA, de CHICO BUARQUE DE HOLANDA, ao tempo passando na janela, não mais de suas casas, mas de seus automóveis imobilizados em congestionamentos de centenas de quilômetros, ou aguardando a vez em filas que nunca terminam.

Os provérbios que recebemos dos que nos antecederam já nos alertavam sobre o absurdo de ver o tempo escoando pelas nossas mãos, insensível às nossas preces para que fosse mais devagar: "Não há mão que agarre o tempo" ou "O tempo vai passo a passo, mas não descansa nem dorme", e até mesmo um que já antevia a 9ª Geração do Marketing, a da *timeless society*, "Poupa mais o tempo que tua bolsa". E talvez LAMARTINE, em 1887, tenha produzido a melhor síntese para o terrível drama que hoje vivemos: "Somos pressionados, a cada momento, pela consciência do tempo. Existem apenas duas maneiras de escapar desse pesadelo: trabalhando ou se divertindo. O prazer nos consome; o trabalho nos exaure. Temos de decidir o que fazer com o tempo".

Há 45 anos, ao vencer o V FESTIVAL da MPB, de 1969, o genial PAULINHO DA VIOLA, manifestando-se sobre os anos tenebrosos da ditadura, em um momento de inspiração única, também antecipava em sua emblemática canção SINAL FECHADO a 9ª Geração do Marketing, a da *timeless society*: "Olá, como vai? / Eu vou indo e você, tudo bem? / Tudo bem, eu vou indo correndo pegar meu lugar no futuro, e você? / Tudo bem, eu vou indo em busca de um sono tranquilo, quem sabe... / Quanto tempo... pois é... Quanto tempo... Me perdoe a pressa / É a alma dos nossos negócios / Oh! Não tem de quê / Eu também só ando a cem / Quando é que você telefona? / Precisamos nos ver por aí / Pra semana, prometo talvez nos vejamos / Quem sabe, prometo?....".

Assim, o mundo que cresce a uma "taxa líquida" de 275 mil pessoas/dia, já descontadas as mortes, demandou milênios até chegar ao primeiro bilhão de habitantes, em 1850, e, depois, acelerando, bateu nos dois bilhões em 1930, três bilhões em 1960, quatro bilhões em 1979, cinco bilhões em 1987, seis bilhões em 1996. E no dia 31 de outubro de 2011, a pequena filipina DANICA, nascida em MANILA, totalizava os sete bilhões.

Enquanto a ACESSIBILIDADE ECONÔMICA cresce, multiplicando as possibilidades e alternativas de escolha de produtos e serviços, a ACESSIBILIDADE FÍSICA/TEMPORAL restringe-se, cada vez mais, a nossas possibilidades de realizar essas escolhas, limitando-as, e nos obriga a estabelecer, consciente ou naturalmente, uma hierarquia de prioridades.

Ou seja, e como já vínhamos reparando, sem conseguir precisar, de uns tempos para cá – E ESSA É A TIMELESS SOCIETY. Descobrimos que nossa moeda de compras mudou significativamente. De um lado, continua existindo o velho e bom DINHEIRO, a "coroa"; de outro, na "cara", o que existe agora é o TEMPO. E, assim, nossa condição de escolha passa pelo filtro do DINHEIRO – temos ou não dinheiro – e do TEMPO – temos ou não tempo. E não adianta ter dinheiro, se não existir tempo, por mais que as pesquisas de mercado tenham garantido às empresas que adoraríamos comprar aquele novo produto ou serviço.

Ou, em outras palavras, no bolso direito da calça carregamos o DINHEIRO. O qual, se as circunstâncias, sorte, Deus e o talento nos ajudarem só tende a aumentar. E no bolso do lado esquerdo, carregamos o TEMPO, que só tende a diminuir. Assim, na 9ª Geração do Marketing, a da *timeless society*, não é suficiente o produto e o serviço desejados caberem apenas no bolso do DINHEIRO; precisam caber, também, no bolso do TEMPO.

É apenas por isso que nós, novos consumidores, almoçamos nas mesas de trabalho, recebemos a visita de alfaiates e camiseiros em nossos escritórios, compramos ingressos pela internet, pedimos a SANTO EXPEDITO, corremos nas ruas próximas a nossas casas, frequentamos mais os restaurantes por quilo, celebramos o UPRIMA, que é tão bom quanto o VIAGRA, mas que funciona – ou faz funcionar – em menos tempo, realizamos compras aos domingos, admirando e invejando a capacidade de nossos filhos de fazer a lição de casa e falar ao telefone, olhando para a televisão e com o computador ligado... Tudo ao mesmo tempo!

Enfim, a 9ª Geração do Marketing, a da *timeless society*, é aquela sobre a qual nos alertava VIRGÍLIO em um dos versos das GEÓRGICAS: "*Fugit ireparabile tempus*", e que acaba de chegar. Enquanto nós, novos consumidores, somos e seremos cada vez mais parcimoniosos no desembolso da moeda TEMPO, nós, empresas, procuraremos convencer clientes e *prospects* de que nossos produtos, serviços e marcas são imprescindíveis, econômica e temporalmente falando.

Portanto, e na *timeless society*, as empresas que insistirem em permanecer esperando, jamais alcançarão...

GUARDA-CHUVAS, CAIXINHAS E PUBS

Basta começar a chover e, em todas as esquinas de Nova York, multiplicam-se os vendedores de guarda-chuvas. Assim, se você vai a Nova York, não se preocupe em ocupar a mala com esse objeto ridículo, mas indispensável. Por US$ 2 comprará um, desses com botão, que se abrem automaticamente e que, assim que passar a chuva, você cuidará de lançar no primeiro lixo que encontrar pela frente. O que seria dos guarda-chuvas e de seus vendedores sem as chuvas?

Há trinta anos, viajei pela Europa para conhecer uma empresa fantástica, que atende pelo nome de TETRA PAK. Isso mesmo, a das caixinhas.

Sua história de sucesso é a seguinte: um dia, dois irmãos, seus fundadores, descobriram que, se não fossem capazes de fazer a roda girar como um todo, não seriam capazes de multiplicar a venda das caixinhas. Por mais que a embalagem deles economizasse mais do que custava – e essa era a razão de ser, o diferencial exclusivo de liderança –, a carroça das vendas estava atolada muitos momentos antes. Os consumidores não levavam as caixinhas para casa porque não estavam disponíveis nos supermercados; os supermercados não compravam os produtos em caixinhas porque não estavam embalados nas mesmas; as indústrias não envasavam nas caixinhas porque não conseguiam "tangibilizar" as vantagens que ofereciam... E assim por diante.

A revolução precisava ser feita em todo o percurso, ou seja, para vender as caixinhas, eles precisavam sensibilizar e ensinar, simultaneamente, os diferentes momentos/públicos do fluxo dos produtos. E, quando isso finalmente foi feito, a Tetra Pak revelou-se, em termos de marketing, um ovo mais criativo e impactante que o do próprio Colombo...

A GUINNESS, isso mesmo, a legítima cerveja irlandesa, não possui um único pub em todo o mundo. Mas sabe que seu produto é sinônimo e característica de pub. Ou seja, se os pubs não se multiplicam, as vendas não crescem e o produto, por tabela, não acaba um dia aterrissando na casa dos consumidores. Por outro lado, hoje, todas as pessoas que se metem a explorar o negócio de pubs – uma febre no mundo inteiro – sabem que não conseguem começar o seu sem falar com a Guinness, uma vez que, os legítimos dependem de seu fornecimento. Só que, em vez de dar-se por satisfeita e tirar partido da situação, de esperar a chuva e ser procurada, a Guinness decidiu organizar-se para alavancar e acelerar a tendência.

Disponibilizou uma divisão exemplarmente organizada, para oferecer toda assistência e serviços – sem nenhum custo – para quem pretenda abrir um pub. Faz o projeto, desenha os móveis, fornece os cardápios, recomenda os fabricantes de pratos, copos e talheres, dá as receitas, monta o repertório musical, oferece as réplicas dos quadros para as paredes e, ainda, treina toda equipe, muito especialmente NA ARTE DE TIRAR A VERDADEIRA GUINNESS.

Em poucas palavras, ou se recorre à Guinness para montar um pub, ou provavelmente não se terá um legítimo pub.

Tetra Pack, Guinness e as demais empresas modernas não esperam pela chuva; fazem chover todos os dias.

ADEUS, OLIDO

Como já advertia DRUCKER, em 1954, em um dos SACRAMENTOS DO MARKETING: "Qualquer posição de liderança é transitória e provavelmente de curta duração", e reiterava, em um dos MANDAMENTOS DO MARKETING, que "Nenhum produto ou empresa, isoladamente, tem a menor importância para o mercado".

Aquele que foi o mais importante cinema do País, uma verdadeira e suposta referência de como seriam os cinemas no futuro, o CINE OLIDO, esquecido e melancolicamente abandonado, fechou suas portas definitivamente no dia 30 de agosto de 2001.

Na última sessão do cinema, apenas seis pessoas.

Inaugurado em 1957, o OLIDO era o "must", orgulho da cidade e dos paulistanos, com filas de espera que não se formavam na porta do cinema, pois os ingressos eram numerados e vendidos com antecedência de meses, ou seja, compravam-se ingressos em setembro para a sessão de *Tarde demais para esquecer* de 2 de dezembro.

Antes de cada sessão, com as mulheres elegantemente vestidas e a maior parte dos homens de terno e gravata, havia a presença de um maestro, com sua orquestra, que executava de três a quatro músicas clássicas.

Na saída da última sessão do OLIDO, SEVERINO DINO DA SILVA, operador do velho projetor PHILIPS, às lágrimas, confessou ao *Jornal da Tarde*: "Estou chocado. A gente se acostuma e sente até tristeza. As pessoas, hoje, só querem saber de filme pornô. Elas passam na locadora e vão para casa. O cinema acabou." Já a querida DONA ARACI, durante 43 anos à frente da *bonbonnière* do OLIDO, apenas sussurrou: "Não quero falar sobre isso".

Vítima de uma cidade que esqueceu seu Centro Histórico, e totalmente distante das aspirações dos frequentadores do CINEMARK e MULTIPLEX, o CINE OLIDO apenas ilustra o SACRAMENTO e o MANDAMENTO de DRUCKER, e reitera a velha e definitiva lição do marketing:

As pessoas não compram uma broca; compram os serviços de se fazer um buraco na parede. E no dia em que aparecer um outro produto que preste esse serviço de forma melhor, no entendimento dos consumidores, a broca, por melhores serviços que tenha prestado, será literalmente aposentada no dia seguinte. Foi o que aconteceu com o velho e bom OLIDO...

QUERO SER GISELE BÜNDCHEN

Desista! Gisele, assim como Guga, Senna, Pelé, Klink são únicos. Nasceram com uma energia e força interior absurda, e, tão importante quanto, a capacidade e a sensibilidade de verem o cavalo passar selado e jogarem-se no lombo. O que acontece, tenho certeza, várias vezes na vida, com os sete bilhões de habitantes do planeta. Mas poucos, raríssimos, têm essa mesma energia e força interior e a sensibilidade de reconhecer a oportunidade. Para todos os demais mortais, existe uma possibilidade ínfima de uma epifania. Para essas pessoas, a epifania faz parte da vida.

Mas, Gisele é diferente. Além de linda, gostosa, e tudo o mais, é porreta no tocante à maneira como lidera, conduz e gerencia seus negócios, como aprimora e sustenta sua MARCA. É! Só que, de novo, uma característica específica dela, de sua personalidade, o que não necessariamente aconteceu com outros ídolos. E aí, em um esforço descomunal de reportagem, *Época Negócios*, através de uma dupla extremamente competente de repórteres – Ariane Abdallah e Raquel Grisotto –, foi tentar dar vida a uma espécie de Gisele's Management, ou o "Estilo Gisele de Empreender, Liderar e Gerenciar". Valeu o esforço, conseguiram colher e organizar algumas lições a partir de atitudes da linda, mas, e de novo, Gisele foi fazendo, foi sendo, foi conquistando e aconteceu, e É! É Giselle Bündchen, e, como dizem certas propagandas, "não tente repetir em casa ou na vida", que não vai dar certo.

Mas vamos às descobertas de Ariane e Raquel. Segundo elas, o que mais caracteriza o Gisele's Management é o Foco no Trabalho, a Busca de

Resultados, o absoluto Controle do Tempo, e, quem sabe principalmente, o Envolvimento com os Clientes e suas Marcas. Essa receita intuitiva fez de Gisele dona de um patrimônio que hoje supera o meio bilhão de dólares.

Ariane e Raquel organizaram e traduziram o estilo empreendedor e empresarial de Gisele. Por exemplo, segundo elas, no capítulo do "Planejamento Estratégico", desde adolescente Gisele tinha uma lista de seus pontos fortes e fragilidades. Também tinha claro para si aonde pretendia chegar e tudo o que tinha a fazer e percorrer para chegar lá. Na leitura de Ariane e Raquel, a Execução do Plano seguiu o seguinte roteiro: "Antes de fechar o primeiro contrato com uma agência, a ELITE, seu pai, Valdir, preparou um questionário com perguntas sobre o potencial da filha e as perspectivas para sua carreira. O plano posteriormente traçado seguia um roteiro comum a modelos iniciantes – primeiro, uma passagem por Tóquio para ganhar dinheiro. Depois, Nova York e Paris, onde aprenderia inglês e ganharia projeção mundial."

Outros atributos e componentes do Gisele's Management: uma sólida e consistente rede de contatos e relacionamentos com pessoas-chave no negócio da moda; amizade e admiração da Image Builder, Anna Wintour, legendária editora da *Vogue* norte-americana; pontualidade irritante em um meio onde a rotina e a cultura é o atraso, o fazer esperar, a modelo não se atrasou para um único compromisso; clientes em primeiro, segundo e terceiro lugar sempre: o tempo todo contando história de sua vida em que antes de ser procurada pelas MARCAS, já era fã das MARCAS – seus primeiros vestidos, dizia ela, comprou na C&A, seu primeiro jeans foi da COLCCI, e assim por diante.

Gisele, como assertivamente classificam Ariane e Raquel, é uma MULTIMICROEMPRESAFAMILIAR – uma microempresa que opera em escala mundial tendo seu quadro executivo totalmente preenchido por seu pai e irmãs.

As pessoas queriam operar o "narigão" de Gisele. Aí o pai, Valdir Bündchen, disse a ela: "Quem tem personalidade tem nariz grande; não se preocupe".

Isso posto, NÃO TENTE SER GISELE BÜNDCHEN. Só existe uma. Mas não deixe de considerar todas as oportunidades que passam infinitas vezes no correr de um único dia pela sua frente. E pare de reclamar de seu nariz grande.

Ah, e lembrando sempre que quem espera nunca alcança...

28
Não Existem Segundas Chances de se Causar Primeiras e Ótimas Impressões

No marketing, como na vida, a primeira impressão é tudo; ou quase tudo.

O preço que se paga por não causar uma primeira boa impressão é tão elevado que, muitas vezes, empresas desistem de tentar reabilitar produtos, optando por relançá-los do zero, em todos os sentidos.

Mesmo considerando-se o MANDAMENTO 7, que nos lembra que É MELHOR SER O PRIMEIRO DO QUE SER O MELHOR, a pressa, isoladamente, sem todas as demais virtudes essenciais e básicas, não leva a lugar nenhum que não seja ao desapontamento e ao fracasso.

É MELHOR SER O PRIMEIRO, desde que as eventuais falhas ou bugs do pioneirismo não prejudiquem a compra e o uso do produto. E contanto que, independentemente de suas existências, ainda possibilitem UMA PRIMEIRA E ÓTIMA IMPRESSÃO.

SERÁ QUE É SUFICIENTE TROCAR DE NOME?

Devidamente aprovada por seu Conselho de Administração, a PHILIP MORRIS deixou de se chamar PHILIP MORRIS, rebatizando-se como ALTRIA; ALTRIA GROUP.

A razão para esse procedimento é fazer com que as pessoas, os consumidores e a opinião pública em geral comecem a ver a empresa como muito mais que apenas um fabricante de cigarros. Uma megacorporação, que, além do MARLBORO e outras marcas de cigarros, também é responsável pelos chocolates TOBLERONE, pelas cervejas MILLER e por verdadeiros ícones do marketing em nosso País, como Sonho de Valsa, Diamante Negro, Bis, entre outros. E também pela vitoriosa DEL VALLE, comprada pela KRAFT – unidade de alimentos da ex-PHILIP MORRIS, agora ALTRIA.

Em um primeiro estágio – e essa é a estratégia –, a denominação PHILIP MORRIS ficará restrita exclusivamente aos cigarros. E ALTRIA, abençoando e responsabilizando-se por todos os demais produtos nas áreas de alimentação e bebidas. No dia em que "morrerem" os cigarros – de inanição, espera-se –, a marca PHILIP MORRIS vai junto.

De boas intenções, como já se sabe há anos, o inferno está cheio. Com essa decisão, o máximo que a companhia conseguirá é dizer que agora possui uma irmã mais nova, a ALTRIA, que só fabrica e comercializa produtos de qualidade e socialmente responsáveis. Mas, e enquanto não se apagar o último cigarro, a péssima imagem da cigarreira PHILIP MORRIS continuará respingando na ALTRIA.

Como nos ensinou o maior dos educadores ALBERT SCHWEITZER: "O exemplo não é a principal coisa na vida; é a única".

A XEROX, O XEROX

Até os anos 1950, a expectativa de vida dos brasileiros batia nos 50 anos, mas eram cinquenta anos vividos de verdade.

Mesmo as pessoas que moravam em cidades como São Paulo e Rio de Janeiro, por exemplo, viam e sentiam a vida passar. Nos meus tempos de Bauru, uma hora tinha uma hora e muitos minutos de troco...

A maior distância não demandava mais que dez minutos a pé. As refeições eram feitas à mesa, com toda a família presente. E, à noite, ainda dava para brincar na rua até às 21 horas, na frente de casa, contemplando milhares de estrelas no céu.

Em 2015, a vida passa pela janela de um trem-bala a mais de trezentos quilômetros por hora.

Há dez anos, nos feriados de Natal e Ano Novo, descansei em um simpático hotel, em São Roque, SP. E ao chegar ao quarto e abrir a janela, quase caí desmaiado ao contemplar o exuberante verde da natureza, conferir toda a linha do horizonte e, de quebra, aspirar doses substanciais de um oxigênio que nem mais me lembrava existir.

Isso posto, ao marketing e à vida.

Na medida em que a Terra continua levando 24 horas para contornar o Sol e o ano tendo 365 dias, a velocidade não está na natureza e em seu cenário, e, sim, no ambiente, no entorno, nessa vida que vivemos, na qual, *grosso modo*, ganhamos factualmente mais quarenta anos, mas, de verdade mesmo, na prática, não mais que dez...

E à proporção que o ambiente mais se entope de sinais e códigos de comunicação, fica mais difícil às empresas, de uma forma geral, o desafio de construir e sedimentar uma imagem.

As poucas que conseguem sabem muito bem do valor e da importância da conquista.

Em 99,9% das situações, conseguir ser percebido, entendido e reconhecido pelo mercado é um feito fantástico e invejável.

Só em raríssimos casos, a fantástica vitória acaba se transformando em um problema insuperável, em uma verdadeira e paradoxal tragédia, onde a dimensão do sucesso e as novas realidades ambientais impedem qualquer retorno, correção, reposicionamento.

Assim, é com muito entusiasmo, mas nenhuma esperança, que venho acompanhando a tentativa mundial da XEROX, e no correr das décadas, de estabelecer um novo positioning.

De descaracterizar-se como designação genérica de um produto e ampliar a abrangência de seu PHOCUS, ou a sombra decorrente de seu POSITIONING.

Depois de muitas tentativas, vem batalhando insistentemente e investindo milhões e milhões de dólares para se fazer perceber como THE DOCUMENT COMPANY.

Ampliou de forma substancial sua linha de produtos, já se preparando para a *paperless society*, que, em certo sentido, mata seu produto original. Mas os resultados são pífios...

No plano da imagem, que verdadeiramente conta, a XEROX é e continuará sendo a empresa do XEROX... O carimbo em sua testa é final e definitivo. Irremovível.

Melhor e mais econômico teria sido reconhecer a impossibilidade e investir e construir um nome absolutamente novo. Como vêm fazendo muitas empresas sensíveis e ajuizadas há tempos.

McDONALD'S: FINALMENTE, A ENCRUZILHADA

Depois de disfarçar, "empurrar com a barriga", fechar os olhos às infinitas barbaridades cometidas por seus franqueados em todo o mundo, o

McDONALD'S emite sinais evidentes de que reconhece e aceita estar em uma encruzilhada. E vacila no que fazer: seguir em frente, concentrando-se e aprofundando-se cada vez mais nos princípios e na especialização que o elevaram à categoria de ícone do marketing, e referência para todos os demais *players* do negócio de fast-food, ou flexibilizar, conceder, realizando diferentes e novas alternativas de experimentações?

Os consultores do MADIAMUNDOMARKETING, por exemplo, não acreditam poder o McDonald's, pela qualidade e dimensão de seu PERCOGNITIOM, considerar qualquer outra possibilidade ou alternativa que não seja a de mergulhar mais fundo ainda, onde reina e prevalece soberano; no negócio que, de verdade, inventou. "Não existem segundas chances de se causar primeiras e ótimas impressões." E, se essa primeira impressão é ótima, fantástica, memorável, a empresa e a marca estão condenadas a prosperar, exclusivamente, no território que as consagrou. Caso contrário, a crise é inevitável e, na maioria das vezes, mortal. Que o diga a Xerox...

Isso posto, enquanto não se decide definitivamente, a rede especula. No ano de 2002, por exemplo, investiu R$ 28 milhões em atividades segmentadas e complementares. Só que, de novo, mistura as estações. Por exemplo, fazer quiosques McDonald's e multiplicar a rede com a ocupação de micropontos de influência e venda não deixa de ser uma forma de proteger-se da concorrência, sem descaracterizar o escopo da marca em seu DNA. Agora, enveredar pelo território vitorioso de uma Starbucks e de um Fran's Café, com os McCafés, é simplesmente temerário, e nada tem a ver com o sentido da marca.

McDonald's é e sempre será comida rápida, à base de carne, com qualidade, em ambiente adequado, para pessoas da *timeless society*, e jamais café e mesinhas para papos, leituras, descontração. McDonald's é e será para sempre BIG MAC! Café com gosto de Big Mac? Como dizem as crianças: ÉÉÉCCAAAAA.

DESIGN, A DIFERENÇA

Entre todas as componentes que mais valorizam e credenciam em termos de competitividade uma empresa e seus produtos, hoje, neste mundo absurdamente concorrido, o DESIGN ocupa, de longe, a primeiríssima posição. É esse filtro que nós, consumidores modernos, colocamos em isoladamente em primeiro lugar. E depois, o CONTEXTO, a NARRATIVA, o LÚDICO, a EMPATIA, a AUTENTICIDADE e a TRANSCENDÊNCIA.

O DESIGN em seu conceito mais atual não se restringe a produtos bonitos e funcionais. Além dos produtos, e tão importante quanto, é a simpatia das pessoas que o vendem, os serviços que prestam, a presença da empresa no mercado e na comunidade, as manifestações de seus líderes, a atitude da recepcionista e muito, muito mais. Ou seja, o DESIGN de uma EMPRESA, que vai se definir no correr da jornada em sua MARCA, é o conjunto das manifestações de seus emissores de sinais e códigos de comunicação. E em todos esses emissores, é indispensável, é essencial, a presença do DESIGN DE QUALIDADE.

Entre os DESIGNERS que hoje dividem a cena mundial, Yves Béhar é um dos mais importantes e respeitáveis. Quarenta e poucos anos, filho de uma alemã com um turco, tem um currículo invejável de realizações para a Herman Miller, Swaroviski, Kodak, Microsoft, escolhido por Negroponte para criar o XO-1 – o laptop de US$ 100 – hoje divide seu tempo entre a Coca-Cola, Johnson & Johnson e Kodak.

Capa da edição "MASTERS OF DESIGN" da revista *Fast Company*, assim se manifesta sobre seu entendimento do DESIGN:

1. DESIGN é como você trata o seu cliente. Se você o trata bem e o insere em um contexto emocionalmente envolvente, você está fazendo um bom DESIGN.
2. O DESIGN tem de estar presente em toda a organização. Estimular a criatividade e a inovação, e induzir a produção, o marketing e as vendas a trabalharem em conjunto e harmonicamente.
3. DESIGN não é um compromisso de curto prazo. É um compromisso para sempre, que faz com que todos na empresa esmerem-se na forma como realizam cada um dos contatos com seus clientes.
4. O compromisso com o DESIGN tem de vir do comando, e sua bandeira ser hasteada todos os dias pelo CEO.
5. Quando existe o comprometimento com o DESIGN, para todos os desafios empresariais, sempre se encontrará uma solução única e exclusiva. Definitivamente, repetir, da mesma forma, o que os seus concorrentes estão fazendo, não é nem a resposta e muito menos a solução.

6. Tudo o que um cliente pode dizer para você é quais são suas aspirações para o futuro, e não que produto sua empresa deve fabricar. Cabe a você entender o que verdadeiramente o cliente quer, e, através do DESIGN, e com o DESIGN, dar vida a seus sonhos.

Na mesma matéria de *Fast Company* há os resultados de um estudo realizado pela PEER INSIGHT RESEARCH, com mais de 40 empresas listadas na FORBES 500. A pesquisa tentou identificar a diferença de percepção e performance dessas empresas, que priorizam o "CUSTOMER EXPERIENCE DESIGN" em tudo o que fazem. Na média, seus resultados são dez vezes superiores aos das demais organizações.

MARKETING OU MENTIRA?

ERRADO. Não existe essa possibilidade, revista *Exame*. Ou existe MARKETING, de verdade, e, marketing de verdade sustenta-se exclusivamente na VERDADE, ou é MENTIRA e ponto. A comparação na forma de pergunta é indevida, inoportuna, tosca, lamentável e sem o menor sentido. E a história por trás, mais triste, ou pior ainda. Uma marca de sorvete que literalmente passa por um processo de derretimento acelerado: DILETTO. Se alguma coisa consola nessa história absurda é que, e ao menos, seus autores foram sinceros.

Todas as MARCAS LEGENDÁRIAS e de qualidade pressupõe a existência de uma NARRATIVA. De uma história inspiradora que determinou sua origem, e que a mantém viva, lúdica, instigante, memorável e capaz de despertar paixão, adesão incondicional e converter clientes em apóstolos e disseminadores. PREACHERS! Como DILETTO não tinha nada disso, seus criadores resolveram inventar.

Segundo Ana Luiza Leal, que assina a matéria da *Exame*, "A inspiração para criar os picolés veio do avô de LEANDRO (Leandro Scabin, fundador da DILETTO), o italiano Vittorio Scabin. Sorveteiro da região do Vêneto, Vittorio usava frutas frescas e neve nas receitas até que a Segunda Guerra Mundial o forçou a buscar abrigo em São Paulo. Seu retrato e a foto do carro que usava para vender sorvetes aparecem nas embalagens de DILETTO e ajudaram a construir a autenticidade da empresa – 'LA FELICITÀ È UN GELATO' – costumava dizer o nonno Vittorio aos netos." E as pessoas compravam o picolé, e o achavam fantástico embalado na NARRATIVA FAKE, como agora veio a se saber.

De verdade, o avô de Leandro veio de Vêneto, mas se chamava Antônio e chegou ao Brasil duas décadas depois da Segunda Guerra. Jamais fabricou sorvetes. Era paisagista e cuidava dos jardins das casas das famílias ricas de São Paulo. Tudo – do carrinho às fotos – peças exclusivamente publicitárias. Que pena!

Em verdade não precisavam de nada disso. Identificaram um nicho em um determinado momento – hoje abarrotado de concorrentes –, fabricavam e continuam fabricando um produto de qualidade, profissionais competentes cuidaram da identidade e do design e a própria história dos jovens que deram origem a empresa era suficiente para uma narrativa convincente, mobilizadora, e, acima de tudo, verdadeira. Desculpando-se, ou explicando, Leandro declarou à Ana Luiza, "A empresa não teria crescido tanto sem a história do avô e o conceito visual que construímos. Como eu convenceria um cliente a pagar 8 reais em um picolé desconhecido?"

No final da matéria uma luz de sensibilidade e entendimento. De Mauricio Mota, sócio da agência de conteúdo The Alchemists: "Todo mundo tem uma história boa e verdadeira a contar. As empresas não precisam ser desonestas com seus clientes." Apenas isso.

MENTIRA É MENTIRA. MARKETING É MARKETING. Onde existe marketing de verdade e de qualidade, a mentira é impossível.

29
Não Dê Moleza aos Concorrentes

O dinheiro é um só, o tempo também. E são muitas empresas lutando pelo mesmo pedaço de um mesmo dinheiro, pela mesma fração de um mesmo tempo.

No passado, acreditava-se que caneta concorria com caneta, automóvel com automóvel, sabonete com sabonete. Um pouco mais para frente, passou-se a admitir que caneta concorria com relógio, automóvel com viajem à Europa, sabonete com desodorante. Hoje, a concorrência é total, irrestrita e ilimitada. Tudo concorre com tudo.

Quando os celulares chegaram ao Brasil, modernizando a comunicação entre pessoas, a felicidade foi geral. Meses depois, muitos produtos e serviços descobriram, tardiamente, que mesmo nada tendo a ver com telefones celulares, o dinheiro destinado à conta mensal era o mesmo que antes lhes pertencia, assim como o tempo despendido no uso dos produtos e serviços passou a ser inteiramente tomado pelos prazeres da comunicação a distância, sem fios, muito especialmente entre jovens.

Isso posto, além de se preservar absolutamente atentas a todas as movimentações de seus concorrentes específicos, reagindo à altura e preferencialmente se antecipando, as empresas precisam acompanhar o que acontece em outros territórios, que, mais cedo ou mais tarde, poderão pôr fim ao seu negócio, reduzir brutalmente aquele mercado específico, enfim, provocar uma debandada dos clientes leais e fiéis; até ontem!

ENLOUQUEÇA SEUS CONCORRENTES

Nem todas as batalhas de marketing primam pela lealdade; talvez a minoria... Só que, de uns tempos para cá, alguns dos teóricos e autores do marketing têm recomendado sair para a pancadaria mesmo. E outros, usando de inteligência, sensibilidade, além de certa e estranha classe, recomendam aniquilar seus concorrentes pelo enlouquecimento gradual e crescente. Alguns relatos do marketing ilustram bem essa situação.

O presidente da CLARIS vendia seu software Clarisworks por um preço simbólico, para todas as escolas ao redor da Microsoft. Assim, os filhos dos funcionários e acionistas da empresa de Bill Gates contavam a seus pais que o Clarisworks estava derrotando o Microsoft Works e o Office. Os pais iam à loucura. Já uma rede de pizzarias oferecia um desconto de 50% para todas as pessoas que, em vez de um cupom, levassem o pedaço da lista telefônica em que estava o telefone de seus concorrentes...

Dentre os teóricos e autores que recomendam a prática da guerrilha pesada em Marketing, o grande nome é de GUY KAWASAKI, autor do livro *How to drive your competition crazy.*

Guy não só teoriza, como a coloca em prática. Em um dos seus relatos confessa: "Uma vez percebi que o presidente de uma empresa concorrente havia comprado um software de nossa empresa e se registrado em nosso database só para ter acesso às nossas informações. Comprei um brinde caro – desproporcional ao valor do produto – um único – e mandei para ele com uma carta que dava a entender que estávamos mandando aquele mesmo e único brinde para todos os compradores do programa, dizendo: 'Obrigado por sua preferência. Nosso produto está indo tão bem que queríamos agradecer a todos os nossos clientes com um presente muito especial...'."

Para os que pretendem praticar a guerrilha pesada em Marketing, Guy faz as seguintes considerações:

1. Uma das poucas vantagens de ser pequeno é poder aprontar e alijar seus concorrentes do campo de batalha. Nenhuma empresa pequena deve perder tempo pensando nas eventuais consequências legais da prática de concorrência desleal. Assim como as crianças são formalmente inimputáveis, empresas pequenas estão fora do alcance burocrático das leis e dos tribunais. Portanto, TÊM MAIS É QUE CORTAR A GARGANTA DE SEUS CONCORRENTES.

2. Pequenas empresas devem sempre estar atentas aos pontos de vulnerabilidade de seus adversários. E, depois, atacar exatamente nesses pontos, impiedosamente, fazendo os concorrentes sangrarem até à morte.

3. Pequenas empresas devem permanecer o tempo todo fazendo movimentos que confundam seus concorrentes, procurando induzi-los a avaliações equivocadas e erros.

E você, leitor amigo, seria capaz de praticar barbaridades semelhantes para massacrar os concorrentes de sua empresa?

ARIEL ATACOU OMO – JÁ VI ESSE FILME

O mercado de sabão em pó, no Brasil, ficou em festa. O mais aguardado dos combates de marketing finalmente estava em curso.

De um lado do ringue, uma das maiores empresas e anunciantes do mundo, a PROCTER & GAMBLE; e de outro, mais uma das maiores empresas e anunciantes do mundo, a UNILEVER.

Só que a campeoníssima PROCTER estava vindo brigar no campo do adversário. Pior ainda, com a torcida toda unida, lotando as gerais, arquibancadas e numeradas, apaixonada e fiel ao produto da LEVER: o imbatível sabão em pó OMO.

Entre todos os combates de marketing já travados no Brasil, o que mais se assemelha a essa briga ARIEL contra OMO foi o que se iniciou nos anos 1960, quando a PHILIP MORRIS aterrissou por aqui e declarou guerra à SOUZA CRUZ.

Naquela ocasião, a SOUZA CRUZ detinha 70% do mercado de cigarros e a PHILIP MORRIS imaginava, no máximo em dez anos, abocanhar metade desse mercado. Comprou os demais concorrentes e... hoje, mais de 40 anos e centenas de milhões de dólares depois, mesmo com todo o sucesso de seu MARLBORO, a PHILIP MORRIS conforma-se com a parcela menor do mercado, enquanto a SOUZA CRUZ, dos 70%, saltou para mais de 80% do negócio.

No ramo de sabão em pó, e no início da batalha, a LEVER detinha 80% do mercado com a soma das marcas OMO, MINERVA, CAMPEIRO, OLA e BRILHANTE. E a PROCTER batia nos 12%, com ARIEL, ACE, BOLD e POP, conforme relatório Nielsen bimestre março/abril 1999. O que aconteceu desde então? Praticamente nada.

Com todo nosso respeito pela PROCTER, que aqui no MADIAMUNDOMARKETING consideramos "A Catedral do Marketing", não aconteceu e não vai acontecer nada. Salvo um desastre inimaginável, e mesmo que a LEVER ficasse parada, não há nem dinheiro nem tempo que abale a paixão que as consumidoras de OMO têm pela marca.

Se a LEVER ficasse parada... Mas, como grande líder que é, recebeu e continua tratando a "aventureira" PROCTER com todas as honras, isto é, NA PORRADA.

Isso posto, que ninguém espere por milagre. Apenas uma "refilmagem" do fracasso que foi e continua sendo a tentativa de invasão da PHILIP MORRIS ao território da SOUZA CRUZ.

RENAULT SCÉNIC: O VACILO DO LÍDER

Em 2001, o Brasil testemunhou um dos cases mais absurdos e injustificáveis de vacilo de um líder absoluto, que detinha 100% de uma categoria por ele mesmo criada em nosso País: a das minivans.

Estou me referindo à RENAULT, com sua vitoriosa SCÉNIC, que, demonstrando pânico incontido, generalizado e sem precedentes no setor, diante da chegada dos primeiros concorrentes ZAFIRA (GM) e PICASSO (CITRÖEN), desatinou.

Durante a convenção de lançamento, no megarresort Costa do Sauípe, na primeira semana de abril daquele ano, o nervosismo estava no ar. Em todas as rodas dos convencionais – restaurantes e bares das piscinas –, a senha verbalizada era a tentativa que a empresa faria de "desfeminizar" sua SCÉNIC, principalmente diante das possibilidades de a CITRÖEN posicionar sua PICASSO como uma espécie de "SCÉNIC DOS HOMENS". Assim, dentre as dezenas de novas SCÉNICS à disposição dos convencionais para *test drive*, observava-se algumas decoradas com acessórios que imprimiam à minivan um ar mais agressivo, na tentativa de bloquear o suposto flanco de ser um modelo de grande aceitação pelas mulheres.

Meses depois, e com os lançamentos já realizados, com as campanhas publicitárias na mídia, ao menos em termos de posicionamento, quem acabou se saindo melhor foi a GM, com a ZAFIRA – valorizando seu diferencial de liderança, que é um espaço maior e enorme flexibilidade no aproveitamento desse espaço. Já a PICASSO se sustentou em alguns diferenciais de DESIGN, seu computador de bordo com informações inovadoras, em português, e enorme espaço entre o vidro dianteiro e o painel.

A SCÉNIC, confirmando o injustificável desespero presente na convenção de Sauípe, conseguiu o absurdo de se "desposicionar", comunicando, em um dos comerciais veiculados, ser um carro que agradava até a "ANÕES DE JARDIM". Por sorte e cochilo dos concorrentes, o apelido não pegou... Caso contrário, de preferido das mulheres, ela passaria a ser a minivan dos sonhos de uma minoria de baixa estatura...

Tudo o que a RENAULT deveria ter garantido a sua líder absoluta SCÉNIC era reiterar seu posicionamento inicial, devidamente consagrado pelo mercado durante dois anos: uma minivan que tem ao volante na quase totalidade das vezes uma mulher, e nos demais bancos e espaços, crianças, compras, e, vez por outra, a família. O medo, reitero, injustificável, fez com que a RENAULT vivesse momentos de intensa e desnecessária vergonha. De total constrangimento. E jogasse fora para sempre uma categoria a que deu origem.

GARIMPEIROS, CANÁRIOS E PARDAIS

A prática está se generalizando. No início, e excepcionalmente, ao percorrer um corredor de um supermercado, cruzava-se com alguma empresa promovendo a apresentação ou degustação de um produto. Depois, acentuando o que sempre aconteceu nas feiras livres, vendedores elevam a voz e multiplicam-se em "experimenta, freguesa". Mais adiante, selecionadores visuais, postados em locais estratégicos e de grande fluxo de pessoas, oferecem dinheiro no chamado crédito pessoal.

Hoje, quase todos os que vendem alguma coisa contratam seus "garimpeiros, canários e pardais". Ou seja, não é mais suficiente, em um mundo absurdamente competitivo como o nosso, identificar expectativas de clientes e se posicionar através dos vários "Ps" para corresponder aos seus desejos e aspirações. Tem de fazer mais. É indispensável "agarrá-lo pelo colarinho" com mimos e oferecimentos, esteja ele onde estiver, e trazê-lo até o local da prestação de serviços. Ou, dito de outra forma, quem permanecer na margem, pescando, provavelmente voltará para casa com a caçamba vazia. É preciso ir até o meio do rio...

Nas grandes metrópoles brasileiras, nas ruas e nos shoppings centers, garimpeiros, canários e pardais multiplicam-se. Em São Paulo, meninos com um colete identificador e um celular a tiracolo vasculham na multidão possíveis passageiros de táxi. E, ao identificar, perguntam: "Quer táxi, doutor?" Se sim, rapidamente, ou fazem sinal com a mão e um táxi aproxima-se, ou acionam o celular e cinco minutos depois já chega um. A cada passageiro angariado, "descolam" R$ 1,00 ou, em outra forma de trato, no final do dia recebem R$ 10.

Já nos shoppings centers multiplicam-se os canários e pardais. Em reportagem recente realizada pela *Folha Negócios*, alguns dos restaurantes das praças de alimentação chegaram a creditar à ação de seus pardais até 40% de seu movimento. Entre os depoimentos, o de lojas do McDonald's, que afirmam ter registrado um crescimento de 3,5% nas vendas após a adoção do sistema de canários – hoje 80% das lojas já adotaram o recurso. Na Pizza Hut, de cada 100 pessoas abordadas pelos canários, 40 pararam para ouvir as ofertas e explicações, e 32 efetivaram uma compra naquele momento. Segundo o diretor-geral da empresa, Jorge Aguirre, desde a adoção dos canários – na Hut são chamados de promotores de venda –, o movimento de suas lojas na Grande São Paulo cresceu 80%.

Entre as experiências com os canários, uma das mais interessantes é a da rede Mr. Pretzels, que oferece pedacinhos de seus pretzels a todas as pessoas que passam próximas às suas lojas. De cada cinco pessoas que provam, uma compra imediatamente, e metade compra mais tarde e torna-se cliente. Quando, por qualquer razão, uma loja para de fazer degustação, durante aquele período a queda nas vendas é superior a 15%.

Empresas de todos os setores de atividade deveriam refletir intensamente sobre a prática dos garimpeiros, canários e pardais. E, de alguma forma, encontrar uma maneira – pertinente, educada e relevante – de adotá-la; replicá-la. *Questão de competitividade e sobrevivência.*

ICAR – AGREGANDO SERVIÇOS PARA CONTER O "VAZAMENTO" DE FIÉIS

Conforme os três últimos Censos realizados em 1990, 2000 e 2010, de responsabilidade do IBGE, entre todas as religiões, a que mais vem sofrendo baixa em seus quadros é a Igreja Católica Apostólica Romana (ICAR). Por muitas razões, prevalece a perda de sintonia, sem necessariamente ter de abrir mão de seus fundamentos, com as novas realidades do mundo moderno. Essas passam pelo pecado capital de ter ignorado a televisão durante três décadas, só acordando e reconhecendo o erro recentemente; pela enorme distância que se estabelece entre seus sacerdotes e fiéis, muito especialmente na celebração de cerimônias; e pela maneira descuidada como tratou de pequenos e localizados escândalos, que, por não terem sido resolvidos no início, acabaram alcançando repercussão mundial e prolongada.

Assim, e "antes tarde do que nunca", a ICAR vem passando por uma série de reformulações. E entre essas, mais recentemente, está a de estender a todos os seus fiéis a possibilidade de anulação de casamentos, que até poucos anos atrás era privilégio de milionários – como Walter Moreira Salles, que teve seu casamento anulado com Helene Tourtois, para que ela pudesse se casar com Ermelino Matarazzo – e nobres – caso da princesa Caroline, de Mônaco.

Segundo o Direito Canônico, a única forma de "apagar" um casamento é submetê-lo a um processo de nulidade perante as cortes competentes. Mesmo existindo essa possibilidade há muitos anos, o pedido só era atendido desde que se comprovasse que o casamento foi oficiado sem o conhecimento das partes, ou por uma das partes, de uma situação inaceitável perante a Igreja, como impotência do marido ou consanguinidade do casal.

Em 1983, o Código de Direito Canônico sofre sua mais sensível reforma, possibilitando que as cortes competentes também considerassem outras situações de "erro fatal", como infidelidade, esterilidade, alcoolismo e, principalmente, imaturidade psicológica do casal – para aqueles que se casavam muito jovens e depois se arrependiam da pressa.

Desde então, o volume de processos cresceu substancialmente, obrigando a ICAR a criar no Brasil seis novos "tribunais" de "primeira instância", passando de 20 para 26. De 500 pedidos no início dos anos 1990, esse número saltou para quase três mil. E as decisões favoráveis à anulação, e que eram tradicionalmente concedidas em caráter excepcional, hoje se converteram em regra: de cada 100 pedidos, 95 são atendidos.

Mesmo com todo o sucesso que as novas religiões vêm alcançando, a ICAR continua imbatível no quesito "realização de casamentos", pela tradição milenar da cerimônia, pela suntuosidade – ou simplicidade – de muitos de seus templos que criam a atmosfera ideal, devidamente decorados e embalados em luzes e músicas, provocando emoção e encantamento nos noivos, família e convidados. E, assim, nada como garantir não apenas a realização de um primeiro casamento, mas dos eventuais segundos, e quem sabe até mesmo dos terceiros... Evitando que seus fiéis – primários ou reincidentes – tenham de atravessar a rua e recorrer aos serviços dos novos missionários...

30
Nada Mais Inteligente Que Pegar Carona

Pegar carona é a palavra de ordem do marketing moderno.

Na medida em que as empresas são, cada vez mais, menores em suas estruturas, devendo concentrar a totalidade de seus recursos e tempo no foco específico de seus negócios, nada mais sensato e inteligente do que procurar tirar partido daquilo que já existe, pegando carona.

No passado, por inexperiência, burrice, constrangimento, vaidade, arrogância, perdia-se um tempo gigantesco e investiam-se quantias fabulosas para construir o que já existia. Com o passar dos anos, e o amadurecimento das empresas, só se parte para uma solução única e exclusiva quando inexiste a possibilidade de somar.

A evolução tem sido tão grande, que concorrentes "mortais" do passado hoje se dão as mãos em determinadas etapas do processo, sem prejuízo de continuarem concorrendo entre si. Produtos somam suas marcas, companhias de aviação e ônibus compartilham seus espaços, lojas cedem parte de seus espaços para outras lojas e muito mais. O que no passado seria considerado promiscuidade, hoje é demonstração pública de maturidade e sabedoria.

O MELHOR DISPLAY DO MUNDO

Para muitos brasileiros, o melhor display do mundo seria o Cristo Redentor, caso fosse possível depositar, em seus braços abertos, toalhas e lençóis Santista ou, na palma de suas mãos, uma garrafa de Guaraná Antarctica. Já para os norte-americanos, provavelmente seria a exposição de um produto na Times Square, à semelhança do que acontece com o filme da Nike assinado pelo diretor de comerciais Pitka. Assim, amigo leitor, se diante do título sua tentação foi pensar em algum display semelhante ao Cristo Redentor ou à Times Square, sua referência prende-se ao passado.

Os melhores displays do mundo são aqueles contidos, naturalmente, em eventos de superconcentração de audiência, com transmissão para mais de uma centena de países e algumas centenas de milhões de pessoas. Um nariz, por exemplo!

A CSN era uma pequena e malsucedida fabricante de equipamentos médicos localizada em Chanhassen, Minnesota, Estados Unidos. Fundada em 1982, notabilizou-se pelo fracasso de seus produtos voltados para diagnosticar dificuldades de respiração, muito especialmente as ocorridas durante o sono.

Já que não acertava nos equipamentos, a CSN decidiu fabricar, a partir de 1993, uma espécie de "adesivo" para o nariz – tipo band-aid – para aliviar a congestão nasal e facilitar a respiração. Em outubro de 1993, o produto teve sua eficácia comprovada, foi aprovado pela FDA – Food and Drug Administration – e imediatamente colocado no mercado. Fracasso total! Nada.

Assim como o bacalhau bota milhares de ovos de cada vez e ninguém fica sabendo, e a galinha, botando um único, cacareja para todo o mundo tomar conhecimento, não bastava "colocar o ovo em pé", isto é, desenvolver um produto potencialmente campeão, se as pessoas não soubessem de sua existência.

Em agosto de 1994, DANIEL COHEN, CEO da empresa, teve uma ideia, até porque não havia dinheiro para investir em publicidade. Mandou algumas caixas do Breathe Right para cada uma das 28 equipes da NFL – National Football League. Já em novembro de 1994, a partir de uma única caixa enviada como cortesia, milhões de pessoas, intrigadas, viram, pela primeira vez, o craque Herschel Walker, do Philadelphia Eagles, usando aquela estranha "borboleta" pregada no nariz. No dia seguinte ao jogo, o Philadelphia Inquirer ocupou toda a primeira página com uma foto de Walker com a novidade no nariz.

E foi assim que, no Superball de janeiro de 1995, enquanto a Pepsi e a Nike pagavam US$ 1 milhão por 30 segundos na veiculação de comerciais, apenas para o território norte-americano, centenas de milhões de pessoas em todo o mundo viam o Breathe Right adornando narizes e garantindo melhor condição de respiração a dez dos jogadores dos times finalistas. Sem pagar absolutamente nada.

Em 1995, a CSN faturou, com seu Breathe Right, US$ 2,8 milhões. Em 1996, os números superaram os US$ 12 milhões. E, em 1997... foi comprada pela 3M.

Será que não existe, também, um "nariz" para seus produtos?

UTILIZAÇÃO EXEMPLAR DO MERCHANDISING

De certa forma, e em toda a sua trajetória recente, a BMW vinha surrando a Mercedes em todos os territórios, menos em um: sua incapacidade de produzir modelos antológicos, verdadeiros ícones da indústria automobilística e objetos de desejo dos aficionados e colecionadores. A Mercedes, certamente, já produziu uma dezena.

Em 1993, a BMW resolveu fazer mais uma tentativa, e mergulhou de cabeça no desenvolvimento do Z3 – modelo conversível, no topo do topo da categoria luxo/desempenho. Pronto o novo BMW, faltava uma forma de sinalizar sua importância ao mercado e, simultaneamente, agregar o necessário carisma e notoriedade à altura do projeto e do design, alçando-o à condição de ícone.

A solução: Bond, James Bond! Isso mesmo, o 007. Em uma negociação extremamente bem conduzida pela agência de publicidade norte-americana Fallon McElligott, a BMW conseguiu desbancar o tradicional Aston Martin – carro oficial de James Bond –, entrando em seu lugar o Z3 no filme *GoldenEye*. Mas, só nas cenas de ação para não magoar os apaixonados pelo Aston Martin...

Além de, até hoje, e diariamente, continuar percorrendo o mundo todo em telas de televisões, a partir de milhões de fitas de vídeo, DVDs, streaming, apenas nas quatro primeiras semanas de exibição comercial nos Estados Unidos, por ocasião de seu lançamento, o filme, com o Z3 em emocionantes *test drives* pilotados pelo 007, foi visto por mais de 16 milhões de pessoas.

Lançado em novembro de 1995, juntamente com o filme, para entrega nos meses seguintes, a expectativa otimista era de se vender cinco mil carros. Antes do Natal, em menos de dois meses, as encomendas já ultrapassavam a casa das nove mil unidades.

O merchandising, quando usado com competência e sensibilidade, é uma arma definitiva e mortal. Única. Garantiu à BMW, finalmente, seu primeiro modelo ícone da história da indústria automobilística mundial!

ILLY: CONSTRUINDO A MARCA EXEMPLARMENTE

Já que fracassamos como professores, que ao menos nos revelemos alunos aplicados.

O Brasil, que um dia se notabilizou pela sua competência na produção de café, ao longo de décadas perdeu a corrida mundial da comercialização para as grandes indústrias globais, perdeu a corrida da imagem e da mística para a Colômbia e, mais recentemente, volta aos bancos escolares para reaprender a cultivar com os italianos e – quem diria – até mesmo com os norte-americanos da empresa-ícone, a Starbucks.

Neste comentário e análise, vamos nos ater à ação de marketing de convivência com a marca da italiana ILLY. Em parceria com a Universidade de São Paulo (USP), ela criou a Universidade Illy do Café, tendo como objetivo principal melhorar a qualidade dos grãos que compra dos produtores brasileiros. E, em paralelo – e com sensibilidade e seletividade – intensificar a penetração de sua marca, máquinas e produtos no País.

Em pouco tempo de existência, a Universidade Illy já treinou e diplomou mais de 1.200 produtores brasileiros – a empresa compra 60% de todo o seu café do Brasil. Ao mesmo tempo que os ensina a produzir um grão com mais qualidade, conhecedora da importância de seus depoimentos – autoridades em café –, a empresa italiana pega carona, naturalmente, nesses formadores de opinião para a construção e disseminação da marca Illy em nosso País. Um case de Outbreak Marketing exemplar.

Mas não para por aí. Simultaneamente, a empresa vem realizando palestras para cafeicultores, agrônomos e também comerciantes, nos estados de São Paulo, Minas Gerais e Espírito Santo, procurando disseminar sua marca, *expertise* e competência por toda a cadeia de produção: as melhores práticas no plantio, cultura, colheita, embalagem e armazenamento dos grãos.

Assim, e com incomum eficácia, a fama e a mística de autoridade em café da Illy estão naturalmente se "derramando" sobre o mercado. O cheiro do café de suas máquinas começa a tomar conta das grandes metrópoles brasileiras.

COPIAR É LINDO!

Antes de sua trágica morte, o COMANDANTE ROLIM peregrinava de norte a sul do País palestrando e defendendo seus Sete Mandamentos. Seus amigos mais próximos adoravam os seis primeiros e renegavam o sétimo dizendo, "Rolim, você não precisa disso". ROLIM sorria, e repetia, "um dia todos vocês vão dizer a mesma coisa".

O sétimo mandamento de ROLIM é "Quem não tem competência para criar tem que ter coragem para copiar". Anos depois, surgiu uma palavrinha em inglês, BENCHMARK, e hoje todos copiam sem a menor cerimônia. E agora, uma das principais colunistas do *Financial Times*, Lucy Kellaway, que entende "pra burro" de empresas e de gente, e que também escreve para *Valor*, é quem proclama, "É BOM COPIAR. NÃO EXISTIRÍAMOS MAIS ENQUANTO RAÇA SE NÃO FIZÉSSEMOS ISSO".

Em artigo recente, ela conta de uma viagem de trem que fazia e aproveitava para ler o livro I'LL HAVE WHAT SHE'S HAVING, escrito por três autores, em que fazem a apologia da cópia: "quase todas as nossas decisões são baseadas na imitação". Ou seja, não é só o macaco.

No artigo, LUCY escreve e comenta a obra: "O livro afirma que na medida em que a vida fica complicada, com mais pessoas e escolhas, todo mundo parte para a imitação. Agora que pensei nisso, vejo que tudo o que faço é copiado. Os colunistas deveriam ter ideias originais, mas eu nunca as tenho. A dessa coluna foi copiada desse livro, e seus autores, por sua vez, a copiaram de vários acadêmicos e cientistas sociais. Quando escrevo, pego um tema já existente e faço minhas próprias impressões. Não há motivo para ter vergonha disso. É bom copiar..." E é o que eu, MADIA, estou fazendo neste momento. Copiando e repetindo ROLIM, copiando e repetindo LUCY, e adicionando um pouco mais e contando do meu jeito. Assim é a vida.

Da mesma maneira que ROLIM fazia a apologia à cópia, em suas conferências, eu tenho reiterado em todas as que faço nos últimos anos, que a cada dia que passa as empresas são mais parecidas, mais iguais, pura e simplesmente porque uma copia a outra e vice-versa. E que a diferença, a única diferença possível entre as companhias, é o que cada uma é na soma de suas manifestações, seu ESTILO E PERSONALIDADE. Mesmo que uma empresa queira copiar outra em tudo, ESTILO E PERSONALIDADE são irreplicáveis. Depende da soma de todos os fatores, temperada pela qualidade de sua equipe de colaboradores.

Assim, e terminando, COPIAR É PRECISO; COPIE SEMPRE! Mas, jamais se esqueça de que as pessoas vão preferir comprar da sua empresa, e não de seus concorrentes, desde que a sua tenha um jeito de ser, fazer e prestar serviços simplesmente irresistíveis, encantador e único.

Saudades, COMANDANTE ROLIM.

CARONEIROS

Assim como em 2004, no final de 2005, o *Financial Times* divulgou sua lista dos BILIONÁRIOS em todo o mundo. E a característica comum, em nove de cada dez dos bilionários, é a sabedoria de PEGAR CARONA.

BILL GATES, 49 anos, pegou carona nos hardwares – microcomputadores – concentrando-se em softwares que os fazem funcionar: 90% de todos os microcomputadores do mundo, independentemente da marca do fabricante, são Microsoft. Patrimônio: "trocentos" bilhões de dólares.

WARREN BUFFETT, 75 anos, pegou carona em si próprio. Cansado das promessas que nunca se concretizavam dos advisors e consultores financeiros, decidiu apostar em sua sensibilidade gerindo seu próprio patrimônio. Patrimônio: "trocentos" bilhões de dólares.

CARLOS SLIM HELU, 65 anos, pegou carona no processo de privatização do México, assumindo o controle da operadora telefônica mexicana. Patrimônio: "trocentos" bilhões de dólares.

LAKSHMI MITTAL, 55 anos, pegou carona na equivocada crença que siderurgias só podiam atuar localmente. De uma pequena siderurgia quebrada na Indonésia, em 1976, hoje é a empresa líder mundial do setor, MITTAL STEEL COMPANY. Patrimônio: "trocentos" bilhões de dólares.

INGVAR KAMPRAD, 79 anos, pegou carona no vácuo produzido pela miopia dos demais fabricantes de móveis, incapazes de entender, traduzir e "tangibilizar" os produtos que verdadeiramente os jovens casais queriam. Assim nasceu sua IKEA. Patrimônio: "trocentos" bilhões de dólares.

MICHAEL DELL, 40 anos, pegou carona na tradição secular da família americana de comprar por catálogos e a distância e sem intermediários, com comprovados benefícios para os clientes, e que batizou com seu sobrenome, DELL. Patrimônio: "trocentos" bilhões de dólares.

BERNARD ARNAULT, 56 anos, pegou carona no mercado mundial do luxo, somando grifes e trabalhando fortemente a sinergia existente entre as diferentes marcas na LVMH: Louis Vuitton, Fendi, Givenchy, Dom Pérignon, Veuve Clicquot, Moët & Chandon, Hennessy, Céline, Kenzo, Pucci, Donna Karan, Dior, Guerlain, Tag Heuer, Sephora dentre outras. Patrimônio: "trocentos" bilhões de dólares.

LARRY ELLISON, 61 anos, pegou carona na carência de softwares de banco de dados que, verdadeiramente, cumprissem o prometido e correspondessem às verdadeiras necessidades das empresas fundando sua ORACLE. Patrimônio: "trocentos" bilhões de dólares.

ROMAN ABRAMOVICH, 39 anos, pegou carona na derrocada do comunismo na Rússia, aproveitando-se das oportunidades que todas as crises e situações de mudanças radicais trazem em si. Patrimônio: "trocentos" bilhões de dólares.

SILVIO BERLUSCONI, 69 anos, pegou carona na política e no lobby para alavancar, através de suas empresas de comunicação, todo o grupo de empresas que controla. Patrimônio: "trocentos" bilhões de dólares.

Em todas as próximas listas do *Financial Times*, figurarão SERGEY BRIN e LARRY PAGE, GOOGLE, que pegaram carona na comunicação ON DEMAND, replicando, no mundo digital, a ideia das velhas e boas listas telefônicas. Patrimônio: mais que "trocentos" bilhões de dólares (cada).

31
"Sacar" É uma Coisa; "Realizar", Outra

"Eu havia pensado nisso..."; "Você parece que leu meu pensamento..."; "Essa ideia já me passou pela cabeça...", e muitos outros comentários como esses são comuns no dia a dia das pessoas e das empresas.

Ainda no território dos relacionamentos pessoais, até se entende que as pessoas se manifestam dessa maneira, embora não devessem, pois não existe mérito nenhum em ter uma ideia – todos os seres humanos têm milhões de ideias no correr de suas vidas –, ter um pensamento, ter um insight e não levar adiante. Já no território empresarial é grave, porque não apenas não valoriza quem assim fala e procede, como passa uma sensação de impotência, incompetência, preguiça, inveja...

O que conta não é sacar, mesmo porque as "sacadas" são infinitas; só conta o que é realizado, colocado em pé, funcionando, e de uma forma atraente e acessível aos públicos a que se dirige.

Todos os livros de administração e marketing oferecem centenas de exemplos de produtos criados e desenvolvidos por empresas, porém realizados, colocados em pé, por outras. Mas, essas referências só constam nos livros porque na cabeça, no coração e no bolso dos consumidores só prevalecem aquelas empresas que foram capazes de viabilizar os projetos, garantindo seu desempenho pela aposição de suas marcas.

A DIFERENÇA ENTRE FREQUENTADOR E ESPECIALISTA

Como é do conhecimento de toda a sociedade brasileira, frequentar a noite, e muito especialmente bares, figura na relação das preferências de parcela expressiva dos principais craques de futebol. Desde cabeças não tão privilegiadas, como as de um Romário, até mesmo de pessoas supostamente mais sensatas, como Zico, e até de pessoas simpáticas e cordiais, como Ronaldo.

Não importa. Frequentar é uma coisa; entender, ser especialista e dominar essa complexa atividade é outra muito diferente. Que o digam até mesmo os verdadeiros "craques da noite" que volta e meia contabilizam terríveis fracassos.

Assim, não causou surpresa constatar que o CAFÉ DO GOL, leia-se Romário, bar/boate com três mil m² e capacidade para duas mil pessoas, aberto em novembro de 1998, e que demandou um investimento superior a US$ 2 milhões, tenha fechado suas portas poucos meses depois.

Da mesma forma que o ESPAÇO ZICO, com pretensões menores e uma arquitetura inspirada no Maracanã, aberto em abril de 1998, tenha sobrevivido mal e precariamente durante dez meses.

E, ainda, que a boate R9, leia-se Ronaldo, aberta em agosto de 1998, tenha resistido heroicamente a 17 meses, e, também, fechado suas portas.

Assim, se você é apaixonado por determinados produtos, e bate o ponto todos os dias em bares e restaurantes, não se deixe levar pelo entusiasmo. Frequentador é uma coisa; especialista, outra.

A LIÇÃO DE OBA; OBA!

Poucas situações são mais emblemáticas e definitivas do entorpecimento e loucura a que normalmente a tecnologia induz seus seguidores que a histórica demonstração/lição dada por HAJIME OBA, executivo da TOYOTA encarregado de evangelizar os fornecedores norte-americanos da empresa sobre o que vem a ser, de verdade, a PRODUÇÃO ENXUTA.

Visitando a SUMMIT POLYMERS, que entre outras competências orgulhava-se dos investimentos realizados em robôs revolucionários inseridos em um forno para a pintura de painéis de automóveis, cujo desenvolvimento consumiu "singelos" US$ 280 mil, e empunhando um pequeno e descartável secador de cabelos de US$ 12, com nota, e US$ 5, nos camelôs, provou que sua solução prosaica – o secador – era infinitamente mais vantajosa que os robôs e o forno de última geração.

Demonstrou a todos, boquiabertos, que os robôs e o forno, dos singelos US$ 280 mil, demandavam mais de 90 minutos para secar os painéis, e mesmo assim, pela demora, causavam imperfeições pelo acúmulo de poeira em algumas peças. Já o prosaico secador de US$ 12 fazia a mesma operação, MELHOR, SEM DEFEITOS, em apenas três minutos. E ainda contando com o velho e bom ser humano no comando.

Dispensam-se comentários adicionais. OBA!

NINA E TIM

Nina e Tim conheceram-se na faculdade. Formaram-se em direito pela Yale Law School, em 1963, casaram-se e foram trabalhar, como advogados, nos escritórios de Paris de uma importante corretora de Wall Street. Gostavam da profissão, de enveredar pelos processos, e das surpresas que as decisões dos juízes sempre oferecem. E amavam comer. Muito especialmente, comer bem.

A grana que entrava para o jovem casal era literalmente "detonada" nos melhores restaurantes de Paris, em ótima comida, vinhos excepcionais e ambientes escolhidos a dedo.

Um dia, em 1970, retornaram aos Estados Unidos e passaram todo o aprendizado parisiense, em forma de preciosas dicas de restaurantes, a todos os seus amigos que pretendiam visitar a capital da França e arredores. Mais do que isso. Junto com esses mesmos amigos, desenvolveram o hábito de se encontrar para conversar e trocar informações sobre comidas, bebidas e restaurantes.

Em um desses encontros, perceberam que a qualidade das críticas dos restaurantes, nas colunas dos principais jornais norte-americanos, não correspondia, de forma alguma, à avaliação deles, frequentadores.

Voltando para casa, enquanto tomavam um conhaque, Nina e Tim tiveram uma ideia. Elaboraram um questionário, xerografaram e distribuíram aos amigos, pedindo que fizessem anotações sobre todos os restaurantes que frequentassem e depois o devolvessem. Prometiam tabular os resultados e comentários, partilhando, na sequência, com todos que colaborassem na pesquisa.

Anos depois, Nina e Tim Zagat não advogavam mais. Viviam de pesquisar restaurantes usando amigos, a partir do conceito de que "Um grupo de pessoas produz uma avaliação melhor que a cabeça de um único crítico."

A primeira pesquisa realizada pelo casal Zagat contou com o apoio de cem amigos avaliando 75 restaurantes. Em 1982, já eram 600 amigos "votando" em 300 restaurantes de Nova York. Em 1983, lançaram a primeira edição do *Guia de Restaurantes Zagat de Nova York*, no formato de livro de bolso, para facilitar a vida dos turistas, tendo vendido 7.500 exemplares a US$ 8 cada.

Desde 1996, os Guias Zagat cobrem 50 cidades norte-americanas, ou seja, são 50 guias, com um total de 15 mil restaurantes avaliados por um exército de 75 mil "amigos" e pesquisadores, que se sentem sumamente honrados de participar do maior "Colégio Eleitoral Gastronômico" do mundo.

No marketing moderno, como de certa forma no antigo, mais importante que INOVAR é a capacidade de realizar, de colocar o ovo em pé. A ideia de fazer guias de restaurantes já passou pela cabeça de milhares de mortais que, à semelhança dos Zagats, também tinham o hábito de cultivar os prazeres da mesa.

A capacidade de imaginar, desenvolver e operacionalizar um sistema altamente econômico, criativo e gerador de todas as informações pertence a um casal de advogados que, até outro dia, com duas dúzias de funcionários, milhares de amigos, um micro parrudo, um Database Marketing brilhante, estourava de ganhar dinheiro, entre memoráveis refeições e ótimos vinhos, até porque ninguém é de ferro...

No dia 8 de setembro de 2011, a empresa de NINA E TIM ZAGAT foi comprada pelo GOOGLE. US$ 300 milhões...

PSN: DELÍRIO EM MARKETING

Existem muitas maneiras de se denominar a mesma síndrome: "Superdimensionamento de Mercado", ou "Delírio em Marketing", ou "Sonho, Logo Existe", ou, se preferirem, "Se Deus Quiser..." como se Deus tivesse alguma coisa a ver com as alucinações e exuberâncias irracionais de adoradores de produtos e tecnologia, e cegos definitivos em termos de mercado.

A PSN – PANAMERICAN SPORTS NETWORK –, à semelhança de muitas outras empresas que acreditam em fadas e milagres, apostou que mercados crescem sempre e para sempre; e jogou muitas, quase todas, as suas fichas nessa direção. Se uma ESPN e uma FOX SPORTS estavam dando certo e obtendo razoáveis resultados, o negócio era entrar arrasando, ocupar o espaço, ainda que inflacionando o preço, e depois, com os então líderes debilitados pela perda do "recheio", do editorial, renegociar com os detentores dos direitos. Uma espécie de operação "Cavalo de Troia". Só que o cavalo chegou ao território a conquistar completamente debilitado, e nem mesmo conseguiu desembarcar as ações, tropa e planos táticos que supostamente carregava em seu ventre.

A PSN nasceu para dominar o território do esporte na América Latina. Sob inspiração e comando do milionário texano TOM HICKS, e com recursos de seu fundo de investimento HICKS, MUSE, TATE & FURST, ela foi rapidamente desbancando ESPN e FOX SPORT, pagando mais que o dobro por direitos de transmissão de campeonatos de futebol na região, da Fórmula 1, do tênis do US Open e Wimbledon, apostando, na partida, mais de US$ 650 milhões. E, ainda, apoiando a criação de novos torneios com prêmios milionários aos clubes participantes, como foi o caso da "falecida" COPA MERCOSUL.

Apostava no apreço que os latino-americanos têm pela prática do esporte, muito especialmente do futebol. No talento e competência dos pilotos de carros de corrida, particularmente nos brasileiros, herdeiros de Fittipaldi, Piquet e Senna. Na trajetória de Guga, Lapente, Ríos e em uma safra generosa de tenistas argentinos. E, muito especialmente, no desenvolvimento e no progresso econômico da região, no crescimento da televisão por assinatura no Brasil, enfim, em décadas de prosperidade e riqueza... e ainda, e de certa forma, também se deixaram contagiar pela "ventania de otimismo" que caracterizou os primeiros meses da "nova economia".

O milagre previsto por HICKS e pelo HMTF não aconteceu, e nem poderia, como pessoas sensíveis e experientes estavam cansadas de saber; muito especialmente as que passam a vida debruçadas sobre o mercado procurando entender seus movimentos, tendências e manifestações.

A região entrou em crise. As televisões por assinatura no Brasil estacionaram. O maior mercado da região, e onde a PSN contava com dez milhões de assinaturas, a Argentina, bateu no fundo de um poço, cujo fundo era muito mais fundo do que se imaginava. Pagando em dólares e recebendo em moeda local, o buraco da PSN foi se agigantando e, finalmente, na virada do milênio, jogou a toalha, amparando-se no capítulo 11 da Lei das Quebras dos Estados Unidos, para tentar renegociar suas dívidas e sobreviver. Os investimentos nos direitos de transmissão, na maior parte pagos à vista, JAMAIS RETORNARAM.

Talvez tivesse até algum sentido as ideias e reflexões da PSN; já a realização, totalmente distante das realidades do mercado, foi simplesmente desastrosa.

MOMOFUKU ANDO

No dia 5 de janeiro de 2007, o mundo e o marketing perderam um de seus grandes gênios: morreu MOMOFUKU ANDO, o inventor do CHICKEN RAMEN, o famoso MACARRÃO INSTANTÂNEO, mais conhecido entre nós por MIOJO. Entre outros, adorado pelas crianças, que precisavam preparar sua alimentação e dos irmãos mais novos, enquanto as mães trabalhavam fora, e dos mais idosos e solitários que passaram, e muitos ainda passam, seus últimos anos de vida na base do MIOJO.

MOMOFUKU nasceu em 1910, na ilha de TAIWAN, quando ainda era território japonês. Sua inspiração veio durante a Segunda Guerra Mundial, diante da miséria, destruição e fome instalada em seu país, e a necessidade de encontrar uma solução de qualidade para a escassez de alimentos. Saia todos os dias a caminhar pelas cidades, em busca de uma inspiração, e seu insight veio exatamente a partir de suas caminhadas, e da observação que fez sobre um prato barato e que era servido nas ruas e nos restaurantes populares do Japão, o RAMEN. Com essa inspiração na cabeça, fundou a NISSIN FOOD PRODUCTS em 1948. E não descansou enquanto não deu forma e vida a seu insight, o que veio a acontecer só em 1958, com a chegada do CHICKEN RAMEN ao mercado.

Para chegar ao produto de seus sonhos, estabeleceu desde a partida cinco condições: que fosse, pelo gosto, do agrado das pessoas; que trouxesse conveniência em todos os sentidos, muito especialmente em termos de acesso e preparação; que pudesse ser guardado por um bom tempo; que fosse saudável; e que coubesse no bolso dos mais pobres.

Mais que isso, MOMOFUKU acreditava que quando as pessoas estão alimentadas pensam melhor antes de agir, ficam mais bonitas e saudáveis e constroem uma sociedade melhor: "A paz virá quando todas as pessoas tiverem o suficiente para se alimentar", "Alimentação correta torna as pessoas mais bonitas e saudáveis" e "Pessoas bem alimentadas construirão um mundo melhor".

No dia 31 de dezembro de 2006, MOMOFUKU com 96 anos, cumpriu seu ritual de todo final de ano: visitou a NISSIN, almoçou e discursou para os funcionários, e comeu um prato de CHICKEN RAMEN. O mesmo produto que atingiu a impressionante cifra de 65,3 bilhões de unidades em 2003, o que corresponde a quase sete "MIOJOS"/ano, por habitante do planeta. Esse número, em 2006, superou a casa dos 80 bilhões de unidades. Hoje são mais de 100 bilhões...

Consciente da importância da MARCA, e do fortalecimento de sua componente legendária, criou e inaugurou o INSTANT RAMEN MUSEUM em IKEDA, próximo de OSAKA, em novembro de 1999, para imortalizar a história do macarrão instantâneo, detalhando todos os momentos que antecederam sua criação. Também foi responsável pela criação da IFIA – Instant Food Industry Association – com o intuito de fortalecer toda a categoria e definir padrões mínimos de qualidade.

E sua obra ainda envolve uma dezena de outras e relevantes iniciativas, que passam a ser referência obrigatória para todos aqueles que buscam um sentido para suas vidas, e um melhor entendimento do que é o VERDADEIRO MARKETING.

Apenas isso. MOMOFUKU!

32
Cliente Não Tem Preposto

Nada pior do que quando alguém na empresa fala: "Deixa que eu sei o que o consumidor quer". Em toda a história do marketing, a cada cem vezes que alguém recorreu ao supostamente infalível feeling, em menos de uma, muito menos de uma, a ousadia deu certo. Nas outras 99 e alguma coisa, perpetrou-se uma barbaridade, pariu-se um monstro.

Consumidores não têm prepostos. A empresa precisa estar permanentemente em contato com eles, monitorando suas movimentações, comportamentos de compra, manifestações de vontade, desejos e necessidades. A companhia precisa se colocar no lugar deles e passar pelos mesmos constrangimentos e dificuldades que sofrem na tentativa de comprar os produtos e, depois, na utilização do que compraram.

Fazer uma pesquisa de mercado de vez em quando não é mais suficiente. A empresa precisa ter o pulso do mercado permanentemente, e para sempre, em suas mãos.

BANANADA, PESSEGADA, MARMELADA E GOIABADA

Lá atrás, muito lá atrás, alguém teve uma ideia supostamente brilhante: o doce em lata 4 em 1. Até hoje, à semelhança das questões tautológicas, como o mistério do ovo e da galinha, não se sabe qual a verdadeira razão. Segundo alguns, falando em nome de consumidores que nunca foram ouvidos, era muito melhor e cômodo para eles, em vez de terem de comprar uma lata de marmelada, outra de goiabada, de pessegada e de bananada, receber os quatro doces em uma única lata, e pronto. Segundo outros, exagerou-se na produção de pessegada, bananada e marmelada, e para desencalhar o estoque, inventou-se o 4 em 1.

Ainda me lembro, nos meus tempos de infância em Bauru, do dia em que minha mãe comprou pela primeira, e última vez, o 4 em 1 da CICA. A goiabada acabou no primeiro dia. A marmelada demorou um pouco mais e, no final do mês, ainda restava metade da bananada e toda a pessegada... Nunca mais o 4 em 1 entrou em casa.

Volta e meia, nas últimas décadas, empresas caíram na tentação do 4 em 1, ou do 12 em 1, ou do 50 em 1. É histórica a convenção da DIGITAL – que já mencionamos no Mandamento 11 –, uma das maiores empresas do mundo. Ao se dirigir aos convencionais, o presidente da empresa, referindo-se a um de seus produtos, proclamou: "Devo confessar que até hoje não aprendi a usar os botões do forno de micro-ondas que fabricamos!" Aos poucos, timidamente, os presentes – diretores e principais executivos da empresa – foram murmurando: "Eu também, eu também...".

Assim como também é histórico o momento em que os fabricantes de eletroeletrônicos reúnem-se nos Estados Unidos, celebrando um pacto de simplificar e facilitar a vida dos consumidores. Com aparelhos mais acessíveis em todos os sentidos. Com a criação das *easy lines*, cujo melhor exemplo são os controles remotos de apenas seis ou oito funções dos televisores: ligar, desligar, aumentar ou diminuir o som e mudar de canal, contra os controles de 1.001 funções que fazem os telespectadores se sentirem ignorantes e incapazes para sempre.

Por todas essas razões, imaginávamos que a tentação de agregar funções indesejáveis a produtos tivesse terminado, quando, para nossa surpresa, e em determinado momento, a ITAUTEC desembarcou no mercado um monstrengo apelidado de Infoway.

O texto do anúncio traduzia a salada: "Sabe aquelas coisas que você sempre quis ver e ouvir em um computador multimídia? O Infoway tem. Ele tem um escritório completo: micro com monitor 15", tela plana, modem e fax. Tem um verdadeiro home-theater: sintonia de TV estéreo; aparelho de som com CD *player*, rádio FM, além de caixas acústicas de alta potência e microfone embutido no monitor; e mais um supervideogame com oito títulos em CD...".

Se fizeram pesquisa, não foram capazes de analisar e entender a expectativa dos consumidores. Inventaram um monstro tão grande, que a única forma de aprisioná-lo foi em uma caixa horrorosa, que passava a quilômetros de distância de qualquer entendimento de design. E, na medida em que quem é tudo não é nada, só foram felizes na escolha do nome – Infoway –, de uma generalidade absoluta, o melhor para traduzir um produto que não tinha o menor significado.

Para os mortais, salvo prova em contrário, durante muito tempo, talvez para sempre mesmo, TELEVISÃO é TELEVISÃO, FM é FM, COMPUTADOR é COMPUTADOR, VIDEOGAME é VIDEOGAME, e "UM VERDADEIRO HOME-THEATER", é outra coisa totalmente diferente.

Isso posto, se alguém chegar à sua empresa com ideias tipo 4 em 1, ou "Eu sei o que os consumidores estão querendo", coloque-o incontinente na rua, de forma exemplar. Aos gritos e com humilhação. Como Cristo fez com os vendilhões do templo...

EM DEFESA DO LIMÃO E DOS APRECIADORES DA CAIPIRINHA

Quando algum inconsequente e prepotente faz uma afirmação do tipo "Eu sei o que o mercado quer", saio de perto. Em poucos meses ou anos terei mais uma história de fracasso para contar a meus leitores.

Durante um feriado prolongado, no final dos anos 1990, estava na praia lendo a biografia de Scott Fitzgerald, quando uma daquelas moças que fica convidando os hóspedes para participar de jogos, ginástica na piscina e outras brincadeiras pergunta se eu não gostaria de participar de um torneio de caipirinha. Uma espécie de eleição de quem fazia a melhor caipirinha. Agradeci, e continuei lendo "In a real dark night of the soul it is always three o'clock in the morning..."

De repente, começa uma gritaria na piscina. Decido conferir. Todos os que aceitaram entrar do torneio estavam revoltados, caindo fora, porque lhes deram uma faca de cozinha para cortar o limão, e o barman se recusava a emprestar a faca "oficial" para caipirinhas, dele, porque era a única, e porque tinha ciúme do utensílio. Mas a faca de cozinha machuca o limão – uma heresia para os "reis das caipirinhas"! Volto à história da caipirinha no final.

Não obstante a trajetória do marketing esteja repleta de exemplos de empresas e executivos que *decidiram pelo mercado*, em vez de *ir perguntar ao mercado*, quebrando a cara e jogando dinheiro pela janela ou no lixo, ainda é comum encontrar manifestações de arrogância e prepotência, aditivadas com doses substanciais de estupidez e burrice, contaminando organizações. Muitas vezes, mesmo, organizações vencedoras.

Uma das manifestações mais notáveis dessa arrogância foi dada pela cervejaria MILLER que, em determinado dia, teve a sensacional ideia de produzir uma cerveja sem cor...

Outra foi perpetrada pela BOLS, que imaginou que tudo o que os apreciadores de Cuba Libre, Gim-Tônica, Hi-Fi queriam era encontrar esses drinques já prontos e não ter o trabalho de prepará-los. Em vez de perguntar ao mercado, decidiu por ele e fabricou e colocou nos pontos de venda o Dakar Cuba Libre, Gim Tônica, HI-FI etc. Meses depois, e de forma humilhante e envergonhada, recolheu todas as garrafinhas que foram devidamente destruídas, e nunca mais tocou no assunto. Se tivesse consultado o mercado, teria constatado que as pessoas que tomam esses drinques adoram prepará-los, e jamais abririam mão desse prazer para um produto industrializado...

E o GLEN KELLA, então. O quê? Você nunca ouviu falar dele? É natural. Sua vida foi curtíssima. O primeiro uísque, à semelhança da cerveja da Miller, também sem cor... absolutamente sem graça... ou, como disse um apreciador de uísque, indignado: "Detesto vodca".

E retorno, agora, à caipirinha. Isso mesmo, àquela que foi motivo do maior auê na minha semana de férias porque seus apreciadores recusavam-se a prepará-la diante da impossibilidade de usar a faca certa para cortar o limão.

O fabricante da cachaça 51, certo dia, decidiu pelo mercado. E, por meio de anúncios, lançou sua caipirinha em sachês, a CAIPIRINHA MIX 51. No texto do anúncio, dizia:

"Apresentamos Caipirinha Mix 51. A caipirinha instantânea. Ela é tão gostosa que até seu preparo é um rápido prazer. Você abre o sachê, despeja no copo, acrescenta uma dose e meia de 51, mexe bem e põe gelo à vontade. Caipirinha Mix 51 é limão e açúcar na dose certa. Seu drink fica pronto na hora e você tem mais tempo para beber e gostar."

Preciso dizer alguma coisa?...

ALMA DE JANGADEIRO

Na última vez em que estive em Recife, fui conhecer Porto de Galinhas. Uma praia feia, um mar admirável, uma natureza de tirar o fôlego.

Recomenda-se chegar uma hora antes do ponto mais baixo da maré, tomar uma das jangadas que transportam os turistas e, em questão de minutos, deliciar-se durante duas horas em uma das muitas piscinas naturais.

Nesse trajeto praia-piscinas naturais, de pouco mais de cinco minutos, é possível sentir a aparente fragilidade das jangadas.

Meia dúzia de troncos cuidadosamente amarrados com uma corda/cipó, uma vela e uma âncora de tronco de árvore com uma pedra no meio.

Anos atrás, lendo *Trip*, uma de minhas revistas preferidas, a edição que tem Rafaela Fischer – a filha da Vera – na capa, me emocionei com a reportagem "Netscape Navigator", de autoria total – fotos e texto – de Giuliano Cedroni: "Subir em uma jangada e fazer tudo o que os jangadeiros fazem. Isso basicamente resumia todo o meu plano de ataque... para uma matéria sobre os verdadeiros navegadores do mar".

Giuliano partiu, em uma sexta-feira, da praia de Lagoinha, a 250 km de Fortaleza, às 7 horas da manhã, regressando dois dias depois, dividindo o espaço de uma mesa com um jangadeiro e seu filho, vomitando várias vezes, mas extremamente orgulhoso dos olhares de admiração que recebeu de seus companheiros de viagem: "Homens tão cultos e raros como os jangadeiros".

Giuliano relembra também o fascínio que os jangadeiros exerceram sobre Orson Welles, que abandonou um projeto milionário, deu uma banana para Hollywood, complicou sua carreira, despediu a equipe e foi filmá-los durante meses. Um longa-metragem jamais visto pelo próprio autor e considerado uma pequena obra-prima.

Nesses tempos em que vivemos, onde a mudança é o ambiente, onde o futuro não tem nenhuma ligação com o passado e que Drucker definiu como "Uma Era de Descontinuidades", tenho recomendado aos alunos da Madia Marketing School, e às pessoas que paciente e generosamente me ouvem nas conferências que faço pelo Brasil, que adotem a sabedoria dos índios.

Fazendo uma fogueira com todos os entulhos do passado; subindo nas montanhas mais altas; olhos fixos no formato e no movimento das nuvens; ouvidos colados no chão; narinas e peitos escancarados para o vento e para a brisa; terra e areia nas mãos; comunicação direta e personalizada, tambor a tambor; e, acima de tudo, coragem, disciplina e compromisso. Ou seja, que se apoiem muito mais na sabedoria da intuição e da sensibilidade do que em tecnicismo, fórmulas mágicas e consagradas e ferramentas sofisticadas e presumivelmente de alta precisão...

Assim como tenho recomendado que também reflitam sobre os jangadeiros: "Em troca de uma pescaria que rende R$ 15, os jangadeiros cearenses enfrentam o alto-mar com o risco de se perderem, naufragarem ou trombarem de frente com uma embarcação maior. Sem bússola, GPS, radar, rádio, motor ou boia, esses marinheiros, que navegam na era virtual, usam a melhor tecnologia disponível: os cinco sentidos".

Segundo Amyr Klink, "o uso de recursos em excesso embrutece o novo velejador, fazendo-o perder as habilidades que tem um jangadeiro. Sou apaixonado por esses caras...".

Eles, Amyr e Giuliano, estão cobertos de razão. O mundo dos negócios e as empresas precisam muito mais de práticos de portos do que de comandantes de transatlânticos. Mais de profissionais de marketing com alma de jangadeiro do que de jovens e brilhantes acadêmicos cheirando a tinta. De pessoas que mergulhem no mercado com coragem e desprendimento e, só então, digam saber o que o consumidor quer.

WEDGWOOD

Em todos os trabalhos de "arqueologia" no marketing, a WEDGWOOD é celebrada como a primeira entre as demais marcas da economia moderna. Até porque, e se retornarmos ao início dos tempos, toda a trajetória do homem em suas iniciativas econômicas caracterizam-se pelos "rastros e marcas" que deixam pelo caminho. E uma certa CRUZ – logomarca imbatível da Igreja – já avança no terceiro milênio.

JOSIAH WEDGWOOD trabalhou desde criança na olaria de seu pai, sempre preocupado com o lado comercial do negócio. Quando seu pai morreu, em 1739, a olaria passou para o comando de seu irmão mais velho, THOMAS, que rapidamente levou a oficina cerâmica a um buraco financeiro descomunal, exigindo a presença de JOSIAH para ajudá-lo.

Em 1752, com a situação controlada, mas diante da falta de capacidade e ambição do irmão, decide alçar voo próprio e se associa a outro oleiro, THOMAS WHIELDON, que manifestava profunda admiração por sua sensibilidade com o mercado e capacidade de negociação.

Em 1762, durante uma viagem de negócios a Liverpool, Josiah bate com o joelho na quina de um móvel e fica imobilizado durante semanas. Nessa ocasião, o destino e as circunstâncias fazem com que seu médico o apresente ao terceiro Thomas de sua vida, THOMAS BENTLEY, a quem se associa na produção de cerâmica decorativa.

E é exatamente nesse momento, e no início da produção de suas cerâmicas decorativas, que toma as primeiras decisões que o incluiriam em toda a história do marketing. Mais que caracterizar suas peças com uma marca ou logotipo, Josiah decide assiná-las, gravando em todas elas seu nome/marca WEDGWOOD. Mais que fabricar "mais uma" cerâmica, ele decide se esmerar na qualidade, cobrando um preço significativamente maior que seus concorrentes e "tangibilizando", pela qualidade aparente, o valor que as famílias e a nobreza reconheciam e dispunham-se a pagar.

Em muito pouco tempo, suas cerâmicas tornaram-se a louça oficial da família real, sendo usadas regularmente pela rainha Charlotte, mulher de George III.

Confiante na qualidade e na fama de suas cerâmicas, que já cruzavam a Europa, WEDGWOOD tomou a terceira decisão que o torna presença obrigatória na história do marketing. Ele fez a primeira ação de marketing direto, produzindo mil peças de cerâmica, individuais e primorosamente embaladas, e mandadas com carta de apresentação e uma nota fiscal quitada, especificando o valor, para mil famílias da nobreza e aristocracia germânica. Os que não aceitassem a oferta poderiam realizar a devolução com todas as despesas suportadas pela WEDGWOOD. Mais de 80% das pessoas confirmaram a compra.

MANICURE, O CLIENTE

O sétimo mandamento do marketing, segundo o maior dos mestres, PETER DRUCKER, diz que "O CLIENTE NÃO É QUEM COMPRA, É QUEM TOMA A DECISÃO DE COMPRAR." E óbvio, como não poderia deixar de ser, o saudoso mestre está absolutamente certo.

Alunos obedientes e com dinheiro, ou contando com o dinheiro dos pais, compram livros. O dinheiro é deles, ou dos pais, e quem vai usar aqueles livros são os próprios alunos. Mas quem decidiu "adotá-los", e especificar como obra utilizada no curso, foram os professores, e assim, conforme ensina o mestre, o CLIENTE DAS EDITORAS DE LIVROS ESCOLARES É O PROFESSOR.

O mesmo acontece no negócio dos remédios, onde o paciente somos nós, e os CLIENTES da Indústria Farmacêutica são os MÉDICOS; no território de autopeças, onde os proprietários e usuários dos automóveis somos nós, onde quem paga os consertos continuamos sendo nós mesmos, quem decide e escolhe por nós as peças que vai colocar embaixo do capô e do piso, no motor, na transmissão, nos freios, na embreagem de nossos carros é o MECÂNICO. E assim, o CLIENTE da indústria de autopeças é o MECÂNICO, e não nós.

E mais recentemente, no território da beleza, as indústrias, a cada dia que passa, valorizam a figura do profissional. Que usa e consome durante o mês o que alguns milhares de consumidores utilizam e consomem no mesmo período, e, mais importante que isso, ao usar e depor, manifestar-se e recomendar, acabam orientando seus clientes para os produtos que vão comprar para a manutenção e eventualmente uso, na impossibilidade de recorrer aos préstimos do profissional.

Matéria publicada no jornal *Valor*, assinada por Daniele Madureira, fotografa e autentica essa realidade, esse novo e consistente exemplo do Sétimo Mandamento do Marketing de Drucker: a importância decisiva, vital, definitiva, das Manicures, nas compras e uso do esmalte. No entendimento dos principais fabricantes, as MANICURES são responsáveis diretas – pelo que compram e usam –, e principalmente de forma indireta – pelo que recomendam –, por mais de 70% de toda a comercialização de esmaltes que ocorre em nosso País. Desse total vendido no varejo e auditado pelo NIELSEN, 72% acontecem nas farmácias e perfumarias, e 28% através das gôndolas dos supermercados.

As mesmas métricas do NIELSEN concentram em três fabricantes, ano-base 2006, 68% da quantidade total de ESMALTES vendidos no varejo, e 75% do total faturado com o produto nesse canal. E em todos os três, a manifestação ostensiva de apreço e "paparicação" ao seu verdadeiro cliente, AS MANICURES.

Enquanto a líder do mercado, NIASI, coloca seu batalhão de promotoras todos os meses nas ruas para visitar, de forma especial, os dois mil salões de beleza mais centrais das cidades de São Paulo e Rio de Janeiro, a L'ORÉAL escala algumas de suas químicas para visitas regulares aos mesmos salões, como ferramenta de Inteligência Competitiva, no sentido de identificarem tendências, e qualificarem-se para eficazes insights. Já a IMPALA, que disputa o território palmo a palmo com NIASI e L'ORÉAL, promove segunda-feira sim, segunda-feira também, o CLUBE DA MANICURE nas instalações de sua sede na cidade de São Paulo, recebendo na empresa – BRAND EXPERIENCE – 30 especialistas em pés e mãos para participarem de workshops, conhecer os processos de fabricação e últimas novidades, e receberem presentes e amostras.

Isso posto, sempre vale a pena lembrar o Sétimo Mandamento do querido e saudoso mestre. Ainda hoje, muitas empresas continuam dirigindo a maior parte de sua energia, inteligência e investimentos promocionais para o público aparentemente certo, porque compra e usa, mas absolutamente errado, porque não é quem decide. Lembrando, pela última vez, cliente é quem toma a decisão de comprar, não necessariamente quem compra.

33
Longe dos Olhos, Longe do Coração

Quando o mundo era pequeno e as distâncias grandes, os encontros levavam anos para se realizar, nossos antepassados consagraram nas cartas, e até para manifestar o apreço e amor que continuavam sentindo, a expressão "longe dos olhos, perto do coração".

Na *timeless society* deste mundo globalizado, não só longe dos olhos não é perto do coração como é o caminho mais curto em direção ao esquecimento. Continuamos amorosos e sentimentais, continuamos gostando das pessoas, mas nosso cérebro, absolutamente limitado, onde ocorrem as percepções é bombardeado por infinitas informações a cada novo minuto, o que não acontecia com a mesma ou parecida intensidade no passado, quando as pessoas escreviam no final de suas cartas "longe dos olhos, perto do coração".

A empresa moderna não tira os olhos de seus clientes; monitora todos os seus movimentos; posiciona-se da melhor maneira em seus caminhos pelas ruas, shoppings centers, supermercados, redes sociais. Elegante e discretamente – não escondida –, procura acompanhá-lo em seus momentos de lazer e descontração. Procura permanecer, de forma definitiva, perto dos olhos; para preservar-se viva e pulsante no espaço conquistado em seus corações.

OITENTA E MAIS ANOS DE LEGO

Em 1932, o carpinteiro dinamarquês Ole Kirk Christiansen toma a decisão que mudaria a história dos brinquedos no mundo e criaria uma referência para as práticas do marketing.

Dois anos antes, Christiansen – um dos milhões de desempregados, em decorrência da depressão econômica – começa a produzir brinquedos de madeira para crianças. Mas é em 1932 que, em companhia de seu filho de 12 anos, inicia formalmente a LEGO – junção das palavras dinamarquesas *leg* e *godt* (brincar bem).

Até o final dos anos 1940, ele fabricava diferentes tipos de brinquedos em madeira e plástico, inclusive um de montar, em formato de tijolos, que se encaixavam e formavam figuras, animais, objetos. Mas é em 1958 que começa a se concentrar no que denominou *Lego System of Play*. Essa decisão foi levada às últimas consequências dois anos depois, em decorrência de um incêndio que destruiu sua fábrica.

Hoje, a Lego é uma empresa que tem seu brinquedo presente em todo o mundo, parte integrante da infância de todas as últimas gerações, com um faturamento anual próximo de US$ 5 bilhões. E entre suas principais iniciativas para perpetuar seu brinquedo-ícone está a adoção consistente de uma política de estímulo, cada vez maior, para que pessoas de todo o mundo convivam descontraída e intensamente com sua marca.

Por decorrência, construiu seu primeiro parque temático *Legoland* – Cidade Lego –, em 1968, na pequena cidade de Billund, na região oeste da capital da Dinamarca. São 55 milhões de peças formando diferentes e surpreendentes figuras em um parque já visitado por mais de 33 milhões de pessoas, desde sua abertura.

Em 1996, a empresa abriu na Grã-Bretanha seu segundo parque, o Legoland Windsor, visitado por 1,6 milhão de pessoas só em 2001. O terceiro Legoland foi inaugurado em 1999, em Carlsbad, Califórnia, nos Estados Unidos, e desde então já recebeu mais de 5 milhões de visitantes. No ano de 2002, a Lego abriu seu quarto parque temático, em Günzburg, cidade da Baviera alemã, onde vem recebendo uma média diária de 6 mil visitantes. E o quinto na Flórida, Cypress Gardens, em 2011 e o sexto em Johor, Ásia, em 2012...

PEDÁGIOS: CAROS OU BARATOS?

Se as concessionárias das rodovias não se comunicarem com disciplina e consistência, vai ficar muito difícil – praticamente impossível – para seus usuários reconhecerem a sensível evolução ocorrida desde o momento em que se iniciou o processo de saída do Estado da gestão das principais estradas do País, com sua transferência para as empresas privadas. Ou seja, muito provavelmente os usuários continuarão reclamando das tarifas cobradas, até porque, com o passar do tempo, não conseguem mais fazer a comparação com a situação anterior.

As concessionárias paulistas, por exemplo, por meio de reportagem publicada em jornal de circulação restrita e específica, o *Diário do Comércio e Indústria*, exibiram uma relação exuberante de dados e realizações que certamente ficaram restritas aos leitores da publicação.

Nessa matéria, entre outros registros, passa a se conhecer o total arrecadado pelas 12 concessionárias do Estado de São Paulo no ano de 2002, que foi de R$ 1,4 bilhão. Desse total, dois terços (R$ 930 milhões) foram destinados para a amortização das dívidas contraídas em decorrência das concessões, custos operacionais (6 mil funcionários, por exemplo) e obras nas rodovias; o restante (R$ 470 milhões) foi destinado à prestação de serviços aos usuários. Que serviços?

Entre outros, 25 mil atendimentos, 300 mil socorros por guinchos, dois milhões de atendimentos telefônicos, 15 mil internações nos hospitais vizinhos às rodovias. Das 12 concessionárias do Estado de São Paulo, as quatro principais – AutoBan, Via Oeste, Nova Dutra e Ecovias –, somadas, possuem uma frota de 40 ambulâncias, que devem fazer o atendimento – resgate – dos usuários em até dez minutos, e tem mais 20 para conduzi-los até o hospital mais próximo. São tempos de atendimento definidos por contrato, mas as concessionárias, na prática, têm conseguido uma performance bem superior – em menor tempo – à qual se obrigaram.

As mesmas quatro concessionárias possuem uma frota de 70 guinchos, que devem retirar os veículos danificados das estradas em 20 minutos, mas que o vêm fazendo em um tempo inferior a 13 minutos. Uma delas, especificamente a Via Oeste, por sua iniciativa e promoção, criou um posto de atendimento odontológico gratuito para os caminhoneiros. E, nos postos de auxílio ao usuário, disponibiliza fraldário, banheiro e lanchonete. Já no sistema Castelo/Raposo, existe uma equipe encarregada de evitar e retirar, quando encontram, animais nas pistas, muito especialmente cavalos. Em cinco anos de existência do serviço, foram resgatados mais de 2.200 cavalos.

E muito mais... Só que permanecerá no desconhecimento do público, se essas empresas, de alguma forma, não prestarem contas regularmente, mediante comunicação eficaz e consistente, a todos aqueles que pagam por seus serviços.

A relação custo x benefício, se continuar *low profile*, sempre será percebida como desvantajosa para seus usuários.

IGNORANTES!

Ainda outro dia, em uma das aulas do MASTER EM MARKETING da Madia Marketing School, na medida em que jamais citei seu nome, um dos alunos me perguntou qual era minha opinião sobre PHILIP KOTLER. Disse a ele que considerava KOTLER um bom escritor de livros sobre marketing. Com razoável sensibilidade para consultar, para compilar e dispor de forma ordenada todas as ideias e contribuições de diferentes fontes. Como inovação, como provocador, como sinalizador, ZERO. Para as pessoas que dominam e vivem o marketing de forma intensa e plena, os livros de KOTLER produzem tédio. Diante de minha resposta, uma segunda pergunta, "E onde buscar hoje os melhores ensinamentos sobre o marketing?". De pronto, respondi, "HOJE, AMANHÃ E SEMPRE EM TODOS OS LIVROS DO MAIOR DOS MESTRES, PETER DRUCKER. E, também, através de pesquisas, nas centenas de blogs que tratam do tema na BLOGOSFERA".

Neles podemos encontrar pequenas preciosidades como os comentários de LAURA LAKE sobre o tema POR QUE AS PESSOAS NÃO COMPRAM O MEU PRODUTO?

Segundo LAURA, cinco são as razões por que as pessoas não compram os produtos e serviços de empresas e prestadores:

1. POR QUE SÃO IGNORANTES; IGNORAM A SUA EXISTÊNCIA. Simples assim. Segundo LAURA, como é que você quer que as pessoas comprem o que não sabem que existe?

2. SE CONHECEM, NÃO PERCEBERAM OS VALORES AGREGADOS. Não é suficiente caber no bolso do dinheiro e no bolso do tempo das pessoas. Produtos e serviços despertam atenção e vontade de compra quando "tangibilizam" e comunicam com clareza e precisão todos os serviços que são capazes de prestar.

3. SE ENTENDERAM, NÃO RECONHECEM SER AQUELE QUE TRANSCENDE. A cada dia que passa, produtos de diferentes empresas assemelham-se cada vez mais nos serviços que prestam. A diferença reside no ESTILO E PERSONALIDADE que transmitem e no como prestam esses serviços. Não é suficiente se igualar aos demais concorrentes; é vital transcender.

4. E SE RECONHECEM SER AQUELE QUE TRANSCENDE, PRECISA TAMBÉM FAZER SENTIDO. Não é suficiente superar todos os demais concorrentes. Isso dá ao produto ou serviço a condição de

finalista único, mas, ainda, não foi comprado. Para que a compra se realize é essencial que faça sentido para as pessoas. Que verdadeiramente atenda a uma expectativa já existente, ou mesmo uma criada pela sua presença, mas tem de fazer sentido.

5. E ALÉM DE FAZER SENTIDO, TEM DE SER ACESSÍVEL. Não apenas em preço, e não apenas pela qualidade de sua distribuição. As pessoas precisam se sentir seguras de que serão capazes de tirar todo o proveito do produto pela facilidade de compra, transporte e, principalmente, uso. A menos que estejam comprando apenas um objeto de decoração.

CONVERTA IGNORANTES EM CLIENTES, REALIZANDO A COMUNICAÇÃO DE FORMA COMPETENTE. Apenas isso.

MANOEL, JOAQUIM, PICASSO, DA VINCI, PERTO...

O recado é mais ou menos o seguinte. Querem me ver? Tudo bem, mas venham aqui. Não viajo mais. As viagens acabam comigo e ainda não transmitem minha intensidade por me retirarem de meu contexto; onde os significados são outros.

Agora é assim. Muitas das mais importantes obras de arte dos museus cancelaram seus passaportes e não viajam mais. Quem quiser ver *in loco* vai ter de viajar. Ou entrar nos infinitos museus digitais, muito especialmente o do GOOGLE, onde, sem sair de casa, poderá ficar horas, dias, semanas, contemplando uma mesma obra, e vendo nuances absolutamente impossíveis de serem vistas presencialmente. Questão de recursos e tecnologia. Mas, claro, não é a mesma coisa.

Nos últimos anos, a obra mais vista nas publicações do mundo inteiro era a "MOÇA COM BRINCO DE PÉROLA", de VERMEER. Andou passeando e exibindo-se no Japão, Estados Unidos e Itália. Regressou à base, Holanda, onde nasceu VERMEER. Agora e para todo o sempre no MAURITSHUIS, Haia, onde centenas de turistas formam longas filas apenas para ver aquela garota, aquele olhar, aquele brinco, aqueles lábios vermelhos que insinuam histórias de todos os matizes, exacerbadas a partir do filme com SCARLETT JOHANSSON e que converteram a obra, do dia para a noite, na "MONA LISA DO NORTE".

Já GUERNICA deixou de circular a pedido de PICASSO, antes de morrer, devido a seu tamanho. Precisava ser enrolada, e não se enrola uma obra de arte impunemente. Já a verdadeira MONA LISA continuará para sempre no LOUVRE por ser sensível às mudanças climáticas, em termos de "saúde física", e por conta da bilheteria de 9,3 milhões de turistas que visitam o museu anualmente em busca daquele sorriso (sorriso?), e aí trata-se de "saúde financeira".

Por razões opostas – mas que produzem resultado semelhante – os consumidores de hoje, nós, recusam-se (recusamo-nos) a longas distâncias e caminhadas. Para preservarem, também, suas saúdes física e financeira. Finalmente se conscientizaram de que a principal moeda que dispõem, a cada dia, semana, mês, ano, vida, é o tempo. O mesmo de sempre e para sempre, dias de 24 horas – que se reduzem a seis ou sete aproveitáveis, tirando-se as seis em que dormem – que vazam na distância de ruas e avenidas abarrotadas de carros e pessoas.

Assim, aprendemos a monetizar o tempo. E fazendo as mesmas coisas que fazíamos da maneira de sempre, a única certeza era de que ano após ano teríamos menos moeda tempo em nossas carteiras, cartões, vida. E aprendemos a valorizar o PERTO. A vizinhança. O comércio, o cinema, o shopping, a venda. Não só as lojas que receberam esse nome em passado distante, mas, tudo, absolutamente tudo, ganha o timbre CONVENIÊNCIA. E ainda, e por andar a pé, a redescoberta de muitos encantos escondidos – pelo nosso distanciamento – das coisas, pessoas e paisagens de nossa vizinhança. Inclusive dos donos das vendas, Manoéis e Joaquins, queridos amigos que nem mesmo nos lembrávamos se continuavam vivos.

Continuam, e nos recebem de volta, com alegria, emoção e carinho. Para eles, valeu a pena ter esperado; para nós, termos nos reencontrado.

HASHIMA, PRIPYAT, ORDOS, ORKUT

Abro o ARCHDAILY – portal e rede integradora dos arquitetos ao redor do mundo. Digito, Cidades Fantasmas. Abre com uma foto de Hashima Island. O texto diz: "Cidades abandonadas são uma consequência infeliz da vida e do crescimento em nosso planeta... Algumas são exemplos de mau planejamento urbano, algumas, o resultado do esgotamento dos recursos naturais, enquanto outras são lembranças tristes da fragilidade da vida em um mundo nuclear". Faltou dizer, no ambiente digital.

O ARCHDAILY relaciona três exemplos emblemáticos. Ilha de Hashima, Japão – construída pela MITSUBISHI, em 1890, para explorar o carvão. Chegou a contabilizar 5.259 habitantes. Em 1974, com o prevalecimento econômico do petróleo a cidade inviabilizou-se e o último habitante de Hashima deixou a ilha em abril de 1974. Pripyat, Ucrânia – pequena cidade construída em 1970 para os trabalhadores das centrais nucleares de Chernobyl. Em 26 de abril de 1986, a usina vazou e 50 mil habitantes deixaram a cidade acreditando que um dia iriam voltar. Ordos, China – paraíso para criminosos e notabilizada pelos bordéis, salões de cocaína e antros de ópio, foco de crise diplomática entre Grã-Bretanha e China, viu seus 50 mil habitantes serem retirados por absoluta e total falta de condições de saúde e segurança. Fenômeno que hoje se torna recorrente em muitas regiões da China com a multiplicação de cidades e vilas abandonadas...

Abro a revista *O Globo* de domingo, 24 de março de 2013. Na capa, uma matéria histórica. A primeira cidade abandonada do ambiente digital, descoberta pelo talento e sensibilidade de Roberto Kaz: "Orkut, uma cidade fantasma".

Quem diria, um ambiente que nasceu ontem, 1995, com uma megacidade abandonada, e centenas de milhões de manifestações perdidas para sempre no espaço digital. Roberto começa a matéria dizendo, "Uma das últimas vezes que escrevi uma frase no ORKUT foi em abril de 2010. Eu tinha 28 anos, morava em São Paulo e acabara de aparecer, por acaso, no programa da Ana Maria Braga. Um parente que me vira na TV, escrevera na minha página da comunidade social 'Ninguém aparece na Ana Maria Braga para responder pegadinhas impunemente!'. Retruquei com uma piada e fechei a página. Era 19 de abril de 2010. Desde então, meu perfil no ORKUT tornou-se um moribundo virtual..."

O ORKUT nasceu em janeiro de 2004. Durante seis anos reinou absoluto – a maior rede social do Brasil. Metade dos 70 milhões de usuários era originária de nosso País. Em 2010, foi ultrapassado pelo FACEBOOK. Abandonado, empoeirado, fantasmagórico agonizava; como o samba, agonizava, mas não morria. E assim permaneceria moribundo, para sempre não fosse seu criador, o GOOGLE, ter providenciado suas exéquias no dia 30 de setembro de 2014.

Tudo o que é vivo, aberto e universal é passível de tudo. E assim é a segunda pele, ou o segundo ambiente do admirável mundo novo – o digital. Cochilou, um único momento que seja, no seguinte você, seu blog, o portal de sua empresa, sua comunidade convertem-se em almas penadas para todo o sempre; e, na maioria das vezes, sem amém.

34
Produto É Como Filho; para Sempre

De nada adianta uma empresa empregar o melhor de seu talento, toda a sua competência específica, mais substanciais investimentos, energia e tempo para planejar, desenvolver e lançar produtos, se, no dia seguinte, abandona o produto à própria sorte. Ao sabor dos ventos e das circunstâncias.

E o registro desse tipo de comportamento é muito mais comum do que muitos imaginam. Pela simples razão que empresas são "tocadas" por pessoas, muitas pessoas, que não têm o menor apreço pelo depois; adoram o antes e o durante, mas acham o depois um tédio. E no mundo dos negócios, o depois é tudo.

Quando lançado, o produto está apenas engatinhando; e, se for abandonado à própria sorte, provavelmente nem mesmo chegará a andar. Precisa dos cuidados e da atenção de seus gestores permanentemente atentos à relação que estabelece com os clientes, corrigindo imperfeições, eliminando agregados irrelevantes, agregando novos serviços apontados pela utilização, garantindo, enfim, todas as condições para que cresçam e prosperem. Que realizem todo o potencial que determinou seu lançamento.

ARREMESSANDO PRODUTOS

Muitas empresas, da mesma forma que abandonam seus soldados – vendedores nas trincheiras do mercado – porque elas só se preocupam com os preparativos, com a festa, com o foguetório, mas não têm o menor apreço pela batalha contínua e permanente do dia a dia dos negócios, acabam fazendo o mesmo, ou pior, com seus produtos.

Como dizem com muita propriedade alguns bons vendedores que conheço: as empresas não lançam produtos, "arremessam produtos". E uma vez que têm os produtos "arremessados", jogados de qualquer jeito nas gôndolas, essas companhias, mediante seus executivos, dão as costas ao mercado e mergulham em novos planos, acreditando, ou fingindo acreditar, que daí para frente terminaram suas responsabilidades.

Lembro-me de uma reportagem na revista *F&C Embalagem*, em seu nº 60, sobre as conclusões de uma pesquisa realizada com 270 consumidores das classes A, B e C, pela Coordenadoria de Proteção e Defesa do Consumidor – Procon. A principal constatação foi, simplesmente, de cair da cadeira: boa parte dos entrevistados encontrava enorme dificuldade para abrir as embalagens dos produtos que eles compravam! Pior ainda, alguns acabavam desistindo e nem mesmo consumiam os produtos! Ou seja, essas empresas tinham um entendimento restrito do quinto dos doze "Ps" da Madia Marketing Matrix. Acreditavam ser suficiente jogar os produtos nas gôndolas e pronto.

Em verdade, o "P" de Place implica definir, ter e implementar uma política capaz de garantir – ATÉ SEU CONSUMO FINAL – a melhor trajetória para seus produtos. Devidamente combinado com o "P" seguinte, Post-Place, para se conquistar a satisfação plena do consumidor, a repetição da compra e a decorrente fidelização do agora cliente.

Como não poderia deixar de ser, dentro do espírito de seu editorial, a revista foi ouvir os fabricantes de embalagens. E, para que todos caiam da cadeira uma vez mais, eles alegaram não ter nenhuma culpa, uma vez que executam os projetos dentro dos parâmetros impostos por seus clientes. Ou seja, de um lado empresas, no mínimo estúpidas, que arremessam nas gôndolas dos supermercados produtos que seus consumidores não conseguem abrir. De outro, seus parceiros, fornecedores de embalagens, se fazendo de "loucos" e desentendidos, acreditando que o peso das leis e a condenação do mercado também não recairão sobre suas cabeças.

Confira, agora, as maiores dificuldades que os fabricantes insistem em ignorar: quando estimulados, os entrevistados revelaram padecer com os vidros de conservas (44,8%), com as latas baixas (27,8), copos de requeijão (23,7%), potes redondos de margarina (22,2%), saquinhos para salgadinhos e sucrilhos (17,4%), latas com abridor – *easy open* – (16,3%), potes de comida infantil (15,2%), caixas do tipo Tetra Pak (13,3%) e potes ou copos com tampas de alumínio (12,2%).

Como o leitor já pode perceber, pelos tipos de embalagens mencionados, não estamos nos referindo a empresas de fundo de quintal. Trata-se de corporações gigantescas, que investem muitos milhões de dólares na sensibilização e motivação dos consumidores, para que eles comprem seus produtos. Consumidores que, depois, na impossibilidade de consumir esses itens – porque pura e simplesmente não conseguem acessar seus conteúdos –, acabam atribuindo a si próprios, por inabilidade e incompetência insuperáveis, a razão do insucesso.

Jamais passa por suas cabeças que uma grande empresa, com tradição e experiência mundial, colocaria seus produtos em uma embalagem difícil de ser aberta e que ainda pode provocar ferimentos. Consideram que a incompetência é deles próprios, julgam-se impotentes para seguir em frente e – BEM-FEITO! – deixam de comprar esses produtos.

O que as empresas, de forma geral, ainda não entenderam é que, depois de 60 anos de sociedade de consumo em muitos países, e mais de 50 no Brasil, o período de fascinação e encantamento que nos cegava – nós consumidores – chegou ao fim. E que à custa de muito dinheiro malgasto e muitos erros cometidos, acabamos aprendendo e nos tornando consumidores diplomados. Que não apenas aprendemos a reclamar, como também, e principalmente, a usar de todas as armas. Muito especialmente de não comprar mais produtos com os quais temos dificuldades ou não conseguimos consumir. Que nos fazem sentir incompetentes...

O FUTURA

Juntou uns trocados para o programa de fim de semana, pegou a família, e lá foram eles naquele sábado para o Salão do Automóvel. De fusquinha 67, naturalmente.

Encheram os olhos. Lá estavam algumas das principais máquinas que os países modernos já conheceram, e outras que ainda irão conhecer.

Pegou um cachorro-quente para as crianças e tomou uma cerveja – meio quente – com a mulher.

Exaustos, no início da noite, mas sonhando com o definitivamente irrealizável, retornaram para a casa de três quartos e cobertura, no fusquinha, para o bairro/cidade de Diadema, na Grande São Paulo.

A família não aguentou e foi para a cama cedo. José ainda assistiu à segunda sessão do cinema da Globo. No meio do filme, se percebeu sorrindo. Nada a ver com o filme. Uma coisa que vinha de dentro mesmo. Um incontido e interminável sorriso.

Desligou a televisão e saiu para arejar a cabeça. A noite, meio encoberta, revelava poucas estrelas. Mas seu fusquinha brilhava.

Desde o poeta inglês Keats, que dizia "A thing of beauty is a joy forever", até o sambista que repete que "o apreço não tem preço", não importa de onde veio a inspiração para o briefing, o fato é que a Volkswagen encerrou os anos 1990 com um gol de placa em marketing.

Pessoas ligadas aos números repetiam que o FUTURA – isso mesmo, aquele fusquinha do ano 2000 que estaciona sozinho – não sairia por menos de US$ 2 milhões e coisas do tipo; leigos e aficionados de todos os gêneros não se cansaram de ler as reportagens sobre o besouro que definitivamente assumia o formato de besouro. Essas matérias afirmavam que aquele fusquinha retratava o conceito dos automóveis do futuro: econômicos, esportivos, quase sem emissão de gases e com 14 sensores infravermelhos e a laser que possibilitariam a mágica de estacionar sozinho. Coisa de fantasma... Informavam que "os vidros se fecham de cima para baixo como se fossem asas de uma gaivota; que 60% da radiação solar são bloqueadas pelo material antitérmico; que no paralelepípedo o veículo é confortável e silencioso; que um computador central comanda todas as operações...".

José quase beijou o velho fusquinha 67 e foi trabalhar, no dia seguinte, como se estivesse dentro do Futura. Quem garante que não estava?

Há muito tempo, a Volks vinha percebendo que sua imagem – não obstante o carinho que, de certa forma, desfruta em todos os países do Ocidente – apresentava traços de uma perigosa defasagem tecnológica. De início, em relação aos carros japoneses, e, depois, em relação aos próprios carros norte-americanos. Sabia que no curto prazo não conseguiria recuperar o terreno, mas que no longo prazo poderia se equiparar às montadoras mais avançadas. Então, não perdeu tempo. Deu o salto. Pulou dez anos e "lançou" o Futura – o carro do ano 2000.

Nada garantia que a Volks fosse fabricar, em qualquer lugar ou momento do futuro, o Futura. Mas a montadora garantia, sim, para os milhões de possuidores de fusquinhas em todo o mundo, que continuava viva e acordada.

Com pouco dinheiro, a empresa fez um rigoroso e gigantesco *trading-up* tecnológico em sua marca, gratificou seus clientes e admiradores e ganhou mais algum tempo para a necessária atualização. E, muito mais do que isso, procurou escrever na cabeça e coração das pessoas que, em termos de automóveis, o futuro já tinha dono. E chamava-se Futura. Ocupou o nicho; entrincheirou-se; preparando-se para os embates seguintes.

SEGREDOS DO HABIB'S

Em entrevista histórica à revista *Cliente*, edição nº 7, Alberto Saraiva, paranaense da cidade de Santo Antônio da Platina, falava das razões do sucesso da maior rede de fast-food brasileira; naquele momento, com 200 lojas e um faturamento anual superior a R$ 400 milhões.

Principal razão do sucesso: "Em toda a nossa trajetória, o HABIB'S sempre foi focado no cliente. Quando lançamos o Habib's, meu sócio ficava "p" da vida porque vendíamos as esfihas muito baratas. Ele não se conformava com o fato de um cliente levar 100 esfihas e pagar mixaria. Ele queria ganhar muito dinheiro, e eu queria conquistar o cliente – quanto mais comprar, mais vai se satisfazer, mais vai divulgar (...) Foram 40 dias de fila na porta de nossa primeira loja".

Diferencial de liderança: "Sempre apostamos em preço, qualidade e atendimento. Hoje, temos 12 departamentos para cuidar de toda a infraestrutura da rede. Temos, inclusive, uma UTIH (Unidade de Terapia Intensiva Habib's) para aquelas lojas que, mesmo tendo passado por todos os departamentos, ainda não conseguiram superar todos os problemas. Portanto, perseguimos sempre, e esse é nosso diferencial de liderança, servir bons produtos, com os menores preços possíveis, da maneira mais rápida, em um ambiente agradável".

Segredo da qualidade Habib's: "Não tem segredo. Se você comprar farinha boa, faz uma boa esfiha; se tiver tomate bom, faz um bom molho; se comprar carne boa, faz um bom recheio. Os empresários da alimentação não conseguem associar preço com qualidade; sempre que oferecem qualidade, querem cobrar preço exagerado".

Garantia da qualidade Habib's: "Para garantir nossa qualidade, temos uma infraestrutura invejável. Poucas redes no mundo têm uma infraestrutura tão forte como a nossa. Todas as lojas são supervisionadas e monitoradas semanalmente por nutricionistas, e as melhores são premiadas ao final de cada ano. Temos o controle operacional de todos os itens comercializados".

Responsabilidade no Habib's: "O problema é sempre nosso, nunca do lojista. Se ele está atendendo mal o cliente, o problema é nosso, não dele.

Ou nós o selecionamos mal, um erro que hoje já não cometemos mais, ou não o estamos capacitando adequadamente. Por essa razão, eu jamais tiro uma franquia de um lojista. A loja de Maringá, por exemplo, tem uma dificuldade. Para resolver o problema, está indo uma equipe com a missão de ficar 15 dias retreinando o pessoal, para poder dar um atendimento melhor".

Postura Habib's: "Temos um 0800 para que o cliente possa se relacionar com a empresa sempre que quiser – para reclamar, para sugerir. Temos que facilitar ao máximo esse contato. Não é ficando atrás de uma mesa que eu vou saber, verdadeiramente, as necessidades dos clientes. Visito as lojas durante a semana e nos fins de semana também".

Terceirização: "Só terceirizamos as operações mais simples. Tudo o que for estratégico, fazemos diretamente, pela garantia de qualidade, agilidade e menores custos. Quem tem que cuidar de nossos filhos somos nós mesmos". Para ALBERTO SARAIVA, mais que para a grande maioria de empresários, produto é como filho; para sempre.

OMISSÃO FATAL

Durante vinte anos, a MITSUBISHI MOTORS, ao contrário das demais montadoras, escondeu da opinião pública os defeitos de seus produtos. Quando algum "infeliz proprietário" reclamava, ela consertava o defeito ou trocava as peças na surdina, sem o menor alarde, para que os demais proprietários não exigissem as mesmas providências.

Só que no mundo em que vivemos, é praticamente impossível esconder o que quer que seja, muito menos os defeitos de milhares de automóveis de uma mesma marca. E assim, a partir de uma denúncia da qual decorreu uma profunda investigação, a MITSUBISHI admitiu ter escondido, durante vinte anos, do governo japonês ao qual estava obrigada a relatar, e de milhares de compradores de seus automóveis em todo o mundo, suas práticas criminosas, e que, provavelmente, determinaram a perda de muitas vidas.

Como é hábito no Japão, quando essas coisas acontecem, o presidente da montadora KATSUHIKO KAWASOE veio a público para se desculpar: "Nós nos desculpamos profundamente por causar problemas aos nossos consumidores". E ainda anunciou que a empresa estava recolhendo 88 mil veículos no Japão para uma série de reparos, aumentando para 532 mil o número de carros que terão de passar por um recall só naquele país, além de mais de 200 mil em outros países.

Além do péssimo negócio que fizeram todas as pessoas que compraram automóveis da marca MITSUBISHI, ainda entraram na "tunga" a DAIMLERCHRYSLER AG, que adquiriu 34% do capital da empresa, e todos os representantes da montadora nos diferentes países, inclusive no Brasil.

Ou seja, se sobreviver economicamente a todas as consequências de sua criminosa omissão, muito provavelmente a MITSUBISHI não conseguirá reabilitar a imagem de sua marca, hoje mortalmente ferida. Por grosseira e criminosa "omissão de socorro" em marketing; aos próprios produtos!

Até hoje muitas pessoas olham para a marca com uma sensação de desconforto.

MARTHA MEDEIROS

Empresas, produtos e pessoas são seres sociais. Só existem, socialmente, se forem capazes de realizar a comunicação. Se o fizerem com sensibilidade e inteligência, entendendo e respeitando as expectativas das demais pessoas, sem se descaracterizar, candidatam-se a se alojar, para sempre, na cabeça e no coração delas. De converterem-se em marcas de valor. De merecerem os versos do poeta inglês John Keats, "A think of beauty is a joy forever".

Martha Medeiros, cronista da melhor qualidade, muitos livros publicados e leitura obrigatória da revista *O Globo*, em sua crônica do dia 31 de maio de 2009, oferece-nos importantes lições sobre marketing pessoal. Claro que Martha não tratou dessa maneira, mas todos os seus comentários e recomendações constituem lições básicas para todas as pessoas que pretendam construir e ser MARCA DE VALOR na cabeça e no coração dos consumidores que gostariam que as admirassem. Lições fundamentais de BRANDING.

Com vocês, lições de BRANDING, por Martha Medeiros, na leitura deste seu admirador:

1. Existe uma sutil diferença entre ser autêntico e ser grosso. É muita inocência achar que podemos prescindir de uma certa performance social.

2. É um desrespeito uma pessoa fazer questão de demonstrar que não compactua com uma determinada ocasião. São os casos daqueles que se emburram em torno de uma mesa de jantar e não fazem a menor questão de serem agradáveis. Pode ser em um restaurante ou mesmo na casa de alguém: estão todos confraternizando menos a "vítima".
3. Não importa a situação: saiu de casa, esforce-se. Não precisa virar o mestre de cerimônias da noite, mas ao menos agracie seus semelhantes com dois ou três sorrisos. Não dói.
4. Dentro da igreja, ajoelhe-se. No estádio de futebol, grite pelo seu time. Em uma festa, comemore. Durante um beijo, apaixone-se. De frente para o mar, dispa-se. Reencontrou um amigo, escute-o.
5. Ou faça de outro jeito, se preferir: dentro da igreja, escute-O. Durante um beijo, dispa-se. No estádio de futebol, apaixone-se. De frente para o mar, ajoelhe-se. Em uma festa, grite pelo seu time. Reencontrou um amigo, comemore.
6. ESTEJA, ENTREGUE-SE;
7. Se não quiser participar, tudo bem, então fique na sua: na sua casa, no seu canto, na sua respeitável solidão. Melhor uma ausência honesta do que uma presença desaforada.

Isso posto, e se você pretende deixar uma MARCA DE QUALIDADE quando partir, também não se esqueça das recomendações de Vinicius de Moraes, "para isso fomos feitos, para lembrarmos e ser lembrados", ou no *Berimbau*, com Baden, "quem de dentro de si não sai, vai morrer sem amar ninguém".

35
Dificuldade É Sinônimo de Oportunidade

Quando tudo parece perdido e as esperanças se desvanecem, a maioria das empresas se conforma, aceita e bate em retirada. Algumas, poucas, não obstante a dramaticidade da situação, conseguem colocar a cabeça para fora e refletir sob eventuais possibilidades de dar a volta por cima.

O que a história das empresas tem nos ensinado é que, mesmo em situações de incêndios devastadores, nem todas estão condenadas a morrer queimadas. Sempre existirão sobreviventes, e, entre as sobreviventes, algumas sairão mais fortalecidas ainda.

À semelhança do que acontece em situações de perigo, jamais se pode entrar em pânico. E, sempre que possível, as empresas devem recorrer à ajuda externa e especializada. É difícil, sem algum tipo de auxílio, identificar "portas de emergência" em meio ao fogo e à fumaça das crises. Mais difícil, ainda, conseguir romper a "visão interna" que mais se acentua em momentos como esse.

Em todas as situações de dificuldades existem oportunidades; desde que a empresa consiga um mínimo de concentração e lucidez para identificá-las.

O REI DAS COCADAS

LAÉRCIO PEREIRA DE BARROS, pernambucano, aterrissou em São Paulo com oito anos de idade. Trabalhou durante um bom tempo no Jumbo Eletro, até o dia em que sua esposa, grávida, manifestou o desejo de comer doce de coco.

Duro, e imaginando que a esposa não ia se contentar só com um, foi à feira e arrematou coco e maracujá nos famosos "montinhos" de final de feira. Recorrendo a uma receita que trazia da infância, adicionou os demais ingredientes e derramou o resultado sobre o mármore da pia. Enquanto esperava esfriar, encantado com a aparência de seu trabalho, exclamou: "Descobri ouro!".

Semanas depois, já vendia suas cocadas nas ruas do centro de São Paulo. Ia a pé, de casa ao centro, com cem cocadas em uma bandeja, que em poucas horas eram vendidas, e retornava a sua casa duas ou três vezes ao dia, para idêntica operação. E assim se passaram sete anos, durante os quais Laércio foi aprendendo com as manifestações de vontades e desejos da freguesia, e muito rapidamente desenvolveu, com sucesso, trinta versões – sabores – diferentes de sua vitoriosa cocada – ou ouro, se preferirem.

Assim como todos os demais milhões de pequenos negócios que nascem pela intuição e sensibilidade dos milhões de empreendedores brasileiros, chega um determinado momento em que se bate com a cabeça no teto. O grande desafio é como avançar, empresarialmente, para novos patamares.

O salto de Laércio aconteceu quando, em 1986, alguém sugeriu ao REI DAS COCADAS que mandasse os seus doces ao apresentador Silvio Santos. Depois de um ano de tentativas, finalmente as cocadas chegaram até as mãos e boca do apresentador, que convidou Laércio para participar do programa "Porta da Esperança". E, através da "Porta", ele conseguiu três meses de um quiosque no Shopping Eldorado, em São Paulo, sem aluguel. O salto estava dado.

A consolidação aconteceu com a presença de um sócio, José Carlos Vasconcelos, e o Rei das Cocadas fez-se presente em 14 pontos de venda nos principais shoppings centers da cidade. Fechou 2003 vendendo 12 mil cocadas por semana, mais outra grande quantidade de produtos afins, como mousses, suspiros e tortas. E, em 2004, abriu mais cinco franquias, e o que ele chama de dez "licenciamentos" – balcões de venda das cocadas.

O Rei das Cocadas, 21 anos depois, gerava mais de cem empregos diretos, entre as pessoas que trabalham nos quiosques e 22 funcionários que o ajudavam na "cozinha-fábrica". E creditava seu sucesso, além de lembrar-se da qualidade e mística de seu produto, à estratégia de marketing em posicionar seus quiosques nos pontos de maior fluxo dos shoppings centers.

MARKETING, DE VERDADE

De uns anos para cá, tudo é marketing.

Qualquer besteira ou bobagem relativamente engraçada, em que prevaleça o componente esperteza, rapidamente vai para as manchetes dos jornais ou dos noticiários das televisões como se alguém estivesse praticando o marketing. Pobre marketing! E sorte do Gerson, que finalmente teve sua "lei" esquecida.

Mas o que nos interessa, mesmo, é o MARKETING DE VERDADE. Capaz de identificar oportunidades em problemas aparentemente insuperáveis, como aconteceu com os produtores de vinho na França, imediatamente após a Segunda Guerra Mundial.

Imagine você, prezado leitor, se um dia desses despenca um ilustre desconhecido na sua frente e o desafia a, em dez anos, conseguir a proeza de decuplicar o consumo de determinado produto, praticamente no mundo inteiro, inclusive em países onde existe forte resistência cultural a ele.

Esse foi o desafio que se propuseram superar os produtores de vinho da França, o que acabaram por conseguir.

Se você ainda não provou, anote em sua agenda, para quando novembro chegar. Na terceira quinta-feira do mês, entre no primeiro e bom supermercado que encontrar pelo caminho e compre uma garrafa de *Beaujolais Nouveau*. Depois, deixe na geladeira por duas horas, abra e beba com a emoção que só um marketing extraordinário é capaz de produzir.

As versões são muitas, mas vou me ater àquela que me parece ter maior credibilidade.

No século XIV, os viticultores comemoravam o término da colheita tomando um grande pileque com o vinho da nova safra. O costume e a fonte estavam aí. E esse hábito restringiu-se durante séculos a uma determinada região da França.

Agora, corta e vem para a segunda metade do século passado. Uma queda significativa no consumo dos fermentados, e um aumento substancial na ingestão dos destilados: uísque, vodca, rum, gim, tequila e assemelhados.

Competência dos distribuidores norte-americanos e europeus, com um ótimo marketing e ainda muitas intempéries e quebras de safras prejudicando a qualidade dos vinhos. Muito especialmente dos franceses.

Pior que isso, e após a Segunda Guerra Mundial, o consumo de vinho passa a ser declinante na própria França. Os produtores reúnem-se e decidem, então, reagir.

Pesquisa em cima, e eles constatam que, em muitas cidades da França, alguns intelectuais – os mesmos que foram aprisionados pelos nazistas em Lyon, presenciando e encantando-se com a cerimônia de celebração da nova safra abrindo garrafas do vinho novo – passaram a repetir o gesto no final do mês de novembro. Alguns até organizando pequenas festas e recepções.

Na dificuldade, essa era a oportunidade ou o gancho; restava apenas difundir o hábito pelo mundo inteiro e montar uma verdadeira operação de guerra para que o produto chegasse em milhares de cidades para ser consumido a partir da terceira quinta-feira de cada novembro.

E assim foi feito. Em meados dos anos 1980, o Brasil importava 300 caixas do Beaujolais Nouveau. Dez anos depois, esse número saltou para mais de 30 mil caixas. Fenômeno esse que se repetiu em proporções semelhantes em quase todo o mundo... Recuperando bebedores antigos, que haviam passado para os destilados, e introduzindo milhões de jovens no hábito de consumir vinho.

E às cerimônias do Natal e da Páscoa, quando se celebra fundamentalmente o renascimento, a renovação das esperanças, o sabor do novo, agregou-se a chegada da nova safra do Beaujolais, do Beaujolais Nouveau, de cada novo ano.

MICHAEL BLOOMBERG

Em 1981, MICHAEL BLOOMBERG – ex-prefeito de Nova York – foi despedido do SALOMON BROTHERS porque estava perturbando demais, e recebeu, pelos bons serviços prestados, um cheque de US$ 10 milhões.

No caminho, decidiu comprar um casaco de *vison* para sua mulher, por US$ 30 mil, e ficou com o troco, já pensando em se aposentar. Ao contar a novidade para a mulher, deu o presente, que nem mesmo foi aberto, e ouviu a pergunta: "O que é que eu vou dizer para minhas amigas? Que você foi despedido e que agora está aposentado?" E aí, para não se aposentar precocemente, e para sua mulher ter o que dizer, fundou o mais competente e respeitado *network* de informações econômicas do mundo – A BLOOMBERG.

Em entrevista memorável à revista *Exame,* de 18 de outubro de 2000, e a HELIO GUROVITZ, muitas das razões do fascínio que exerce sobre sua multidão de admiradores.

- "É preciso ter um produto de que as pessoas precisem e que não possam obter em outro lugar. Na medida em que uma ou ambas dessas condições não são 100% verdadeiras, você tem um negócio progressivamente pior; ou não pode comprar tanto, ou não vai vender tanto."

- "Três caras em uma garagem, com muita agressividade e um computador, acham que podem derrubar o WALMART e levá-lo à falência. Não podem, isso não é realista. Não há nenhuma evidência que a tecnologia substitua as pessoas. Nada de errado com a internet. Não sou contra a internet, mas ela é apenas uma ferramenta. O que ela faz é apenas tornar os dados mais acessíveis. Apenas categorizados, processados e analisados eles se tornam úteis para gerar conhecimento. Temos 145 mil pessoas que pagam à BLOOMBERG muitos dólares mensalmente, não por dispormos de dados, mas pelo que fazemos com esses dados. E quem transforma dados em conhecimento e inteligência são nossos 7.100 funcionários."

- "Não estou envolvido nas contratações, mas, nas demissões, temos uma regra: ninguém é mandado embora sem que o RH me telefone. Ao contratar alguém, não temos obrigação. Ao demitir, temos. Temos uma empresa muito jovem e fico preocupado que eles puxem o gatilho rápido demais. É preciso tratar bem as pessoas."

- "Gostaria que sempre trabalhassem na BLOOMBERG as pessoas que, em primeiro lugar, tenham bom senso, não importa quais serão suas atribuições. Em segundo lugar, simpatia. Se você passeia em nossos escritórios, dá para ver os sorrisos. E a terceira, honestidade. Só então vamos tratar das qualificações técnicas e da capacidade para desempenhar a função."

- "Minha maior qualidade é que sou bonito, a cara do Brad Pitt, e mais bonito que o Michael Douglas ou o Harrison Ford. Meu maior defeito é que me acho perfeito, mas impaciente. Vejo um papel no chão e recolho. São essas pequenas coisas que me incomodam... Um dia, porei um chefe de operações abaixo de mim, talvez no ano que vem, e aí posso tentar carreira nos serviços públicos ou na política, não sei."

Em tempo, e sobre a mulher e o casaco de *vison*: "A coisa que me deixa mais triste é que minha mulher e eu, depois de vinte anos, nos divorciamos. Ainda somos amigos. Passamos fins de semana juntos com as filhas e falo com ela por telefone quase todos os dias. Mas meu casamento foi um fracasso".

RAY-BAN

O mundo vivia a paz provisória entre as duas grandes guerras. A aviação ganhava espaço e revelava-se como o possível fator decisivo de vitória nos embates seguintes. A Força Aérea Norte-Americana ocupava a cena e manifestava a necessidade de equipar seus pilotos com uma proteção visual capaz de protegê-los dos raios solares, sem prejuízo da visão cromática que lhes garantia a precisão de pontaria.

Em 1930, a empresa líder mundial do setor, BAUSCH & LOMB, decidiu atender aos apelos da Força Aérea concentrando-se no desenvolvimento de uma solução "banish rays", para proteção e garantia de visão dos pilotos e copilotos. Rapidamente adotado pelos pilotos, não apenas durante os voos, mas também nos seus compromissos sociais e atividades de recreação, os óculos "banish rays" começaram a atrair as demais pessoas, que também começaram a usá-los, e rapidamente a chamá-los, de forma abreviada, por RAY-BAN.

Em 1937, a BAUSCH & LOMB curvou-se ao mercado e passou a fabricar e comercializar o RAY-BAN para todas as pessoas, mundialmente. São mais de 15 milhões de unidades vendidas todos os anos, e que têm sua mística e seu carisma sustentados pela carona que pega em celebridades e formadores de opinião: James Dean, Marilyn Monroe, Jack Nicholson; em filmes de grande sucesso, *Top Gun*, *Breakfast at Tiffany's*, *Crazy About Mary*, e centenas de esportistas, políticos e artistas.

O QUE VOCÊ FARIA SE COMPRASSE PASTAS DE DENTES EM EXCESSO?

Provavelmente devolveria, distribuiria pelos vizinhos, família, conhecidos. ALAIR MARTINS fez a maior organização atacadista do Brasil, e uma das maiores do mundo. Sem um maluco como ele, seria difícil abastecer um País de dimensões continentais, com 5.600 municípios.

Assim, com total merecimento e maior oportunidade, a grande matéria que a revista *Veja* fez na edição de 2014 sobre essa empresa extraordinária, que engrandece e enaltece um marketing brasileiro, moderno, ético e de qualidade. A missão a que se reservou, em seus propósitos, a Academia Brasileira de Marketing.

Os números do MARTINS, sob qualquer ângulo de análise, são, simplesmente, espetaculares. Praticamente alcança os 5.600 municípios do País, atendendo mais de dois milhões de pedidos ao ano, convertendo-se, de longe, no maior revendedor de HAVAIANAS do mundo: 110 mil pares por dia. A cada semana 49 mil entregas através de uma frota de 1.600 veículos próprios e 200 terceirizados – desde caminhões de grande porte, que cruzam o País, até motos para as entregas pontuais e parceladas.

Controla, através de um fantástico BIG DATA, 480 mil pontos de venda, o que lhe permite saber com antecedência e informar quando determinado pedido será entregue e em que estágio se encontra, assim como acompanhar o giro dos produtos e manter-se sempre preparado para repor mercadoria e estoques. Esse mesmo BIG DATA possibilita, considerando as diferentes componentes e variações, 240 preços diferentes para um mesmo produto. E ainda oferece a entrega parcelada para pequenos estabelecimentos: recebe da indústria uma caixa com 24 produtos e entrega três em uma loja, quatro em outra, seis mais adiante e o restante em uma outra cidade.

Além de superar todos os desafios inerentes, em termos de logística, a um País tão extenso, MARTINS enfrenta outro desafio ainda maior. Caminhar, com segurança e presteza em um cipoal de leis, regulamentos e mudanças intermitentes. Praticamente em todos os estados MARTINS mantém sob contrato permanente um grupo de advogados para enfrentar a burocracia e a voracidade arrecadadora daquela localidade. Somente em 2013, e no território de atuação do MARTINS, foram 8.100 alterações na legislação tributária, o que dá uma média de trinta por dia. O caos é de tal ordem que, segundo seu CEO, WALTER FARIA, "é como se o houvesse 27 países dentro do Brasil".

Quando ALAIR vai desistir de se superar? Jamais. Segundo ele diz e repete a seus colaboradores, "sou muito feliz por me manter alinhado com o bom senso, de entender que ninguém é tão bom que não possa melhorar. E se tem alguém que é muito bom, precisa saber que há outros melhores ainda".

E a respeito da força e do valor de sua MARCA, "Somos uma grande família. Lidamos com pessoas humanas e não com números. Aqui, ninguém diz: 'eu trabalho no Martins', mas 'na nossa empresa'. O nosso maior patrimônio é a nossa imagem, o respeito que o País tem por nós. Gastamos anos e anos para construir essa MARCA e, portanto, não pode ter um arranhão. Esse é o nosso maior desafio".

Se sua empresa não tem em quem se espelhar, recomendo MARTINS.

36
Não Existem "Meio Grávidas" Nem Novo pela Metade

Esse negócio de dar uma "guaribada" em um produto velho e tentar levar o consumidor na conversa, acrescentando a expressão NOVO, definitivamente não funciona.

Adaptações, cirurgias plásticas e recauchutagens garantem, eventualmente, e no máximo, mais alguns quilômetros de rodagem, porém, jamais poderão ser comparadas com a emoção e com o impacto causados pelo novo de verdade.

O que as empresas podem e devem fazer é passar permanentemente a seus clientes, pela qualidade de suas práticas de marketing, e que não obstante estar há 10, 20, 30, 50 anos no mercado, o produto permanece absoluta e rigorosamente atualizado; seus serviços são tão ou mais relevantes do que jamais foram.

Assim, a cada novo encontro, a sensação que eles sentirão será semelhante ao cheirinho dos bebês na maternidade, ou ao do carro zero-quilômetro acabado de tirar da revenda autorizada.

PLAYBOY ENTERPRISES INC RADICALIZA

Depois de trimestres consecutivos de substanciais prejuízos, a empresa do coelhinho decidiu atravessar a linha, radicalizar e brigar, com a força de sua marca no próspero território da pornografia. Ou seja, o sexo light da revista, onde tudo começou, hoje um pouco mais condimentado, mas ainda inocente diante de outras publicações pesadas, nada mais tem a ver com o editorial que a mesma *Playboy* passou a colocar em seus canais de televisão, inclusive no que é transmitido a cabo no Brasil.

A radicalização mereceu dois anos de estudos que, enquanto eram realizados, sofriam a pressão indireta de uma empresa que via sua saúde financeira se debilitar, mês após mês, até que, no início de 2001, CHRISTIE HEFNER, filha do fundador e principal executiva do grupo, foi taxativa: "Chega de perder dinheiro. Se é sexo explícito que nosso público deseja, muito especialmente o masculino, é melhor atendê-lo do que contemplar, passivamente, sua migração para os novos concorrentes."

E assim, de um golpe só, e por US$ 70 milhões, a *Playboy* comprou três dos principais canais de sexo – THE HOT NETWORK, THE HOT ZONE e VIVID TV –, herdando seus contratos, seus acervos, seus públicos, e passando a investir pesadamente na produção de novos filmes, séries e "novelas", inclusive em uma versão pornô do *Big Brother*.

A revista *Playboy*, ícone de três gerações de homens que hoje são classificados como "românticos", que viu sua circulação cair seguidamente, até se estabilizar em três milhões de exemplares, nunca mais será a mesma, na medida em que deixa de ser a referência editorial do grupo, e passa a ser a exceção, pela "inocência" de seu conteúdo.

Os resultados dos últimos anos mostram que Christie estava certa. Reposicionamentos têm de ser radicais, nunca pela metade.

O PESADELO DOS GERENTES DE PRODUTOS

Em meus 47 anos de marketing, testemunhei infinitas vezes uma mesma situação.

Gerentes de produto, de primeira viagem, com pouca ou nenhuma experiência, cheirando a tinta mesmo, pedindo para conversar comigo e comentar sobre um pesadelo que tiveram na noite anterior.

Normalmente, eram gerentes de produtos que acabavam de fazer seus primeiros planos de marketing, lançando ou reposicionando produtos e marcas, e iam dormir na véspera do grande dia carregando ansiedade, preocupações e todos os sonhos do mundo.

Antes de se deitarem, naturalmente, fazendo suas orações para Santa Terezinha, a padroeira dos marqueteiros, e sonhando acordados com o sucesso que alcançariam, devidamente reconhecido e registrado nos anos seguintes pela conquista do prêmio MARKETING BEST.

Durante a noite, no entanto, acordavam asfixiados, com forte calor e transpirando por todos os poros, atormentados pelo mesmo e terrível pesadelo.

O produto estava, simplesmente, maravilhoso. Passou em todos os pré-testes. A embalagem, vencedora. A equipe de vendas e o *trade* treinados e motivados. Os teasers da campanha criando a maior expectativa na novela das oito. E a concorrência morrendo de curiosidade e medo.

Orgulhoso, no sonho prestes a se transformar em pesadelo, sem que ele saiba, resolve dar uma última passada no supermercado para conferir se o produto está bem exposto, e suportado adequadamente pelo material de ponto de venda. Corre as gôndolas e só encontra os produtos da concorrência. Refaz todo o caminho e nada. Dirige-se ao gerente da loja, pergunta sobre o produto e ouve como resposta: "Não tenho a menor ideia". Já está caminhando, quando o gerente diz meio preocupado: "Você já deu uma olhada na fila?". "Que fila?" "Aí fora, dando voltas no quarteirão...".

No que sai do supermercado, quase cai de costas. Lá está uma fila descomunal, dando voltas e voltas no quarteirão, de produtos novos – todos com senhas na mão – aguardando uma vaga nas gôndolas.

Passa pelo xampu, o primeiro da fila, com o rótulo já todo envelhecido, e não resiste: "Há quanto tempo você está na fila?". Soltando poucas espumas pela boca, de tão fraco que estava, o xampu responde: "Mais de dez anos...". E desiste de perguntar para o desodorante, lustra-móveis, lenço de papel, absorvente higiênico...

A descrição do pesadelo, prezado e querido leitor, já acabou. E o pesadelo não atormenta mais o sono dos gerentes de produtos. Transferiu-se do território dos sonhos, infeliz e diretamente, para a realidade.

Conforme dados divulgados pela USP, do início do Plano Real até 2005 foram lançados mais de 15 mil novos produtos. De 1994 até 2005, transitavam aguardando deferimento e aprovação 30 mil novas marcas no INPI. E a grande maioria desses produtos e marcas tentou desembarcar nas gôndolas dos supermercados – já totalmente abarrotadas.

Do lado de cá, nós, os CAMAGURUS, os novos consumidores, cada vez mais genéricos nas superfícies dos nossos comportamentos, cada vez mais específicos na manifestação de nossos comportamentos de compras e preferências.

Não querendo mais apenas a massa de tomate, mas, sim, o molho napolitano ou putanesca ou primavera ou bolonhesa. Não querendo mais apenas a vodca pura, mas "flavored" limão ou lima ou cereja ou morango. Não querendo mais apenas a sopa de cebola ou o creme de ervilha, mas a sopa de tomate, aspargos, macarrão com frango. Não se conformando apenas com a Bic azul ou vermelha, mas querendo a verde, laranja, preta, amarela... Enquanto vão desembarcando outros milhares e milhares de importados...

Há muito tempo esse pesadelo não se repete mais porque foi superado pela realidade. Os jovens, simpáticos, bem-vindos e talentosos gerentes de produtos não têm mais nada a temer, uma vez que já perderam o sono por completo há muito tempo.

Ou são capazes de planejar, desenvolver e comercializar produtos verdadeiramente inovadores e diferenciados, e reposicionar de forma consistente e criativa os produtos já existentes, ou nem mesmo conseguirão um lugar na fila.

POKÉMON – MONSTROS DE BOLSO

Nenhum executivo de marketing verdadeiramente competente, e na posse de seu juízo, deve perder tempo em tentar contrariar as expectativas e desejos dos consumidores. Deve sempre respeitar o velho ensinamento popular que diz: "Não pergunte por que as pessoas são assim, elas são assim mesmo".

SATOSHI TAJIRI, hoje com mais de 50 anos, foi uma criança como milhões de outras em todo o mundo. Passou sua infância solitariamente porque não apenas, como era de se esperar, não pensava nem se comportava como os adultos, como também era diferente de outras crianças de sua localidade nos arredores de Tóquio.

Passava os dias colecionando insetos, girinos e outras minúsculas criaturas, muito especialmente besouros, que caçava em todas as partes. Filho de uma dona de casa e de um vendedor de automóveis da NISSAN, não tinha o menor interesse pelos cursos convencionais. "Quando criança queria ser entomologista. Os insetos me fascinavam. Cada um deles representa um mistério maravilhoso."

Enquanto crescia, viu "suas" plantações de arroz – local preferido para suas caçadas – serem substituídas por shoppings centers e "suas" lagoas, rapidamente aterradas, onde se multiplicavam rodovias, ferrovias e milhares de prédios de apartamentos. "Queria possibilitar às crianças de hoje toda a felicidade que tive em colecionar insetos, e que o progresso acabou aniquilando... E por essa razão decidi reinventá-los através de POKÉMON."

Um dos maiores sucesso do marketing do final de milênio encontrou sua base conceitual no primeiro e segundo MANDAMENTOS DO MARKETING. E na sensibilidade de Tajiri de respeitar o mundo de sonhos e fantasias das crianças, devidamente explicitado na linguagem que as crianças de hoje adotam e querem, desejam e valorizam. Onde habitam seus POKÉMONS, seus monstros de bolso...

IMPLODIR OU MORRER

LAS VEGAS é um dos melhores exemplos de que muitas vezes não dá para adaptar, tem de implodir e reconstruir, começar de novo; e, novo.

A cidade nasceu para ser uma espécie de oásis para jogadores, prostitutas e bêbados, ou seja, uma cidade vocacionada para homens, que deveriam passar o dia jogando, bebendo e fazendo um "programinha" no final da noite. E assim foram planejados e construídos seus hotéis. Com apartamentos confortáveis, mas para pessoas que sempre viriam sozinhas, e só voltariam a seus quartos para dormir.

A partir de um determinado momento, as mulheres desses homens pediram para ir junto. Mais algum tempo e LAS VEGAS começou a receber famílias, pessimamente acomodadas em hotéis construídos exclusivamente para homens, e, sozinhos. Vai para cá, volta para lá, e a conclusão não poderia ser outra: não dava para adaptar, era preciso derrubar e erguer de novo; reposicionamento completo e total. Ou se mudava porque o mercado mudou, ou alguma outra cidade americana se encarregaria de oferecer o que LAS VEGAS estava fingindo não ver: em dez anos, todos os mega e legendários hotéis com dois ou três mil apartamentos para homens sozinhos foram para o chão e em seu lugar novos hotéis com três ou quatro mil apartamentos, absolutamente confortáveis, voltados para a família.

Assim, e nesses dez anos, tombaram para sempre o DUNES, HACIENDA, STARDUST, SANDS, entre outros, e menos de três anos depois dando lugar aos tematizados PARIS, THE VENETIAN, BELLAGIO, MANDALAY, NEW YORK-NEW YORK, ALADDIN, CIRCUS, com atrações permanentes voltadas para a família, como muitos espetáculos do CIRQUE DU SOLEIL, como "MYSTÈRE" e "O"; e ainda SEIGFRIED & ROY, JUBILEE!; BELLAGIO GALLERY OF FINE ARTS; CÉLINE DION e muito, muito mais.

Da virada do milênio para cá, os brasileiros vêm descobrindo os hotéis econômicos, nas médias e grandes cidades do País. Hotéis com razoável conforto, sem luxo, bem localizados, com diárias entre R$ 100,00 e R$ 150,00. Que, para poder se viabilizar praticando esses preços, precisavam de uma nova forma de concepção, projeto, edificação e funcionamento, como é o caso dos da bandeira FORMULE 1, do grupo ACCOR. O último inaugurado na cidade de São Paulo, no bairro dos Jardins, obedece à seguinte receita: 399 apartamentos, administrados por 46 funcionários – 0,12 funcionário por apartamento contra 1,5 dos "cinco estrelas" –, apartamentos com 11 metros quadrados, onde a arrumadeira gasta exatos 11 minutos para arrumá-los – metade do tempo de um hotel tradicional –, e esse mesmo tipo de pensamento conduz todas as demais decisões/serviços.

No desespero, todos os demais hotéis nessas cidades, vendo seu índice de ocupação despencar, tentam seguir a tendência mediante adaptações: não vai funcionar; perderão tempo e se inviabilizarão ainda mais. Assim como aconteceu com LAS VEGAS, e na maioria das vezes, adaptar não é suficiente.

MARTHA STEWART

Não existe uma Martha Stewart no Brasil. Uma mulher madura, bonita, elegante, de bom gosto, educada, que passe credibilidade e transforme em ouro tudo o que toca, apadrinhe ou abençoe. Assim era Martha Stewart nos EUA, até um pequeno e lamentável escorregão, e assim é Martha Stewart, após cinco meses de prisão. O pequeno detalhe é que, pelo seu comportamento enquanto ficou presa, seu patrimônio simplesmente dobrou.

A presença de Martha Stewart no Brasil só pode ser registrada através de sua revista mensal *Living*, encontrável em poucas bancas de jornais e revistarias, uma vez que seu programa de televisão que era exibido nas emissoras a cabo foi tirado do ar meses antes da prisão.

Por que Martha foi condenada e presa? Por, supostamente, ter usado informação privilegiada, realizado um pequeno lucro em Wall Street, ou, melhor ainda, evitado um pequeno prejuízo. Mas, nos EUA não existem crimes pequenos ou grandes; errou, e foi flagrado, independentemente de quem seja, cadeia. Que o digam milionários e celebridades que passaram uma temporada recolhidos. Como foi o caso da bilionária Leona Helmsley.

O julgamento de Martha mereceu cobertura nacional e foi acompanhado por todo o país. No final, condenada a cinco meses de reclusão mais cinco de prisão domiciliar, não esperou. Pediu para cumprir a pena imediatamente, sem reclamar nem protestar inocência, preocupando-se, exclusivamente, em olhar para frente. Sua atitude rapidamente mereceu o apoio e a simpatia da opinião pública americana – mais importante que errar é reconhecer o erro e submeter-se à decisão da Justiça –, e os fortes laços que mantinha com seus milhões de fãs e admiradores só se reforçaram. Durante o tempo que ficou atrás das grades, recusou-se a qualquer tratamento diferenciado, ofereceu-se para realizar trabalhos de limpeza na administração e nos banheiros da penitenciária, e rapidamente se integrou às demais presidiárias, encampando todas as suas causas e reivindicações.

No dia 6 de março de 2005, domingo, Martha despediu-se de suas companheiras de cárcere e retomou, gradativamente, suas atividades. As ações de sua empresa, que bateram no fundo do poço durante a denúncia e julgamento, triplicaram de valor nos últimos meses e sua fortuna pessoal supera o bilhão de dólares.

Como lembram, Al Ries e Jack Trout, "não existem segundas chances de se causar uma primeira boa impressão". Martha sempre causou uma ÓTIMA IMPRESSÃO. Até escorregar. Mas, manteve a classe, a IDENTIDADE, enquanto durou seu inferno astral. E o que poderia ser morte, para uma IDENTIDADE preservada e fortalecida nos piores momentos, só poderia resultar, como resultou, em um reforço e confirmação do seu PERCOGNITIOM® (PERCEPÇÃO E RECONHECIMENTO), ou, se preferirem, na valorização da MARCA MARTHA STEWART.

Sempre é melhor não cair. Mas, se escorregar, cair com elegância, preservando o estilo e a personalidade.

37
Ter Consciência das Limitações É uma Grande Virtude

Por mais capaz, talentosa e rica que seja uma empresa, antes de adentrar pela arena do mercado deve sempre considerar suas reais possibilidades diante dos concorrentes que vai enfrentar.

O fato de ser economicamente poderosa, e líder em determinadas categorias de produto, não significa que pelas próprias pernas, e naturalmente, vá ser líder em qualquer categoria que decidir ingressar. E, se por política, só tem interesse em categorias nas quais possa ocupar o primeiro lugar do ranking, o caminho mais curto e infalível é comprar a empresa líder – produtos, equipes, marcas.

Não existe nada mais ridículo que empresas gigantescas ofendidas por empresas anãs tentando dar o troco. Elas só têm a perder, e acabam perdendo mesmo. Em dispersão de energia, em tempo, e, eventualmente, arranhões na marca.

A HORA DO ALMOÇO

No passado, a "hora do almoço" era um quase eufemismo. Não era hora, de verdade; era uma jornada. Nas grandes metrópoles do mundo e do País. Nos anos 1970, o almoço em um RODEIO da HADDOCK LOBO, onde as mesas praticamente eram fixas de determinados clientes, sentava-se pouco depois das 12h30 e não se levantava antes das 15 horas. Mais que isso, não se recusava uma bebidinha. Conclusão, executivos retornavam a seus postos de trabalhos entorpecidos pela mega refeição, com entradas, pão de queijo, manteiga e muito mais, porções substanciais de carne e sobremesa "de quebra"; com uísque ou caipirinha na espera, vinho ou cerveja no durante e um licorzinho para ajustar a digestão. Entorpecidos, sonolentos e meio bêbados. Esse mundo acabou.

Agora, nos melhores restaurantes das metrópoles brasileiras, o almoço executivo. A "hora do almoço" virou, de verdade, A HORA DO ALMOÇO. Nem um minuto a mais. Chega-se à mesa, uma rápida olhada pelo cardápio com uma ou até cinco alternativas de almoço executivo, e menos de cinco minutos depois a entrada já está na mesa, em 10 minutos o prato principal, em 30 a sobremesa, e antes de se completar uma hora, café, conta, e de volta para o trabalho. Bebida? Água, sucos, refrigerantes.

Assim, restaurantes, donos e chefs entenderam que existe uma nova realidade, um novo comportamento, e se esmeram no treinamento da equipe de cumins, garçons e maîtres, para dar conta da, agora, HORA DO ALMOÇO. Tomaram consciência das limitações.

Nos Estados Unidos, nas principais cidades, nem mesmo A HORA DO ALMOÇO existe. O que existe é A MEIA HORA DO ALMOÇO. Uma refeição de qualidade em 30 minutos, um "se vira nos 30". Do pedido à sobremesa. Como alguns pratos são impossíveis de serem preparados em espaço de tempo tão curto e apertado, muitas matérias-primas deixam de frequentar os cardápios dos ALMOÇOS EM 30. Carne de porco e carne bovina só no jantar, ou para os clientes do almoço que podem se dar ao luxo de comer com mais tempo e tranquilidade. Tudo o que pode ser preparado antes, sem prejuízo da qualidade, fica stand-by, muito especialmente as sobremesas como bolos, doces, saladas e porções de frutas.

Em matéria recente do *Wall Street Journal*, redes de 22 restaurantes, como o IL FORNAIO, em suas estatísticas registram que 30% dos pedidos da hora do almoço já são do "PIATTI UNICI" – rigorosamente dentro dos 30 MINUTOS.

Em todos os melhores restaurantes dos JARDINS, na cidade de SÃO PAULO, muitas e ótimas alternativas de CARDÁPIO EXECUTIVO. Onde não se almoça em 30 minutos, mas já em 60, com qualidade e prazer.

Saudades dos velhos, bons e "irresponsáveis" tempos do RODEIO. Mas apenas saudades. Delícia, de em apenas uma hora, almoçar com qualidade e retornar ao batente dentro das novas realidades da TIMELESS SOCIETY.

Se o cliente só tem uma hora de almoço, o almoço tem de caber nessa uma hora. Caso contrário, fica-se com o almoço e perde-se o cliente.

NÃO TENTE REPETIR EDWARD BERNAYS

No dia 3 de março de 1994, aos 103 anos, morreu EDWARD BERNAYS. Na opinião da maioria, um dos gênios das relações públicas, ou como se costuma chamar hoje, genericamente, do *no-advertising*.

Aposentado há muitos anos, BERNAYS protagonizou alguns dos mais fantásticos cases de RP desde os primórdios do marketing moderno.

Entre todos, talvez o "the best", o que lhe garantiu fama e fortuna, tenha sido seu trabalho para LUCKY STRIKE, em 1934.

Naquele ano, LUCKY STRIKE CIGARRETES tinha um grande problema.

Finalmente, as mulheres, a partir das classes A e B, e em uma das primeiras manifestações da nova posição da mulher na sociedade, começaram a fumar. Em ambientes fechados, a maioria; e as mais fortes e corajosas, publicamente.

Só que se recusavam a comprar LUCKY STRIKE.

Alguns grupos de pesquisa, e a conclusão: o verde-floresta da embalagem não combinava com as cores da moda e com as roupas que elas tinham em seus guarda-roupas.

GEORGE WASHINGTON HILL, presidente da British American Tobacoo, fabricante do cigarro, decidiu recorrer aos serviços, sensibilidade e competência de um jovem e talentoso RP, EDWARD BERNAYS.

O briefing que passou foi apenas o seguinte: "Faça o que você quiser para superar o problema, desde que não seja mudar a cor da embalagem."

De pronto, BERNAYS respondeu: "Se você não admite mudar a cor da embalagem, só me resta mudar a cor da moda".

E assim fez. Organizou o mais fantástico baile da estação para personalidades da Europa e dos Estados Unidos. Os convites, impressos em verde, recomendavam que todos os convidados comparecessem vestidos com a cor da moda, o verde, naturalmente. Foi o famoso "Green Ball".

Para os editores de moda, organizou um simpósio sobre cores, patrocinado pelos fabricantes de fios e tecidos, onde um historiador e um psicólogo falavam sobre a importância e as razões do prevalecimento do verde.

Como na época ainda não existia, ele criou um "Color Fashion Bureau" para disseminar as novas tendências da moda, para todo o mercado e para a imprensa, enfatizando, claro, a popularidade da cor verde.

Na sequência, atacou o território da decoração, as lojas de departamento, as galerias, os museus com retrospectivas e tudo o mais que você possa imaginar.

Ou seja, BERNAYS simplesmente pautou, com talento e competência, o VERDE. Fez, do VERDE, a cor da moda do outono de 1934.

E as mulheres, naturalmente, passaram a fumar o LUCKY STRIKE, em sua embalagem verde-floresta, maravilhosa.

Vale o registro, e vale a homenagem ao gênio. Mas em hipótese alguma tente repetir a performance.

Depois de tudo o que aconteceu no mundo nos últimos oitenta anos, a ousadia cometida por BERNAYS, em 1934, hoje não levaria a nada. Apenas a um inevitável e retumbante fracasso.

O DIREITO AO ERRO

Grosso modo, a desatenção involuntária é um traço presente em toda a nossa trajetória, e parte integrante da personalidade de muitas pessoas. No trânsito, quando nos esquecemos de dar o sinal que vamos virar à esquerda; em casa, quando nos esquecemos de trancar a porta; na hora de dormir, quando nos esquecemos de apagar a luz; e muito e muito mais. E quando esse esquecimento, que não deveria acontecer, acontece com profissionais de toda ordem, empresas perdem clientes, advogados perdem prazos e pacientes voltam à mesa de operação... E, algumas vezes, morrem.

Não tem jeito. Faz parte da cultura de nossos tempos e da expectativa das pessoas que médicos, em hipótese alguma, errem. Embora, e como humanos, errem. Quando a probabilidade estatística insuperável acontece, a maior parte da família dos pacientes se conforma e reconhece a falibilidade de seus médicos. Uma parte não se conforma e recorre à Justiça para reparar o irreparável, segundo alguns, e para que sirva de exemplo para o médico supostamente inepto, segundo outros.

Se é assim, nada a fazer que não seja se prevenir. E por essa razão, é cada vez maior o número de médicos que recorre aos seguros de responsabilidade civil, e, na outra ponta, é cada vez maior o número de médicos processados por eventuais e supostos ERROS MÉDICOS.

Em pesquisa realizada pelo Colégio Brasileiro de Cirurgiões, divulgada no Congresso Nacional de Cirurgiões, realizado em junho de 2005 na cidade do Rio de Janeiro, a constatação é que 14% dos médicos já foram processados. Os que ainda não foram processados morrem de medo diante da elevada probabilidade de serem, e a quase totalidade revela-se disposta a providenciar o seguro por erro médico.

Segundo o mesmo Colégio Brasileiro de Cirurgiões, os processos contra os médicos correm em três esferas diferentes: 30% nos Conselhos Regionais de Medicina, 58% na Justiça Civil e 12% na Justiça Criminal. E de todos os processos ingressados nessas três esferas, 52,7% dos reclamantes ganharam as causas, 40% permanecem aguardando julgamento, 2,3% fizeram acordo e 5% perderam. Objetivamente, iniciado o processo, a chance de o médico ser inocentado é muito pequena, e daí, a demanda crescente pela contratação de seguros.

Embora o problema não tenha a mais pálida possibilidade de solução, seria sensivelmente atenuado se as ASSOCIAÇÕES MÉDICAS divulgassem, de forma permanente e consistente, que a prática da medicina não é uma ciência exata, assenta-se no conhecimento, nas práticas, e se traduz na melhor tentativa de socorrer os pacientes. Que chega um determinado momento em que o médico tem de decidir, e sua decisão é a melhor possível dentro dos limites de seu conhecimento, perícia e sensibilidade. E ainda, que em todas as intervenções de maior risco, houvesse a manifestação formal, inequívoca e irretratável das famílias, sobre a consciência do risco envolvido. Se as ASSOCIAÇÕES MÉDICAS tivessem consciência da limitação mais que humana de seus associados.

NUNCA ANTES NA HISTÓRIA DESTE PAÍS A CAIXA SOFREU UMA CORRIDA!

As pessoas estão olhando. De forma natural, quando não se trata de assunto de seu interesse, ou que as afetem, diretamente. Apenas olham. Algumas vezes, surpreendem-se. Positiva ou negativamente. Encantam-se, ou incomodam-se, e até mesmo entediam-se. A comunicação não se restringe à fala, à palavra escrita, às gesticulações ostensivas e propositais. Acontece pelo simples fato de alguém piscar o olho em momento inusitado, de bocejar fora de hora, de levantar o braço para se coçar, como fez certa feita ALBERTO HADDAD, e arrematar um PORTINARI, sem o querer, em um leilão de arte.

"Seo Manoel" é, talvez, o mais tradicional quitandeiro de Higienópolis. Em um pequeno sobradinho e uma loja mínima garantiu cama, comida, roupa lavada e ótimas escolas para sua mulher e filhos. E uma casa no Alto de Pinheiros. Cliente fiel do ITAÚ um dia recebeu uma primeira correspondência do Dr. OLAVO dizendo que estava deixando o banco ou para comandar a Prefeitura, ou para se aposentar. O sistema gaguejou e mandou a mesma correspondência três vezes. "Seo MANOEL" ficou preocupado. Dias depois o mesmo procedimento aconteceu com HERBERT LEVY. "Seo Manoel" não teve dúvidas. Parou minha mãe na rua e disse, "Dona Julieta, se a senhora é cliente do ITAÚ, cuidado, acho que o banco vai quebrar!"

Anos atrás a CAIXA decidiu fazer uma "gracinha" com seus correntistas e beneficiários do BOLSA FAMÍLIA. Antecipou o pagamento, contrariando normas e costumes, na véspera do dia previsto. Leitura do público: o BOLSA FAMÍLIA vai acabar. Corrida na maioria das agências da Instituição. Pela primeira vez, em sua história mais que centenária – 152 anos – a CAIXA sofreu uma corrida. O que fizeram as autoridades irresponsáveis? Colocaram mais lenha na fogueira da burrice e incompetência. Presidenta DILMA, "Ato desumano e criminoso". Ministro da Justiça, JOSÉ EDUARDO CARDOSO, "Não há dúvida de que houve crime. E mais, é possível que vários crimes estejam acontecendo. Nós vamos identificar os fatos, analisá-los, fazer a tipificação e encaminhar, para que essas pessoas tomem a sanção penal devida nos termos da lei." Ministra MARIA DO ROSÁRIO, da Secretaria de Direitos Humanos, atribui a boatos plantados pela oposição...

Dois meses depois, a conclusão do inquérito da Polícia Federal: a antecipação da data provocou a corrida. Tão simples e óbvio quanto. Mas a presidenta DILMA, diante das conclusões, continuou tentando explicar, "A avaliação da Polícia Federal é no sentido de que as mudanças no processo levaram a uma situação que facilitou um certo movimento de corrida à CAIXA...".

Daqui para frente, e em todos os cursos de Marketing e Branding, e especialmente nos de Relações Públicas, no capítulo do estudo de "cases", a absurda, inusitada e injustificável corrida sofrida pela CAIXA em 152 anos de existência, provocada pela incompetência de seus dirigentes e a burrice e truculência das autoridades irá aparecer.

Todos, sem exceção, ZERO em COMUNICAÇÃO! Mas sem a menor consciência de suas limitações.

SUPER-HOMENS? ESQUEÇA!

Vez por outra – quase todo dia – bate saudade do velho mestre, e mergulho em seus ensinamentos. Em determinado momento de um de seus 42 livros, DRUCKER trata da questão dos supostos super-homens. Em verdade, o único que existe é aquele que habita a imaginação das pessoas, muito especialmente na adolescência, mais conhecido como SUPERMAN.

Sobre os supostos super-homens, DRUCKER sentencia: "Nenhuma empresa que dependa de gênios e super-homens para prosperar sobrevive. Toda a empresa precisa ser organizada da melhor maneira para que pessoas comuns, sob uma liderança adequada [acrescentaria, e inspiradora] sejam capazes de conduzi-la em sua jornada". Mais adiante manifestava sua indignação por um único indivíduo ganhar bônus descomunais por ter mutilado para sempre empresas, recorrendo à esperteza de cortar milhares de pessoas, colocado a mão na "bufunfa" e se mandado a tempo de não ver o monstro definitivo e irreversível que produziu. Que anos antes era uma empresa...

E poucos anos antes de morrer, e incomodado com a cegueira que contaminava as empresas pelos fortes e absurdos ventos de suposta prosperidade do mercado financeiro, Drucker, alertava: "Sabemos, há no mínimo 50 anos, que o dinheiro por si só não motiva o desempenho, mas sua insuficiência desmotiva. Aquilo que motiva, e em especial aos trabalhadores do conhecimento, é o mesmo que motiva, os voluntários, que sempre precisam obter mais satisfação com seu trabalho do que os trabalhadores remunerados, pois nada recebem. Eles precisam, acima de tudo, de desafios, conhecer a missão e os propósitos da organização, neles acreditar e por eles lutar". Ou seja, referia-se ao aderir a uma causa.

Corta para 2014. J. SCOTT ARMSTRONG (WHARTON) e PHILIPPE JACQUART (EMLYON) concluíram uma das mais importantes pesquisas sobre o poder do dinheiro no desempenho das pessoas. E a que conclusão chegaram? Apenas que "altos salários não têm correlação alguma com desempenho". Ou, mais dinheiro não alarga ou expande os limites intelectuais ou de capacidade de uma pessoa. Mas, por outro ladro, distribuído com sensibilidade e critério para todos os componentes de uma equipe de colaboradores – isto sim é capaz de produzir resultados extraordinários.

Um dos melhores absurdos que as empresas cometem acontecera há três anos nos EUA. A tradicional loja de departamento JCPENNEY contratou um dos melhores executivos da APPLE, RON JOHNSON, que se notabilizou pelos projetos das LOJAS APPLE. Como se LOJAS APPLE tivessem qualquer coisa a ver com lojas de departamento e empresas de cultura secular. Sua remuneração, duas mil vezes a média do que ganhavam os demais colaboradores da JCP. Destruiu a empresa, a marca, foi demitido e causou um prejuízo estimado em mais de US$ 1 bilhão.

Tudo o que a empresa precisa de verdade, e apenas, é de um bom e verdadeiro líder. Jamais de gênios. E, de novo, DRUCKER, "Um bom líder faz com que homens comuns façam coisas incomuns". Simples assim.

38

Inferir, por Analogia, Costuma Dar Porcaria

Não existe nada mais desestimulante na vida de um profissional de marketing que, diante de uma ideia inovadora e criativa que apresenta à empresa onde trabalha, alguém rapidamente perguntar: "Onde isso foi implantado deu certo?".

Assim como não existe nada mais burro, em qualquer organização, que a certeza de que, "se deu certo em Bauru, também dará certo em Botucatu", por mais próximos que estejam e por mais que esses dois mercados se assemelhem.

A referência, o benchmark, hoje, são técnicas consagradas, e deve-se recorrer a elas permanentemente. Só que de uma forma inteligente. Referenciando-se, analisando, separando o que pode eventualmente ser repetido ou replicado, e descartando-se tudo o que diz respeito especificamente às características, circunstâncias e à cultura da empresa benchmark.

E mesmo o que pode ser repetido ou replicado, com os cuidados indispensáveis da customização.

FAST-FOOD E RODÍZIOS

É raro o mês em que as publicações de negócios, as editorias de marketing, não retornem ao assunto e enalteçam, genericamente, o "Segundo Maior Mercado do Brasil", isso mesmo, o interior do Estado de São Paulo.

Referências genéricas como essa, cá entre nós, desprovidas de qualquer sensibilidade de marketing que não seja um dado "burramente" quantitativo, também acabam se aplicando a muitas grandes cidades de outros estados. Se essas publicações fossem mais cuidadosas, procurariam alertar seus leitores para o fato de que, não obstante a dimensão dos números e dos potenciais, os hábitos dos consumidores do interior dos estados, dos "camagurus caipiras", são completamente diferentes dos das capitais, muito especialmente de São Paulo, Rio de Janeiro, Porto Alegre, Curitiba, Belo Horizonte, Recife, Salvador e Fortaleza. "Camaguru urbano" é uma coisa; "camaguru interiorano", outra.

Repare você, que costuma viajar pelo interior de São Paulo nos jatos da AZUL, GOL e TAM, nos absurdos contrastes e diferenças que existem entre a paisagem física aérea da capital e de qualquer cidade do interior, mesmo as maiores como Campinas, Ribeirão Preto ou Limeira. Não dá para comparar. Uma coisa é a capital, outra são as cidades do interior. E se a chegada é à noite, nas duas cidades, os contrastes então ficam dramáticos. Aí você caminha por São Paulo e Ribeirão Preto, por exemplo, e de novo as diferenças, sem necessidade de pesquisas qualitativas, saltam aos olhos. As pessoas conversam diferente – ritmo e conteúdo –, caminham diferente e se vestem diferente, se relacionam diferente, consomem diferente, compram diferente...

Se no passado me faltava um ótimo exemplo para ilustrar essas diferenças, agora não falta mais. Visitando uma importante cidade do interior de Minas Gerais, daquelas em que você consegue ver a paisagem em 360 graus – o que é impossível em São Paulo –, onde você entende e constata pelo céu e pelo horizonte que a Terra é inquestionavelmente redonda e onde você tem uma cubagem de oxigênio extraordinária, passei por uma loja do McDonald's, dentro de um shopping center, na hora do almoço, literalmente às moscas.

Perplexo diante do que via, perguntei ao mineiro que me acompanhava o que significava aquela loja vazia. Rapidamente, de mansinho, ele explicou: "Uai, Seu Madia; fast-food no interior é rodízio".

Nessas cidades, assim como em Ribeirão, Bauru, Uberaba, Caxias, Ilhéus e Sorocaba, as maiores distâncias urbanas não ultrapassam dez minutos. As pessoas almoçam e jantam em suas casas e, quando estão "morrendo de pressa" ou querem comer fora, preferem, em vez de um fast-food, uma churrascaria rodízio, onde a "food" é fast e farta, e onde a pressa de comer é a de que a refeição não demore mais do que uma hora para ser servida, e não dez minutos...

ELEMENTAR, MEU CARO FREUD

Não misturei estação, não. Mixei Conan Doyle – Sherlock Holmes – e Freud propositadamente.

Freud mergulhava na alma, na mente, nos corações, em busca das verdadeiras causas e razões. Sherlock analisava os fatos, circunstâncias, detalhes, e deduzia. E o profissional de marketing competente, à semelhança da Gillette, corta com os dois lados, ou, como raríssimos craques, "bate com as duas".

Vai fundo na alma, mas não ignora os traços deixados pelos diferentes e múltiplos comportamentos que, a cada dia que passa, e por mais universais que sejam as pessoas, surpreendem pelas manifestações reiteradas de individualidade e preferências específicas.

Isso posto, vamos aos fatos. Você está sentado? Se não está, por favor, sente-se.

OS HOMENS ESTÃO SE ARRUMANDO, SE VESTINDO E SE EMBELEZANDO PARA OS OUTROS HOMENS!

Se Freud, conforme seu depoimento um ano antes de morrer, não foi capaz de saber, verdadeiramente, o que a mulher quer, pesquisas recentes, ao menos em termos das preferências femininas em relação ao sexo oposto, foram conclusivas.

Entre todas essas pesquisas, a mais abrangente foi realizada no final dos anos 1990 pelo *The Sunday Times*, envolvendo seus assinantes.

Primeiro, perguntaram aos assinantes masculinos quais as partes do corpo dos homens eles achavam que as mulheres mais admiravam.

E as respostas, pela ordem, foram: peitos e ombros musculosos, 22%; braços musculosos, 16%; pênis grande, 15%; altura, 13%; ausência de barriga, 9%; porte atlético, 7%; cabelo, 4%; bunda, 3%; olhos, 3%; pernas, 2%.

Isso posto, foram às mulheres para saber quais as partes do corpo dos homens que, verdadeiramente, mais admiram. E deu quase tudo ao contrário: bunda, 39%; porte atlético, 15%; ausência de barriga, 13%; olhos, 12%; pernas longas, 6%; altura, 5%; cabelo, 5%; pescoço, 3%; pênis grande, 2%; peitos e ombros musculosos, 1%.

Assim, querido e amigo leitor, e independentemente de seu estado de choque, pare com essa bobagem de se matar na musculação e tentar aumentar o tamanho do pênis. Se for bem-sucedido no seu esforço, o máximo que conseguirá é fazer um tremendo sucesso na comunidade gay de

São Francisco, ou uma participação na próxima PARADA GAY da Avenida Paulista. Mulher mesmo, que é bom, nada.

À semelhança dos homens, milhares de empresas em todo o mundo, todos os dias, por preguiça ou incompetência, condenam seus produtos ao abandono total por posicioná-los equivocadamente, na forma e no conteúdo, a partir de suposições sobre as verdadeiras expectativas do mercado.

Hoje, mais que nunca, é fundamental e decisiva a adoção, em caráter definitivo, do hábito e disciplina de perguntar. Perguntar às pessoas certas, fazer a pergunta certa. E, diante das respostas, ter sensibilidade para interpretá-las e apreender, nas entrelinhas, nas vírgulas, nos suspiros e pausas, as verdadeiras razões e motivos. E não desgrudar os olhos das redes sociais um instante que seja para confirmar.

O quê? Caiu a ficha? Descobriu por que outros homens olham tão empolgados para você?! Quem mandou...

MERGULHOS DE VERÃO

Todos os anos, quando se aproxima o verão, as diferentes instituições do País, ligadas à saúde, iniciam um programa de prevenção alertando as pessoas sobre os riscos de mergulhos em águas aparentemente profundas, mas na verdade rasas.

Ainda permanece na memória de muitas pessoas, e entre outras mortes e lesões na medula, o acidente com o judoca Fabiano de Oliveira Ramos, de 25 anos, que acabou morrendo de parada cardíaca após uma cirurgia realizada para ajudá-lo a respirar, depois de ter batido a cabeça em um banco de areia em Ilhabela (SP). Fabiano consagrara-se, em 1993, como campeão pan-americano e sul-americano de judô.

Segundo as estatísticas, todos os anos, 800 brasileiros sofrem lesões na coluna vertebral tendo como causa o mergulho em águas de pouca profundidade. Na maioria, jovens: 52%, em rios; 24%, em piscinas; 13%, em praias; e 11%, em lagos. Quase todos homens – 96,7%.

De certa forma, e por razões semelhantes, o mesmo acaba acontecendo no mundo dos negócios, quando se caracteriza um clima de "verão" nas empresas. Sobe o entusiasmo, chega a euforia e realizam-se mergulhos rumo ao desconhecido ou voos cegos, que inevitavelmente acabam culminando em perda substancial de dinheiro e, muitas vezes, em rupturas irreparáveis nos ativos – coluna vertebral – das empresas.

Na maioria das situações em que isso acontece, a origem é sempre a mesma. Alguém "iluminado" na empresa, normalmente seu presidente ou algum dos diretores, tem uma ideia "brilhante" sobre um novo produto "óbvio", sem chances de falhar, um verdadeiro "ovo de Colombo".

Em vez de realizar as pesquisas e os testes indispensáveis com públicos verdadeiramente relevantes – *trade* e *phocus* – consumidores aos quais se destina o produto –, de se lembrar dos erros do passado da própria empresa e de seus concorrentes, parte-se da premissa que o produto é tão "óbvio", e a certeza do sucesso tão grande, que se limita a perguntar a seus subordinados, amigos e parentes, que, além de manifestarem entusiasmo pela ideia, ainda agregam comentários do tipo "Puxa, fulano, você é mesmo um gênio".

Assim, e considerando que sempre teremos verões pela frente, recomendo aos leitores destes 50 MANDAMENTOS DO MARKETING, fazendo coro com as campanhas das entidades de saúde, que não mergulhem suas empresas, por impulso, em águas aparentemente profundas, sem antes se certificar das verdadeiras dimensões da oportunidade de mercado intuitivamente identificada.

Da mesma forma que recomendamos a todas as empresas, sempre que pinta um clima de "verão" por razões de diferentes ordens, que se previnam do entusiasmo de algum de seus dirigentes, para não mergulhar cegamente nas suas propostas e iniciativas, e muito menos negligenciar os fundamentos do marketing e seus procedimentos básicos.

PONTOCOM: RESCALDO DO INCÊNDIO

Em reportagem primorosa, do início dos anos 2000, assinada por JERRY USEEM, a revista *Fortune* produziu o melhor balanço, ou rescaldo, do, para muitos, inimaginável incêndio na nova economia, vitimando, definitivamente, a maioria das milhares de empresas pontocom. Muito especialmente as voltadas para o comércio eletrônico dirigido a pessoas físicas, também conhecido como BTC.

A partir das conclusões da *Fortune*, colocamos nossos consultores em campo, recebemos a contribuição de diversos clientes, e também tiramos nossas conclusões/lições/aprendizados, que são oito:

1. A INTERNET É UMA ÓTIMA ALTERNATIVA; MAS NÃO PARA TUDO E NEM A ÚNICA – A sensação de que a internet servia para tudo e que reduziria, no mínimo pela metade, ou até mesmo anularia a importância relativa de todos os demais meios de comunicação e canais de venda está sepultada. Ou seja, "devagar com o andor, que o santo é de barro".

2. É MELHOR E MAIS POSSÍVEL CONSTRUIR SOBRE O QUE JÁ EXISTE DO QUE PARTIR DO ZERO – Acordados do desastre, eles constataram, ao contrário do que imaginavam e supunham, em uma simbiose de inocência e arrogância, que as empresas tradicionais da economia real, desde que se preparem e se comprometam, têm muito mais chances de darem certo na WWW do que as novas.

3. PREÇO NÃO É TUDO; OU É TUDO DEPENDENDO DE QUE PREÇO VOCÊ ESTÁ FALANDO – A maioria dos MARKET PLACE, dos negócios BTB, partiu da premissa que por um preço melhor, isto é, menor desembolso, todas as empresas daquele setor rapidamente adeririam e o negócio se converteria em uma mina de ouro. Esqueceram que há décadas o conceito de preço deixou de se restringir ao desembolso; é o desembolso, mais uma série de serviços e facilidades agregadas ao produto, que define a melhor relação CUSTO *X* BENEFÍCIO. Ou seja, os MARKET PLACE que não assumirem essa premissa, e a respeitarem, estão condenados – como já aconteceu com muitos – a um lugar na vala comum do CEP – Cemitério das Empresas Pontocom.

4. O TEMPO DA INTERNET É FANTÁSTICO; MAS O QUE PREVALECE É O TEMPO DAS PESSOAS – No desespero para ocupar espaço, nem mesmo o tempo mínimo para a maturação das novas tecnologias, exclusivamente do ponto de vista tecnológico, foi respeitado. Queimaram etapas e se ferraram. O que dizer, então, do tempo das pessoas que, de verdade mesmo, é o único que importa, e que faz soar o caixa das empresas?!

5. DE FORA PARA DENTRO; JAMAIS DE DENTRO PARA FORA – À semelhança da sociedade industrial, que um dia caiu de boca na sarjeta, por planejar de dentro para fora, e arrebentou-se no "crash" de 1929, as pontocom repetiram o erro crasso. Primeiro fa-

bricaram, depois torraram milhões na suposta construção das marcas, e finalmente ficaram esperando que as coisas acontecessem... Não aconteceram. Nas aulas de apresentação de qualquer curso de marketing medíocre, os alunos são alertados, antes mesmo do bom-dia do apresentador, de que qualquer processo de planejamento começa de fora para dentro, a partir do mercado...

6. INVESTIDOR É UMA COISA; CLIENTE, OUTRA – Até que no começo se divertiram um pouco, mesmo porque as ações não paravam de subir. Mas, depois, e naturalmente, começaram a ficar nervosos. Nos Estados Unidos, três trilhões de dólares se evaporaram em meses. Conclusão: investidor, por mais que torça pela empresa e se envaideça, quer mesmo é lucro.

7. A INTERNET APENAS TROPEÇOU, MAS NÃO MORREU – Enganam-se os que respiram aliviados pela "inteligência" de não terem aderido ao "novo modismo" e continuam dando as costas para a WWW. Não se trata de "novo modismo". É, sob todos os aspectos, uma das maiores conquistas da humanidade em toda a sua história, e até onde se tem registro. Não existe um único negócio, na face da Terra, que deva ou possa ignorar sua força, possibilidades e, rapidamente, procurar pegar carona.

8. EXISTE UMA NOVA FORMA DE TRABALHAR – Depois da internet, as empresas, nas suas organizações, já não são mais as mesmas. Olhe para dentro de sua empresa e confira: a WWW mudou, quase por completo, os fluxos e processos organizacionais. A profecia de um dos gênios, e ícone da administração moderna, ANDY GROVE, deveria estar estampada e brilhando, incessantemente, na testa de todo dirigente de empresa: "No futuro não existirão mais empresas da internet. Todas as empresas serão empresas também da internet ou, simplesmente, deixarão de existir".

CULTO AO RIDÍCULO OU INUTILIDADES EM MARKETING

Como sempre acontece no mínimo uma ou duas vezes por ano, em momentos de "pautas vazias" dos principais veículos de comunicação, aterrissam notícias sobre produtos absurdos, que acabam iludindo editores e jornalistas descuidados, com pouca prática ou mesmo preguiçosos.

Entre os acontecimentos com essas características, no ano de 2002, o primeiríssimo lugar pertenceu a uma empresa da emblemática Levi's Strauss, a consagrada marca DOCKER'S, aquela que supostamente – ninguém foi conferir – teria sido "uma das melhores invenções de 2001", a calça de sete bolsos. Você já ouviu falar?!

É a famosa... *mobile pant*. Uma calça que atende a todas as aspirações do homem moderno que não sabe mais onde colocar, de forma elegante, as infinitas traquitanas que hoje carrega para baixo e para cima. A partir dessa contribuição "inestimável" da Docker's, o homem moderno e elegante poderá abrir mão de sua capanga, de seu paletó, e transportar, com segurança, seu ou seus celulares, bips, carregador de celular, palmtop, carteira, talão de cheques e chaves.

Segundo o diretor da empresa no Brasil, Caíque Capistrano, falando à revista *Época* – uma das que abriram espaço para a divulgação: "Ficamos oito meses desenvolvendo esse produto porque víamos em nossas pesquisas que o homem não sabia como incorporar tantas invenções sem mudar o guarda-roupa". É de emocionar!

Reparem, agora, na descrição, feita pela revista, do extraordinário e inovador produto: "A *mobile pant* é uma calça social, de sarja, com três bolsos a mais que o modelo tradicional. Todos têm zíperes e são praticamente invisíveis. Um deles é interno e fica escondido dentro do bolso grande, perto da cintura. Pequeno e seguro, é propício para chaves e carteira. Os outros dois ficam na lateral das coxas, propositadamente na altura do comprimento dos braços. Assim, permitem sacar rapidamente o celular de um lado e o palmtop do outro. A Docker's garante que dá para abrir o zíper e pegar o celular antes do segundo toque...". Quanta engenhosidade – haja babacas!

Em tempo 1: a Docker's revelou-se muito orgulhosa de fazer um produto que superava as campeoníssimas cargo – calças de seis a oito bolsos aparentes, porém informais demais para o trabalho.

Em tempo 2: na fotografia que ilustrava a matéria, o modelo aparecia apoiando o braço em uma árvore, sabe-se lá por qual motivo, talvez para não cair de tanto peso, transparecendo dois significativos volumes em seus "bolsos laterais na altura da coxa", sugerindo aos pervertidos sexuais uma curiosa e interessante anomalia. Quem sabe...

Ou seja, aquela que teria sido "uma das melhores invenções de 2001" repetiu o mesmo erro que empresas repetem à exaustão e de forma recorrente. O de inferir por analogia. Que, como diz este mandamento, costuma dar porcaria.

39
Só É Qualidade o Que o Cliente Reconhece Ser

Felizmente os apóstolos da QUALIDADE acordaram e passaram a privilegiar, nos processos de certificação, a ótica do cliente. No início das ISOs, toda a ênfase era na eficiência, no culto aos meios de produção, independentemente de que, como, quanto, onde, quando e por quanto chegasse ao cliente.

Mais para frente, eles acordaram, e, hoje, as certificações de qualidade – de qualidade – concentram todas as suas métricas no que é relevante para o cliente.

Portanto, a única qualidade que conta é aquela que o cliente reconhece, valoriza e se dispõe a pagar – o preço físico, emocional e financeiro para ter acesso ao produto. Tudo o mais é quinquilharia, ou, como diria Odorico Paraguaçu, no *Bem Amado* de Dias Gomes, "perfunctório".

FLEURY, O PREÇO DA QUALIDADE

Em 1926, ao concluir a Faculdade de Medicina, o Dr. GASTÃO FLEURY DA FONSECA comprou um pequeno laboratório no centro de São Paulo. Dez anos depois, ingressou na sociedade o Dr. WALTER SIDNEY LESER. E, finalmente, em 1951, fundiu-se com outro laboratório pertencente a um grupo de médicos também jovens, complementando o cardápio de exames do FLEURY. De lá para cá, não parou de inovar, sendo irrepreensível e benchmark obrigatório em termos de QUALIDADE EM PRESTAÇÃO DE SERVIÇOS.

Enquanto outros laboratórios da mesma época ficavam pelo caminho, muitas vezes em decorrência de uma estrutura familiar e falta de profissionalização, o FLEURY também inovou em termos de gestão, referenciando-se nos "partnership" adotados por outros prestadores de serviços, muito especialmente os escritórios de advocacia, dividindo a totalidade do capital entre 19 médicos sócios, com aposentadoria compulsória aos 65 anos, e sem a intromissão das famílias e herdeiros.

Falando aos alunos da 3ª TURMA do MASTER em MARKETING da Madia Marketing School, o diretor-superintendente do FLEURY, EWALDO RUSSO, deu um excepcional exemplo do moderno e verdadeiro conceito de preço.

Contou que, anos atrás, foram chamados por renomado hospital de São Paulo, que desejava confiar ao FLEURY seu laboratório, pois estavam insatisfeitos com os terceiros que o administravam. Quando o FLEURY apresentou a proposta, o custo dos exames era quase 50% mais caro. Assim mesmo a proposta foi aceita e, no final do primeiro ano, o total desembolsado pelo hospital foi 20% menor que no ano anterior, mesmo com os exames muito mais caros. E a razão exclusiva é que cada exame era feito uma única vez, ou seja, e como nos ensinou o fundador da TETRA PAK há mais de setente anos, RUBEN RAUSING: "Não importa quanto um produto custe, desde que economize mais do que custa".

QUATRO GERAÇÕES DE CONSUMIDORES

Tudo bem, os progressos tecnológicos são admiráveis; a internet é uma revolução em todos os sentidos; a convergência das mídias é uma inevitabilidade; o autoatendimento, um avanço; os smart cards, uma conquista... Mas ainda continuam existindo no mercado, e continuarão por um bom tempo, no mínimo quatro gerações de consumidores às quais ou as empresas oferecem um tratamento específico e compatível com seus comportamentos e aspirações, ou, indo direto ao ponto, não conseguirão lhes vender mais nada.

Assim, ainda os bancos continuarão recebendo em suas agências, muito especialmente as do interior e de determinados bairros das metrópoles, todos os dias do ano, clientes que passam para dar um bom-dia ao gerente e tomar um cafezinho, que no máximo preenchem cheques e querem mesmo é conversar, recusam-se a usar máquinas e cartões, e acham um absurdo serem atendidos por telefone.

É a geração dos "velhos", 60 e mais anos, admiradores do Super-Homem, Tarzan, Ângela e Caubi, que viram os filmes de Mazzaropi e as chanchadas da Atlântica, e que, com as conquistas do século XX, têm uma expectativa de vida de, no mínimo, mais dez anos.

Simultaneamente, os bancos atenderão clientes da geração dos "boomers" – nascidos de 1941 a 1960 –, admiradores de Ghandi e Kennedy, do Elvis e dos Beatles, de Elis Regina, Tom, Vinicius e Chico, Gil e Caetano, Roberto Carlos, que pouco vão às agências, usam o telefone, têm cartão e sacam nos caixas automáticos.

Assim como atenderão clientes da geração "X" – nascidos de 1960 a 1980 – que se emocionaram com o *E.T.* e *Star Wars*, admiram Spielberg, "curtem" os Paralamas e os Titãs, vivem em shoppings centers, que nunca vão às agências dos bancos, que resolvem todo o relacionamento com os bancos à distância, e já utilizam a internet.

E, ainda, com a geração "next" – nascida a partir de 1980 –, que descobriu as Tartarugas Ninjas, o Tamagochi, mais recentemente o Pokémon, que só aprontam na internet, que amam o Leonardo Di Caprio, Brad Pitt, Britney Speers e Giselle Bündchen, que se divertiram e sentem saudades dos Mamonas Assassinas, e que só conhecem agência de banco por passar em frente, que se relacionam com os bancos exclusivamente pela internet, que têm cartões para tudo...

Os "velhos" são filhos da Grande Depressão, da Segunda Guerra Mundial, dos anos de ouro do rádio. Os "boomers", da prosperidade econômica, de Woodstock, da Guerra do Vietnã, da ditadura, televisão e corrida espacial, de Pelé e Garrincha. A "Geração X", dos computadores, da MTV, da queda do Muro de Berlim, da Guerra do Golfo, de Ayrton Senna. E os da "Geração NEXT", dos laptops e notebooks, dos videogames, dos celulares, da internet, do Guga.

Ou seja, definitivamente, e não obstante todas as conquistas tecnológicas, eles não podem ser tratados, abordados, comunicados, sensibilizados, atraídos, convencidos e motivados, da mesma forma.

FESTIVAL DE QUALIDADE QUE ASSOLOU AS EMPRESAS

Sem saber bem a razão e "entrando na onda", uma quantidade descomunal de empresas anunciou, no início dos anos 1990, estar implementando Programas de Qualidade. Muitas delas ambicionando conquistar reconhecimento e certificados. Deu pena!

Nesse verdadeiro "Festival de Qualidade Que Assolou as Empresas", só comparável ao FEBEAPÁ do Stanislau Ponte Preta – *Festival de besteiras que assola o país* –, cometeram-se as maiores impropriedades, chegando, em muitos casos, a colocar em risco organizações sadias e prósperas.

Por mais palavras, definições e modismos que se criem, só existe uma razão para a existência de uma empresa, conforme nos ensina com total e absoluta propriedade o "papa" Peter Drucker: conquistar e preservar clientes.

Assim, praticarão a verdadeira qualidade ou o melhor marketing aquelas empresas que forem capazes de realizar, na plenitude, sua missão genérica: conquistar e preservar clientes dentro de seu segmento de atuação. E, para conquistar e preservar clientes, só se precisa de um único componente: COMPETITIVIDADE. Ou a empresa tem essa componente e prevalece, ou não tem e sucumbe.

E o que é SER COMPETITIVO? SER COMPETITIVO é ter a capacidade de sempre oferecer aos seus clientes e *prospects* a MELHOR RELAÇÃO CUSTO *X* BENEFÍCIO, no seu mercado específico de atuação e em relação aos seus concorrentes.

E o que é, de verdade, a RELAÇÃO CUSTO *X* BENEFÍCIO? Por CUSTO, entenda não apenas o dinheiro que o cliente desembolsa para ter garantida a compra do produto ou serviço. Entenda também, e principalmente, desde que seu preço esteja na média de seus concorrentes, todo o esforço físico e intelectual que seus clientes precisam realizar para ter acesso ao produto ou serviço. Por BENEFÍCIO, entenda não apenas a prestação específica que um produto se propõe a realizar – por exemplo, um abridor de garrafas deve abrir bem uma garrafa. Entenda também, principalmente, os serviços de comunicação para informar, com competência e glamour, o que é o produto, para que se destina e onde pode ser encontrado; a atração exercida pelo design do item, assim como a facilidade e o conforto na sua utilização; a "frondosa sombra" propiciada por uma marca de confiança e credibilidade; a magnetização agregada por uma embalagem moderna e cativante; a certeza de funcionamento do produto e a de ter alguém a quem pedir socorro no caso de problemas; o reconhecimento e o aplauso, por parte da galera, pelo acerto e inteligência da compra realizada; e assim por diante...

Em síntese, e objetivamente, se o cliente comprar, ficar feliz, repetir a compra e recomendar aos amigos, tem qualidade; caso contrário, pode ter todas as demais "qualidades", mas, de verdade, não terá nenhuma.

INFINITO REGRESSO

Com a mesma inteligência e propriedade com que abordou outros temas, JACK TROUT, no seu livro *O novo posicionamento*, tratou da síndrome do INFINITO REGRESSO.

"Quando nossas estradas se tornam congestionadas, construímos mais estradas. Quando nossas cidades se tornam inseguras, recrutamos mais policiais e construímos mais prisões. Sempre que nossa língua parece inadequada, inventamos mais palavras."

Novas super-rodovias desafogam a sobrecarga de velhas super-rodovias, que foram construídas para desafogar a sobrecarga das rodovias, que foram construídas para desafogar a sobrecarga das ruas e estradas.

Segundo estimava, a velocidade média em uma autoestrada de Los Angeles, em horário de pico, é inferior à de um cavalo e de uma carroça. Era de se esperar que mais estradas resolvessem o problema do transporte. Em vez disso, ao que parece, mais estradas não trouxeram outra coisa senão mais carros.

Assim, e por decorrência, "mais" não resolve o problema.

A questão é estudo, não escolas; segurança, não o número de policiais; mobilidade, não rodovias; performance, não produtos.

Portanto, e antes de ingressar, muitas vezes sem perceber, quer por desinformação, quer por insegurança, quer por angústia, na SÍNDROME DO INFINITO REGRESSO, considere sempre a possibilidade da SABEDORIA DA INFINITA SIMPLICIDADE.

Isso mesmo. Lembre-se de que nós – os novos consumidores – depois de um longo e penoso aprendizado nos diplomamos. E agora, reconhecemos, nos produtos e serviços, a ACESSIBILIDADE como uma de suas maiores virtudes.

Não há, pois, como tornar acessíveis produtos ou serviços desfigurados ou descaracterizados por infinitos penduricalhos. Por "falsos plus" que não pedimos, que não queremos, e que só conseguem desviar nossa atenção e despertar nosso maior e solene desinteresse.

Hoje, mais que nunca, é decisivo pensar pequeno, como nos ensinaram os gênios da DDB ao posicionarem, antologicamente, o "fusquinha".

Na vitrine do mundo, abarrotada de alternativas, só conseguem ser percebidos, brilhar, encantar e mobilizar os produtos que sinalizam com clareza e precisão o benefício que oferecem.

Todos os demais não passam de figurantes medíocres. De borrões na paisagem. Ame seus produtos; faça-os simples e de fácil e rápido entendimento. Na exata medida do interesse, ambição e reconhecimento dos clientes, os únicos juízes da QUALIDADE que contam.

MARCAS COM CHEIRO

Que ninguém lê bula, não lê mesmo, com raríssimas exceções. Primeiro, porque a maioria não consegue sem recorrer a óculos ou lupas; e segundo, porque as que tentaram um dia não entenderam absolutamente nada, e desistiram de vez. Especialmente em alguns remédios tradicionais, com os quais as pessoas já nasceram convivendo.

Pois bem, o ano começou mal para o VICK VAPORUB. Nos países de língua portuguesa sua designação genérica perdeu o trema – trata-se de um "unguento". E nos Estados Unidos, o professor BRUCE K. RUBIN, da Universidade WAKE FOREST, impressionado com o desconforto respiratório grave de um bebê de 18 meses exalando VICK VAPORUB, decidiu testar o medicamento em furões – isso mesmo, aqueles pequenos mamíferos de corpo longo e delgado – e concluiu que o remédio induzia a produção acelerada de muco, podendo causar congestão nasal e rinite crônica, além de irritações da pele.

A PROCTER & GAMBLE, que anos atrás comprou o VICK VAPORUB, rapidamente lembrou a todos os meios de comunicação que a bula do medicamento mais que previne os pais sobre essas possibilidades: "Medicamento não deve ser utilizado em crianças menores de 2 anos... E para crianças entre 2 e 6 anos, seu uso só é recomendado desde que sob a responsabilidade de um médico".

Tudo isso aconteceu em um mês de janeiro, em que os meios de comunicação careciam de fatos relevantes, além da crise na economia, e da luta de Israel na Faixa de Gaza contra o Hamas, e aí, na quarta-feira, 14 de janeiro, a notícia foi parar nas manchetes, ocupando espaço relevante, fazendo do "viquevaporube" o alvo da vez.

Em sua nota à imprensa, a PROCTER lembra que a experiência do Dr. BRUCE foi feita com animais – procedimento clássico em situações semelhantes – e que não necessariamente o mesmo acontece com seres humanos. O Dr. BRUCE rebateu alegando que os FURÕES são a cobaia ideal para estudo de secreção de mucos e inflamação das vias aéreas, uma vez que suas vias respiratórias são parecidas com as humanas.

Vinte e quatro horas depois não se falava mais no assunto, e, seguramente, muitas mães, em todo o País, espalham e aplicam neste momento o "viquevaporube" em seus bebês. Até porque, na embalagem encantadora e cheirosa, tudo o que se lê, e para onde convergem os olhos, é, além da marca, "Vaporizante Descongestionante", e alguns dos componentes da fórmula que só de ver já se começa a sentir o delicioso cheiro.

Aconteça o que acontecer – 99,9% de certeza de não acontecer nada – sempre vale a pena lembrar a histórica e magnetizante lição do VICK VAPORUB – a importância, desde que possível, de embalar e estabelecer imediata relação à personalidade e estilo de uma marca a um aroma. Muitas pessoas garantem que já começam a melhorar antes mesmo de aplicarem o unguento e assim que sentem o cheirinho do "viquevaporube".

40

Produtos Vencedores Dispensam Exageros

Produtos de raça, verdadeiros campeões de origem, só precisam de uma apresentação compatível com seu potencial. Exageros, em verdade, só atrapalham.

Não é fácil. Mas às vezes acontece, e as empresas conseguem gerar um produto literalmente abençoado. Um campeão em todos os sentidos. O difícil é administrar as tentações, contornar os palpites, suportar as manifestações de vaidade. Todos querem tirar uma casquinha.

E concessão daqui, concessão dali, em muito pouco tempo o produto é um cabide de supérfluos, de inutilidades. Exagera-se na argumentação de vendas, na campanha publicitária, no material de ponto de venda, na embalagem e em eventuais complementos ou anexos que jamais passaram pela cabeça do consumidor, sem nenhum nexo com suas aspirações ou necessidades.

Quando um produto nasce abençoado, tudo o que precisa é de respeito e monitoramento à distância, para prevenir acidentes de percurso. E de toda a liberdade para que possa realizar plenamente seu extraordinário potencial.

SE O PRODUTO É ABENÇOADO, APENAS MOSTRE

Poucos se lembram, mas certo dia um norte-americano posicionou, conceituou e embalou uma pedra e ficou rico. Entre todas as commodities, talvez a pedra seja uma das mais genuínas. Pois não é que um dia o ALEX PERISCINOTO aparece com uma pedra primorosamente posicionada e embalada, com um manual de uso anexo?

Meados dos anos 1970, na então Alcântara Machado Periscinoto, Alex, chegando de Nova York, estava encantado com a pedra. Com aquela pedra, vendida a US$ 10 cada, da qual se vendeu alguns milhões de unidades, e um norte-americano colocou no bolso, limpo, mais de US$ 5 milhões. No manual de uso, entre outras coisas, dizia aquele excepcional criativo que, muito mais que o cão, a pedra era o melhor amigo do homem. Não latia, não sujava o chão, não precisava comer, não tinha crises emocionais, podia ser puxada pela rua sem incomodar os que passavam e sem molhar os postes, ouvia tudo sem nada perguntar, podia ser deixada em qualquer canto... E por aí vai. Ou seja, para um produto que não era nada, absolutamente nada, reuniu-se toda uma carga de criatividade e inteligência para transformá-lo em um prestador de serviços único, devidamente sustentado por uma consistente e encantadora base conceitual... Enfim, uma pedra com conteúdo!

No final dos anos 1990, na BLACK & DECKER, era feita a velha pergunta que se repete todos os dias nas empresas e que poucas se dispõem, com boa vontade e disciplina, a responder: o que mais dá para se fazer com esse produto? A melhor resposta para esse tipo de pergunta, como temos repetido exaustivamente e vamos continuar por todos os próximos anos, é tentar descobrir não que produto estamos vendendo, mas o que as pessoas estão comprando.

Após uma pesquisa, a Black & Decker descobriu que o maior problema que os usuários de lanternas estavam enfrentando era o de que, para no mínimo 50% das ocasiões, eles precisavam das duas mãos para executar alguma tarefa, e a lanterna convencional ocupa uma das mãos o tempo todo. Daí nasceu a Snakelight, uma lanterna em forma de serpente, que as pessoas podem enrolar em torno do pescoço, do braço, da perna de um armário ou escada, direcionando o foco e liberando as duas mãos.

A Black & Decker praticamente dobrou o mercado para suas lanternas, na medida em que havia 50% de utilização mal resolvida, de serviços incompletos pela dificuldade no uso do produto. Daí pediu para sua agência – McCann Erickson – fazer a campanha e, ajuizadamente, a McCann não caiu na tentação. Seguiu os fundamentos. Como estava diante de um produto abençoado, decidiu apenas mostrá-lo; com beleza, imponência e dignidade. Consciente de que o lugar de uma agência de propaganda é nos bastidores, e de que quem tem de aparecer são os produtos e as marcas de seus clientes. Muito especialmente se o produto é abençoado.

A lanterna convencional, a básica, daquelas que ocupam uma das mãos, era vendida por US$ 5 cada. A Snakelight, lançada em setembro daquele ano, vendeu até dezembro mais de um milhão de unidades a US$ 30 cada.

Assim, amigo, se seu produto é uma pedra, deixe seus profissionais de marketing e publicitários irem ao delírio. Só muita competência e criatividade para arrastar uma pedra.

Agora, se seu produto é abençoado, por favor, limite-se a mostrá-lo; fique nos bastidores, saia da frente.

BALAS QUE NÃO FALHAM

Meus amigos redatores de publicidade vivem uma crise de identidade. Os sérios, responsáveis, maduros, seniores, claro. Os demais, vendo o TITANIC afundar, continuam contando piadas. Com o dinheiro dos anunciantes.

A todos que vêm conversar comigo e manifestar suas angústias e preocupações, tenho recomendado que procurem beber em uma fonte mais antiga e consolidada que a da própria publicidade, em que os conhecimentos foram se sedimentando e convertendo-se em verdades definitivas – para ser bem redundante –, mas que, pelo fascínio exercido pela exposição delirante das televisões abertas e dos telegramas de 15 segundos, acabou relegada a um plano secundário. No entanto, a fonte continua lá, e sua água, mais pura e cristalina que nunca.

Recomendo, insistentemente, que recorram aos ensinamentos armazenados durante mais de um século pelos desprezados redatores das comunicações dirigidas. Das cartas, malas-diretas, folhetos e manuais de venda. Isso mesmo, os que trabalharam nos andares de baixo das agências, nas últimas três décadas, e que se encarregaram do trabalho sujo, dos pedidos de criação que só de ver dava arrepios e urticária nos pavões.

Ou seja, recomendo que só carreguem o revólver de suas capacidades criativas com BALAS QUE NÃO FALHAM. Balas de marketing, as quais têm a capacidade e o poder de mover *prospects* em direção às empresas, seus produtos e marca.

Durante 35 anos JOSEPH SUGARMAN escreveu alguns dos mais eficazes textos de catálogos, anúncios e principalmente de comunicação dirigida, convertendo-se em uma das legendas do marketing moderno.

Recentemente, revelou seus conhecimentos e truques – suas BALAS QUE NÃO FALHAM –, no livro *Advertising secret of the written word*. Que criteriosamente condensei, adaptei, customizei e tenho repassado, carinhosa e respeitosamente, aos meus amigos redatores de verdade, na condição de mero portador de palavras que decifram os componentes do sucesso. São os seguintes:

1. **ESTIMULE O ENVOLVIMENTO**: garanta ao seu texto o poder de envolver *prospects*, fazendo com que tenham as mesmas sensações, pela maneira como você descreve, como se o produto estivesse nas mãos deles; palavras com a capacidade de fazê-los degustar o produto no território da imaginação.
2. **SÓ DIGA A VERDADE**: ainda que isso implique você antecipar as eventuais desvantagens de seu produto, reitero, só diga a verdade. O consumidor não é estúpido e, se mentir, o único a ser enganado será você mesmo.
3. **E O FAÇA DE TAL FORMA QUE AS PESSOAS ACREDITEM**: a verdade, a mais verdadeira de todas, mal comunicada, passa por mentira grosseira, não produz credibilidade. Intua as eventuais dúvidas que o consumidor possa ter e responda, antecipadamente, uma a uma.
4. **DÊ OS MOTIVOS** – Em determinado momento da leitura, seu *prospect* se perguntará se realmente precisa do produto. É exatamente aí que em seu texto devem ser apresentadas todas as razões.
5. **PASSE SEGURANÇA, REVELE AUTORIDADE**: consumidores não sentem a verdade diante de interlocutores tímidos e inseguros. Deixe claro sua competência, expertise e sucessos comprovados.
6. **GARANTA A SATISFAÇÃO PELA COMPRA**: de alguma forma, garanta ao *prospect* sua certeza da felicidade e total recompensa pela realização da compra. E a única forma que conheço para não deixar a menor dúvida é o imbatível bordão da SEARS – "Satisfação garantida ou o seu dinheiro de volta."
7. **ESTABELEÇA UM PRAZO**: sem forçar a barra, nem criar constrangimentos, estabeleça um limite para a realização da compra. E a melhor forma, sem mencionar o prazo, é oferecer uma vantagem adicional pela compra realizada até determinado dia.
8. **TORNE A ESCOLHA FÁCIL**: não disponibilize infinitas alternativas, que acabam por confundir e dificultar a compra. Teste antes, e restrinja-se às ofertas vencedoras.
9. **SEJA SEMPRE ESPECÍFICO, JAMAIS GENÉRICO**: não diga, por exemplo, "jogadores de futebol em todo o mundo preferem a chuteira XPTO"; e, sim, "oito em cada dez craques usam a chuteira XPTO".

10. **ACIMA DE TUDO, QUE SEUS *PROSPECTS* SINTAM-SE À VONTADE, EM CASA**: seu sucesso, finalmente e sempre, dependerá de ter conseguido passar, a seu *prospect*, a sensação de que encontrou um rosto conhecido, uma mão amiga, em uma grande legião de estranhos.

Difícil? Claro que não é fácil, mas guarde este texto, mantenha-o ao seu lado, e, antes de começar a redigir qualquer novo texto, repasse os fundamentos. Com o tempo, acabará assimilando todos. Assim, no tambor de seu revólver de marketing só ingressarão BALAS QUE NÃO FALHAM.

DEL VALLE: QUANDO A QUALIDADE DO PRODUTO ALAVANCA UMA MARCA E A CATEGORIA

Em um dos últimos e raros exemplos de um produto que decola e alavanca toda uma categoria lastreada quase exclusivamente em suas qualidades intrínsecas, a DEL VALLE viu sua trajetória de competência e sucesso consagrada no ano de 2001, registrando um crescimento de 100% em seu faturamento, e consolidando sua posição de liderança com 34% de share, no território dos sucos de frutas longa vida.

Dizia-se, da mesma forma o que ainda se diz em relação ao sorvete e outros produtos, que "o brasileiro não gosta de suco de frutas", ou seja, confundia-se e trocava-se o sintoma pela causa. De verdade, mesmo, o brasileiro consumia uma quantidade insignificante de suco de frutas – e esse era o sintoma –, mas a razão desse comportamento, a causa real e única, era que os produtos não tinham qualidade e eram praticamente inacessíveis pelo pouco ou nenhum apreço que os *players* da categoria tinham pela categoria. Mal embalados, mal distribuídos e mal comunicados. Mal "precificados".

Assim, quando a JUGOS DEL VALLE aterrissou no Brasil, há quase vinte anos, de forma tímida e sem muitas esperanças, apostando quase exclusivamente nas qualidades intrínsecas de seus sucos de frutas, os demais *players* não titubearam em afirmar que "quebraria a cara". E, por demais *players*, leia-se alguns dos gigantes do setor de bebidas e alimentação.

Cinco anos depois, e contando com a manifestação e testemunho espontâneo dos "novidadeiros", aqueles que não resistem a um produto/

marca/embalagem nova nos supermercados, os sucos da DEL, VALLE tiveram suas virtudes rapidamente disseminadas por todo o País, por meio da insuperável e imbatível mídia do "boca a boca", convertendo-se em um dos melhores cases de OUTBREAK MARKETING de todos os tempos.

Hoje, como é do conhecimento de todos, depois de sucessivas tentativas de compras, seus acionistas não resistiram à oferta da KRAFT, passando a DEL VALLE para o controle da COCA-COLA. Mas suas lições de competência pertencem a todas as empresas e aos executivos aplicados que monitoraram, com inveja e admiração, o tempo todo, sua espetacular trajetória.

A DEL VALLE mudou a história dos sucos de fruta no Brasil. Produtos de qualidade que dispensavam exageros.

BANCO IMOBILIÁRIO

Quem diria, um banco de brinquedo já faturou US$ 5 bilhões em seus 80 anos de existência. Sem cobrar juros altos, sem levar empresas à falência, sem maltratar seus clientes e sem formar filas nos caixas.

Lançado em 1935 nos EUA, com a denominação de MONOPOLY, e tendo como seu proprietário intelectual a HASBRO, o BANCO IMOBILIÁRIO aterrissou no Brasil com esse nome em 1944, através da ESTRELA. Nesses 80 anos vendeu um total de 250 milhões de unidades, em 80 países, sendo 12 milhões no Brasil.

Até hoje continua sendo, entre os jogos cartonados comercializados no País, o mais vendido, com 280 mil unidades a cada novo ano, e muito à frente do segundo colocado, o WAR da GROW, com 120 mil unidades.

São muitas as razões do sucesso do MONOPOLY. Entre outras, o fato de ter sido o favorito de duas ou três gerações, das quais muitos continuam ainda jogando e passando o hábito/cultura para seus filhos/netos.

Acresça-se a essa mais importante, o fato de o Brasil continuar sendo, não obstante o fortalecimento da moeda, um País onde as pessoas que têm um mínimo para aplicar preocupam-se, com toda a razão, onde colocar esse dinheiro; e, de certa forma, o MONOPOLY possibilita considerações e análises de diferentes alternativas de maneira simples e descontraída. Talvez uma outra explicação, o forte traço de empreendedorismo nos brasileiros, que encontram no joguinho octogenário, um ótimo mecanismo de estímulo e reflexão. E, quem sabe, uma das melhores versões do chamado

"SONHO AMERICANO", ou do capitalismo americano, neste momento em fase de contestação pelo "SONHO EUROPEU". De qualquer maneira, é um ícone, um tremendo sucesso, uma referência e um capítulo importante na história do marketing moderno.

E tudo começou em 1934, quando CHARLES B. DARROW, americano da Pensilvânia, apresentou sua criação aos executivos da empresa PARKER BROTHERS. A empresa não só não apostou no produto, como, no ato, seus técnicos o reputaram de primário por conter, segundo eles, 52 erros.

Em plena recessão e desempregado, DARROW não desistiu: passou o chapéu junto a amigos e familiares, e produziu uma primeira edição de cinco mil unidades. Um ano depois, arrependida, e desculpando-se, a PARKER BROTHERS fez uma oferta irrecusável a DARROW pelo seu "joguinho de 52 erros" que o fez milionário.

Anos depois, o mesmo MONOPOLY foi um dos principais motivos da oferta de compra que a HASBRO fez para a PARKER BROTHERS, em que "a galinha dos ovos de ouro" continua botando até hoje, e, quem sabe, para sempre.

AINDA É ELE?

Todo o cuidado é pouco. Enquanto só identidade pura, nenhum problema. Com o passar dos anos, dos contatos, da disseminação, a IDENTIDADE ganha ALMA e converte-se em IMAGEM, e, depois, em MARCA, na cabeça e no coração de seus admiradores, seguidores, devotos. Qualquer alteração e mudança requerem cuidados rigorosos e especiais, sob pena de transformar o objeto de respeito e admiração em gerador de revolta, indignação, constrangimento. O original em cópia grosseira, fajuta, alternativa, "tabajara".

LONGINO, do latim *LONGINUS*, ou LONGUINHO como é conhecido no Brasil, é um santo da IGREJA CATÓLICA. Os registros datam sua existência no século primeiro, supostamente contemporâneo de JESUS CRISTO. Muitos o localizam em MATEUS 27:54, MARCOS 15:39 e LUCAS 23:47. Como o centurião da crucificação de CRISTO. Aquele que o reconheceu como O FILHO DE DEUS. Por causa de sua fé, foi preso e torturado, tendo seus dentes arrancados e a língua cortada.

O dia em sua homenagem é 16 de outubro na Europa, e 15 de março no Brasil. Seus devotos recorrem a seus préstimos para encontrar objetos perdidos. Os que perdem, e querem achar, devem repetir: "São Longuinho, São Longuinho, seu eu achar (o nome do objeto perdido) dou três pulinhos e três gritinhos: – Achei, São Longuinho. Achei, São Longuinho. Achei, São Longuinho".

Agora, no entanto, quem recorre a essa prece é o próprio SÃO LONGUINHO.

Ocorre que a única imagem do SANTO existente no Brasil, Paróquia de São Longuinho, cidade de Guararema (SP), foi mandada para restauração. E foi SÃO LONGUINHO e voltou um outro santo qualquer porque, depois de restaurado, SÃO LONGUINHO não tem mais nada a ver com SÃO LONGUINHO, ou SÃO LONGUINHO procura SÃO LONGUINHO. Segundo os habitantes da cidade e devotos do santo, "Deformaram SÃO LONGUINHO. Afinaram o nariz, fizeram o cabelo e a sobrancelha, e pra piorar colocaram uma roupa qualquer". Antes da restauração, vestia uma túnica branca e ponto. Agora tem um novíssimo traje marrom, mais um cajado, mais uma lanterna, e, ainda, uma mochila! Curto e grosso: SÃO LONGUINHO virou dominicano.

Ninguém mais reconhece o velho e bom santo. O movimento na Igreja e na cidade despencou. E mesmo os que ainda rezam pelo santo, rezam pelo SÃO LONGUINHO antigo e abominam o novo.

Produtos e marcas precisam, de tempos em tempos, de indispensáveis e necessárias atualizações. Mas produtos e marcas dispensam intervenções incompetentes e grosseiras. E todos nós, consultores do MADIAMUNDO-MARKETING, nos solidarizamos com os fiéis de GUARAREMA e devotos de SÃO LONGUINHO. O que fizeram com o generoso santo, definitivamente, não se faz.

41
Educação É Bom e o Cliente Gosta

No passado, considerava-se boa técnica de vendas tratar mal um possível comprador. O vendedor fingia desinteresse, mostrava o produto com aparente má vontade, deixava a pessoa esperando e falando sozinha, revelando nenhum interesse em realizar a venda. A crença era a de que quanto pior tratado, mais a pessoa se sentiria tentada a comprar, para demonstrar o quanto era capaz...

Mas isso era lá atrás. Há muitos e muitos anos que esse consumidor saiu de cena, dando lugar a um novo consumidor, exigente, que quer ser respeitado e tratado com o máximo de educação, absolutamente consciente do valor de seu dinheiro, de seu tempo, de seu espaço.

Esse novo consumidor, cada vez mais seletivo, considera fortemente e melhor as empresas que respeitam não apenas suas preferências e expectativas, mas que se sobressaem pela permanente responsabilidade social, pela forma como se comportam seus principais executivos publicamente, e como se relacionam com ele em todos os momentos que sucedem a realização de uma compra. Em síntese, evitam, detestam e fogem de empresas mal-educadas.

O MISTÉRIO DO PETRUS

Em clima de AGATHA CHRISTIE, no tradicional restaurante PETRUS, de Londres, seis executivos do BARCLAYS CAPITAL decidiram comemorar, em histórico jantar que custou a bagatela de US$ 62,7 mil, o fechamento de um importante negócio – no entendimento deles.

Em verdade, se cobrado na totalidade, incluindo-se os serviços, o jantar para seis teria alcançado US$ 75 mil. Mas o dono do restaurante, emocionado pela ousadia de clientes tão corajosos em época de crise, que beberam, entre outras, uma garrafa do vinho CHÂTEAU PETRUS 1947 – US$ 17,5 mil –, e outra da safra de 1945 – US$ 16,5 mil –, decidiu oferecer a comida de cortesia e não cobrar pelos serviços.

Nada demais teria acontecido, não fossem dois pequenos detalhes. O primeiro é que depois de pagar a despesa com o próprio dinheiro, os executivos decidiram pedir reembolso; e o segundo, fatal, que o fato vazou para a imprensa, causando tremendo mal-estar na CITY londrina e na comunidade financeira internacional.

Os executivos, dias depois, com exceção de um dos seis, que no dia seguinte relatou o "comportamento politicamente incorreto", foram sumariamente despedidos. E não se fala mais no assunto. Ou melhor, fala-se, apenas no discretíssimo restaurante Petrus, que mandou enquadrar a nota das despesas, que ostenta como troféu em uma de suas paredes.

Assim como a mulher de César, executivos de empresas, muito especialmente das que cuidam do patrimônio de seus clientes, como é o caso de bancos e demais instituições financeiras, além de terem de SER honestos, confiáveis, austeros e comedidos, DEVEM TER um comportamento público irrepreensível, capaz de garantir e transmitir aquilo que se supõem que sejam.

CHASE E CITIBANK: REINCIDENTES

Para os observadores e os de boa memória, o comportamento de certas instituições financeiras internacionais em relação ao mercado brasileiro é simplesmente estapafúrdio ou, se quiserem, ridículo. Ou ainda, se preferirem, de incompetência crônica e irreversível.

O CHASE MANHATTAN conseguiu a performance de batalhar durante anos para construir uma base de clientes e, em um dia, pela genialidade de algum novo executivo que queria mostrar serviço e demonstrar poder, mandar todos embora, com humilhação. Foram notificados, na época, por telegramas, que o banco não se interessava mais por eles, dando-lhes um prazo de 24 horas para que encerrassem suas contas, sob pena de graves e severas punições. Duas décadas depois, e após comprar outras instituições e recompor sua carteira de clientes, o Chase decidiu renunciar aos mesmos, vendendo sua carteira para o Bradesco.

O CITIBANK não fica atrás. A cada nova mudança de comando, acontece uma correspondente mudança de política e de foco. Só se interessava pelos "ricos" em um determinado momento, depois se interessou pelos clientes de classe média. Depois, renegou estes mesmos clientes, e, mais adiante, para espanto geral e irrestrito das pessoas que sempre perceberam e reconheceram em sua marca a força de uma instituição líder e voltada para clientes especiais em todos os sentidos, lançou sua financeira no Brasil, a Citifinancial, voltada para oferecer crédito aos segmentos de mais baixa renda da população, por meio de lojas populares posicionadas em ruas de grande fluxo de pessoas. As três primeiras instaladas, localizavam-se na rua da Quitanda (centro de São Paulo), no bairro paulistano de Santana e no município de Osasco, na Grande São Paulo.

Curto e grosso: hoje, ninguém tem a mais pálida ideia de qual é a do CITIBANK?!

E muitos outros exemplos enriquecem a lista dos disparates perpetrados pelas instituições internacionais nas últimas cinco décadas. A sensação é a de que ficam em um jogo maluco entre matrizes e filiais, perguntando e se perguntando permanentemente – sem nunca encontrar resposta – "Que país é esse?". "Que país é esse?". E suas marcas é que "se danem". Em verdade, tudo o que tinham a fazer era se referenciar nos passos que um caipira inculto do interior de São Paulo começou a dar, em 1943 – Amador Aguiar.

MOTEL: FUNCIONÁRIOS DISCRETOS, SILENCIOSOS, INVISÍVEIS

Para muitas pessoas, e independentemente do tamanho, um motel só tem um funcionário: a recepcionista – é o único que elas veem. De verdade mesmo, os motéis já se destacam entre os médios empregadores do País, demandando, para uma única unidade de grande porte, pelo fato de trabalhar 24 horas, mais de 50 funcionários.

Em reportagem esclarecedora e de ótima qualidade realizada por Danilo Angrimani para o *Diário do Grande ABC*, há um retrato preciso do que existe e acontece no *backstage* dos motéis.

Esse pequeno exército de colaboradores é constituído por arrumadeiras, marceneiros, jardineiros, piscineiros, cozinheiros, garçons, eletricistas e encanadores que, além de suas competências específicas, têm de primar pela discrição. Muito especialmente em situações de acidentes, quando têm de entrar e sair, depois de resolver o problema, sempre de cabeça baixa e sem olhar para os frequentadores.

O "departamento" de achados e perdidos é um verdadeiro depósito de todo tipo de objetos e esquecimentos: dezenas de calcinhas, sutiãs, brincos, relógios, camisetas, sapatos, blusas, camisas e até mesmo calças! Os donos só perguntam sobre seus esquecimentos em caráter excepcional.

Uma das maiores dificuldades dos motéis, em seu marketing, é monitorar seu desempenho, pela simples razão de que cliente de motel é "mudo" e recusa-se a responder pesquisas, mesmo que sejam por escrito e sem identificação. Assim, esmeram-se na prestação de serviços, muito especialmente na preparação dos quartos e na qualidade das bebidas e comidas, e conferem se estão agradando e correspondendo pelos índices de retorno da clientela.

Entre as curiosidades anotadas por Danilo figura o depoimento de Maria Aparecida Silva, cozinheira do Le Moulin: "há clientes que só aparecem por aqui para almoçar ou jantar, de tanto que gostam de nossa comida", ou das arrumadeiras que, caminhando pelos corredores, ouvem mulheres gritando de prazer nas suítes e pensam: "Todo o mundo se divertindo e só eu trabalhando", ou ainda da recepcionista Fátima de Oliveira: "Quando entra amiga minha acompanhada por homem que não é o marido, eu nem cumprimento". Assim como o Taj Mahal, que oferece música ao vivo com violinista e tecladista tocando do lado de fora dos quartos, naturalmente, para casais verdadeiramente apaixonados, boleros como "La Barca", "Besame Mucho" e "Solamente Una Vez". O último dos boleros desagrada muito as mulheres...

Segundo o violinista Manoel Marques Sobrinho, "pelo menos três noivos que estavam no motel, e para quem tocamos, gostaram tanto que nos contrataram para tocar no casamento".

BOATOS EFICAZES E REPARADORES

Repetindo a mesma técnica de comunicação que muitos pais usam com seus filhos pequenos, na falta de alternativa melhor – e antes de partir para as providenciais palmadas e prolongados castigos –, empresas e outras instituições têm recorrido à "técnica de disseminar pequenos e inofensivos boatos" – mentirinhas, mesmo – para conseguir que pessoas se arrependam e, por medo, reconsiderem e se redimam de atos sociais condenáveis.

Desta vez, a utilização do recurso/técnica de comunicação que superou, com seus resultados, todas as expectativas, aconteceu na Austrália, mais especificamente no Parque Nacional Uluru Kata-Tjuta, santuário dos aborígines daquele país, onde muitos turistas não resistiam à tentação, fingiam que não viam os avisos de "proibido" e acabavam levando nos bolsos pequenas pedras do local, a título de recordação.

Depois de quebrar a cabeça em busca de uma solução para o problema, que não criasse constrangimento mais forte, nem desestimulasse a frequência dos mais de 500 mil turistas que visitam o parque todos os anos, as autoridades locais decidiram "plantar", nos roteiros dos visitantes, e também em sites estratégicos na internet, a notícia sobre outros frequentadores que não respeitaram o aviso, levaram as pedras para casa e ingressaram em uma "onda de azar".

Desde então, praticamente cessaram os furtos de pedras. Mais importante ainda: diariamente, envelopes de várias partes do mundo aterrissam no Parque com mensagens de turistas arrependidos, desculpando-se e devolvendo as "lembrancinhas". A surpresa ficou por conta de alguns turistas mais fortes, que levaram consigo "lembrançonas", pedras de cinco ou mais quilos, que também acabaram devolvendo, e pagando uma taxa postal elevada pelo arrependimento.

UMA CALÇADEIRA!

Sábado de manhã, Shopping Higienópolis, cidade de São Paulo. Depois de treinar por uma hora na BIO RITMO, dou uma passadinha na loja da NIKE em busca de um novo tênis para "training". Movimento ainda fraco, 11 horas da manhã, entro na loja e sou muito bem recebido. Pergunto ao vendedor porque deveria comprar um tênis eventualmente da NIKE na loja da NIKE e não em uma das outras lojas, e ele rapidamente me diz que as lojas da NIKE recebem o lançamento antes dos demais estabelecimentos, e ainda dispõem de alguns modelos em condição de exclusividade. Dito isso, comecei a caminhar pela loja em busca de um novo tênis para meus exercícios diários. E acabei encontrando. Tamanho 44, ou 12 pelos padrões internacionais.

Cinco minutos depois chega o atencioso vendedor, tira o tênis da caixa para eu experimentar. Nesse exato momento, pedi por uma calçadeira. O vendedor faz cara de interrogação, mas pede licença e vai buscar uma calçadeira. E aí passam dez segundos, 20, 30, 40, um minuto, dois, três, e nada... Finalmente depois de dez minutos volta e diz se poderia ajudar com suas próprias mãos, já que a única calçadeira existente na loja tinha sumido.

E aí me lembrei da história da NIKE, de PHIL KNIGHT, dos treinos no campus da UNIVERSIDADE DE OREGON no ano de 1962, em companhia do saudoso medalhista olímpico STEVE PREFONTAINE e de seu técnico BILL BOWERMAN, dos storytellers que se encarregam de disseminar a mística e manter brilhando a chama da MARCA NIKE, das NIKE TOWNS pelo mundo, e muito mais. E o lamentável descuido de não fornecer a todos os atendentes de suas lojas, da mesma forma como acontece com todas as demais e convencionais lojas de calçados, uma prosaica e indispensável calçadeira. UMA PEQUENA E FUNDAMENTAL GENTILEZA QUE AS LOJAS DE CALÇADOS FAZEM PARA AS PESSOAS QUE ENTRAM PARA COMPRAR E EXPERIMENTAM.

Contei esse fato para algumas pessoas e algumas delas me disseram que para experimentar tênis não precisa de calçadeira. Talvez. Assim como não precisa mais abrir as portas e dar passagem para outras pessoas, estender a mão para uma mulher ou uma pessoa de idade descer de um carro, ou auxiliar uma senhora subir ou descer uma escada, dizer bom-dia, sorrir, agradecer. Na saída, e diante da situação absolutamente constrangedora, fui pagar pelo tênis e descobri que nas lojas da NIKE não há sistema de codificação e etiquetas. O vendedor, atordoado, ditou o preço para o caixa: R$ 299,00; e aí me lembrei de ter visto R$ 229,00. Fui conferir e o vendedor se enganara...

Como ensinava FLAUBERT, "Deus e o diabo estão nos detalhes". E esse pequeno detalhe, calçadeira, em uma loja que vende calçados, é simplesmente tudo. O gesto de gentileza, carinho, delicadeza, atenção, que se faz a uma pessoa que está prestes a realizar a compra. Se a pessoa não precisar, que não use, mas, ter e oferecer ainda integra o arsenal mínimo da boa educação, do marketing de qualidade.

JUST DO IT!

42
Primeiro Vender Dentro, Depois Fora

No momento em que a primeira edição deste livro estava sendo finalizada, por iniciativa do MADIAMUNDOMARKETING abria suas portas a ACADEMIA BRASILEIRA DE MARKETING – a soma dos mais importantes e consagrados especialistas em marketing do País, com o propósito maior de disseminar a IDEOLOGIA do MARKETING, assim como suas melhores práticas, para todas as empresas em atuação no Brasil, muito especialmente as pequenas e médias.

Entre outras iniciativas, a ACADEMIA lançou uma Coleção de Livros de Marketing, em que se insere este – OS 50 MANDAMENTOS DO MARKETING –, e que teve início com o consagrado livro de HAL F. ROSENBLUTH, *O cliente em segundo lugar*, também da editora M.Books.

Para uma ACADEMIA DE MARKETING, um primeiro título no mínimo instigante; para alguns, contraditório...

Em verdade, não existe contradição alguma. O cliente continua sendo a razão de ser de toda empresa, independentemente de porte e especialização. É o FOCO ESSENCIAL das empresas; sem ele a conta não fecha, e empresas não param em pé. Só que, para se chegar ao cliente, é necessário preparar, treinar, motivar e merecer a adesão permanentemente do CAPITAL HUMANO, dos colaboradores da empresa. Antes de vender fora é preciso vender dentro, ou não se conseguirá vender fora.

E nas empresas deste terceiro milênio, os colaboradores – que em nossa matriz de planejamento chamamos de PEOPLE e que são as pessoas que trabalham na empresa – seus executivos e funcionários; e as pessoas que trabalham em conjunto com a empresa – que em nossa matriz de planejamento chamamos de PROVIDERS e que são as pessoas que trabalham fora da empresa – seus fornecedores, em uma sociedade cada vez mais terceirizada.

Sem a plena adesão e comprometimento deles, ficará muito difícil, praticamente impossível, conquistar e fidelizar clientes. Quanto mais, convertê-los em apóstolos e disseminadores da MARCA.

"ONDE VOCÊ TRABALHA?"

Quantas e quantas vezes, no correr de sua vida, alguém fez essa pergunta a você? Ou você a fez a pessoas de seu relacionamento?

No mínimo, dezenas de vezes. E nessa singela e prosaica pergunta pode se iniciar a consagração ou a derrocada de uma empresa.

Em verdade, o corpo funcional de uma organização, sua equipe, e que nós em nossa MADIA MARKETING MATRIX denominamos "PEOPLE", é um dos mais importantes disseminadores de uma boa ou má imagem.

E essas pessoas não necessariamente precisam criticar suas empresas, produtos, chefias para plantar uma semente negativa na cabeça de seus interlocutores. É suficiente revelar ignorância e não saber responder às questões básicas.

Por essa razão, e muito acertadamente, os autores modernos do marketing, e os especialistas em endomarketing, enfatizam a importância de se tratar todos os funcionários, independentemente de posição hierárquica e função, como EMBAIXADORES DA EMPRESA.

E, mais recentemente, em empresas cada vez mais terceirizadas, seus fornecedores também.

Embaixadores perante clientes e *prospects*; embaixadores perante a comunidade.

Assim, necessitam de informações básicas e fundamentais sobre a empresa em que trabalham, para saciar positivamente a curiosidade de todas as pessoas com quem conversam: mulher, marido, filhos, irmãos, pais, amigos, vizinhos e inimigos.

E necessitam de informações específicas, referentes as suas funções, para o perfeito atendimento de clientes e *prospects*.

Ou seja, precisam ser treinados. E, na sequência, motivados. E, na sequência, e de alguma forma, recompensados.

LEANN ANDERSON, especialista em serviços a clientes, recomenda que todas as empresas testem "seus embaixadores" perguntando se comprariam os produtos e serviços que a companhia vende.

Se a resposta for positiva, tudo bem. Se negativa, você está diante de um grave problema: "Como você quer que seus clientes comprem e usem seus produtos, se nem mesmo seus funcionários sentem-se motivados a comprá-los?"

Assim, Leann Anderson enfatiza a importância do permanente treinamento e de um teste mensal, em que se afira o grau de conhecimento dos "embaixadores" sobre a empresa, os produtos e serviços, e seu entusiasmo em relação aos mesmos. E, claro, da importância do reconhecimento – no plano emocional e financeiro.

1. Nunca se esqueça de cumprimentar seus funcionários pessoalmente, ou por meio de bilhete personalizado, por algum gesto ou ação que agreguem simpatia e competência à empresa.
2. Mantenha um programa permanente de treinamento e desenvolvimento para toda a sua equipe.
3. Estabeleça mecanismos que o mantenham informado sobre a performance pessoal de comunicação de seus comandados.
4. Reconheça, publicamente, por meio de circulares, newsletter e memorandos, ações específicas de funcionários, que você gostaria que fossem conhecidas e repetidas por todos os demais.
5. E, preferencialmente, recompense as boas ações com prêmios em dinheiro, que ninguém é de ferro.

O PROBLEMA É VOCÊ

Se o verdadeiro líder tem alguma certeza, é a de que, se existe algum problema, o problema é ele.

Eu disse verdadeiro líder, ou seja, aquele a quem foi confiada uma determinada missão na qual, entre outras coisas, estava implícita a necessidade de selecionar, escolher, organizar e motivar a equipe sob seu comando.

Não estou me referindo, claro, aos que fazem centenas de concessões apenas para posar, durante pouco e limitado tempo, na condição de líder.

Assim, e mergulhando na questão das lideranças modernas, além de todas as características pessoais e de personalidade e do preparo específico para o exercício da posição, os novos líderes reconhecem, em qualquer situação, que seu sucesso dependerá de conseguir monitorar a tropa sob seu comando, sempre atento, como não poderia deixar de ser, e em primeiríssimo lugar, em relação ao mercado.

O ponto de partida, como sempre, é o mercado. Mas, para conseguir retornar ao mercado com produtos e serviços adequados às expectativas e necessidades dos consumidores, deverá ter a virtude de selecionar, escolher, organizar e motivar dois outros públicos.

O primeiro é a equipe que a ele se reporta diretamente. Seus comandantes, quando a estrutura é maior, ou seus soldados mesmo, quando a estrutura é limitada.

E o segundo são todos os fornecedores que agregará para complementar sua equipe, na medida em que cada vez mais as empresas só mantêm dentro o estritamente necessário.

O começo, assim como faz quem quer conhecer as verdadeiras expectativas do mercado, é colocar-se no lugar de seus liderados – funcionários e fornecedores. É por essa razão que todo esse processo, que recorre aos conhecimentos e mandamentos do marketing para uso interno, foi batizado de ENDOMARKETING.

Na medida em que é capaz de entender o ponto de vista de seus liderados, suas virtudes e limitações, o líder desenvolverá planos passíveis de serem por eles executados, para a decorrente conquista dos resultados almejados.

Nenhum líder chama seus subordinados de incompetentes, de imbecis, de incapazes. Incompetente e incapaz é o líder, que, tendo a possibilidade de montar sua equipe, não revelou experiência e sensibilidade na maneira de organizá-la. Ou seja, conhecendo de verdade sua equipe, sabendo, repito, do que são capazes de fazer e quais suas limitações, a partir daí é só organizá-los, respeitando os fundamentos clássicos do endomarketing.

E esses fundamentos começam pelo entendimento claro e inequívoco, por parte de toda a sua equipe, de qual é o manifesto, a narrativa, a missão, a visão, quais são os compromissos e valores da empresa, assim como o legado que pretende deixar. De preferência tudo isso sintetizado em um BRAND BOOK – LIVRO DA MARCA – que todos os novos colaboradores deveriam receber e levar para suas casas e carregar em seus corações já no primeiro dia de trabalho.

Na sequência, no plano de grupo e individualmente, precisam saber o que é esperado do conjunto e de cada um deles.

Dada a partida, e durante todo o processo, os liderados precisam se sentir observados, avaliados e valorizados, mediante diferentes mecanismos de comunicação individual e personalizada. Precisam ter a permanente sensação de como suas contribuições individuais são importantes e decisivas.

Ainda, e durante todo o processo, as pessoas da equipe devem ser estimuladas a uma permanente e salutar troca de informações. E, à medida que as posições vão sendo conquistadas, reconhecimento e prêmios.

Para os verdadeiros líderes, os frutos da vitória são divididos e compartilhados com toda a equipe. Os fracassos e as derrotas são de sua inteira e total responsabilidade.

O PRIMEIRO E MAIS IMPORTANTE DOS DIAS

O que vale para fora, na maioria das situações, também vale para dentro.

Assim, quando Ries e Trout afirmaram nas suas 22 Leis Consagradas do Marketing que "Não existe uma segunda chance de se causar uma primeira boa impressão", referindo-se ao fato de que uma empresa deveria debutar seus novos produtos e marcas da melhor e mais grandiosa forma possível, a fim de impactar positivamente na partida – isto é marketing –, o mesmo vale para dentro, ou seja, os novos funcionários e executivos deveriam ser recebidos, em seu primeiro dia, com todas as honras e homenagens, para que começassem com o pé direito, referendando, pela calorosa acolhida, a escolha feita.

De acordo com o aprendizado das empresas nas últimas décadas, alguns cuidados são essenciais para que se consiga um ótimo resultado na recepção dos novos contratados. Entre esses, os mais importantes recomendam "Nunca pedir para o novo executivo começar na segunda-feira", pela simples razão de que as pessoas da empresa estão "acordando", planejando os próximos dias, e sem muito tempo ou paciência para conversar com pessoas acordadas e entusiasmadas que chegam. Por mais óbvio que possa parecer, a grande maioria das empresas ainda pede que seus novos funcionários comecem na segunda-feira.

Recomendam também "Nunca deixar o novo empregado sozinho e abandonado em uma mesa em seu primeiro dia", mas confiando sua introdução a um colaborador simpático, cordial, que o convide para o lanche/almoço e seja entusiasmado com a empresa e com o que faz. E ainda recomendam a preparação adequada do local de trabalho do novo funcionário, como não o atulhar de coisas a fazer, logo de cara, para não quebrar seu entusiasmo de chegada nem aumentar sua natural confusão pelo desconhecimento da cultura empresarial, e deixar muito claro que ele terá o tempo necessário e suficiente para começar a desempenhar com a plenitude de seu potencial.

Voltar para casa, no final do primeiro dia, com o BRAND BOOK a tiracolo, e verdadeiramente encantado com a empresa onde começou a trabalhar é tudo que uma relação precisa para crescer, prosperar e se preservar por muitos e muitos anos. Talvez, mesmo, por toda uma vida.

SER LÍDER, SEGUNDO PETER DRUCKER

Volta e meia participo de discussões sobre liderança. E sempre se chega a uma mesma encruzilhada: "O que é ser líder?". E aí as opiniões são as mais divergentes possíveis.

Na introdução do livro *Leader of future*, o "papa" da administração moderna e meu mentor, PETER DRUCKER, enverada pelo assunto:

"Nas minhas andanças pelas mais importantes empresas do mundo anotei quatro características que tipificam um verdadeiro líder:

1. A única definição correta que conheço para líder é TER SEGUIDORES. Muitas pessoas são pensadoras; outras são profetas. Claro que isso é importante, mas, sem seguidores, falem o que quiser, não existem líderes.
2. O verdadeiro líder não é aquele que é amado ou admirado. É aquele que os liderados obedecem e fazem o que tem de ser feito. Popularidade não é sinônimo de liderança. Alcançar resultados, sim.
3. Líderes são transparentes. Em suas caminhadas deixam exemplos.
4. Liderança não é privilégios, títulos e dinheiro. É responsabilidade."

Mas o "papa" não se limita a caracterizar o líder. Fala sobre o que existe de comum em seu comportamento:

1. Líderes não começam se perguntando "O que eu quero?", e sim "O que precisa ser feito?"
2. Na sequência, emendam uma segunda pergunta: "Como eu deveria fazer o que precisa ser feito para que se torne uma vantagem efetiva?"
3. Em nenhum momento perdem de vista a missão e os objetivos da organização que lideram.
4. Líderes são pessoas tolerantes e capazes de conviver com pessoas de diferentes características, ou seja, não passam o tempo recrutando clones, cópias deles mesmo. Nunca se perguntam se gostam ou não de uma pessoa. Concentram-se nos resultados que as pessoas são capazes de produzir. E aí, sim, em relação a seus desempenhos, são intolerantes.
5. Líderes não têm medo de seus liderados mais fortes e de grande talento. Apenas os valorizam e estimulam. Seguem a lição de Andrew Carnegie, e colocarão em seus túmulos o seguinte epitáfio: "Aqui jaz um homem que sempre conseguiu atrair pessoas melhores que ele para trabalhar sob seu comando".
6. Líderes têm a coragem de se submeter ao "teste do espelho". Estão tranquilos e conscientes de que a pessoa que veem no espelho, todas as manhãs, é exatamente aquela que pretendem ser, que respeitam e na qual acreditam. Além de uma importante prova, o "teste do espelho" é um exercício fundamental para que não caiam nas tentações que estão sujeitos todos os que lideram. "A de tomar decisões que agradam e garantem aplausos, e não decisões que precisam ser tomadas."

E você, leitor, que comanda um grupo de pessoas, como se sai nos conceitos de liderança de PETER DRUCKER?

"O CLIENTE EM SEGUNDO LUGAR"

No segundo semestre de 2004, entrou em operação regular a ACADEMIA BRASILEIRA DE MARKETING, onde estão presentes os maiores expoentes – pela sua trajetória de realizações – do MARKETING no BRASIL. Entre suas primeiras iniciativas, uma coleção de livros em parceria com a M.BOOKS. E, desses livros, o primeiro, que já era importante quando de sua primeira edição, em 1992, nos Estados Unidos, converteu-se, na edição atual, em um livro absolutamente fundamental e indispensável.

Estamos nos referindo a *O cliente em segundo lugar*, escrito pelo empresário HAL F. ROSENBLUTH, em parceria com DIANE McFERRIN PETERS, lançado no Brasil e que merece figurar como um dos grandes livros do marketing de todos os tempos.

E por que é fundamental e indispensável agora? Pela simples razão de que ingressamos definitivamente na SOCIEDADE DE SERVIÇOS, onde o capital que conta é o CONHECIMENTO: SERVIÇOS E CONHECIMENTO dependentes, acima de tudo, do desempenho dos colaboradores das empresas: os que trabalham dentro, funcionários e executivos, e os que trabalham fora, parceiros.

É disso que trata o livro. O cliente vem em segundo lugar, pois se as empresas não conseguirem se organizar, treinar, se comprometer e se manifestar de forma memorável e apaixonante, por meio de seus colaboradores de dentro e de fora, jamais conseguirá atrair, conquistar e fidelizar clientes. Claro que todo o planejamento começa no mercado e decorre daí, mas, na hora de devolver ao mercado a resposta que corresponde às legítimas expectativas de clientes e *prospects*, precisa-se passar, necessariamente, pelo desempenho do time, da orquestra, dos colaboradores.

Acompanhe, agora, alguns dos pensamentos dos autores presentes em *O cliente em segundo lugar*:

- "As pessoas são, na verdade, o ativo mais valioso que uma organização pode dispor. Sem elas, as coisas se atravancam. Sem sua lealdade, motivação e esforço, o máximo que se pode esperar é mediocridade."
- "Por séculos, as empresas perderam de vista o fato de que emoções são indelegáveis. Nunca me pareceu que a ideia de dizer aos funcionários que se importem com os clientes surta efeito, se esses funcionários não sentirem que a empresa se importa com eles."
- "A maioria das pessoas não consegue dormir na véspera de seu primeiro dia em um emprego. Elas provavelmente decidem com duas semanas de antecedência que roupa vão vestir. Mal podem esperar para começar, conhecer novas pessoas, ver tudo o que tiver ali para ver e levar a cabo grandes feitos... Infelizmente, seu primeiro dia costuma ser um bocejo só. Elas se descobrem perdidas em uma salinha qualquer, preenchendo formulários e lendo

relatórios. Que decepção! As primeiras impressões ficam, e será que é assim que as empresas querem ser lembradas?"

- "A profundidade por trás do comportamento é o que conta. Essa profundidade vem dos indivíduos que compõem a organização, e do compromisso da organização para com eles. A verdadeira empresa aparece nas relações diárias que tem com seus clientes. E reputações não são destinos, são jornadas. Todo e qualquer encontro entre o pessoal de uma empresa e seus clientes pode melhorar ou piorar a imagem da empresa, impactando, positiva ou negativamente, sua MARCA."

- "Comenta-se que HENRY FORD certa vez contratou um especialista em eficácia, para avaliar sua empresa. O relatório foi positivo, exceto por uma observação sobre um funcionário. 'É aquele homem no fim do corredor. Toda vez que passo por seu escritório, ele está sentado com os pés em cima da mesa. Ele está desperdiçando seu dinheiro...' FORD replicou: 'Aquele homem certa vez teve uma ideia que nos poupou milhões de dólares. Na época, acho que seus pés estavam exatamente onde estão agora...'."

43
A Pressa Passa, a Merda Fica

No desespero de se antecipar à concorrência e sair antes, acabam-se queimando etapas básicas, decisivas, fundamentais. E o risco de vexames históricos é colossal.

De qualquer maneira, a consciência da vantagem competitiva de ser o "first mover" em uma categoria é um comportamento positivo, que deve ser preservado com todos os cuidados e atenções indispensáveis sendo respeitados, na medida em que a empresa se organiza para fazer as coisas simultaneamente. Prevendo, testando, conferindo, durante todo o processo, e enquanto o produto está caminhando para a rampa de decolagem.

O que é inadmissível, mesmo, é o comodismo e a preguiça de não se respeitar os procedimentos básicos, normalmente camuflados por argumentos carregados de arrogância, do tipo "meu currículo de realizações basta", ou "na Nova Zelândia foi um sucesso, e testar aqui é pura perda de tempo", ou ainda "eu sei o que o cliente quer".

NEGLIGÊNCIA EM MARKETING

A maioria dos problemas em marketing ocorre no DEPOIS.

No ANTES, durante a etapa de planejamento, normalmente se percorrem todos os passos, e não se negligencia nenhum dos fundamentos.

No DURANTE, então, por ocasião do lançamento do produto, em meio a festas e foguetórios, o delírio é total. E, no final da noite, quando o show termina, desligam-se as luzes e retorna-se a casa para o merecido sonho dos justos.

Merecido?! Aí é que a maionese desanda, que o bolo murcha e o leite talha.

Não se abandona um produto impunemente nas gôndolas dos supermercados. Não se dá as costas a um cliente após a realização da primeira compra e o início da utilização do produto. Aliás, ainda não é um cliente, é apenas alguém que comprou pela primeira vez.

Nos registro dos grandes erros do marketing, o capítulo referente à omissão, ao desrespeito ao "shelf life", é dos maiores.

Entre esses, o de uma empresa do Triângulo Mineiro que decidiu, sem o indispensável SHELF LIFE, envasar óleo de soja em embalagem Tetra Pak. E, espantada, constatou que as embalagens vazavam nos pontos de venda porque a mistura do produto com as paredes da embalagem produzia um aroma irresistível aos roedores que vagueiam pelas noites das grandes cidades. O produto sucumbiu nas gôndolas, devidamente devorado por gigantescas ratazanas...

Ou ainda da SKOL, no tempo em que cerveja em latinha era literalmente em latinha, e não em alumínio. E que, no desespero de sair na frente, também não fez o indispensável SHELF LIFE e viu o verniz que ia dentro da lata misturar-se com a cerveja e produzir um "blend" intragável. E aí saiu desesperada a recolher o produto pelo Brasil afora. Uma espécie de cerveja gororoba.

Se a empresa não permanecer atenta, depois do lançamento, corre o risco de viver terríveis pesadelos. Com total merecimento.

Há vinte anos, a WONDEBRA, e os principais fabricantes de sutiã em todo o mundo, acenaram com uma solução prática e econômica para as mulheres de peitos pequenos e/ou caídos.

Sutiãs devidamente inflados por enchimentos, e com um suporte de arame para "arrebitá-los".

Sucesso total... até a hora do embarque! Isso mesmo, com tudo em cima e no maior astral, as mulheres dirigiam-se ao embarque das companhias aéreas e, ao passarem pelo detector de metais, disparava o alarme. Aí era um tal de começar a tirar tudo o que tinham nos bolsos, joias etc. E o maldito alarme não parava de soar. Até que, não tendo mais o que tirar se lembravam do sutiã, que, com muita ginástica, constrangimento e dificuldade, acabavam retirando, ao mesmo tempo que procuravam dissimular seus seios reduzidos e cansados...

Mais recentemente, na Inglaterra, uma empresa lançou com todas as honras e estardalhaço uma linha de perfumes para gatos e cachorros. Os produtos foram rapidamente comprados pelos donos dos animais e, após o banho, aplicados com generosidade.

Tirando os primeiros segundos de deslumbramento pelos animais queridos e cheirosos, vinha o desespero de descobrir que eles estavam totalmente "pirados", fazendo ou deixando de fazer coisas inimagináveis...

Roger Tabor, um estudioso do comportamento dos animais, ensina: "O olfato é tudo para um animal. Assim, se alguém aspergir um perfume em qualquer animal, imediatamente vai mascarar seu olfato provocando, entre outros distúrbios, dificuldades de direção e mobilidade".

E conclui: "Cachorros e gatos usam o olfato, por exemplo, para saber se a fêmea está ou não no cio. E se mascararmos seus olfatos, poderemos levá-los à agressão, quando tudo o que gostariam de fazer era amor... Não me surpreende que essas ideias venham dos norte-americanos, que tratam os animais como brinquedos e não como animais".

Amigo leitor, cuide com o mesmo carinho de seus produtos no dia seguinte aos festejos. Prevenindo acidentes fatais e "mortes precoces" nas gôndolas, e, muito especialmente, garantindo que, uma vez comprados e usados, converterão compradores de um primeira vez em clientes para sempre.

DATABASE MARKETING: TODO O CUIDADO É POUCO

Quanto maior o database, maior a possibilidade de equívocos e baixarias descomunais. Muitas vezes, provocando situações cômicas; outras vezes, trágicas e constrangedoras.

Databases superiores a mil nomes, dependendo da faixa etária das pessoas cadastradas, em cada emissão/remessa sempre apresentam um índice de devolução igual ou superior a 3%. Até aí, nada de mais grave, esse índice é quase universal – para mais ou para menos. Claro, dependendo das características estáticas e comportamentais do mailing, assim como do país/estado a que se refere, porque a correspondência vai e volta fechada. Ou seja, apenas trabalho e dinheiro perdidos, sem maiores consequências.

A coisa engrossa quando a mensagem bate na porta do destinatário que, entre a última atualização e a emissão da mensagem, teve sua presença na terra abreviada, ou seja, morreu. Ainda em 2000, a famosa "Mãe Dinah" conseguiu prever muitos anos de vida para pessoas que já haviam se despedido, provocando irritação e forte mal-estar entre seus familiares, conforme conto no livro *Marketing trends 2002*. E ainda é no mesmo livro que menciono os velhinhos de um hospital na Europa que, por erro de cadastramento, receberam cartas de felicitações por "estarem grávidos...", como mencionei, ambos, em um mandamento anterior.

Mais recentemente, a proeza aconteceu em Londres. O Ministério da Defesa da Grã-Bretanha, na pressa de arregimentar suas tropas para a provável guerra contra o Iraque, convocou Joe Esteer, 80 anos, pensionista do exército e combatente da Segunda Grande Guerra, determinando que se apresentasse imediatamente no campo de treinamento para posterior embarque.

Mesmo envaidecido e honrado, Joe preferiu ignorar a convocação. Já os demais sete contemporâneos de Joe, merecedores de idêntica homenagem, não puderam nem se sentiram honrados, muito menos envaidecidos; descansavam sob a terra...

NIVEA ESCORREGA NOS CEM!

De tempos em tempos, as empresas escorregam, ensandecem, destrambelham. É o que acabou de acontecer com a NIVEA, e no momento em que comemorava seus primeiros e gloriosos cem anos. Emoção em excesso produz barbaridades. Só pode ser isso.

Primeiro contratou a – nada a ver com a NIVEA – RIHANNA para ser a estrela da campanha "100 Years Skincare for Life". Segundo o release da empresa, a cantora seria a nova embaixadora da marca, e já debutava em suas novas funções toda sorridente e sem roupa, cobrindo os seios com os braços. Tudo isso no mês de março.

No mês de agosto, foi sumariamente demitida do cargo de embaixadora da marca por "não transmitir imagem confiável". STEFAN HEIDENREICH, CEO da empresa, ao demiti-la, esbravejou, "Eu não entendo por que trouxeram RIHANNA para ser a representante visual da NIVEA. A NIVEA é uma empresa que representa a família, a confiança e a confiabilidade. E não temos a devida certeza se RIHANNA está inclusa em nossos padrões."

Na sequência, e depois de entrevistar oito mil homens e mulheres, entre 18 e 65 anos, no Brasil, Alemanha, França, Bélgica, Holanda, Rússia, China e EUA, em dois estágios diferentes – personalidade na primeira parte e pele na segunda – a NIVEA concluiu que 30% dos entrevistados classificavam-se na categoria dos PRÁTICOS. Depois vinham os PENSADORES com 27%, os INTUITIVOS com 12%, os COLABORADORES com 11% e os demais se dividiam em grupos menores. No BRASIL, uma pesquisa específica foi realizada nas cidades de PORTO ALEGRE, SÃO PAULO e RECIFE, e concentrada em 600 homens, entre 20 a 45 anos. E os PRÁTICOS totalizaram 29% dos entrevistados e mereceram, a partir dos resultados da pesquisa, um novo produto.

Um produto para homens PRÁTICOS, que não têm tempo a perder, que gostam de itens práticos, básicos e fáceis de usar. FOI ISSO QUE ELES DISSERAM, não necessariamente, O QUE QUERIAM em suas práticas e hábitos diários de higiene e beleza. E aí, o que é que a NIVEA fez? Entendeu a pesquisa literalmente e lançou o ACTIVE 3, um grosseiro e sem sentido três em 1 – xampu, sabonete e creme de barbear tudo junto!

Que o juízo retorne à querida e gloriosa MARCA muito rapidamente. PAUL CARL BEIERSDORF, OSKAR TROPLOWITZ, ISAAC LIFSCHUTZ e PAUL GERSON UNNA, figuras legendárias da história da NIVEA, ameaçam voltar em bloco, acabar com a bagunça e colocar ordem na casa.

Se verdadeiramente pretende, como diz em seu portal, "continuar levando NIVEA para você e para as pessoas do mundo inteiro nos próximos 100 anos" está mais que na hora de recuperar o juízo e retomar a trajetória. Aquela que se diz ser hoje "UMA DAS MARCAS MAIS CONFIÁVEIS DO MUNDO" – e É! – não merece o que alguns de seus gestores vêm fazendo.

CRONOFARMACOLOGIA

Existe um ramo da medicina que se dedica ao estudo da "hora certa" para se tomar um remédio, para se adotar alguma providência. É a CRONOFARMACOLOGIA, que se propõe a estudar, entender e decifrar os segredos do relógio biológico que cada um tem dentro de si.

No passado, tomava-se remédio a qualquer hora. E ainda continua adotando-se essa providência, claro, dependendo da urgência e gravidade da situação. Mas, em situações normais, e em pacientes esclarecidos, há horas e horas para se tomar remédio. Em entrevista ao caderno SAÚDE da *Folha*, o neurologista JOHN FONTENELE NETO, da Universidade Federal do Rio Grande do Norte, declarou, "a asma é o exemplo clássico. Sabemos hoje que as piores crises são à noite, e que o paciente deve se medicar antes de dormir". E um dos autores do livro *Medicina da noite*, o pneumologista JOSÉ MANOEL JANSEN DA SILVA, completa, "A ação de um medicamento deve acontecer quando o corpo mais precisa". E na mesma matéria, a *Folha* faz um quadro do MELHOR HORÁRIO para se tomar determinadas medicações, como, para asma, antes de dormir; doenças cardiovasculares, antes de dormir e de manhã; diabetes tipo 2, antes de dormir; osteoporose, de manhã; e por aí vai.

Rigorosamente o mesmo acontece no ambiente corporativo, nas empresas. Na qualidade de CONSULTORES, e tendo merecido a confiança de quase 600 empresas em mais de 1.300 trabalhos no correr de 35 anos, todos os sócios do MADIAMUNDOMARKETING estão mais que conscientes que todos os "remédios" que recomendam a seus clientes, têm um momento específico para ser aplicado, nas dosagens e velocidades adequadas, para que produzam os melhores resultados, e não criem nenhum tipo de resistência, rejeição ou efeito colateral. Para que sejam perfeitamente assimilados ao organismo social, e que tragam a empresa para uma situação de normalidade o mais rápido possível, de forma segura e permanente.

Mesmo em situações de emergência, e já oferecendo os primeiros socorros, evitamos as tentações presentes muito especialmente em função da angústia e descontrole de muitos dos clientes de consultoria; para que os eventos não se tornem recorrentes, e as empresas não se debilitem a tal ponto que reduzam a zero qualquer possibilidade de recuperação.

Assim como na medicina, no ambiente empresarial todos os remédios de que as empresas e corporações precisam, só produzirão resultados satisfatórios se aplicados no momento certo. E esse momento, quase sempre precisa ser criado. O paciente-empresa requer práticas e procedimentos semelhantes aos que antecedem todas as operações que impliquem a introdução de corpos estranhos de qualquer natureza nas pessoas, ainda que por pouco tempo, e com a melhor das intenções. Mais importante que acalmar o presidente, ou salvar a cabeça de seus executivos, é preservar a empresa. Com o remédio certo, na hora exata.

SHELF LIFE E DAMAGE POTENTIAL

"Não é problema meu?" Claro que é. Somos seres sociais, jamais podemos decidir e fazer o que quer que seja sem levar em consideração os possíveis prejuízos ou danos que causaremos às demais pessoas. A menos que você pretenda passar o resto de sua vida fugindo das pessoas, das leis e, muito especialmente, de sua consciência. Claro, se você tiver.

Nos cursos de marketing dos anos 1970 e 1980 sempre se recomendava a todos os futuros MARKETERS que fossem extremamente cuidadosos e responsáveis na aferição do SHELF LIFE dos produtos que viessem a lançar. Tempo de Vida Útil, ou Prazo de Validade. Aplicável a todos os produtos, embora alguns durem por décadas, talvez séculos, e outros não resistam mais que 24 ou menos horas. Muito especialmente, os alimentos.

Assim, antes de colocar nas gôndolas dos supermercados o que quer que seja e que traga algum tipo de mudança: na composição, na embalagem, na logística, distribuição e todos os demais fatores, mais que se recomenda aferir-se, com extrema precisão, o SHELF LIFE. Vide a SKOL, décadas atrás, que decidiu sair na frente de todas as demais cervejas na versão lata, e queimou etapas.

Nas décadas seguintes, o entendimento de responsabilidade ganhou novos ângulos e dimensões. E assim, hoje, além dos eventuais prejuízos e riscos envolvidos nos produtos em si, há os riscos que podem causar em outras pessoas, produtos, empresas. O DAMAGE POTENTIAL, ou POTENCIAL DE DANO.

Entre os mais emblemáticos e recentes exemplos, algumas das extraordinárias manifestações da moderna arquitetura. Rafael Viñoly, notável arquiteto uruguaio, radicado nos Estados Unidos, projetou o 20 Fendchurch Street com magnífica fachada envidraçada e curva. Não se deu conta que, em verdade, estava construindo uma megalente côncava mais que susceptível aos raios do Sol. E não deu outra coisa. A primeira das vítimas do prédio foi o JAGUAR modelo XJ do empresário Martin Lindsay. Estacionado por minutos em um determinado ponto onde incidia o reflexo do Sol decorrente da fachada e provocando o chamado efeito maçarico: a lataria vergou-se, a proteção do espelho lateral direito deformou e o estrago teria sido maior se o empresário não chegasse. Fenômeno semelhante aconteceu no Vdara Hotel & Spa, de Las Vegas, onde os hóspedes nas piscinas passaram a se bronzear em menos da metade do tempo – de novo, um projeto de Viñoly. E, ainda, no projeto de outro brilhante arquiteto, Frank Gehry, do The Walt Disney Concert Hall, em Los Angeles. Os apartamentos vizinhos ao conjunto registraram um aumento médio de 9,5 graus centígrados na temperatura de seus imóveis. Toca jato de areia na fachada de alumínio para atenuar os efeitos e minimizar os riscos.

Mas, tem de pensar em tudo? TEM! Se não for assim, melhor nem mesmo começar, quanto mais fazer.

44
Além de Inovar, Coragem e Determinação

A busca pela inovação, de forma permanente, é uma das principais características das empresas modernas. Em um mundo cada vez mais competitivo, onde as pessoas são bombardeadas à exaustão por infinitas formas de comunicação, só o verdadeiramente novo, inusitado, é capaz de chamar a atenção, de se fazer perceber.

Muitos, no entanto, são os inimigos dessa indispensável postura. O primeiro e maior de todos, a "cultura vigente", que acaba privilegiando propostas e soluções conservadoras que "envolvem menos riscos", que "já foram testadas e adotadas pelos principais concorrentes com sucesso"; na sequência, outros profissionais e executivos da mesma organização, que não tiveram nem ideia e muito menos iniciativa, mas são capazes de reunir todos os argumentos para detoná-la com humilhação; e, depois, as infinitas zonas de conforto que caracterizam as empresas e abrigam os medíocres e acomodados.

Assim, só com muita coragem e maior determinação consegue-se sustentar e ativar soluções inovadoras e criativas. Os mais importantes diferenciais de liderança.

SOLETUR: O SENTIDO DA FALÊNCIA

O moderno capitalismo brasileiro não é tão moderno assim e, por decorrência, ainda temos muito que aprender. Por exemplo, a dimensão e o sentido de fracassar.

O risco faz parte da vida e é da essência e da natureza dos negócios. Assim como centenas de milhões de ovas de peixe não vingam, centenas de milhares de tentativas de novas empresas no Brasil não conseguem nem mesmo sair da casca. São concebidas, encubadas, eventualmente colocam até o "pescoço de fora", e ficam pelo caminho. Só repercutem, de verdade, os grandes fracassos de organizações supostamente bem-sucedidas, causadoras de prejuízos a milhares de clientes que, por circunstância ou infelicidade, apostaram nos serviços da empresa no exato momento em que ela naufragava.

Nos jornais, revistas e noticiários de televisão da primeira semana de novembro de 2001, a falência da SOLETUR ocupou toda a cena. Talvez a mais criativa, corajosa e exemplar iniciativa de um empreendedor em uma atividade que carece de exemplos de qualidade e que acabou chegando, tragicamente, ao fim. Pode ser até que com o tempo se descubram traços, indícios e até mesmo comprovações de má-fé, e, quem sabe, crimes; mas, e enquanto isso não acontece, diagnostica-se o terrível desenlace com uma mistura de fatalidade, práticas administrativas deficientes e a certeza de que em algum momento as mesmas mãos das circunstâncias que agravaram a crise acabariam, também, aliviando-a.

Fundada há quase cinquenta anos por CARLOS AUGUSTO GUIMARÃES FILHO, que dirigia um ônibus de turismo no qual transportava os primeiros clientes da empresa, a SOLETUR chegou ao fim apresentando um saldo de realizações admiráveis e que deveriam servir de referência a outras empresas do setor, exceto, naturalmente, as medíocres práticas administrativas e organizacionais que caracterizavam o lado ruim da empresa, em que prevaleciam os parentes e amigos.

GUIMARÃES FILHO, mais que outros empresários do setor, apostou em passeios turísticos em ônibus de excursão pelo Rio de Janeiro, depois para outros Estados e, finalmente, para os países vizinhos.

Entendeu a importância de passar segurança aos brasileiros que iam para o exterior e morriam de medo do desconhecido, principalmente por não dominarem outras línguas, ou seja, instituiu uma espécie de prestação de serviços que se caracterizava por levar as pessoas pelas mãos, de suas casas até o ponto de destino, e trazê-las de volta na mais perfeita ordem e organização. E era uma espécie de rei de Nova York, tendo levado semanalmente milhares de brasileiros para conhecer a Big Apple, para fazer compras e ir à Broadway, hospedando-se em ótimos hotéis com preços que cabiam em seus bolsos. E Nova York não estava, naquela época, tão em moda como hoje.

Acreditava que o negócio de turismo, assim como outros negócios, só faz sentido se trabalhado em larga escala e envolvendo uma grande massa econômica, ainda que praticando margens reduzidas. E foi por essa razão, além das práticas administrativas medíocres, que não suportou "porradas" sucessivas – como foram: a flexibilização da política cambial, os efeitos no câmbio da crise Argentina, a retração econômica decorrente da crise de energia e, mais especificamente, o atentado ao WTC de Nova York –, as quais esvaziaram os assentos dos aviões e os quartos de hotéis com os quais a empresa se comprometera nas grandes negociações que renovava a cada ano.

GUIMARÃES FILHO não fugiu. Reconheceu os equívocos, lamentou a fatalidade que vitimou seu negócio e procurou atender seus credores. Ou seja, uma atitude que empresários que fracassam adotam em outros países, e que nem por isso os remetem à situação de marginais e golpistas; apenas os qualifica a merecerem uma segunda chance, caso assim decidam no futuro, passada a tempestade. "Eu não vou me comportar de forma indevida. Não vou viajar, não vou mudar de casa nem de telefone. Não vou fugir. A empresa faliu e muita gente foi prejudicada, inclusive eu. Quebrei com a empresa. Isso não aconteceu porque eu quis. Eu peço desculpas."

Se quisermos de verdade, em algum momento do futuro, figurar entre os cinco países mais desenvolvidos do mundo, e nos caracterizarmos como um *player* forte e decisivo para todos os demais, precisamos de empresários tão inovadores e corajosos como GUIMARÃES FILHO, com administração melhor, naturalmente, que se disponham a arriscar e empreender mais, ainda que muitos acabem fracassando.

Segundo James Joyce, "erros são os portais das descobertas e do aprendizado".

Que pena que a SOLETUR quebrou. Pena maior que tenha prejudicado milhares de clientes. Isso não nos obriga a execrar publicamente um empresário exemplar, com muitas virtudes. Apenas, e já que aconteceu, a aprender com ele. Nos erros e nos acertos.

OS SEGREDOS DOS "MOTIVATIONAL SUPERSTARS"

Engatinhando no Brasil, a atividade dos profissionais da motivação multiplica-se nos Estados Unidos.

Alguns desses especialistas alcançaram naquele país a condição de celebridades. Dão tantas ou mais entrevistas que as estrelas de Hollywood, e cobram de US$ 20 mil a US$ 50 mil por treinamento de um a dois dias.

Anos atrás, Michael Jeffreys decidiu sair atrás dos principais profissionais da motivação, conhecer suas trajetórias e, muito especialmente, os segredos de seus sucessos, devidamente revelados no livro *Success secrets of the motivational superstars*.

Jeffreys, que, entre outros, entrevistou Brian Travis, Les Brown, Roger Dawson, Mark Victor Hansen, Jack Canfield, Dr. Wayne Dyer, diz: "Meu objetivo, ao escrever esse livro é o de dividir com os leitores as razões do sucesso desses que hoje têm o poder de motivar pessoas, ou seja, onde foram buscar as forças e o aprendizado para se motivarem... Acredito que, mais que o que ensinam e pregam, são suas experiências de vida que melhor podem ajudar as pessoas no processo de se motivarem...".

Segundo Jeffreys, e após todas as entrevistas, oito são os segredos do sucesso dos profissionais da motivação.

1. SUA VIDA PERTENCE 100% A VOCÊ – Existem pessoas que passam a maior parte do tempo reclamando do governo, da família, dos amigos, dos inimigos, da vida, ou seja, colocando a culpa nos outros. Esquecem-se de que o único território onde reinam absolutos e detêm 100% de todo o poder é aquele de suas vidas. Desde que queiram, têm total possibilidade de controlar seus pensamentos e ações. E controlar suas vidas é um dos fatores mais importantes para as pessoas se fortalecerem e serem bem-sucedidas.

2. VIVA SUA VIDA COM PROPÓSITOS E DETERMINAÇÃO – A diferença entre quem sabe o que quer e vai atrás, e os que permanecem à deriva, na esperança de que uma luz ilumine seus caminhos, é semelhante à noite e ao dia, e não é preciso dizer quais são os que vivem na noite... Quando se tem propósitos e se é determinado, isso transparece para todas as pessoas; sua convicção evidencia-se e tem o componente da persuasão; e todos se sentem à vontade para fazer negócios com você, pela força de seus compromissos e a certeza de que receberão tudo o que for combinado e muito mais.

3. DISPONHA-SE A PAGAR O PREÇO – O sucesso não cai no colo de ninguém. Para alcançá-lo, é preciso ir atrás e se dispor a pagar o preço. E o preço, muitas vezes, passa por terríveis sacrifícios pessoais; as pessoas precisam abrir mão de uma série de confortos e comodidades, e batalhar alucinadamente.

4. NÃO CAIR EM TENTAÇÕES E PERDER O FOCO – Durante todos os momentos do dia, infinitas tentações são colocadas em seu caminho. Somente uma disciplina rígida e um rigor total impedem que você se deixe seduzir e perca o foco de sua ação. Uma vez mais, persistir no foco implica sacrifícios e desprendimento.
5. SEJA UM ESPECIALISTA – O mínimo que você pode ambicionar é ser o melhor em seu campo de atuação. E, para ter a chance de ser o melhor, você precisa dedicar toda a sua inteligência, esforço físico e demais recursos nesse sentido. E o passo inicial é fazer uma escolha única, a melhor escolha.
6. PONHA NO PAPEL – Ou na memória do computador. Mas registre com detalhes e precisão o que você ambiciona. E faça o follow. A cada passo, a cada conquista, registre o caminho já percorrido, o caminho a percorrer e prepare-se para todas as correções de rota que se revelarem necessárias. Sem planos, não se vai a lugar algum.
7. NUNCA DESISTA – Se você definitivamente pretende chegar ao objetivo que elegeu, desistir é uma palavra que tem de ser eliminada de seu vocabulário. Você pode até sucumbir no caminho, tropeçar e nem mesmo conseguir se levantar novamente, mas em momento algum a consideração de desistir pode passar por sua cabeça.
8. NÃO ADIE A PARTIDA – Se você sabe o que quer, está física e espiritualmente preparado, parta imediatamente. Lembre-se de que a vida passa muito depressa, e os sonhos se desvanecem ao amanhecer.

Foi o que, em síntese, os "Motivational Superstars" fizeram. E deu certo. Você não quer tentar?

HÄAGEN-DAZS

REUBEN MATTUS deixou a Polônia, onde nascera, em 1921, aos oito anos de idade, em companhia de sua mãe, viúva, que decidiu recomeçar a vida nos Estados Unidos. Para sobreviver, a mãe passou a fabricar sorvetes de palito em casa, que ele, Mattus, ajudava a embalar e vender. Depois de 11 anos, nascia no Bronx a SENATOR FROZEN PRODUCTS, dele e da mãe, e que alcançou seu período de maior sucesso nos anos 1950, vendendo um sorvete com a marca CIRO'S nas mercearias e armazéns. Foi quando Mattus descobriu os supermercados e conscientizou-se de que seu sorvete não tinha futuro naquele moderno e vitorioso canal de distribuição. Decidiu, então, fazer o melhor sorvete do mundo.

Um sorvete de extraordinária qualidade, tendo como matéria-prima o creme de leite fresco, frutas e ingredientes naturais, com um composto de comunicação – marca/design/embalagens/geladeiras – simplesmente irresistível, que seria difundido voluntária e espontaneamente pelas pessoas que tivessem o privilégio de experimentá-lo.

A escolha do nome mereceu uma dose maior de atenção, talento e energia. Precisava ser um nome/marca, que traduzisse todas essas virtudes. E depois de muito pensar, concluiu que deveria ser um nome fantasia, que sinalizasse procedência holandesa, memorável pela dificuldade de ser pronunciado e guardado, e que deixasse as pessoas imaginando, discutindo e até mesmo criando histórias sobre suas origens. E assim nasceu aquele que foi consagrado pela revista *Time* como "o melhor sorvete do mundo", como queria Mattus, batizado, de forma brilhante e emblemática, de HÄAGEN-DAZS.

Um exemplo único de inovação, coragem e determinação.

LEE KUN HEE

Em 1993, LEE KUN HEE, presidente do conselho de administração da SAMSUNG, foi checar *in loco* a forma como eram distribuídos e comercializados os produtos de sua empresa nos EUA. Em poucas lojas visitadas em LOS ANGELES, saltou-lhe aos olhos que os produtos SAMSUNG, que tinham ótima qualidade, estavam se deixando comoditizar por um design convencional e uma distribuição medíocre, perdidos e misturados a centenas e centenas de outros produtos, enquanto os da SONY pontificavam pela beleza e posicionamento distinto nos pontos de venda. Como o design precede, e dele decorre, a possibilidade de uma melhor distribuição, foi taxativo: todas as fichas no design.

Para ajudar na "Revolução do Design Samsung", foi contratado o escritório especializado IDEO. Na sequência, outras empresas de consultoria também foram arregimentadas. Em 1994, decidiu transferir seu centro de projetos e design da pequena e tranquila cidade de Suwon para a nervosa e fervilhante Seul não só para agregar um atrativo adicional aos melhores designers, como para colocá-los pensando, refletindo e criando no "olho do furacão".

Em 1995, criou o IDLS – Innovative Design Lab SAMSUNG – para onde eram contratados os jovens e talentosos designers coreanos, sempre sob a orientação e o treinamento dos designers seniores do Art Center College of Design da cidade de Pasadena, no Colorado (EUA). Depois de algum tempo, esses jovens e talentosos designers recebiam passaporte, passagens e dinheiro, e partiam em busca de inspiração no mundo antigo e no mundo novo: Egito, Índia, Paris, Frankfurt, Nova York, Barcelona. Hoje, a empresa possui escritórios próprios de design em Londres, Los Angeles, São Francisco e Tóquio porque concluiu não ser mais suficiente se informar de longe e visitar de vez em quando: tem de viver onde as coisas acontecem.

Nas últimas premiações do IDEA – Industrial Design Excellence Award – o grande destaque é a SAMSUNG. Desde 2000 foram 19 grandes prêmios mais centenas de menções em concursos nos EUA, Europa e Ásia, o que a torna a primeira empresa da Ásia a ganhar mais prêmios que suas concorrentes americanas e europeias.

Segundo Chung Kook Hyun, VP de Design da companhia, durante décadas a função dos designers era a de colocar vestimenta nos aparelhos que os engenheiros da fábrica criavam; hoje os designers criam as vestimentas e os engenheiros partem em busca de soluções que caibam no sonho dos consumidores, traduzidos pelos designers: "Assim como o lagarto liberta-se do rabo para escapar do perigo, a SAMSUNG decidiu romper com o passado para caminhar adiante".

CURTO-CIRCUITO

"De repente, do nada, me veio uma ideia." Você provavelmente já deve ter dito essa frase algumas vezes no correr de sua vida. TOLICE! Do nada só se produz uma única coisa: NADA!

Insight, inovação, tem como método único ainda que inconsciente, o Mashup. Insight, inovação, são os "filhos pródigos" do curto-circuito. Em um mundo finalmente novo, plano e colaborativo é um curto-circuito atrás do outro. Um jorrar incessante de inovações.

Steven Johnson publicou até hoje sete livros. Um único casamento e três filhos. Passou o Réveillon de 2010 para 2011 nas montanhas de "northern" Vermont, EUA, esquiando. Entre seus sete livros, o de maior sucesso e que chegou ao Brasil em 2011 é o mais que best-seller *Where good ideas come from* – DE ONDE VÊM AS BOAS IDEIAS. Leitura mais que obrigatória para todos que buscam inovar; e todos, deveriam.

Segundo JOHNSON, "todos sonham em um dia ter uma ideia do nada e depois contar essa extraordinária e natural epifania". Em verdade, epifanias são pontos finais de processos exaustivos e não disciplinados de assimilação de informação. Que vão se misturando, entrando em ebulição, levantando a tampa de nossas barreiras e censuras, e, em um determinado dia, e à semelhança dos vulcões, eclodem.

Nesse sentido, as redes sociais, e a internet, potencializam ao infinito todas as possibilidades de um festival incessante de inovações: "Na internet existe, assim como em todo lugar, lixo, muito lixo, mas [também] pedras preciosas. Mas, para quem pretende aumentar suas conexões, explorar territórios novos e inacessíveis até passado recente, é uma dádiva. Agora, e pela internet, tornou-se fácil testemunharmos o nascimento de coisas incríveis assim como assimilarmos e entendermos conhecimentos supostamente complexos...".

Johnson, além da internet, valoriza as grandes metrópoles, como contexto ideal, ou "ninho" de qualidade, para se "chocar", produzir a inovação: "No passado imaginava-se que a melhor maneira de ter ideias era se isolar, ficar quieto, sozinho, meditativo". O medo era se deixar distrair pela confusão, trânsito, barulho. Assim, e quem pretendia inovar, deveria se mudar para o campo, para o interior. Hoje se sabe que não existe ambiente mais adequado para a inovação que as grandes metrópoles: "as grandes cidades sempre protagonizam as mais importantes e frequentes inovações porque possibilitam a conectividade orgânica e natural, só possível onde existem grandes concentrações físicas de indivíduos...".

Johnson não desaconselha os brainstorms de laboratórios, mas valoriza os que ocorrem naturalmente. "O maior problema dos brainstorms programados é toda a pressão num espaço limitado de tempo. Até pode dar certo, mas a possibilidade é pequena."

Vamos nessa? Abrirmo-nos para o mundo? Ampliarmos nossos relacionamentos? Compartilhar informações?

Criar todas as condições para que o curto-circuito aconteça?

45

Sucesso É Conquistar Clientes e Convertê-los em Apóstolos

Durante anos, na sociedade industrial, utilizava-se como medida de bom desempenho a menor quantidade possível de erros na fabricação de produtos. Em todas as empresas onde a IDEOLOGIA do MARKETING prevalece, a melhor entre todas as medidas é o permanente acompanhamento de quantos clientes a empresa conquista e consegue fidelizar. Ou sua invejável capacidade de não perder consumidores. E, na sequência, convertê-los em apóstolos e disseminadores da MARCA. Em "preachers"!

Até hoje, parcela expressiva de empresas prepara-se exclusivamente para realizar uma venda. E, quando a venda acontece, dá-se por satisfeita. Já as empresas maduras e consagradas sabem que a venda é apenas a porta de entrada, um primeiro e importante passo. Mas o mais importante mesmo é desenvolver o relacionamento.

E quanto maior e mais intenso for esse relacionamento, a companhia só tem a ganhar. Ganhar porque o investimento para manter é inferior a 20% do que o necessário para conquistar; ganhar porque, renovando o encantamento do cliente, ela poderá conquistar sua preferência total e exclusiva; ganhar porque o motivará a comprar quantidades maiores e com maior intensidade; ganhar porque seus comentários naturais e apaixonados atrairão outros clientes para a empresa.

TUDO PELO ASSINANTE, CERTO? ERRADO!

FOLHA e ESTADÃO, em um período de triste recordação para os dois jornais e seus assinantes, simplesmente, alucinaram.

Tudo bem, nada mais justo que lutassem pela liderança. E que o fizessem em cada um dos serviços específicos que prestam.

E tudo bem que a FOLHA fizesse tudo para quebrar recordes e recordes de tiragem, e que o ESTADÃO procurasse preservar sua liderança publicitária.

Mas, nessa luta maluca em que se meteram, e que acabou por enfraquecer empresarialmente os dois grupos, eles se esqueceram da maior de suas conquistas: seus assinantes.

Transferiram todo o foco de suas atenções para a guerra de trincheira que se trava nas bancas.

Abandonaram o cliente fiel e cativo na busca dos "avulsos".

Até alguns anos antes, para ambos os contendores, o assinante era o rei. E deveria continuar sendo, se os dois principais jornais de São Paulo tivessem juízo e praticassem um marketing moderno e inteligente.

O assinante é e sempre foi a base de toda publicação, menos até pela segurança ou resultados econômicos diretos que confere às mídias impressas, e mais por possibilitar a garantia de uma audiência mínima e qualificada para que as empresas veiculem seus anúncios.

E, naquela ocasião, acho que até hoje continuam fazendo, davam tudo – literalmente tudo – para que alguém assinasse ou renovasse sua assinatura do ESTADÃO ou da FOLHA.

Só que, em determinado momento, perderam o juízo, passando a debitar o preço de suas ambições pelos "avulsos", nas costas dos clientes de sempre, dos assinantes.

O ESTADÃO nos serviços de assinatura há muito já não era mais o mesmo. Os atrasos se sucediam e, à semelhança da FOLHA, fazia todos os seus assinantes corarem de vergonha e indignação nas tardes de sábado ao verem os "avulsos" comprando nas bancas os jornais de domingo, que eles, assinantes, só teriam acesso no dia seguinte.

E a FOLHA, para engrossar, bateu todos os recordes em um final de semana, tendo como pretexto o mais moderno parque gráfico da América Latina, talvez do mundo.

A praça Vilaboim, Higienópolis, cidade de São Paulo, a duas quadras de onde moro, estava fantástica no sábado, esperando a FOLHA. Um telão gigantesco anunciava as maravilhas do jornal colorido. E, no domingo, palhaço, mágico, bailarina e um ônibus londrino de dois andares.

O meu exemplar da FOLHA, de assinante de muitos e muitos anos, acabou chegando às 5 horas da tarde do domingo. Quatro minguados cadernos, coloridos de vergonha, sem a *Revista da Folha*, sem todos os demais cadernos, inclusive o de Classificados... Que foram entregues no final da tarde da terça-feira.

Depois de muitos meses, e injustificável desgaste, as duas importantes publicações recuperaram o juízo e voltaram a considerar seus clientes, assinantes, em primeiro lugar. Mas o exemplo da "treva" que se abateu sobre tão importantes publicações ficará gravado para sempre no verbete dos grandes erros de marketing...

ZDF – A BANDEIRA A SER EMPUNHADA

Durante os anos 1980, as empresas partiram desesperadas em busca do ZD – ZERO DEFECTS –, ou seja, a fabricação de produtos perfeitos, a toda prova, com um índice insignificante de problemas. De preferência, nenhum.

O foco específico dessa estratégia restringia-se ao espaço físico da fábrica e concentrava-se no processo de fabricação.

Em 1990, FREDERICK REICHHELD, consultor da BAIN & CO e professor de Harvard, expandiu essa preocupação saltando direto para a outra ponta e criando a ZDF – ZERO DEFECTIONS FACTOR. Atenção, ele disse DEFECTIONS, e não DEFECTS, como fora até então.

"Constatei, disse Reichheld, que, para a maioria das empresas, quase todos os problemas ocorriam depois da fábrica... Constatei mais ainda, que os maiores investimentos de uma empresa são para a conquista de clientes, muito especialmente na formação e treinamento de funcionários, e que era um absurdo intolerável ver empresas trabalhando com uma TAXA DE DEFECÇÃO ou EVASÃO DE CLIENTES descomunal..."

A partir daí, o professor e consultor fez uma série de simulações. E chegou a uma espécie de EQUAÇÃO DO SUCESSO. E, em sua homenagem, a batizei de LEI DE REICHHELD: "Em todas as empresas, de diferentes setores de atividade, as mais lucrativas sempre serão aquelas que forem capazes de preservar seus clientes pelo maior tempo".

Tudo bem, você já imaginava isso. Meio óbvio, admito. Só que agora devida e definitivamente comprovado.

Mas Reichheld foi mais adiante e afirmou: "Na média, toda empresa que conseguir reduzir sua perda de cliente a no máximo 5% terá uma rentabilidade 30% maior do que a média das demais de seu setor de atividade".

Claro que, para você ou qualquer empresa, calcular seu IPC – Índice de Perda de Clientes – é preciso se organizar nesse sentido, elaborando competentes registros que possibilitem essa apuração. E não se consegue nenhuma metodologia mais moderna e melhor para isso do que a adoção de um PDM – Programa de Database Marketing.

Para se adotar a bandeira do ZDF, a primeira providência é aferir o grau de "vazamento" de clientes que sua empresa apresenta. E, na sequência, mergulhar até onde for preciso para identificar as verdadeiras causas: nada melhor para isso que auditorias de marketing por consultores independentes e especializados.

Do alto de sua experiência, no entanto, Reichheld vai logo prevenindo para que não se estabeleça um clima de frustração no início do processo: "Embora adote e defenda a estratégia do ZERO DEFECTIONS FACTOR, quero desde já alertar todos os iniciantes que é praticamente impossível uma empresa alcançar perda zero de clientes, até porque uma parcela expressiva de pessoas, como todos sabem, por índole e personalidade, cultiva a infidelidade".

Pegando carona na inestimável contribuição de Reichheld, recomendo que idêntica preocupação também esteja presente em relação à equipe de colaboradores, na qual se inserem modernamente, e, em igualdade de condições, funcionários e fornecedores.

Diria até mesmo mais. Que preservar a equipe talvez seja a mais eficaz das armas para se conseguir preservar clientes ou alcançar a excelência em termos de ZDF.

COMPLIANCE EM MARKETING

Entre as técnicas disponíveis para se desenvolver inovação e sair à frente dos concorrentes, uma que mais dá resultados é a de se observar o que outras empresas de outros setores de atividade estão fazendo com sucesso, e pensar se não é possível repetir a técnica/metodologia, claro, com as necessárias adaptações; o "fazer por analogia".

Um dos exemplos mais estimulantes é o que a indústria farmacêutica vem fazendo com um determinado tipo de cliente, e que tem por nome "compliance" – adesão, obediência, submissão.

Hoje, as empresas alocam a maior parte de seus recursos para os momentos que se seguem à primeira compra, passando pela aprovação e culminando com a permanente repetição, consagrando-se a preferência. É o que se chama de fidelização.

Se nos demais setores de atividade essa postura e preocupação é o dever mínimo que caracteriza todas as empresas modernas e vitoriosas, na indústria farmacêutica – em que a continuidade da compra e o uso de medicamentos são condições de sobrevivência para determinado tipo de paciente/doenças – a questão é, simplesmente, vital.

Embora não existam ainda estatísticas sobre nosso País, nos Estados Unidos os dados disponíveis revelam que mais de 150 mil norte-americanos morrem todos os anos por descontinuidade no atendimento, no uso da medicação. Ou seja, morrem por desobediência, por não se submeterem, por não aderirem e pela inexistência de COMPLIANCE.

Essa desobediência, traduzida em números, ainda custa ao sistema de saúde um valor superior a US$ 100 bilhões/ano, sendo US$ 30 bilhões só em internações decorrentes da interrupção do tratamento.

Convivendo há anos com esse grave problema, a indústria farmacêutica aprendeu em todo esse período que a melhor maneira de prevenir a "quebra" do COMPLIANCE, quase sempre, é manter os pacientes e seus familiares permanentemente informados sobre as graves consequências da interrupção. Ou seja, e de novo, A INFORMAÇÃO SEMPRE FOI, É E SERÁ A MAIS EFICAZ DAS VACINAS.

E, de quebra, além do estímulo à continuidade do tratamento, recomendações sobre mudança nos hábitos alimentares e a prática de exercícios físicos. Quando a doença é insuperável, ensina o paciente a melhor maneira de conviver com as limitações dela decorrentes.

O COMPLIANCE, além de ser uma prática que estimula uma profunda, instigante e desafiadora reflexão sobre importantes procedimentos e passos na direção da fidelização, perfeitamente adaptável a todos os demais setores de atividade, também acontece em uma faixa territorial em que nenhuma pessoa em sã consciência é capaz de questionar sua utilização.

Se não seguir o tratamento, o paciente corre risco de morte e gera pesadas despesas adicionais para um estado já falido, ou seja, vai doer no nosso bolso. Informado, além de ganhar descontos, é estimulado a prosseguir, a continuar comprando e tomando medicamentos, e consequentemente construindo uma ótima imagem do laboratório, que demonstra estar permanentemente preocupado com ele.

Quem ousaria atirar a primeira pedra sobre a consistência ética da indústria farmacêutica na adoção do COMPLIANCE? E por que não se referenciar na indústria farmacêutica para conseguir o COMPLIANCE dos demais clientes de todas as outras empresas de todos os setores de atividade?

AS TENTATIVAS DE MATAR A BARBIE FRACASSARAM; SORTE DA MATTEL

Quando BARBIE completou 40 anos, coberta de glórias e recebendo todas as homenagens a que tinha direito, poucos foram os que se lembraram das diversas tentativas de morte de que foi vítima.

Entre todas, duas mais fortes. A primeira, quando seus criadores Ruth e Elliot Handler, por problemas financeiros e de saúde, em meados dos anos 1970, confiaram a boneca mágica a outros diretores da MATTEL. BARBIE foi tão maltratada que, em muito pouco tempo, perdeu parcela expressiva de seu charme e glamour, ingressando em perigoso processo de comoditização. Para recuperá-la, eles tiveram de recorrer a uma corajosa estratégia de relançamento, introduzindo a BARBIE SUPERSTAR.

O segundo e mais forte atentado cometido contra BARBIE ocorreu dez anos depois: a boneca estava indo, literalmente, para o lixo, uma vez que os novos diretores da MATTEL só queriam se notabilizar pela suposta capacidade de lançar novos produtos, em vez de respeitar e aproveitar a longevidade dos que já existiam.

Foi quando, em meio a uma grande crise da MATTEL, em 1987, John Amerman assumiu o comando da companhia, contratado a peso de ouro para salvar a empresa. Não pensou duas vezes. Investiu todas as fichas naquela bonequinha mágica de quase 30 anos. Em 1986, a MATTEL faturou US$ 1 bilhão, perdeu US$ 113 milhões, e suas ações bateram no fundo do poço. Sete anos depois, 1994, a boneca, que na época comemorava 40 anos, voltou a reluzir, carregando consigo a MATTEL: faturamento de US$ 2,7 bilhões, lucro de US$ 226 milhões e BARBIE, sozinha, respondendo por mais de um terço do faturamento da companhia.

O cemitério do marketing está repleto de produtos que, no momento em que foram defenestrados, tinham tanta ou mais vitalidade que BARBIE quando tentaram acabar com a boneca. Vítimas de executivos vaidosos que se recusam a dar continuidade ao sucesso plantado por seus antecessores. Produtos sustentados e fortalecidos por mães apóstolas de BARBIE junto a suas filhas e sobrinhas. Gerações brincando com uma mesma boneca.

"DEPRESSÃO PÓS-ABERTURA"

Entre as novidades dos anos 2010, o rebatizar do Marketing Promocional, ou de parte dele, agora virou Live Marketing. Momentos em que os principais ou diferentes stakeholders de produtos, serviços e marcas têm a possibilidade da convivência – ao vivo – com os mesmos. Em meio à alegria, a festejos, celebrações, felicidade. Road Shows, Show Rooms, Feiras e Exposições, Eventos... Todos se concentram em uma data, ou período de tempo, alocam todas as suas energias e dão o máximo na performance. Sucesso! Mas tem o dia seguinte.

E aí, se a continuidade não tiver sido planejada e não for executada com competência e de forma permanente, o Live Marketing não passou de um rojão perdido para sempre na escuridão das noites e da mediocridade. Festejar é ótimo. Viver, permanentemente, em clima de festa, melhor ainda. Mas é difícil. Pessoas adoram o antes e o durante. O depois, para a maioria é um tédio. E é exatamente aí que um *suspect* vira *prospect*, compra pela primeira vez, e depois, dependendo da qualidade do depois, vira cliente. E mais adiante, apóstolo e disseminador da marca. Apenas isso.

Esse sempre foi o maior problema de empresas campeãs do Live Marketing. Como a Disney, por exemplo. No livro de Doug Lipp, editado pela Saraiva, *A academia Disney*, e no capítulo das crises, o autor descreve a dimensão do problema: "A provação das atividades que antecedem a inauguração gera uma intensidade impossível de ser igualada. Os dias, meses ou anos de pressão que precedem uma grande inauguração, repleta de desvairados rompantes de atividade e ansiedade, oferecem oportunidades de crescimento sem paralelo. Por outro lado, o período que se segue pode ser um poço de mesmice; as operações diárias raramente são tão revigorantes ou atraentes quanto a grande abertura". Na Disney, chamam esse período que se segue a um grande opening de "Depressão Pós-Abertura".

Doug Lipp conta sobre a "Depressão Pós-Abertura" do Walt Disney World da Flórida: "Os membros do elenco estavam exaustos... Muito mais que um parque temático estava-se diante de um ambiente complexo envolvendo muitas profissões. Diferente da Disneylândia, o Disney World contava com hotéis, campos de golfe, resorts, área de camping, funcionava 24 horas por dia os 365 dias do ano, e não tinha um inverno para permanecer fechado e dar um suspiro para a galera". E, conclui, "O objetivo principal, que era abrir a Disney World, estava superado... O período de três anos de intenso esforço para construir, recrutar funcionários e depois operar o parque fez-se sentir em todos. Mais ou menos como ir ao médico e descobrir que tínhamos lentamente engordado 450 quilos e agora a saúde estava em risco. A recuperação não ocorreria da noite para o dia... De qualquer maneira, sustentar os intensos níveis de entusiasmo, esforço e ritmo que precedem todo evento, toda abertura, definitivamente não é um objetivo possível para uma empresa. Mas, evitar um ambiente de trabalho tóxico após a realização do evento ou o êxodo em massa de funcionários, provocado pelo moral baixo, é um objetivo alcançável que vale a pena perseguir".

Assim como no marketing por inteiro, no Live Marketing, o ANTES, o DURANTE e o DEPOIS são igualmente importantes. Se o ANTES e o DURANTE não forem bem-sucedidos, não haverá DEPOIS. Sem o DEPOIS, tudo não passou de um espasmo circunstancial, de chuva de verão.

46
Construa Campos de Sonho: os Clientes Virão

No primeiro capítulo do segundo livro da ACADEMIA BRASILEIRA DE MARKETING, *A alma do novo consumidor*, de DAVID LEWIS & DARREN BRIDGES, o registro da maior característica desse NOVO CONSUMIDOR, nós, velhos consumidores, devidamente diplomados depois de décadas de compras malfeitas e muito dinheiro jogado fora: "No coração da alma do Novo Consumidor reside um desejo de autenticidade. Na busca pelo autêntico, eles estão dispostos a enfrentar até inconveniências, às vezes indo muito longe para comprar o que desejam..."

Quando o TITANIC afundou no filme inglês de 1958, *A night to remember*, as pessoas lotaram os cinemas para assimilar noções importantes sobre a segurança dos passageiros. Quando o mesmo TITANIC afundou novamente, em 1997, no filme de JAMES CAMERON, as pessoas abarrotaram os cinemas em busca de uma tragédia pessoal de elevada densidade romântica... Entre os dois filmes sobre o mesmo navio, o âmbito coletivo, do público – do primeiro –, deu lugar ao âmbito individual autêntico e sua realização – do segundo.

Assim, não é mais suficiente fazer os TITANICS afundarem. É indispensável fazê-lo com forte vínculo emocional, com autenticidade, com envolvimento e participação. Possibilitando a cada uma das pessoas uma experiência única, memorável, encantadora.

A soma de produtos, serviços, comunicação, distribuição, venda e relacionamento deve resultar em um processo de irresistível magnetismo. Um verdadeiro campo dos sonhos que, se verdadeiramente construído, atraia os Novos Consumidores – todos!

CREIO EM MIM

Se você não é capaz de se convencer, ou, melhor, se você não é capaz de se comprar, como será capaz de se vender? Certamente não será.

E é esse o traço comum a todos os vencedores: a virtude, a capacidade de se acreditar.

Há quase 60 anos, nascia um ícone do marketing. E a cena é mais ou menos a seguinte:

Uma mulher de mais de 40 anos invade a sala do Sr. STANLEY MARCUS, presidente de uma das maiores organizações de varejo dos Estados Unidos, a NEIMAN MARCUS.

"Eu sou ESTÉE LAUDER, tenho os melhores produtos do mundo e preciso vendê-los em sua loja."

"Desculpe, Sra., mas em nossas lojas só entram produtos consagrados, como Elisabeth Arden, Germaine Monteil e Charles of The Ritz, e definitivamente não precisamos de uma quarta linha de produtos de beleza... De qualquer maneira, nosso gerente de compras terá o prazer de recebê-la e explicar em detalhes nossa política..."

"Foi o que acabei de fazer. Estive com ele há menos de uma hora e ele pediu que voltasse outro dia, mas como o Sr. pode ver, Sr. Marcus, se eu voltar outro dia, meus produtos não estarão sendo vendidos em sua loja hoje..."

Rindo do absurdo da situação, Stanley Marcus pergunta: "De quanto espaço a Sra. precisa?"

"Não mais que 2 m² é suficiente para começar."

"E quando a Sra. traria seus produtos...?"

"Já!"

Desceu para a sessão de cosméticos, seguida de perto pelo Sr. Marcus que não acreditava no que estava acontecendo, abriu a sacola, montou o display e começou a oferecer os produtos: "Experimente este produto, minha Sra., eu sou Estée Lauder e estes são os melhores produtos de beleza do mundo...".

No dia 25 de abril de 2004, com 97 anos, Josephine Esther Mentzer – Estée Lauder –, dona de uma fortuna superior a US$ 6 bilhões, deu por encerrada sua trajetória neste mundo. Com sua organização presente em 118 países, líder absoluta nas Lojas de Departamento dos Estados Unidos, e vendo seus produtos venderem três vezes mais que a segunda colocada, a L'Oréal.

Mais que ninguém, e a partir de seu exemplo para vender seus produtos na Neiman Marcus, Estée acreditava que se você não é capaz de convencer a si próprio, então, não conseguirá vender nada a ninguém. E, na sequência, na medida em que você possui essa virtude, é fundamental preparar – corretamente –, convencer e motivar sua equipe de vendas.

"Minhas consultoras de beleza nunca dizem: 'Posso ajudá-lo?' Sempre iniciam de forma positiva, dizendo: 'Meu nome é Tracy, sou consultora de beleza da Clinique, especialista no tratamento de pele. Gostaria de trocar algumas palavras com você sobre beleza e sucesso'."

E o resultado desse trabalho, refletido no vigor de suas vendas, está no fato de que, quando uma mulher ingressa em uma loja convencional à procura de um batom, acaba comprando um Revlon, ganha de brinde uma fivela para prender os cabelos e gasta US$ 6. Essa mesma mulher, quando ingressa em uma loja de departamento em busca de um batom e é atendida por uma consultora de beleza da Estée Lauder, além de um batom de US$ 16, acaba levando um delineador de US$ 13, um brilho para os lábios de US$ 15 e ainda um hidratante para os lábios de US$ 25. Em vez de US$ 6, gasta US$ 69, sai infinitamente mais feliz e convencida de que fez um excelente negócio.

E você? Acredita em você? Na empresa em que trabalha? Nas marcas que apregoa? Nos produtos que vende? Com a mesma persistência, disciplina, obstinação e segurança com que Estée um dia invadiu a Neiman Marcus e viveu 97 anos?

A IMPORTÂNCIA DE TORNAR-SE UM PARADIGMA

Muitas pessoas revelam-se intrigadas com a longevidade de determinados produtos, sem que necessariamente exista uma permanente atualização. Ou seja, continuam muito próximos de como eram no momento do lançamento, décadas e décadas atrás.

Não existe tanto mistério assim nessas conquistas. A maior virtude dos produtos considerados paradigmas de uma determinada categoria é que em certo momento, por terem saído antes, ou mesmo saindo depois, conseguiram oferecer aos consumidores uma síntese quase perfeita de suas aspirações. E, tendo suas aspirações quase completamente correspondidas, esses consumidores passaram, naturalmente, a referenciar todos os demais produtos da categoria àquele consagrado por eles como PRODUTO PARADIGMA.

Assim aconteceu com os sorvetes da KIBON, muito especialmente os de coco e chocolate, de "palitinho", o de creme, o ESKIBON; assim aconteceu com o LEITE MOÇA, com a MAIZENA, com HELLMANN'S, com OMO e, de forma muito especial, com o bombom SONHO DE VALSA.

Lançado no final dos anos 1930, às vésperas da Segunda Grande Guerra, desde o primeiro momento ofereceu a melhor correspondência às aspirações e expectativas dos consumidores, em termos de posicionamento: momento, formato, embalagem, códigos de comunicação, produto, preço. Transformou-se, talvez, em um dos mais poderosos sinalizadores de carinho, romantismo, amor, conferindo intenso prazer e emoção ao passar pelo filtro dos cinco sentidos de cada um de seus milhões de admiradores.

Hoje, quase octogenário, o SONHO DE VALSA, um dos melhores exemplos de PRODUTO PARADIGMA, continua vendendo saúde. Nele se espelham todos os seus concorrentes, na esperança de roubar, um mínimo que seja de seus 30% de share of market – bombons avulsos –, e de sua produção diária de muitos milhões de unidades...

DOS SEGREDOS DA DISNEY

Entre os ícones do marketing do século passado, a DISNEY ocupa um lugar especialíssimo, tanto pelo desempenho empresarial quanto pela sua notável capacidade de dar vida a sonhos. Seus segredos? Alguns são produtos de síntese da leitura de cinco livros que contam sua trajetória.

1. UMA BOLA GRANDE, DUAS PEQUENAS – Se você é capaz de transformar uma bola grande e duas pequenas em um personagem admirado e adorado em todo o mundo – MICKEY –, você é capaz de colocar um sonho em pé.
2. IMAGINEERING – Desde os anos 1950, a ocupação dos melhores cérebros da DISNEY é no imagineering – sonhar, sonhar sempre e mais, de forma criativa. Hoje, e nos cinco parques da DISNEY, existem mais de dois mil imagineers convivendo com os parques e seus frequentadores e sonhando o que mais dá para fazer. Segundo o fundador da companhia, WALT DISNEY, "a capacidade e

o dever de sonhar não cabem nem em hierarquias nem em organogramas – pertencem a todos os membros da equipe, indistintamente".

3. OS QUATRO PILARES – Todas as pessoas que trabalham na corporação são estimuladas, permanentemente, a primeiro SONHAR; na sequência, a ACREDITAR NO QUE SONHAM; depois, e extrapolando, OUSAR NO QUE SONHARAM; e, finalmente, REALIZAR, ou seja, colocar o sonho em pé.

4. VIVER O QUE SE ACREDITA – Segundo o fundador da companhia só se consegue fazer com perfeição aquilo em que se acredita. Em determinado momento de sua história, e diante do entusiasmo decorrente do sucesso de MICKEY, WALT DISNEY acabou caindo na tentação e permitiu que seu personagem se desencaminhasse, com comportamento mais agressivo, com pitadas de maldade e até mesmo com atitudes que fragilizavam seu caráter. Rapidamente caiu em si, concluindo que, se pretendia ter MICKEY idolatrado por crianças e adultos, deveria ser um baluarte de valores definitivos como honestidade, lealdade e respeito aos outros e à natureza.

5. O CLIENTE É CONVIDADO – Na abertura do primeiro dos parques, a DISNEYLÂNDIA, na Califórnia, WALT DISNEY, no discurso de inauguração declarou: "Os clientes são nossos convidados". A equipe toda, o tempo todo, é estimulada a tratar os clientes como se eles estivessem visitando suas casas. Sempre impecáveis na arrumação e cativantes no atendimento, construindo momentos mágicos que as pessoas sempre sentiriam vontade de repetir. Esse compromisso está presente na canção de sucesso de seu filme *A Bela e a Fera*, "Be Our Guest".

6. "DEUS ESTÁ NOS DETALHES" – Essa frase atribuída a muitos autores – com mais insistência ao arquiteto Ludwig Mies van der Rohe, quando em verdade pode ser encontrada muito antes em Gustave Flauber, "Le bom Dieu est dans le détail" – tem na DISNEY, provavelmente, sua maior praticante. Desde seu fundador, que dizia que todas as pessoas da companhia, em cada uma de suas atividades específicas, tinham como objetivo final garantir um espetáculo irrepreensível e memorável, até o super executivo que administrou a DISNEY durante duas décadas com absoluto sucesso, MICHAEL EISNER, que repetia a todo momento que "quando todos estão convictos da importância de seu papel individual,

nada é deixado ao acaso", a DISNEY demonstra ter consciência de que bilhões de dólares poderão descer ladeira abaixo por um pequeno escorregão, por um erro mínimo, "por um simples detalhe".

STARBUCKS E O BOCA A BOCA

HOWARD SCHULTZ, no inverno de 1983, quando ainda era diretor de marketing de uma pequena rede de cafeterias em Seatlle – a até então desconhecida Starbucks –, embarcou para a Itália em busca do segredo do sucesso e da fama do café italiano. Depois de visitar meia dúzia de cafeterias, o diagnóstico revelou-se de forma cristalina: muito mais do que o próprio café – que era de excelente qualidade –, o comportamento dos *baristi* (funcionários de bares), pela sua atenção, postura e conhecimento da arte de tirar e servir o café, e o acolhedor espaço físico devidamente magnetizado, eram os grandes responsáveis pela construção e disseminação da mística do café italiano. De posse desse segredo de estado, dessa pedra preciosa passível de uma lapidação mais forte e consistente, Schultz retornou a Seatlle e decolou com sua Starbucks.

Hoje, a STARBUCKS é, com todo merecimento, reconhecida pela reinvenção da forma de se preparar, vender e servir café. Faturamento aproximando-se rapidamente dos US$ 20 bilhões, com mais de 20 mil lojas em 65 países e 200 mil funcionários.

Schultz e seus companheiros apostaram todas as fichas na senha "disseminação". No velho e bom BOCA A BOCA. Comportaram-se como o "boi velho da piada", que, em vez de sair em desabalada carreira e investir pesadamente na mídia de massa para conquistar "todas as vaquinhas", preferiu, de forma gradativa e encantadora, ir conquistando uma a uma, e através delas, chegar a todas.

Mesmo tendo como PHOCUS, enquanto exclusivamente nos Estados Unidos, a conquista de todos os cidadãos norte-americanos como clientes de suas lojas, a Starbucks priorizou quatro públicos principais: clientes, fornecedores, parceiros e funcionários de cada uma das lojas.

Devidamente treinados, motivados e comprometidos, esses funcionários encantavam os clientes de suas acolhedoras lojas, verdadeiros oásis em um mundo de pessoas estressadas; apaixonados pela qualidade e atenção que recebiam, esses clientes saíam pela vizinhança – BOCA A BOCA

– disseminando as virtudes e competências da Starbucks e atraindo novos clientes; e esses dois públicos devidamente coadjuvados pelos dos parceiros e fornecedores, selecionados, mais que a dedo, a lupa.

Para que se tenha uma ideia da eficácia do que chamamos aqui no MADIAMUNDOMARKETING de OUTBREAK MARKETING, em um mundo onde as empresas estão perplexas diante de tantas alternativas de mídia e das dificuldades de acessarem, com precisão e competência, os públicos contidos em seu PHOCUS, a Starbucks, em sua trajetória de decolagem e nos primeiros vinte anos, investiu um total de US$ 20 milhões em propaganda, ou seja, uma média anual de US$ 1 milhão. Claro, a maior parte desse dinheiro só foi investida nos últimos cinco desses vinte anos e quando a rede já estava consolidada e espalhada pelos Estados Unidos. Apenas uma das marcas da Procter & Gamble, a Pamper's, de fraldas descartáveis, investe mais de US$ 30 milhões por ano, e um McDonald's, talvez uma comparação melhor, só nos Estados Unidos investe mais de uma centena de milhões de dólares por ano.

TELAS, MOLDURAS, CONTEXTO

Foi-se o tempo que as qualidades intrínsecas e as aparências dos produtos superavam todas as inadequações. Inclusive a dos locais onde eram expostos enquanto esperavam pelos clientes. Foi-se, não volta mais, e acreditar que produtos e marcas podem tudo é um trágico equívoco, de péssimas consequências. É fundamental uma harmonização perfeita entre telas, molduras e contextos.

Os planos de expansão da L'Occitane para o Brasil continuam ambiciosos e caminhando. O pensamento da empresa francesa era o de crescer organicamente, mediante a multiplicação de suas lojas dentro do modelo convencional, totalizando cem unidades no mês de dezembro de 2012. E, até para garantir esse crescimento, aumentou de forma significativa seus investimentos em propaganda nos últimos anos.

Recentemente, no entanto, e através de sua presidente no Brasil, anunciou um plano paralelo e surpreendente – considerando-se as características da marca – de comercializar itens do portfólio L'Occitane em 500 pontos de drogarias em até três anos. Falando ao jornal *Valor*, a presidente da empresa confirmou: "planejamos uma expansão intensa... Já estamos negociando com outros varejistas como a ONOFRE e a DROGASIL. E ainda estamos avaliando a possibilidade de criar 'store in store' em futuras lojas de drogarias que tiverem espaço físico para isso". Hoje já é possível cruzar com pequenos quiosques e displays exclusivos com produtos da L'Occitane em muitos desses pontos de venda.

Ao defender e justificar os planos da empresa, a profissional reiterava que tudo era feito com extrema sensatez, que o projeto de 500 drogarias parceiras é parte de um plano detalhado e considerando a capacidade de crescimento da empresa, e que se assemelha ao modelo praticado pela companhia na Europa e nos Estados Unidos, onde está presente em grandes lojas de departamento.

NÃO VAI DAR CERTO! L'Occitane, mais que uma linha de produtos, é um todo. Seus produtos flutuam e perdem-se em lojas multimarcas – como são as drogarias e farmácias –, por maiores cuidados que sejam adotados na exposição dos mesmos. Sem o suporte e proteção do contexto adequado – lojas exclusivas – essas mercadorias perdem sua essência, turvam a narrativa, debilitam-se, desvanecem. Glamour, mística e aroma mergulham na névoa densa de uma trágica comoditização.

E ainda, e a título de lembrança, essa decisão de rever o "place", contraria totalmente o posicionamento adotado pela marca, através das muitas páginas de publicidade institucional que veiculou, recentemente, nas principais revistas do País.

Em pouco tempo, vão se arrepender e reconsiderar essa decisão. Tomara que ainda seja em tempo. Tomara que a marca resista até lá.

47
Um Cliente Apaixonado É a Mais Eficaz das Mídias

Na pré-história do marketing, primeira metade do século passado, pontificava a figura do chamado "freguês de caderneta". Seu Joaquim, do armazém, procurava atender à sua clientela da melhor maneira possível, anotando todas as compras da Dona Maria na caderneta. No final do mês, pedia a caderneta emprestada para fechar as contas, poder receber e, muito especialmente, para se aprofundar nos hábitos de compra de sua clientela. Nada podia faltar.

Depois as cidades cresceram, a clientela multiplicou-se e a caderneta foi perdendo sua utilidade. Até que, no final dos anos 1980, os microcomputadores aterrissaram nas empresas, independentemente de porte e especialização, recuperando a excelência em gestão contida nas cadernetas, devidamente ressuscitadas pelo Database Marketing. De lá para cá, uma evolução atrás da outra, e novas denominações foram acrescentadas para traduzir o velho e salutar hábito das cadernetas, de oferecer um atendimento individual e personalizado, até chegarmos aos CRMs e ao Marketing de Relacionamento de hoje.

Já na pré-história do marketing, como agora mais ainda, sempre prevaleceu a consciência de que, quanto mais próxima estiver de cada um dos seus clientes, melhor para a empresa. Quanto mais conseguir corresponder e se antecipar às suas legítimas expectativas, excelente. E se conseguir, então, superá-las, fantástico. Um cliente satisfeito, agradecido, apaixonado é, de longe, a melhor entre todas as mídias; o mais eficaz dos mensageiros.

O SENTIDO DA CONVIVÊNCIA

Assim como nos casamentos felizes e definitivos, em que se sacramenta a união por meio da convivência, o mesmo acontece no marketing. Na relação pós-venda entre clientes e produtos.

Independentemente de todos os esforços de comunicação, das ações de Database marketing, da propaganda institucional e de marca, dos relevantes e vitais serviços que os call centers prestam, PRODUTOS E CLIENTES PRECISAM CONVIVER DA MELHOR FORMA POSSÍVEL. Preferencialmente, apaixonados para sempre, ou "até que a morte – de um dos dois – os separe".

É a hora da verdade. Do julgamento final e irrecorrível. Quando o cliente, isolada e individualmente, conclui que fez uma boa compra, uma ótima compra ou jogou dinheiro fora.

Nesse momento, toda a responsabilidade está com o produto. Ninguém mais pode ajudá-lo. Tudo o que a empresa poderia fazer já foi feito. Assim como nos cassinos, *no más*, ou como no latim, *alea jacta est*. A sorte está lançada...

Existe outro momento em que o produto tem de mostrar competência e competitividade. Quando está sozinho, no ponto de venda, cercado de concorrentes e tentando ganhar o olhar, a simpatia, a atenção e o interesse do comprador. Mas nesse momento, ele ainda conta com a força da embalagem, com a qualidade da exposição, com o apoio do material de merchandising.

Depois de comprado, não. Nada mais há a ser feito que não seja apresentar desempenho. Corresponder. Encantar com o uso e a convivência. Superar-se. Exceder as melhores expectativas.

Existem produtos de uso diário e intensivo, produtos de uso esporádico e baixa frequência, e produtos excepcionalmente utilizados. Sem mencionar aqueles que são comprados e nunca foram, nem serão, utilizados.

Os produtos de uso diário e intensivo são uma espécie de companheiro inseparável do consumidor. A escova de dente, o sabonete, o desodorante, a roupa, o sapato, o automóvel, o computador, o som do carro, a caneta, os óculos, o telefone, o televisor, a água, a luz, o gás... Esses produtos, e os serviços que prestam, não podem falhar. Assim, o sentido da convivência valoriza, acima de qualquer outra consideração – embora existam muitas outras também importantes –, a infalibilidade do produto.

Os de baixo valor econômico se quebram ou acabam, como a escova de dente e o desodorante, e são rapidamente repostos – mas, se a convivência foi feliz, são repostos por um irmão gêmeo, da mesma família/ marca. Já os de maior valor como o automóvel, o computador, a televisão, ainda em muitos casos vale a pena tentar o conserto. E, mesmo reparado, cada problema vai minando a confiança sobre a qual se sustentam todas as convivências bem-sucedidas.

Deixo ao amigo leitor a tarefa de refletir sobre a importância do desempenho dos demais produtos, para uma convivência feliz e extremamente gratificante com seus compradores, que resulte, no momento da despedida, em uma natural e decorrente repetição de compra.

Lembro, no entanto, que quanto mais os produtos consigam corresponder às expectativas de seus proprietários, no filtro dos cinco sentidos, maiores serão suas chances de atingir uma convivência irrepreensível e memorável: encantem os olhos e as mãos/pés/corpo/utilização pelo design; acariciem a audição e o olfato pela sonoridade característica e pelo aroma inconfundível; e derretam na boca nas primeiras manifestações inequívocas e insuperáveis de sabor.

Você se lembra do barulho do motor do carro bem regulado, do sorriso natural e espontâneo que brota diante de um produto querido e de confiança, do rubor disfarçado diante de um elogio pelo design do relógio que você está usando e da emoção e dos prazeres únicos de abrir um pacote de café e ouvir o som característico das boas embalagens a vácuo, e simultaneamente sentir o aroma que se desprende e nos enche de emoção, alegria e felicidade como se os grãos estivessem sendo colhidos, torrados e moídos exatamente naquele momento?

AS MULHERES DE CRUZEIRO E AS VELHINHAS DAS FARMÁCIAS

Quase toda semana me escreve um pequeno comerciante, um industrial ou prestador de serviços pedindo sugestões sobre mecanismos para alavancar e multiplicar seus negócios.

Ponderam que gostariam muito de fazer publicidade, mas não dispõem de recursos suficientes para enfrentar a tabela de preços dos veículos de comunicação.

Em vez de recomendações teóricas, prefiro contar dois fatos que aconteceram comigo e que contêm uma preciosa lição em termos de marketing de multiplicação e crescimento.

Na volta do carnaval e do sambódromo, após uns mergulhos na piscina do hotel, descubro-me com uma desconfortável assadura na região da virilha, ou melhor, desculpe-me, leitor, embaixo do saco.

Antes de recorrer a um dermatologista, como seria mais inteligente e sensato fazer, à semelhança de milhões de brasileiros, resolvo me automedicar e vou a uma farmácia de confiança. Uma ótima farmácia, próxima do MADIAMUNDOMARKETING, a alguns metros da Avenida Paulista.

Claro que fui no horário do almoço, e claro que esperei a farmácia esvaziar um pouco, antes de pedir ajuda ao farmacêutico, uma vez que ia tratar de um assunto pessoal e delicado: assadura embaixo do saco! Desculpe outra vez, leitor.

No que a farmácia se esvazia, entro e vou direto ao balcão. Quando olho para trás, dezenas de pessoas também resolvem ingressar, e a farmácia fica abarrotada. Com todo o cuidado, vou até o balcão e sussurro ao farmacêutico: "O senhor tem algum bom remédio para assadura?". Ele me pergunta: "Assadura, onde?". Com muita discrição, aponto o local do problema com o dedo. Ele se retira e vai à busca do remédio.

Quando volta, traz o remédio nas mãos – um talco –, e, quando me entrega, para eu dar uma olhada no rótulo, uma velhinha, do outro lado do balcão, simplesmente berra: "Moço, é assadura?! Nas partes íntimas?! Esse remédio é ótimo. Todas as vezes que meus filhos e netos tiveram esse problema, usei esse talquinho... É como tirar com as mãos".

A farmácia literalmente parou. Todos olhavam para mim. E eu roxo, escondido atrás dos óculos escuros, tentava sorrir para a simpática velhinha, quando, ao meu lado, uma moça comenta em voz baixa com sua amiguinha, não percebendo que eu estava ouvindo: "Onde será que esse babaca se meteu para assar o saco?" Desculpe de novo, leitor.

Não faz parte do assunto, mas o talco conseguiu aumentar a assadura e finalmente fiz o que deveria ter feito no início. Fui a um dermatologista nissei que, em duas semanas, com injeção, comprimidos e pomada, resolveu meu problema.

Dias depois, em um sábado, dei um pulinho na Alternativa, na Rua Maranhão, em São Paulo, para comprar polpa de fruta para fazer refrescos. Fui pela primeira vez. Normalmente, quem faz essas e outras compras naquele lugar é minha mulher, KATINHA, nascida em Cruzeiro, interior do estado de São Paulo.

Entro na Alternativa, vou direto ao freezer de polpas de frutas, compro uns 60 saquinhos, dez de cada sabor – maracujá, caju, kiwi, cajá, morango, manga...

No que vou saindo, a simpática senhora do caixa abre um grande sorriso e, com uma ponta de malícia, pergunta: "Por acaso o Sr. é o marido da Dona Katinha?" Perplexo, e começando a ficar com medo daquela senhora que seguramente era detentora de poderes sobrenaturais, balbucio: "Como a senhora conseguiu descobrir?"

Ela nem me responde, sai correndo e chama outras pessoas da Alternativa e da vizinhança: "Gente, finalmente o marido da dona Katinha veio fazer compras...". Em pouco tempo, umas dez pessoas sorriem para mim e me examinam como se eu fosse um extraterrestre.

É que a Katinha tinha prevenido suas amigas da Alternativa que, se um dia chegasse um louco, com um comportamento exagerado, e arrematasse as polpas de frutas, seguramente esse louco seria eu, seu marido.

Velhinhas de farmácia e mulheres de Cruzeiro sempre existem gravitando na vida de pequenos, médios e grandes negócios.

São agentes formadores de opinião, com uma grande capacidade de transportar, disseminar e reverberar a informação.

Assim, prezado amigo e pequeno comerciante, se você não tem grana nem mesmo para fazer uns folhetos, ou anunciar no jornal de seu bairro, identifique na sua clientela as "velhinhas das farmácias" e as "mulheres de Cruzeiro". E tudo o que você quiser que seus outros clientes e *prospects* saibam rapidamente, e com emoção, conte a elas, e conte bem, em primeiríssimo lugar. Em pouco tempo, todos os seus clientes estarão avisados, e novos clientes começarão a chegar.

De certa forma, é o mesmo que vêm fazendo corporações gigantescas, que incluem em seus programas de OUTBREAK MARKETING uma "colmeia" muito especial com formadores, influenciadores e difusores de opinião.

A VOZ DA EXPERIÊNCIA

Se o assunto é Fórmula 1, todas as vezes que Fittipaldi e Piquet falam, as pessoas param para ouvir. Eles estiveram lá.

Se o assunto é futebol, basta Pelé abrir a boca e faz-se silêncio: ninguém quer perder nada. Ele esteve lá. Foi e continua sendo o maior de todos.

Depois de muitos anos de trabalho, sucessivas vitórias e gols, consagraram-se em suas especializações. Converteram-se em autoridades em seus campos de atuação específicos. Eles estiveram lá.

Guardadas as devidas proporções, cada um de nós, nos diferentes caminhos e momentos comportamentais de nossas horas, dias, vida, vamos nos convertendo em autoridades efêmeras ou perenes sobre determinados assuntos, a partir de nossas experiências. Muito especialmente no que diz respeito às nossas experiências de consumo.

É por essa razão que, até hoje, não se conhece uma força de comunicação maior e mais eficaz que o testemunhal de alguém reconhecidamente experiente. Alguém que esteve lá. Alguém que provou e aprovou. Como nós, simples e decisivos consumidores.

Por outro lado, foi-se o tempo em que as empresas faziam qualquer coisa para aparecer, acreditando que o importante era ser falada, ainda que por um comportamento ruim ou negativo.

E foi-se o tempo, também, que era suficiente "criar fama e deitar na cama".

Assim, nesta segunda década de milênio, e após 60 anos de marketing, um cliente satisfeito, reconhecido e feliz, sempre disposto a testemunhar espontaneamente sobre uma empresa, um produto ou uma marca é o bem mais precioso que qualquer negócio pode almejar.

E para merecer essa distinção, uma marca, um produto ou uma empresa precisa agradar e convencer desde o primeiro momento – amor à primeira vista, mordida, compra –, e na sequência, criada a fama, cuidar para que assim permaneça para todo o sempre.

De qualquer maneira, e até este ponto, as empresas que assim procedem garantem que, se consultadas, as pessoas naturalmente deporão a favor e recomendarão a compra.

Hoje, no entanto, uma VOZ DA EXPERIÊNCIA PASSIVA – só se manifestando mediante estímulo – não é mais suficiente.

Em uma sociedade absurdamente concorrida, os clientes satisfeitos, reconhecidos e felizes precisam ser permanentemente abastecidos com informações, novidades e performances das marcas, empresas e produtos que tanto admiram, para que tomem a iniciativa de puxar o assunto. Que até mesmo invadam uma roda de pessoas estranhas conversando sobre o tema e digam: "Com licença, gostaria de relatar minha experiência pessoal sobre esse banco, supermercado, refrigerante, relógio...".

Ou seja, as empresas modernas e ambiciosas não se conformam e não permitem que A VOZ DA EXPERIÊNCIA de seus clientes satisfeitos permaneça calada. De forma criativa e disciplinada os estimulam para que, em toda oportunidade, manifestem a força de sua aprovação, de forma espontânea e natural.

"SOMEWHERE, OVER THE RAINBOW"

Quanto mais se leem as biografias de certas celebridades, menos se admira o ser humano que as incorporava. A vítima mais recente de suas convicções é L. FRANK BAUM, autor de *O mágico de Oz*.

Em busca de temas consistentes e mobilizadores, capazes de garantir a certeza da ALMA em PARQUES TEMÁTICOS, *O mágico de Oz*, pelas figuras emblemáticas e admiradas de Dorothy, do Leão Covarde, do Espantalho e do Homem de Lata foi cogitado dezenas de vezes por uma série de empreendedores. Porém, sempre foi descartado por uma forte e definitiva razão: L. FRANK BAUM, além de sua obra histórica, também se notabilizou por ser um racista feroz, que pregava em suas manifestações e artigos a "aniquilação radical" dos norte-americanos nativos, ou seja, os índios.

Ainda no finalzinho do ano 2000, uma empresa batizada de OZ ENTERTAINMENT manifestou sua intenção de finalmente erguer o Parque Temático de Oz, próximo de Kansas City. E rapidamente teve de suportar uma série de manifestações contrárias, muito especialmente de grupos que representam a comunidade indígena em todos os Estados Unidos.

Disseram, simplesmente, que, se a empresa levasse sua ideia adiante, decorariam as imediações, laterais e espaços internos do parque com uma das frases de um artigo de BAUM, publicado em um jornal de Dakota do Sul, em 1891: "A oprimi-los, durante séculos, seria melhor, para proteger nossa civilização, cometer mais uma violação e apagar essas dóceis e indóceis criaturas da face da Terra...".

Não existe uma única pessoa com um mínimo de sensibilidade e juízo que acredite que o Parque do Mágico de Oz, em algum momento do presente e do futuro, sairá do papel.

RMP – REFERRAL MARKETING PROGRAM

Alguém já deve ter dito, em momento de total e incontestável lucidez, uma frase mais ou menos como: "Deem-me um único cliente, e eu conquistarei o mundo."

E se ninguém disse, e traduzindo a lição de centenas de empresas vitoriosas, e marqueteiros capazes e bem-sucedidos, estou dizendo agora.

Um único cliente bem atendido, e trabalhado com inteligência e disciplina, convocará, com entusiasmo e poder de convencimento, todos os seus amigos e conhecidos para ingressarem e engrossarem a relação dos consumidores da empresa.

Nos anos 1990, assistiu-se, nos Estados Unidos, à tentativa decidida e corajosa da montadora coreana HYUNDAI de recuperar o prestígio que chegou a ter durante seus primeiros anos naquele país, ultrapassando a casa das 250 mil unidades vendidas em 1987, e que caíram para menos de 100 mil/ano.

Qual o caminho escolhido? Recuperar os clientes do passado ou trabalhar os "teimosos" – que insistiam em permanecer com um produto de qualidade reconhecidamente inferior?

Examinando seus mapas de vendas, a HYUNDAI constatou que apenas 17% de seus clientes repetiam a compra e confirmavam a preferência pela marca.

Em vez de ir atrás dos outros 83%, a empresa, no seu plano de recuperação, decidiu valorizar os 17% de "teimosos".

Segundo DOUG MAZZA, CEO da empresa nos Estados Unidos na época: "Para se conquistar um novo cliente é preciso investir mil dólares por carro em publicidade, e outros mil dólares em descontos. Se oferecermos para nossos atuais clientes US$ 150 em atendimento e serviços, a partir de seus testemunhais e referências, reencontraremos o caminho do sucesso". Três anos depois, a empresa tinha superado seus melhores números de vendas naquele país.

RICK CRANDALL, no seu livro *Marketing your services for people who hate to sell*, recomenda os passos básicos para um RMP – Referral Marketing Program – perfeitamente aplicável a qualquer tipo e tamanho de empresa:

1. RELACIONE QUEM PODE REFERENCIÁ-LO – Faça uma lista de todas as pessoas para quem sua empresa vendeu produtos ou

serviços nos últimos três anos, e com quem conviveu mais intimamente.

2. PENSE NO TIPO DE REFERÊNCIA QUE PODERÁ LHE VALER MAIS – Você só quer um simples depoimento oral, a indicação de uma relação de amigos ou mesmo um testemunho por escrito que você poderá multiplicar e mandar para seus *prospects?* Seja específico.
3. PEÇA DA MELHOR FORMA – Todas as pessoas entendem ou supõem quão importante e forte é o valor da referência que vierem a dar, e, se você pedir corretamente, até se sentirão lisonjeadas por terem sido escolhidas para falar sobre sua empresa e seus produtos.
4. PERGUNTE SE PODE MENCIONAR SEUS NOMES – Não se esqueça de perguntar a todas as pessoas se pode usá-las como referência; a maioria vai concordar.
5. PERGUNTE, NA SEQUÊNCIA, SE AUTORIZAM AS PESSOAS A LIGAREM PARA ELES – Se já concordaram em falar sobre a experiência que tiveram com os produtos de sua empresa, dê um passo a mais e peça autorização para que as pessoas telefonem pedindo informações.
6. FINALMENTE, PEÇA POR ESCRITO – Se até aqui seu cliente, com entusiasmo, concordou com tudo, o último passo é pedir a ele um depoimento por escrito que você possa utilizar a qualquer tempo, e sob diferentes formas.

Ou seja, seus clientes não são apenas importantes pelas compras que realizam, mas pelas centenas de compras adicionais que poderão produzir pela força de convencimento de seus testemunhos.

Agora, se você maltrata seus clientes e nem mesmo sabe quem são, o que fazem e onde encontrá-los, aí fica difícil ter alguém para referenciar, com autoridade, sua empresa, seus produtos e serviços; você!

48
Cada Macaco no Seu Galho

Na introdução do livro *Foco – uma questão de vida ou morte para sua empresa –*, AL RIES vai direto ao ponto: "O SOL é uma poderosa fonte de energia. A toda hora ele banha a Terra com bilhões de quilowatts de energia. Ainda assim, com um chapéu e um filtro solar, você pode tomar banho de Sol durante algumas horas sem correr o risco de efeitos nocivos em seu organismo. Já o LASER é uma fonte fraca de energia. Ele concentra alguns watts de energia e enfoca-os em sua corrente coerente de luz. Mas com o laser você pode perfurar um diamante ou extirpar um câncer".

E conclui: "Quando você elege um foco, uma especialização para uma empresa, você cria o mesmo efeito. Cria uma capacidade poderosa, como a do laser, de dominar um mercado. Quando, no entanto, sua empresa cai em tentação, perde o foco, contraria sua especialização, converte-se em um Sol que acaba dissipando toda a sua energia em muitos produtos e mercados".

Na trajetória de todas as empresas, infinitos são os momentos de tentação. Desde tentações mais sofisticadas e elaboradas até tentações grosseiras do tipo "já que nossos jornais levam papel, vamos investir em reflorestamento" ou "já que nossos talheres levam plástico no cabo, vamos investir também em mesas e cadeiras...". E, por isso, todo cuidado é pouco. Quando um macaco começa a saltar muito, certamente acabará despencando de um galho; e o tombo pode ser fatal.

A ILUSÃO DA MARCA PRÓPRIA

Todos os anos, as revistas do *trade* dos supermercados trazem, como matéria de capa, o crescimento das "marcas próprias". Isso mesmo, as marcas criadas pelas redes varejistas para aporem em produtos diversos, e, supostamente, aumentar a condição de competitividade da rede, em todos os sentidos.

Se alguma razão existia, em um passado longínquo e distante, para essa atitude, de muitos anos para cá a adoção das marcas próprias, em nosso entendimento, não passa de uma tremenda e arrematada tolice.

Na edição nº 271 de *Superhiper* lá está o assunto novamente. E, como sempre, o tom da reportagem é que a cada dia que passa crescem essas marcas; e que se no passado só as grandes redes recorriam a esse procedimento, agora as pequenas e médias também estão aderindo.

Segundo a reportagem, e a partir do depoimento dos entrevistados, as marcas próprias têm como principal virtude o fato de "fidelizarem os clientes", "garantir maior rentabilidade" e "aumentar o poder de barganha".

Em uma época de crescente especialização, os empresários supermercadistas, mais que nunca, deveriam se concentrar exclusivamente na sua atividade básica que é comprar bem e vender bem, mediante a prestação de um serviço fantástico, irrepreensível, cativante.

O tempo que alocam e as pessoas que envolvem na procura e no desenvolvimento de fornecedores alternativos para comprarem produtos com suas marcas seriam mais bem utilizados na atividade específica das redes, que é, repito, acima de tudo, VENDER BEM.

Ou seja, em poucas palavras, a busca de marcas próprias caracteriza perigosa e mortal perda de foco.

Em nosso entendimento, e enquanto as redes não alcançarem a excelência na prestação de serviços, na qual se insere contar com as melhores marcas de seus fornecedores a preço competitivo, as marcas com que verdadeiramente seus clientes sonham e desejam, elas não deveriam desviar nenhuma parcela de suas forças e atenção para qualquer outra coisa. Muito menos tentar concorrer com a Coca-Cola, Nestlé, Parmalat, Sadia, Lacta, Nabisco, Bauducco, P&G, J & J, Bombril, Lever, Colgate...

No corpo da reportagem de *Superhiper* há declarações de três redes diferentes, a partir de seus executivos responsáveis pelas gerências de marcas próprias.

Do SÉ: "Aderimos à estratégia para fidelizar o cliente à nossa loja... Com a marca própria, levamos o nome do supermercado para dentro da casa do clientes". ERRADO. Para fidelizar seus clientes, um supermercado tem única e exclusivamente que o encantar pela prestação de um serviço primoroso. E, mais importante do que ficar carimbando seu nome em produtos alternativos, a melhor maneira de levar suas lojas para dentro da casa dos clientes é por meio da satisfação, da alegria e do entusiasmo que seus compradores carregam para suas casas dentro de si; e por todos os comentários que espontaneamente farão.

Do BOMPREÇO: "Nosso objetivo é oferecer ao consumidor a qualidade das melhores marcas a um preço mais baixo, garantindo ao cliente a melhor relação custo x benefício". ERRADO. A qualidade das melhores marcas pertence exclusivamente às melhores marcas que, para tanto, investiram durante décadas em sua construção, e na qualidade de empresas especializadas. E não existe e nunca existirá marca de supermercado capaz de oferecer uma relação custo-benefício próxima da oferecida pelas marcas da preferência de seus clientes, e que estão alojadas em suas mentes e corações. Alguns valores, no plano emocional, jamais serão conquistados pelas marcas próprias.

Do MERCADORAMA: "Antes de colocar nosso nome em um produto, queremos ter certeza absoluta de que ele tem qualidade". ERRADO. Por não ser uma empresa especializada, que domine as técnicas de produção, uma rede jamais, por melhor que se equipe, e por uma questão de cultura, conseguirá "ter certeza absoluta de que ele tem qualidade". Se até as grandes indústrias, que só vivem disso, de vez em quando "pisam na bola", imagine o índice de equívocos que as redes cometeram e continuarão repetindo?!

Assim, as marcas próprias, como diz a reportagem, e a partir do depoimento de alguns supermercadistas, não fidelizam o cliente, porque o que fideliza o consumidor de uma loja – repito mais uma vez – é uma prestação de serviços irretocável. Não permite maior rentabilidade, porque os critérios que as redes utilizam para apurar o suposto lucro das marcas próprias são tendenciosos e incompletos. Do tipo: "Me engana que eu gosto". E jamais aumenta o poder de barganha; muito pelo contrário, acaba constrangendo e incomodando seus principais aliados, isto é, seus fornecedores.

Fica a sensação de que as grandes redes enaltecem as marcas próprias para induzirem as pequenas e médias a idêntico procedimento, que as debilitará ainda mais. Ou seja, se em uma grande rede essa política é perigosa, na pequena e média é praticamente mortal.

E, como ressalva, para que fique bem claro, entendo as chamadas marcas próprias exclusivamente para a embalagem e acondicionamento das comomdities, garantindo aos clientes da loja maior comodidade, segurança e prazer em suas compras. Jamais pelos motivos alegados pelos supermercadistas.

MAGNÓLIA E MARGARITA. CONSULTORES E CONSULTORIAS

Segundo a revista *Drink*, a deliciosa bebida MARGARITA – prefiro a frozen – foi criada por Francisco Pancho Morales, no dia 4 de julho de 1942.

Morales trabalhava em uma casa noturna na cidade de Juarez, estado de Chihuahua, México.

Um dia, uma freguesa pediu uma MAGNÓLIA. Como Morales não se lembrava da receita, e para não passar por incompetente, ponderou que uma MARGARITA seria mais adequada à ocasião.

Aceita a sugestão, na hora ele improvisou uma mistura de tequila, Cointreau e suco de limão. E, para ficar diferente, passou o limão na borda do copo e mergulhou o copo em um pires de sal. Estava criada a MARGARITA.

Morales morreu na virada do século, ao completar 78 anos, em El Paso, Texas, Estados Unidos.

Quando me lembro dessa história, imediatamente salta em minha cabeça a confusão, até mesmo por força do hábito, que poderosas empresas vêm adotando ao recorrerem aos préstimos das tradicionais e paquidérmicas empresas de consultoria.

Embebedando-se de Magnólias, quando uma boa e descomplicada Margarita seria melhor, em todos os sentidos.

Magnólias são essas empresas de consultoria gigantescas, que cobram de milhão de dólares para cima, e que no dia seguinte à assinatura de um contrato para um novo cliente, desembarcam com uma tropa de simpáticos e incompetentes recém-formados – piores que "pouca prática", "nenhuma prática" – sob o pretexto de mapear a empresa, realizar o diagnóstico, identificar os problemas.

Esses jovens sorridentes, bem vestidos e educados, o máximo que conseguem é juntar toneladas de informações e papéis, que, meses depois, serão traduzidos em um relatório insípido, inodoro e genérico, e cuja conclusão é mais e mais consultoria, até quando a empresa paciente, digo, cliente, sobrevivendo, juntar as forças que restam e expulsar o bando de invasores aos gritos e com humilhação, sentindo, finalmente, uma deliciosa sensação de alívio. Como na velha piada do bode.

Já a Margarita assemelha-se às pequenas empresas de consultores preparados por anos e anos de atuação nas organizações, quilômetros de genuína e verdadeira experiência, com a sensibilidade, competência e simplicidade dos velhos farmacêuticos, parteiras, cães farejadores e práticos de todos os portos do mundo.

Segundo o *Aurélio*, os práticos dos portos são "homens que conhecem minuciosamente os acidentes hidrográficos de áreas restritas, e que, com esses conhecimentos, conduzem as embarcações desviando-se das pedras e bancos de areia, aportando as embarcações com segurança".

Em um mundo onde as empresas buscam aprimorar seus desempenhos a partir da lucidez e clareza do PHOCUS, da precisão do POSITIONING e da decorrente adequação organizacional é chocante constatar que ainda batem nas mesmas e velhas portas, sustentando gigantescas companhias de óperas, quando tudo o que precisavam, como lembra e ensina Drucker, é de um pequeno e competente grupo de jazz.

Em tempos de simples Margaritas, insistem em se envenenar com descomunais, indigestas e constrangedoras Magnólias. Merecem.

O PRÓSPERO MERCADO DAS FESTAS DE FORMATURA

No passado, imaginava-se que FESTAS DE FORMATURA eram típicas de um determinado momento do mundo, e que, no futuro, ingressariam em total decadência.

Claro que muita coisa mudou. Claro também que as grandes orquestras que animavam os bailes no Clube Pinheiros, nos Salões do Aeroporto de Congonhas e nos Salões do Fasano do Conjunto Nacional, todos em São Paulo, como as orquestras dos maestros Silvio Mazzuca, Osmar Milani e Simonetti, há muito tempo já deram lugar a conjuntos com muita aparelhagem eletrônica, figurinos e coreografias. Ou, pura e simplesmente, a DJs.

Mas o entusiasmo e o apreço dos formandos e famílias por suas festas continuam tão ou mais forte do que já foi um dia. Melhor ainda para os que trabalham nesse território é que até para formaturas do "ginásio e colegial" (ensino fundamental e médio) hoje também se programam festas e solenidades. Tá certo que o ensino não anda lá essas coisas, mas as festas...

Somente no Estado de São Paulo existem cerca de 500 mil formandos a cada novo ano. E o tamanho total do "bolo" desses eventos escolares e universitários bate na casa dos R$ 500 milhões por ano. Há festas de formaturas para todos os tamanhos de bolsos e sonhos. Desde R$ 300 por aluno, as mais simples, até mais de R$ 5 mil por estudante, as mais caprichadas. E, além das empresas organizadoras dos eventos, quase mil outros prestadores de serviços especializaram-se nessa oportunidade de mercado: serviços de buffet, segurança, decoração e até fogos "indoor".

Assim, e aconteça o que acontecer, e na medida em que esse mercado vem crescendo a taxas anuais superiores a 15%, adolescentes, jovens, seus pais e toda a família vêm se revelando dispostos a fazer todo o sacrifício para celebrar a realização de um sonho, ainda que o conteúdo do "canudo" continue deixando a desejar, e a perspectiva de emprego seja cada vez menor.

E as empresas que se especializaram deitam e rolam.

UMA MALA NOS PÉS?

Ainda que a distância entre braços e pernas seja mínima e faça parte de um mesmo sistema e corpo, na percepção e registro das pessoas não necessariamente as marcas que sensibilizam nossas mãos terão igual sucesso com os nossos pés. Com quase toda a certeza nenhum dos leitores cogitaria colocar uma "mala" nos pés; mas, a SAMSONITE, sinônimo de malas resistentes e de qualidade, DGP – a tal ponto que se converteu em Designação Genérica de Produto – acredita que sim. Em nosso entendimento, perda de tempo, de dinheiro e de foco. Tudo o que seus executivos vão conseguir é enfraquecer uma marca que já foi mais forte, à semelhança de SANSÃO, quando teve seus cabelos cortados.

A partir dos anos 1970, em todo o mundo e no Brasil também, os executivos foram colocando suas malas de couro de lado e convertendo-se em SAMSONITERS. A pequena mala era parte integrante e essencial do kit básico do executivo moderno e de sucesso. SAMSONITE nas mãos, blazer preto ou azul marinho, gravata de listas e MONBLANC no bolso da camisa social estilo americano.

A SCHWAYDER TRUNK MANUFACTURING COMPANY foi fundada na cidade de DENVER, COLORADO (EUA), no ano de 1910. No início, e com poucos funcionários mais o fundador JESSE SHWAYDER, fabricava baús de madeira e malas de mão. JESSE, quando decidiu criar sua empresa, elegeu como missão fabricar a melhor e mais resistente mala do mundo.

À medida que a produção foi crescendo, e para demonstrar a resistência do produto, mandava fotos suas com seu pai e irmãos em um total de 500 quilos, claro, em cima das malas SCHWAYDER. Em 1941 decidiu rebatizar seus produtos, inspirando-se na figura mítica de SANSÃO – e daí SAMSONITE. Nos anos 1950, a SAMSONITE passou a trabalhar o mercado do CANADÁ, e anos depois, a exportar para outros países. E em 1965, SAMSONITE CORPORATION passou a ser a denominação da empresa. Com uma comunicação de extrema qualidade nos anos 1970 e 1980, demonstrando através de comerciais memoráveis a qualidade de suas malas, ascendeu à condição de referência em seu mercado de atuação.

E no sucesso, e como em dezenas de exemplos que temos comentado neste livro, sempre há duas faces. Quando se consegue, finalmente, convencer o mercado de que em uma determinada especialização sua empresa é indiscutivelmente a melhor – o que conseguiu a SAMSONITE no território das malas – esse reconhecimento de especialização é de tal ordem que garante sucesso e vida longa na atividade específica, mas praticamente elimina qualquer possibilidade de extensão de linha.

Isso posto, a SAMSONITE depois de algum tempo e arrependida, concluirá que jamais deveria ter aposto sua marca em calçados e sandálias. E muito menos em outros penduricalhos como vem fazendo, equivocadamente, em outros países.

Mc PF

Não adianta. Não tem jeito. Péssimos alunos. Impermeáveis. Mais que míopes, cegos. As lições são muitas. Qualquer livro "meia boca" sobre administração traz um monte de histórias, ou se preferirem "cases", de empresas que vitoriosas achavam e acharam que podiam tudo e perderam o foco, a razão de ser.

Quer um "case"? YAKULT! Isso mesmo. Um dia acreditou que podia tudo e trouxe para o Brasil sua unidade de cosméticos. Todos berravam nos ouvidos moucos de seus executivos: ADOTEM QUALQUER DENOMINAÇÃO, MENOS YAKULT. Deram de ombros, olharam com desdém e se batizaram YAKULT. Vendiam, na cabeça dos consumidores, muito especialmente das mulheres, cremes para o corpo e rosto com "lactobacilos vivos". O que aconteceu? Nada, absolutamente nada, além do fato de terem perdido dez anos, US$ 50 milhões, arrumado a trouxa e voltado ao Japão. Fossem outros os tempos, cometeriam haraquiri.

Agora é o Mc, novamente. A cada dois anos cai em tentação. Algumas vezes a tentação sai do papel e a atrocidade é cometida, embora se recusem a confessar o malogro. Vide os moribundos McCafés. Nos jornais, leio a seguinte notícia de *O Globo*, "Além dos hambúrgueres e das fritas que fazem sua fama, o McDONALD'S agora tem em seu cardápio no Brasil pratos executivos, vendidos a R$ 23. Sem anúncios publicitários, nem destaque nos painéis luminosos das lojas, o 'Mc PF' tem a brasileiríssima dupla arroz e feijão, acompanhado de salada e de uma carne...".

Definitivamente, isso não é SER McDONALD'S. Pior ainda, em todas as esquinas em frente ao fast-food, em todos os bares das vizinhanças, come-se o mesmo PF verdadeiro, original, legítimo, feito pela mulher do dono do boteco. Pela metade do preço. INFINITAMENTE mais gostoso e generoso. Tempero brasileiro. Sem frescuras. E enquanto isso os irmãos DICK e MAC, mais RAY KROC, mais HARRY SONNEBORN, reúnem-se em caráter emergencial em algum lugar do universo e combinam uma volta a Terra para "encher de porradas" os irresponsáveis que estão tentando acabar com o POSITIONING e com a MARCA.

Quando os irmãos DICK e MAC McDONALD mudaram a barraca de hot-dog que tinham chamada ARCADIA para SAN BERNARDINO, na CALIFÓRNIA, ostentavam no cardápio 25 opções, sendo a maioria churrasco. Um dia notaram que só ganhavam dinheiro com um dos itens, hambúrgueres; fecharam o restaurante e prepararam-se para reabri-lo só vendendo hambúrgueres a partir de um sistema de produção que garantia um atendimento rápido – o tal de fast-food.

Essa é a gênese. Esse é o DNA. Foi isso que fez RAY KROC comprar a empresa e multiplicá-la pelo mundo. Foi isso que fez RAY KROC deixar de se preocupar com toda a retaguarda da cadeia de valor, terceirizando o suprimento para outras empresas – no Brasil e em muitos países existe uma espécie de CIDADES DOS ALIMENTOS, onde se reúnem os "terceiros", principais fornecedores do Mc. No País, MARTIN-BROWER, MARFRIG e FBS FOODS. Ser Mc é olhar para fora, para atender bem, rápido, no mesmo clima humano e apresentação, milhões de pessoas que entram em suas lojas todos os dias em busca exatamente disso. APENAS E TÃO SOMENTE DISSO.

E jamais de "Mc PF".

49
Quem Não Sai na Frente Tem de Sair Diferente

No correr dos MANDAMENTOS anteriores, em muitos momentos, falamos sobre a importância de uma empresa ser a primeira a se movimentar, de introduzir novidades e inovações antes de seus concorrentes, e até mesmo criar uma nova categoria de produto pela qualidade e relevância do produto pioneiro que coloca no mercado. Só que o privilégio de ser o "first mover" é único, só pertence a uma empresa.

Por decorrência, todas as demais, quando decidem investir em uma categoria nova ou em uma mesma categoria na qual já competem, e impossibilitadas de serem "a primeira a se movimentar", têm, por obrigação, de sair diferente, de quebrar o paradigma. E ser diferente de uma forma perceptível e relevante perante o juiz supremo do acerto das estratégias e ações de marketing: o cliente.

Igual por igual, a preferência inevitavelmente recai sobre quem saiu antes, como ensina um dos MANDAMENTOS anteriores: "É melhor ser o primeiro do que ser o melhor".

MELHOR QUE INTERNET, SÓ TELEPATIA

Entre os ícones do marketing moderno, MICHAEL DELL merece um lugar muito especial. E se falarmos de marketing direto, então, aí todo o espaço é quase só dele.

Quando DELL resolveu se meter com microcomputadores, o mercado já estava devidamente ocupado e dividido entre a Apple e a IBM – mais todos os seus clones. Tudo o que ele possuía, além de coragem e irreverência, era uma garagem, um telefone, 18 anos e, na sua cabeça, o mundo a sua espera e disposição...

Ao completar 32 anos, provou que era possível vender tudo – eu disse tudo – diretamente ao consumidor, sem intermediários, desde que, naturalmente, se tivesse capacidade e organização para fazê-lo. Em tempo: 32 anos e mais de US$ 10 bilhões de patrimônio pessoal.

Com o marketing em seu coração, sabia que quem chega depois tem de, obrigatoriamente, chegar melhor – de preferência o melhor – no POSITIONING que estabelecer para seu negócio, e imediatamente após a definição de um PHOCUS.

Desde o início, percebeu que os computadores não ofereciam grande diferença na aparência e desempenho, independentemente da marca, e, que mesmo tendo chegado depois, só perdera "a primeira seleção de músicas", ou seja, o baile só estava começando.

Assim, concentrou suas baterias – até porque não tinha capital para investir em outras ferramentas – em vender O MELHOR COMPUTADOR – a melhor relação custo x benefício – e, uma vez vendido, se encarregaria de produzi-lo e entregá-lo em 24/48 horas – como todos sabem, os micros são meras montagens a partir de uma soma de placas dentro de um gabinete, que se faz em questão de minutos.

Analisando todo o processo – da montagem à entrega –, ele constatou que só conseguiria vender O MELHOR COMPUTADOR se eliminasse um dos elos da cadeia. E, baseado na melhor e secular tradição da sociedade norte-americana de comprar por catálogos, anúncios e, mais recentemente, por telefone, DELL eliminou os intermediários e colocou à disposição do mercado, por meio de uma linha 0800, o MELHOR COMPUTADOR – desempenho semelhante aos outros, e "apenas" 30% mais barato.

Claro que sua operação de marketing direto foi, desde o início, irrepreensível, e à medida que seus primeiros clientes constataram que, além de pagar 30% a menos do que pagariam por produtos semelhantes, e de ter de esperar um ou dois dias a mais, todo o restante era igual, passaram a contar para os amigos, vizinhos, parentes... E a DELLMANIA invadiu os lares norte-americanos.

Em determinado momento, e para calar a boca dos que não acreditavam nas possibilidades da WWW, DELL entrou no ar com o site de sua companhia. Em poucos meses, alcançou a notável marca de vendas de US$ 1 milhão/dia.

Assim, e depois de provar que MARKETING DIRETO funciona, MICHAEL DELL demonstrou que ON-LINE & INTERACTIVA MARKETING funcionam também, desde que você tenha a capacidade de realizá-los com competência, e por inteiro.

Na ocasião, perguntado pela revista *Fortune* sobre como estava sendo sua experiência na internet, uma vez que muitos alegavam estar perdendo dinheiro na Web e que a rede não era uma boa ferramenta de marketing para a realização de vendas, MICHAEL DELL respondeu:

"A internet, para nós, é um lindo sonho que se converteu em realidade. O sonho de realizar uma venda a custo zero! Só me ocorre uma única forma de vender melhor que a internet: telepatia...".

PROSECCO: O SEGREDO DE SE SENTIR BEM

Durante no mínimo cinquenta décadas, o champanhe, que os franceses não querem que chamem de champanhe, porque só é champanhe os vinhos que "nascem" na região de Champanhe, na França, como se alguma lei ou regulamento fosse capaz de mudar o que já foi assimilado e tornou-se referência e código do mercado, o champanhe, repito, dominou os momentos de festas, comemorações, brindes e sucesso.

Enquanto as classes A, sempre, e B, de vez em quando, nesse período, arriscavam uma legítima Veuve Clicquot ou Veuve Pommery, a C contentava-se com as brasileiríssimas Michelon e Peterlongo e a D e E se satisfaziam com as SIDRAS. Há trinta anos, um movimento de revitalização da bebida, com novos lançamentos e métodos, em que pontificaram a M. CHANDON e a DE GREVILLE, nas versões sec(brut), demi-sec e doce, como também a invasão espanhola com Codorníu e Freixenet a um preço mais acessível. E, para temperar e excitar o mercado, e alegrar os produtores, as vitórias brasileiras na Fórmula 1, de Emerson, Nelson e Ayrton com as garrafas descomunais nas celebrações de banhos e goles.

Com tudo isso, no entanto, a champanhe, ou o champanhe, não caía bem para os brasileiros. Comemoravam, tomavam uma ou duas taças e ponto: não descia mais, e ficava uma sensação desagradável na boca. Se excedessem, as noites eram difíceis e o dia seguinte pior ainda.

Faltava uma alternativa capaz de garantir seu consumo por todo o almoço ou comemoração, borbulhante e alegre, acessível em todos os sentidos, muito especialmente no preço, com o indispensável sabor de novidade, e que de preferência trouxesse uma história e tradição atrás de si.

Originário da região de TREVISO, nordeste da ITÁLIA, ali ao redor do mais importante parque temático, de verdade, que o ser humano foi capaz de construir e que jamais será superado por qualquer outro, VENEZA, o PROSECCO, com menos de três anos de Brasil, remeteu todos os champanhes para um segundo lugar, com uma distância que só fez crescer muito e rapidamente. Eram mais de 500 mil garrafas/ano, ultrapassando o primeiro milhão poucos anos depois.

Mas quem perdeu não foram apenas os champanhes. Neste Brasil tropical de clima quente, os tintos, que já andavam em baixa nas últimas duas décadas, perderam mais participação ainda, assim como todos os brancos que se assustaram com a rapidez com que o PROSECCO foi tomando seus lugares nas mesas dos restaurantes e nos almoços de domingo das famílias brasileiras das classes A e B.

O PROSECCO, além de chegar depois, mas diferente, ainda ocupou uma descomunal oportunidade que os champanhes, mesmo com décadas de vantagem, não conseguiram.

ESPECIALIZAÇÃO, MARCEL PROUST E FERNANDO PESSOA

Definido e conhecido o PHOCUS – o território físico, e as pessoas estáticas e comportamentais que uma empresa pretende conquistar e fidelizar –, a etapa seguinte é estabelecer o POSITIONING. Como a empresa vai organizar os infinitos códigos, sinais e símbolos de comunicação que traduzem sua identidade, para, ao colocá-los em movimento, surpreender, encantar e corresponder às expectativas e aos desejos das pessoas inseridas no PHOCUS.

À semelhança das pessoas físicas, as pessoas jurídicas também têm um estilo. A síntese das sensações que o mercado – clientes e *prospects* – registra, decorrente de todos os movimentos que a empresa faz e traduz em poucas palavras. Moderna, antiga, elegante, admirável, competente, líder, de absoluta confiança, segura, inovadora... Ou seja, além de ser reconhecida por sua especialização, seu estilo tem de ser memorável, único.

E como muito bem lembra MARCEL PROUST: "As palavras de uma pessoa dão a medida exata de seu espírito, mas não têm a força transmitida por seu estilo".

Ou seja, muito mais importante que o discurso de uma empresa, na expressão de seu POSITIONING, são seus atos e gestos. A maneira como ela se comporta.

No momento em que está definindo seu POSITIONING, a empresa não pode perder de vista que vai procurar trabalhar, excitar e estimular, o tempo todo, as cinco qualidades ou condições que as pessoas inseridas no PHOCUS têm, em maior ou menor grau, para que os sinais e símbolos sejam captados, entendidos e convertam-se em valor. E, a soma dos valores, em IMAGEM. E essa IMAGEM se transfira, integralmente, para a MARCA.

Quem ilustra esse entendimento com incomum propriedade, e por meio das "cinco qualidades", é um dos maiores poetas de todos os tempos, FERNANDO PESSOA:

"A primeira é a simpatia; não direi a primeira em tempo, mas a primeira conforme vou citando, e cito por graus de simplicidade. Tem o intérprete que sentir simpatia pelo símbolo que se propõe interpretar. A atitude cauta, irônica, a deslocada – todas elas privam o intérprete da primeira condição para poder interpretar.

A segunda é a intuição. A simpatia pode auxiliá-la, se ela já existe, porém não criá-la. Por intuição, se entende aquela espécie de entendimento com que se sente o que está além do símbolo, sem que se veja.

A terceira é a inteligência. A inteligência analisa, decompõe, reconstrói noutro nível o símbolo; tem, porém, que fazê-lo depois que se usou da simpatia e da intuição.

A quarta é a compreensão, entendendo por esta palavra o conhecimento de outras matérias, que permitam que o símbolo seja iluminado por várias luzes, relacionado com vários outros símbolos, pois no fundo, é tudo o mesmo.

A quinta é menos definível. Direi, talvez, falando a uns que é a graça, falando a outros que é a mão do Superior Incógnito, falando a terceiros que é o Conhecimento e a Conversão do Santo Anjo da Guarda, entendendo cada uma destas coisas, que são a mesma da maneira como as entendem aqueles que delas usam, falando ou escrevendo...".

Ou seja, para se alcançar na totalidade a força transmitida pelo estilo, como pondera MARCEL PROUST, além de considerar as características estáticas e comportamentais de todas as pessoas compreendidas em seu PHOCUS, as empresas também precisam, na definição do POSITIONING, na conceituação de sua especialização, desenhá-lo de tal forma que aproveite, ao máximo, o conteúdo de simpatia, intuição, inteligência, compreensão e mística dessas pessoas, conforme o receituário de FERNANDO PESSOA.

ATÉ OS MAIS COMPETENTES CAEM EM TENTAÇÃO

Os admiradores do saudoso AYRTON SENNA – todos os brasileiros – sabem que nosso maior campeão andou dando suas cochiladas e jogando algumas corridas fora; faz parte. No caso de AYRTON, sempre que isso aconteceu é porque ele estava disparado na frente e acabou se desconcentrando e saindo da corrida.

Já no território das empresas, normalmente, a principal causa dos escorregões dos gigantes globais é não conseguirem se comportar, em cada país, de acordo com as características dos mercados locais, adotando comportamentos típicos dos grandes líderes, em mercados onde são, até provem o contrário, meros coadjuvantes.

Como os que acompanham meus artigos e livros sabem, a PROCTER & GAMBLE é a minha CATEDRAL DO MARKETING – de longe a empresa que, em seus 180 anos de existência, mais contribuiu, pelos exemplos que deu, para a disseminação e práticas do marketing. E, se acabou traçando algumas estratégias equivocadas, hoje, publicamente reconhece que uma das maiores foi a de ter subestimado o mercado brasileiro, só decidindo aqui investir depois que todos os seus concorrentes do mundo já haviam fincado suas bases e ocupado os territórios das diferentes categorias de produto em que a CATEDRAL atua.

No entanto, e além desse equívoco estratégico, assim que chegou, continuou cometendo graves erros. E o maior foi o de menosprezar a competitividade de adversários que derrota e humilha com tranquilidade em muitos mercados, mas que já haviam se apoderado, com suas marcas, da preferência e do carinho dos consumidores brasileiros. Mas não parou aí. Ainda fez uma leitura equivocada das características de nosso mercado e desconsiderou, pelos passos dados, o poder de compra dos brasileiros e o formato da distribuição de renda do País.

Alguns até chegaram a imaginar que a PROCTER, alguns anos atrás, quando decidiu enfrentar precipitadamente o OMO – A MARCA DO CORAÇÃO DAS BRASILEIRAS – possuía infinitas cartas na manga e que nocautearia o sabão em pó da UNILEVER. Anos depois, e à luz dos números, nada aconteceu, ou seja, a liderança da UNILEVER na categoria, e mais especificamente de OMO, nem sequer foi arranhada.

Depois de muitos tropeços e sofrido e custoso aprendizado, a PROCTER & GAMBLE mudou seu comando, postura e discurso no Brasil. Falando a JULIANA SIMÃO, da revista *Dinheiro*, o novo presidente da empresa anunciou um radical reposicionamento da PROCTER, atendendo determinações de CINCINNATI, base da companhia, e onde sua gloriosa história começou. "Concentraremos nossos esforços onde há potencial para crescer." E os sinais dessa nova estratégia revelaram-se, na sequência, no lançamento do absorvente ALWAYS BÁSICO, procurando conquistar uma parcela substancial da categoria com produtos de preço baixo e que respondem por 70% das vendas.

E, ainda, SCHWARZ também anunciou que exigirá de seus executivos que conheçam, de verdade, as características dos consumidores brasileiros. Todos terão de fazer o "shopper trip" – viagem profunda e intensa na ponta da cadeia, isto é, mais especificamente nos pontos de venda.

Assim, e mais uma vez, a velha e repetida lição. Líderes e gigantes, quando ingressam em novos mercados já tomados pelos concorrentes – locais ou internacionais –, só conseguirão alcançar a liderança, no curto e médio prazo, se comprarem esses concorrentes. Caso contrário, e por maior que seja o tamanho dos pés e dos bolsos, terão de começar do começo, colocar um pé após o outro para não cair e ter de recomeçar, comportando-se como o que verdadeiramente são e serão durante um bom tempo: coadjuvantes ou guerrilheiros.

FORA! JÁ PRA RUA!

A porta da rua é a serventia da casa, diziam os antigos.

Nós dizemos, a porta da rua é o caminho em direção à luz, ao mercado. Onde se encontram e se revelam todas as verdades. Lembre-se, MARKETING = "put yourself in someone's shoes", BRANDING = "walk the talk".

Assim, e de dez anos para cá, em todos os processos de consultoria do MADIAMUNDOMARKETING para seus clientes, além da indução de uma cultura de MARKETING na empresa, faz-se e cultiva-se em paralelo um processo de indução de uma cultura de INOVAÇÃO. Pela simples razão que COMUNICAR-SE E INOVAR-SE É PRECISO, VIVER NÃO É PRECISO. Quem nos ensinou e nos convenceu disso? Ele, DRUCKER: "Todos os negócios de todos os portes e setores de atividade têm duas, e exclusivamente duas, funções: MARKETING e INOVAÇÃO. MARKETING para conquistar e preservar clientes; INOVAÇÃO para sobreviver".

DAVID KELLEY vem oferecendo extraordinárias contribuições ao entendimento, prática e referências à INOVAÇÃO, via sua empresa IDEO, no Vale do Silício, Califórnia. Nascido em 1951, na cidade de Barberton, Ohio, DAVID tem como parceiro seu irmão TOM, e que é quem comanda a IDEO. Formado em engenharia elétrica pela CARNEGIE-MELLON UNIVERSITY, trabalhou na BOEING e NCR, e em 1977 alcançou o grau master em design pela STANFORD UNIVERSITY.

O que nos ensina DAVID KELLEY? Em entrevista para LUCAS ROSSI da revista *Exame*, a pretexto do livro que acaba de lançar no Brasil, *Confiança criativa*, é taxativo: "Criatividade não se ensina, se desperta. Quando fundei a D. SCHOOL, muitos acreditavam ser impossível tornar alguém criativo. Em verdade, todos podem. Com o tempo, e às vezes por culpa das empresas, as pessoas desistem de correr riscos... Pessoas criativas arriscam e todas as pessoas criativas são sistemáticas na forma de pensar, embora quase nunca se deem conta disso".

Em determinado momento da entrevista, urra, RUA!

"As empresas vivem dentro da caverna do mito de PLATÃO. Os executivos passam horas em frente a um computador e falam com as mesmas pessoas. Eles só veem sombras, não a realidade. Em vez de ir a uma reunião, deveriam estar na rua, com quem usa o produto ou serviço que oferecem. É no campo que as grandes ideias surgem. As empresas costumam ter uma grande ideia e depois vão procurar entender como as pessoas lidam com ela. Quando começamos um projeto pelo lado humano, não precisamos estudar se as pessoas vão querer aquilo, mesmo porque tudo já partiu do desejo de quem usará."

E ainda, e na entrevista, dois outros e relevantes ensinamentos de DAVID. O primeiro sobre a intolerância ao erro que existe nas organizações: "A mediocridade é o preço mais caro que uma empresa pode pagar. Com a inovação, a empresa traz novas perspectivas, novas formas de ganhar dinheiro. A PIXAR é o lugar mais criativo que conheci. Eles fizeram 14 filmes e todos foram grandes sucessos. Investem para isso, criando uma cultura de experimentação". E o segundo sobre a MATEMÁTICA IRREFUTÁVEL DA INOVAÇÃO: "Para obter mais sucessos, você precisa estar preparado para encarar fracassos".

Assim, e daqui para frente, "me digas quantos erros já cometeste e te direi quem és"; e, a propósito, mais que na hora de colocar todos os seus colaboradores na rua. RUA!

50
Tudo Concorre com Tudo

Moro no bairro de Higienópolis, em São Paulo, próximo à praça Vilaboim. Sábado passado, coloquei uma nota de R$ 50 no bolso e caminhei em direção à praça. E enquanto caminho, vou pensando como vou gastar meus R$ 50...

Com aqueles 50 reais, posso me sentar no La Vilette e tomar um chopp com uma porção de fritas. Ou ir à padaria Barcelona e comer dois pães de queijo e um suco de frutas e levar uns docinhos para casa. Ou ir à banca de jornal e comprar duas revistas semanais e dois jornais. Ou passar na floricultura e levar um vaso de violetas para a Katinha. Ou, ou, ou...

Se no passado imaginava-se que *Veja* só concorria com *Isto É*, e depois com *Época*, agora se sabe que concorre com pão de queijo, flores, chopp e fritas e infinitas coisas mais. E, por essa razão, além de continuar olhando para os lados e monitorando seus concorrentes específicos, as empresas precisam olhar também para a frente, para trás, para cima, para baixo, porque hoje, mais que nunca, é de onde menos se espera que certamente sairá um torpedo fatal.

XANGÔ, PADRE MARCELO, SÃO CRISTÓVÃO, OXÓSSI, OMOLU E ATÉ OXUM CONCORREM COM AS SEGURADORAS

Para os que não entenderam direito o que é concorrência genérica e concorrência específica, aqui está um bom exemplo.

Na concorrência específica, as seguradoras Bradesco, SulAmérica, Itaú, Porto Seguro concorrem entre si. Na genérica, concorrem com todos os agentes econômicos reais, "virtuais e muito especialmente espirituais", que também oferecem "serviços de segurança" para o objeto de consumo mais querido dos brasileiros: seus automóveis.

Em uma edição antiga de *Quatro Rodas* – revista líder em seu território –, uma deliciosa reportagem assinada por LEMYR MARTINS revelando que quase todos os motoristas brasileiros, além da apólice de seguro, confiam a segurança de seus automóveis a algum santo ou entidade de devoção. Mas muitos, ainda, só confiam no santo de devoção e não fazem seguro.

Na reportagem, Edge Bruno, 47 anos, metroviário, diz ir todos os dias à missa do padre Marcelo para renovar a bênção ao seu Uno Mille 97: "Confio mais na bênção do que no seguro. A fé é minha apólice". E Xavier Saez Ibarra, pároco da igreja de São Cristóvão, em São Paulo – recordista em abençoar carros e motoristas –, calcula que mais de 90% da frota de quase 20 milhões de carros que circulam pelo País é benta, defumada ou enfeitiçada por algum tipo de proteção extraterrena.

Assim, e com este exemplo, caracteriza-se cada vez mais a importância das empresas que pretendam praticar um marketing moderno, de entenderem o verdadeiro conceito de concorrência. E também, a consciência de que para prevalecer no Brasil, jamais desconsiderem aquele que talvez seja nosso traço mais característico: a multiespiritualidade.

NARIZ ELETRÔNICO: AUMENTA A AGONIA DOS CÃES

Desesperados que já estavam com a concorrência que vêm sofrendo de anos para cá, dos gatos – que, pelos poucos cuidados que exigem, são muito mais adequados aos tempos modernos –, os cães e dezenas de "farejadores profissionais", pessoas que ganham a vida com o olfato, vão ao desespero diante da chegada ao mercado do NARIZ ELETRÔNICO.

Graças aos avanços da informática e técnicas de reconhecimento de padrões olfativos, farejadores eletrônicos portáteis multiplicam-se. A CYRANO SCIENCES, de Pasadena, Califórnia, por exemplo, está lançando seu CYRANOSE 320 pela bagatela de US$ 8 mil. Sensores químicos substituem sensores celulares e microprocessadores assumem as funções desempenhadas pelo cérebro no ser humano.

Depois de devidamente treinados e sensibilizados para determinados odores, os narizes eletrônicos são capazes de identificá-los com uma margem de erro insignificante. Ou seja, não se espera que um nariz eletrônico saia pelo mundo detectando os odores que nossas narinas são capazes e estão acostumadas a detectar. Mas, uma vez treinados, e na medida em que possuem uma memória descomunal, irão atrás deles, com muito mais eficácia que o melhor dos perdigueiros.

Em muito pouco tempo, narizes eletrônicos estarão detectando múltiplos processos de infecção hospitalar pelos odores bacterianos, bem como cuidando da segurança em diferentes instalações ao prevenir processos de envenenamento por vazamento químico ou emissão excessiva de gases.

A RATOEIRA SÓ NÃO MATOU O RATO

Foi-se o tempo em que carro concorria com carro e sabão em pó com sabão em pó. Hoje, concorrência específica deve ser entendida como todas as demais alternativas de produtos que prestam os mesmos serviços; e a concorrência genérica, literalmente, como todas as mercadorias concorrendo com todos os produtos pelo tamanho do bolso – poder aquisitivo – das pessoas, e pela disponibilidade de tempo – poder restritivo – das mesmas pessoas. A propósito, existe uma historinha correndo pela internet, de autor desconhecido, que bem ilustra a situação e intitula-se *A ratoeira*. A princípio, fala de um prestador de serviços que só deveria preocupar os ratos, mas que acaba impactando outros animais...

Certo dia, o rato olhou pelo seu buraco na parede e viu o fazendeiro desembrulhando uma reluzente ratoeira. Saiu correndo pela fazenda, gritando: "Cuidado, há uma ratoeira na casa...".

A galinha deu um sorriso e comentou: "Ratoeiras só dizem respeito aos ratos". Já o porco, manifestando solidariedade ao rato, disse: "Cuide-se, mas se o pior acontecer, prometo rezar por sua alma". E o boi continuou ruminando, indiferente, fingindo não ver o desespero do rato. Ou seja, para o pobre rato só restou encarar a ratoeira de frente...

Na mesma noite, a ratoeira funcionou. Só que, em vez do rato, acabou "fisgando" o rabo de uma cobra venenosa, que picou a distraída mulher do fazendeiro. Levada imediatamente ao pronto socorro, medicada, a mulher passou duas semanas de cama, com muita febre, mas acabou sobrevivendo.

Só que, para atenuar a febre, nada melhor que uma canja – e lá se foi a galinha. Para alimentar os parentes e amigos que vieram visitar a mulher, o porco foi para o forno. E para comemorar a recuperação da esposa, nada melhor que um churrasco – e, desta vez, o "voluntário" foi o boi.

Assim, na próxima vez em que um produto novo aterrissar no mercado, antes de dar de ombros e dizer que não lhe diz respeito, pense duas vezes e tome todas as providências, porque mais cedo ou mais tarde vai acabar impactando seus negócios.

TER FILHOS OU... ANIMAIS DE ESTIMAÇÃO?

Todos devem se lembrar de uma curiosa e consistente tendência que vem ganhando corpo nos Estados Unidos e rapidamente se disseminando por outras partes do mundo. Famílias, muito especialmente casais novos, trocando seus cães de estimação por gatos, pela simples razão de que os felinos, por natureza e índole, são mais fáceis de serem cuidados, ainda que não garantam os mesmos "dividendos" emocionais oferecidos pelos cães.

Assim, nos últimos vinte anos, o setor de rações para gatos nos Estados Unidos apresentou taxa de crescimento significativamente maior que a dos cães, em decorrência do aumento de sua população.

Agora, uma nova tendência se manifesta, e de forma igual em quase todas as grandes metrópoles do mundo ocidental, fazendo com que todo um setor que produz e presta serviços voltados a bebês e crianças comece a ser trocado por um novo e próspero setor que produz e presta serviços para animais de estimação.

Objetivamente, e de novo pelas dificuldades e restrições econômicas e emocionais, além do estilo de vida que jovens casais da TIMELESS SOCIETY têm nas grandes metrópoles, eles estão optando, cada vez mais, por terem um animal de estimação – normalmente um cão – no lugar de um filho.

Em reportagem da maior qualidade assinada por Babio Gallcci para o jornal *Correio Popular*, de Campinas, interior de São Paulo, e onde muitos jovens casais vêm dando preferência aos cães, o psicólogo Hipólito Carretoni Filho, especialista em terapia de casais, pondera: "Ter crianças é maravilhoso, efetivamente, mas existe um custo. Muitas vezes, isso significa abrir mão de projetos pessoais e de investimentos na carreira. Além disso, as pessoas trabalham muito e não têm tempo para ficar com os filhos; acabam dependendo de escolinhas ou creches".

Nessa mesma reportagem, há uma comparação do custo de uma criança de dois anos – incluindo médico, farmácia, vacinas, roupa, fraldas, alimentos e brinquedos – chegando a R$ 550 por mês – e o de um cão da raça *poodle* com a mesma idade – prevendo tosa, banho, ração, coleira, guia, veterinário, vacinas, roupinhas, talco e osso plástico – alcançando R$ 295 por mês.

Chocante, mas verdadeiro.

PARKOUR EM MARKETING

Vivemos tempos de PARKOUR. PARKOUR em nossas vidas, PARKOUR no marketing e nas empresas. Não existe tempo. O tempo é agora. Mais que decidir rápido, agir mais rápido ainda. Sem tempo para os caminhos convencionais. Eficiência, esquece? Eficácia, insuficiente. PARKOUR!

Criado na França por DAVID BELLE, o PARKOUR, mais que uma atividade física, uma disciplina, um jeito de ser, pensar e agir. Viver e superar todos os obstáculos pelo caminho como se vivêssemos em estado de permanente emergência. E é assim. Assim que nos encontramos, até o dia em que as águas do admirável mundo novo, plano, líquido e colaborativo acalmarem. Até lá, PARKOUR.

Agora somos traceurs ou traceuses. Movemo-nos da forma mais rápida possível e na maioria das vezes por caminhos inusitados, não convencionais. Saltamos muros, pulamos valetas, descemos pelo corrimão, confiamos 100% em nosso instinto, ainda que a prática nos recomende não fazer.

A palavra PARKOUR é originária do método adotado por Georges Hébert, "parcours du combattant", para o treinamento militar nos Estados Unidos. Já seus praticantes, traceur e traceuse, são derivados do verbo tracer – "traçar" –, fazer da forma mais rápida possível.

Você pratica o PARKOUR em qualquer lugar e todo o equipamento necessário é calça e camiseta leves e tênis macio de sola reta. Opcionais são por sua conta e risco. Para não se arrebentar e seguir adiante. O PARKOUR proporciona um quase que imediato conhecimento do corpo e da mente. Desenvolve força, resistência, coordenação motora, concentração, força de vontade, determinação e coragem. Tudo o que precisamos, pessoas e empresas, neste momento de travessia do velho para o novo, da indústria para os serviços, do vertical para o horizontal, do hierárquico para o colaborativo e onde tudo concorre com tudo.

Desafio – preservar-se e sair vivo do outro lado. Segundo os adeptos do PARKOUR, "é ridículo procurar liberdade e acabar quebrado em uma cadeira de rodas". E da mesma forma que seus praticantes na paisagem urbana, profissionais e empresas precisam caprichar no LANDING – aterrissagens seguras e com amortecimento evitando lesões articulares; BALANCE – equilíbrio em todos os movimentos; CAT BALANCE – equilíbrio nos movimentos mais radicais à semelhança dos gatos; UNDERBAR ou JUMP THROUGH – nem sempre a melhor decisão é saltar; muitas vezes, passa-se por baixo, caminha-se pelas frestas; ROLL – cair rolando e amortecendo a queda; e mais, CLIMB, VAULT, CAT LEAP, DROP KITTY, GAP JUMP, MUSCLE UP, TIC TAC...

O que o praticante do PARKOUR busca, no fundo, é "conhecer seus limites para poder expandi-los". A permanente busca da superação. Aproveitar ao máximo e mais suas competências específicas como melhor caminho para superar seus concorrentes. Deslocar-se de um ponto a outro da forma mais rápida – eficaz – possível. Independentemente da suposta segurança dos meios e caminhos.

Agora é assim. Pessoas e empresas.

DIÁRIO DE UM CONSULTOR

Livro finalizado, revisado e pronto para rodar. MILTON MIRA DE ASSUMPÇÃO FILHO, meu editor, me liga e diz que em decorrência da encadernação dispomos de algumas páginas no final do livro para derradeiros comentários e anotações.

Durmo com essa informação no final de semana e decido-me por apresentar aos queridos leitores deste OS 50 MANDAMENTOS DO MARKETING, uma síntese do aprendizado do Madia Mundo Marketing, minha empresa de consultoria, depois de 35 anos de prestação de mais de 1.200 serviços para 534 empresas de todos os portes e especializações, enquanto consultores de empresas.

E é o que faço a partir de agora, em uma espécie de "bônus de final de livro ao leitor". Muito especialmente aos que ambicionam migrar para a carreira de consultoria mais adiante.

Começo com uma prática que instituímos internamente há mais de 25 anos, e que procuramos transmitir para todos os nossos clientes, que nos foi confiada pelo adorado mestre PETER DRUCKER, incluímos um pouco de nossa experiência, e nasceu o que batizamos como ORAÇÃO DO TRABALHO, e que recomendamos que todos façam antes de começarem cada novo dia:

1. O QUE EU ESTOU FAZENDO QUE NÃO PRECISA SER FEITO?
2. O QUE EU ESTOU FAZENDO QUE PODERIA SER FEITO POR OUTRA PESSOA?
3. O QUE EU ESTOU FAZENDO QUE SÓ EU POSSO FAZER?
4. O QUE EU DEVERIA FAZER QUE NÃO ESTOU FAZENDO?

E dou sequência com o CREDO que orienta todos os nossos consultores. Os que formamos e hoje trabalham no Madia Mundo Marketing, e os que treinamos e capacitamos na Madia Marketing School e no PMCCCM – Programa de Mentoring, Coaching e Certificação de Consultores de

Marketing – e que tem suas próprias empresas e trabalham como consultores independentes.

Vamos ao CREDO DO CONSULTOR:

1. O CONSULTOR, por definição e prática, não fala, ouve. É para ouvir, e não para falar. E só depois de muito ouvir e mais perguntar, e quando a combinação de fatos e informações com sua técnica, experiência e sensibilidade produzem a LUZ, de forma criteriosa e tranquila, passa a *orientar* os CLIENTES.

2. Nem mesmo Cristo tinha resposta para todas as questões que seus Apóstolos e seguidores a Ele dirigiam. Assim, nenhum CONSULTOR tem obrigação de sempre ter todas as respostas. É a coisa mais natural e sensata do mundo pedir um tempo para pensar, para discutir o assunto com outros CONSULTORES e com outras pessoas, e só depois oferecer a recomendação.

3. Consultores não jogam a toalha e nem se desesperam. As empresas clientes têm nos consultores pessoas capacitadas, qualificadas, experientes e seguras; e daí decorre a confiança que neles depositam. Por decorrência, é inadmissível, mesmo em momentos de grande pressão e dificuldade, que o consultor deixe transparecer o menor traço de nervosismo, apreensão, dúvida; é inimaginável verbalizar incompetência.

4. Os CLIENTES – TODOS! – são, simplesmente, PESSOAS FANTÁSTICAS, PERFEITAS, IMACULADAS, LINDAS, e isto é um DOGMA. Ou seja, não existe em hipótese alguma e por definição um cliente complicado, chato ou incompetente. A virtude do CONSULTOR de qualidade é trabalhar e conseguir resultados com as características de seus CLIENTES, não importa quais sejam. Quando um consultor começa a criticar muito uma pessoa ou pessoas de CLIENTES, é porque não está sendo capaz de realizar a consultoria.

5. Nenhum mortal tem o poder, a capacidade e, principalmente, o tempo necessário, caso possível fosse, para modificar pessoas. Inclusive, os consultores. As pessoas são como são, e é com elas mesmo que têm de realizar um trabalho eficaz.

6. O consultor é pago para ajudar as empresas a produzirem mais e melhor com os talentos que têm. Foge do espírito da consultoria, processos e julgamentos subjetivos, pessoais e, especialmente, execução sumária ou homeopática das pessoas. O processo pode determinar a inadequação das pessoas, mas, em hipótese alguma, a consultoria, em si, tem esse objetivo.

7. As reuniões regulares de consultoria e assessoria, com exceção apenas das da etapa de diagnóstico, só começam com o envio da pauta 24 horas antes das reuniões; 24 horas, mesmo. De nada adianta uma pauta chegar ao final da tarde para uma reunião que será realizada na manhã seguinte.

8. Nas reuniões, só se olha em direção ao cliente, todas as atenções são para ele, e todo o tempo lhe pertence. Assim, e idealmente, sempre deve se procurar restringir o número de consultores presentes às reuniões a dois. E quando excepcionalmente for necessária a presença de mais de dois consultores, É INADMISSÍVEL que eles conversem, e muito menos, discutam entre si; até porque, TODO O TEMPO PERTENCE AO CLIENTE.

9. As reuniões regulares de consultoria e assessoria, ou seja, com exceção apenas das da etapa de diagnóstico, só terminam após a chegada do pró-memória ao CLIENTE. E isso obrigatoriamente tem de ocorrer em até 48 horas após o encerramento da reunião. O ideal, mesmo, é que isso aconteça em 24 horas.

10. A moeda de troca dos consultores tem numa das faces o CONHECIMENTO, e na outra, o TEMPO. Assim, a maior produtividade e valor econômico dos serviços que prestam estão diretamente relacionados à capacidade de administrar o TEMPO. Por decorrência, é injustificável e indesculpável a não PONTUALIDADE em reuniões, e o não cumprimento rigoroso dos prazos negociados e acordados com os clientes. Interrupções, *smartphones,* notebooks, *tablets,* e até mesmo ida ao banheiro, nem pensar.

11. Os momentos de emoção, alegrias, homenagens e efemérides para os CLIENTES, também o são para os consultores. Sempre que isso ocorrer, a obrigação é estar ao lado deles, emocionando-se e vibrando com eles.

12. Em todo final de ano, independente dos serviços que estejam comprando, todos os CLIENTES devem receber um PLANO DE TRABALHO para o ano ou período seguinte. E para realizar esse PLANO torna-se indispensável um processo "soft" de atualização de diagnóstico.

13. AMIGOS SÃO SANTOS. Não importa se são gordos ou magros, neuróticos ou machistas, se vestem mal ou são mal educados e grosseiros; como diz e ensina a música: "o apreço não tem preço", e por essa razão, os AMIGOS DOS CONSULTORES são SANTOS, ou, os que gostam dos consultores e os promovem e recomendam, NÃO TEM DEFEITO DE ESPÉCIE ALGUMA.